A NECESSIDADE É A MAIOR VIRTUDE

A NECESSIDADE É A MAIOR VIRTUDE

O pensamento realista nas relações internacionais desde Maquiavel

Jonathan Haslam

Tradução
WALDÉA BARCELLOS

Revisão da tradução
PERCIVAL PANZOLDO DE CARVALHO

Martins Fontes
São Paulo 2006

Esta obra foi publicada originalmente em inglês com o título
NO VIRTUE LIKE NECESSITY: Realist Thought in International Relations since Machiavelli,
por Yale University Press, Londres.

1ª edição 2006

Tradução
WALDÉA BARCELLOS

Revisão da tradução
Percival Panzoldo de Carvalho
Acompanhamento editorial
Luzia Aparecida dos Santos
Revisões gráficas
Maria Regina Ribeiro Machado
Marisa Rosa Teixeira
Dinarte Zorzanelli da Silva
Produção gráfica
Geraldo Alves
Paginação/Fotolitos
Studio 3 Desenvolvimento Editorial

Dados Internacionais de Catalogação na Publicação (CIP)
(Câmara Brasileira do Livro, SP, Brasil)

Haslam, Jonathan
A necessidade é a maior virtude : o pensamento realista nas relações internacionais desde Maquiavel / Jonathan Haslam ; tradução Waldéa Barcellos ; revisão da tradução Percival Panzoldo de Carvalho. – São Paulo : Martins Fontes, 2006. – (Justiça e direito)

Título original: No virtue like necessity.
ISBN 85-336-2301-1

1. Relações internacionais – Aspectos políticos – História 2. Relações internacionais – Aspectos psicológicos – História 3. Relações internacionais – Filosofia – História I. Título. II. Série.

06-3899 CDD-327.101

Índices para catálogo sistemático:
1. Relações internacionais : Ciência política 327.101

Rua Conselheiro Ramalho, 330 01325-000 São Paulo SP Brasil
Tel. (11) 3241.3677 Fax (11) 3101.1042
e-mail: info@martinsfontes.com.br http://www.martinsfontes.com.br

ÍNDICE

"Não montaremos em nosso Rocinante para reparar todos os males e combater todos os moinhos do mundo."

– William Fox, *The Interest of Great Britain, Respecting the French War*
[O interesse da Grã-Bretanha, com respeito à Guerra Francesa]

"Mesmo que alguns falem abertamente contra meus livros,
Ainda assim irão lê-los."

– Marlowe, *Jew of Malta* [O judeu de Malta]

AGRADECIMENTOS

Um trabalho extenso como este é inevitavelmente edificado sobre alicerces construídos ao longo dos anos por outros que passaram antes pelo mesmo caminho. Em vez de seguir a moda, porém, e criar um tratado pesado e previsível sobre as sínteses de outros autores, a intenção foi garimpar as fontes primeiras sempre que possível.

É, portanto, com extraordinário prazer que ressalto minha gratidão àqueles que generosamente compartilharam opiniões sobre o tema e àqueles que dedicaram seu tempo à leitura e crítica de vários elementos do trabalho no original: Robert W. Tucker (catedrático emérito da cadeira Edward B. Burling de Instituições e Direito Internacional na Johns Hopkins University); Quentin Skinner (*Regius Professor* de História Moderna, Christ's College, Cambridge); Adam Roberts (catedrático da cadeira Montague Burton de Relações Internacionais, Balliol College, Oxford); Ernst Haas (catedrático pesquisador emérito da cadeira Robson de Governo na University of California, Berkeley); Kenneth Waltz (catedrático emérito da cadeira Ford de Ciências Políticas na University of California, Berkeley); Robert Jervis (catedrático da cadeira Adlai E. Stevenson de Relações Internacionais na Columbia University); Derek Beales (catedrático emérito de História Européia Moderna, Sidney Sussex College, Cambridge); Stephen Walt (catedrático da cadeira Evron e Jeane Kirkpatrick de Relações Internacionais na John F. Kennedy

School of Government, Harvard University); Giuliano Procacci (catedrático emérito da Universidade de Roma, La Sapienza); Nigel Simmonds (professor de Jurisprudência, Corpus Christi College, Cambridge); Michael Sonenscher (pesquisador de História, King's College, Cambridge) e Andrew Hurrell (professor e pesquisador, Nuffield College, Oxford).

Cabe também agradecer aqui a todos os que promoveram oportunidades de atuação como catedrático visitante durante uma série de produtivas licenças nas quais a maior parte da pesquisa foi realizada e o original, enfim concluído: David Holloway, catedrático da cadeira Raymond A. Spruance de História Internacional (em Stanford, 1994), Paul Kennedy, catedrático da cadeira J. Richardson Dilworth de História (em Yale, 1996), e o professor Andrew Moravcsik (em Harvard, 2001), além da admissão como membro do Institute for Advanced Study em Princeton em 1998 (cortesia do professor Jack Matlock).

Corpus Christi College, Cambridge
JONATHAN HASLAM

INTRODUÇÃO

> A bem da verdade, em questões de negócios e assuntos de Estado, nunca há necessidade de recorrer ao trabalho de intelectuais [*dottori*], pois, com suas sutilezas excessivas, é mais provável que lhes sejam nocivos do que os levem a bom termo.
>
> – *Conselho do papa Clemente VIII, 26 de agosto de 1595*[1]

Não deveria causar surpresa a idéia de que os textos dos intelectuais sobre relações internacionais não se aplicam às necessidades de estadistas. As razões disto têm dois aspectos. O primeiro é uma questão de substância; o segundo, de forma.

Quanto à substância, é a recusa em aceitar o Estado como uma unidade crítica e contínua de relações internacionais que torna redundante grande parte da análise. Ademais, é inverossímil a insistência em que a relação entre Estados deveria obedecer a um código moral do mesmo tipo do que rege a relação entre indivíduos. Em suma, é por falta de um maior realismo que as relações internacionais como tema de estudos acadêmicos são rejeitadas pelos políticos.

Quanto à forma, é o próprio esforço de transformar o assunto numa ciência, de acordo com o modelo das ciências naturais que produz, na pior das hipóteses, uma misteriosa inacessibilidade e, na melhor das hipóteses, uma generalização abstrata e dogmática que desconsidera obstinadamente a origem das idéias, sua especificidade histórica e cultural. Os conceitos precisam ser reapresentados nas cir-

---

1. *La Legazione di Roma di Paolo Paruta (1592-1595)*, org. G. de Leva (Veneza, 1887), vol. 1, p. 268. Clemente VIII não foi nada mal como estadista. Como papa, de 1592 a 1605, conseguiu a paz entre a Espanha e a França, aumentando simultaneamente os territórios da Santa Sé.

cunstâncias de seu surgimento e evolução para que sejam descontados aqueles elementos e associações que em nada se relacionam à nossa própria época e situação.

O objetivo é, portanto, duplo: reafirmar o valor da abordagem realista, mas fazê-lo de um modo que sensibilize nossa percepção do contexto no qual os conceitos realistas afloraram. Somente por esses meios as relações internacionais, como disciplina de estudo, terão algo a dizer e encontrarão alguém que lhes dê ouvidos nos altos escalões do Estado. Para os anti-realistas, isso não faz diferença alguma, visto que, se o Estado não é o ator principal, o estadista não é a pessoa mais importante a quem se dirigir.

A essência da história do pensamento político moderno de Quentin Skinner poderia ser descrita acertadamente como o estudo da liberdade[2]. O que se segue, em contraposição, poderia ser igualmente denominado de estudo do poder. O texto visa atingir três platéias distintas: políticos, entusiastas do pensamento político e estudiosos das relações internacionais.

Sempre foi problemático o relacionamento entre os que meramente escrevem sobre relações internacionais e os que são responsáveis pela condução da política externa, e uma causa disso, e não a menor, é ser essa uma das poucas áreas em que pessoas sem nenhuma experiência prática tecem comentários com suposta autoridade. O italiano Ludovico Zuccolo há muito tempo se queixava: "Quem nunca singrou os mares não pretende conhecer a arte da navegação; quem nunca empreendeu nenhum esforço na produção musical não alega compreender notas e tonalidades. São porém poucos os homens que, embora jamais tenham governado, não afirmem saber julgar a administração de Estados [*republiche*] e impérios."[3] Essa é, de fato, a queixa

---

2. Q. Skinner, *The Foundations of Modern Political Thought*, vol. 1 (Cambridge, 1978).

3. L. Zuccolo, *Della Ragione di Stato* (1621), p. 1: reproduzido em B. Croce e S. Caramella, orgs., *Scrittori d'Italia: Politici e Moralisti del Seicento* (Bari, 1930), p. 25.

padrão de Secretários de Estado das Relações Exteriores após as discussões prolongadas e freqüentemente mal informadas do ministério, mesmo que seja possível argumentar que se trata de um preço necessário a ser pago pela democracia.

Em resposta à aparente necessidade de instruir todos os dirigentes políticos a respeito de questões importantes como essas, a Europa moderna em seus primórdios presenciou a coleta de máximas políticas das obras de grandes historiadores clássicos, como Tácito, por exemplo[4]. Girolamo Frachetta (1558-1620) foi uma figura de considerável experiência política na Itália da Contra-Reforma. Serviu aos cardeais Luigi d'Este e Scipione Gonzaga antes de trabalhar para o embaixador espanhol na Santa Sé, tendo mais tarde fugido da capital (por motivos desconhecidos) e se estabelecido em Nápoles, onde posteriormente atuou como representante do duque de Urbino[5]. No prefácio de uma coletânea de máximas, ele observou que não havia questão de maior importância para o Príncipe do que saber governar os súditos de seu reino para que eles pudessem viver em paz. "Essa disciplina ou habilidade [*peritia*] em questões pertinentes ao governo do Estado na paz ou na guerra", salientou, "é adquirida pelo Príncipe de três modos: pela transmissão oral, realizada por aqueles qualificados nesses assuntos; pela leitura da história e de autores dedicados a questões militares e estatais; e pela experiência."[6]

Embora fosse um bem-sucedido fornecedor de máximas em grande escala, Frachetta reconhecia abertamente as limitações da educação na estadística por esses meios. Em primeiro lugar, ele considerava que essa não era de

---

4. Para uma fácil introdução a essa questão, ver R. Mellor, *Tacitus* (Nova York, 1993), capítulo 6. Para mais detalhes, ver adiante, pp. 64-5.

5. T. Bozza, *Scrittori Politici Italiani dal 1550 al 1650: Saggio di bibliografia* (Roma, 1949), p. 80.

6. G. Frachetta, *Il Seminario de'Governi di Stato et di Guerra* (Veneza, 1613), "Proemio".

modo algum uma ciência na acepção que agora damos ao termo. Como Aristóteles ressaltara, as ciências sociais não podiam ser definidas com tanta precisão como a matemática[7]. Pelo termo "ciência política" [*scienza politica*] Frachetta não queria dizer nada mais que conhecimento ou estudo da política. Em segundo lugar, a falibilidade da mente humana levava a erros, qualquer que fosse a educação dada. Em terceiro lugar, as emoções muitas vezes predominavam sobre o bom-senso; e, em último lugar, Deus tinha a tendência de fazer com que o curso dos acontecimentos saísse diferente do que se havia pretendido.

> Não se devem, portanto, considerá-las [essas máximas] como certezas, como equações na matemática ou o movimento dos céus, que são imutáveis, mas como passíveis de erro em razão da imbecilidade da mente humana, que em questões de Estado ou de guerra forma com freqüência a opinião errada; por causa das emoções, que costumam nublar o julgamento; e por causa da vontade de Deus, que, seja para punir alguns por seus pecados, seja por algum outro fim, faz com que as coisas apresentem resultados opostos àqueles que ocorreriam segundo o julgamento humano.[8]

Ao avaliar as vantagens concedidas aos governantes pela educação nas máximas de Estado, Frachetta concluiu que "as Máximas e Normas que compõem a ciência política e a arte da guerra são necessárias para governar o Estado e conduzir a guerra. E se outros, sem elas, ocasionalmente governaram bem", prosseguiu ele, "dir-se-ia que isso ocorreu por acaso, ou que teve início em alguém instruído nessas ciências e artes, ou ainda por ter o próprio governante, em decorrência de sua longa experiência, formado um hábito semelhante à ciência"[9].

---

7. Aristotle, "Nicomachean Ethics", tomo 1, *Complete Works of Aristotle*, org. J. Barnes, vol. 2 (Princeton, 1984), p. 1728.
8. Frachetta, *Il Seminario*, p. 993.
9. *Ibid.*, p. 794.

Tendo defendido a existência da ciência política, Frachetta era cético, porém, quanto ao valor da mera formação em ciência política para a criação de estadistas competentes.

> Na verdade, é muito melhor que Príncipes e Generais [*Capitani generali*] não aprendam as ciências, mas sejam treinados nas artes de governar e do comando militar através da experiência, ou que governem com o aconselhamento de outros... em vez de aprenderem artes ou ciências que nada tenham a ver com o governo, ou com as artes de governar e de guerrear, mas proporcionadas através de intermediários. Porque dedicar-se a disciplinas que não estão em nada relacionadas ao governo é uma perda de tempo. E as informações transmitidas a Príncipes e Generais por intermediários despertam mais dúvidas que soluções. E em questões de Estado e de guerra nada é pior que a falta de resolução. Além do quê, Príncipes que aprenderam alguns conhecimentos fragmentados de questões de Estado sentem-se convencidos de que estão plenamente instruídos sobre esses assuntos...[10]

Não é nosso objetivo resolver esse dilema; nem afirmar que os textos de intelectuais necessariamente tiveram um impacto substancial no curso dos acontecimentos, por mais que eles gostassem que fosse assim; e qualquer tentativa de avaliar o nível de influência, se é que houve algum, que eles possam ter exercido seria extremamente complexa e com toda a certeza mereceria uma obra dedicada somente a esse tema. Existe, porém, uma lógica que aponta para o poder das idéias. O crítico liberal da expansão dos Estados Unidos no estrangeiro, William Sumner, escreveu na virada do último século sobre "o perigo de se ter uma doutrina solta, fora de controle, que traga consigo graves conseqüências... Você a acata agora, dentro dos vagos limites daquilo que supõe que ela seja. Logo terá de acatá-la amanhã, quando o mesmo nome servir para cobrir alguma outra coisa da qual você nunca ouviu falar e na qual nunca chegou a pen-

10. *Ibid.*

sar. Se você permite que um *slogan* político persista e cresça, um dia vai acordar para ver que ele o vigia de perto, senhor absoluto do seu destino, contra o qual você é impotente, como os homens são impotentes diante das ilusões"[11]. Sumner aludia a um nível de consciência. Num trecho muito citado mas muito truncado de sua obra *The General Theory of Employment, Interest, and Money* [A teoria geral do emprego, do juro e da moeda], John Maynard Keynes sustentou o poder do inconsciente: "as idéias de economistas e filósofos políticos, tanto quando estão corretas como quando estão equivocadas, são mais poderosas do que geralmente se pensa. Na realidade, poucas outras coisas no mundo têm tanto poder. Homens práticos, que se crêem totalmente isentos de qualquer influência intelectual, costumam ser escravos de algum economista defunto. Loucos em posições de poder, a ouvir vozes do além, destilam seu frenesi originado de algum escrevinhador intelectual de alguns anos antes. Tenho certeza de que o poder dos grupos de pressão é extremamente exagerado em comparação com a gradual intromissão das idéias. Não de imediato, é verdade, mas depois de um determinado intervalo, pois no campo da filosofia política e econômica não são muitos os que são influenciados por novas teorias após vinte e cinco ou trinta anos de idade, de modo que as idéias que funcionários públicos, políticos e até mesmo revolucionários aplicam aos acontecimentos atuais têm boa chance de não serem das mais recentes. Contudo, mais cedo ou mais tarde, são as idéias, e não os interesses de grupos de pressão, que são perigosas para o bem ou para o mal"[12].

Esse clássico ponto de vista liberal – a primazia das idéias sobre as circunstâncias materiais – não precisa gerar plena convicção para ser levado a sério. Ademais, a influên-

---

11. W. Sumner,"War", 1903: *War and Other Essays* (New Haven, 1919), p. 38.

12. J. M. Keynes, *The General Theory of Employment, Interest, and Money* (Londres, edição de 1964), pp. 383-4.

cia apresenta-se sob diferentes formas, não só em diferentes ocasiões. Uma influência direta é mais fácil de detectar mas é ao mesmo tempo mais rara; à primeira vista, as influências indiretas são mais prováveis, mas talvez sejam sutis demais para serem avaliadas. E, embora os estudiosos gostem de se considerar independentes, se não no conhecimento pelo menos no discernimento, uma leitura atenta de suas obras, aliada à compreensão mais plena de suas épocas, levanta sérias dúvidas sobre até que ponto a autonomia intelectual pode ser tida como líquida e certa. Em outras palavras, bem pode ser verdade que os políticos reflitam a erudição de intelectuais. Um professor americano de relações internacionais insistiu: "A forma do mundo dependerá da teoria que considerarmos verdadeira e do que fizermos para tentar realizá-la."[13] Seja ou não verdade, sem dúvida ocorre que os intelectuais, com maior freqüência do que gostariam de admitir, espelham as atitudes e os pressupostos dos que estão no poder. É na crença de que essas duas proposições foram verdadeiras em determinadas épocas que este livro foi escrito.

Os políticos deveriam estar familiarizados com a origem de premissas implícitas para que elas não os projetem a posições que possam prejudicar interesses almejados. A conscientização é naturalmente o primeiro passo na direção do controle. O mesmo se aplica a todos nós. Somente uma percepção da possível interdependência das idéias, dos interesses de quem está no poder e das condições internacionais correntes permite que a pessoa desconte a provável tendenciosidade antes de absorver essas idéias em sua forma mais pura. E qual é a probabilidade de que as idéias que repousam ocultas nas salas de livros raros das bibliotecas das principais universidades sejam apropositadas para aqueles que governam a política externa na atualidade? Nossos predecessores pareciam ter bastante certeza que eram. Na Grécia Antiga, quando Tucídides, que fora general, escreveu

---

13. Bruce Russett, de Yale, aos editores de *International Security*, vol. 15, nº 3, inverno de 1990/1991, p. 217.

acerca de sua *História da Guerra do Peloponeso* que "se essas minhas palavras forem consideradas úteis pelos que quiserem compreender com clareza os acontecimentos que ocorreram no passado e (sendo a natureza humana o que é), em algum momento e de uma forma bastante semelhante, irão se repetir no futuro", ele deve ter partido do pressuposto de que o passado tinha algo a ensinar ao presente, e que a razão essencial para isso residia no eterno caráter do ser humano[14]. Alguns não acreditam na possibilidade de os acontecimentos se repetirem com tal grau de uniformidade e semelhança. No nosso próprio tempo, Albert Hirschman advertiu contra "exibir idéias idênticas às que tinham sido apresentadas em época anterior, sem fazer nenhuma referência ao confronto que elas já tinham tido com a realidade, um confronto que raramente é satisfatório... circunstâncias *vagamente similares*, situadas em dois pontos diferentes e talvez distantes no tempo, podem muito bem dar origem a reações de pensamento *idênticas e com falhas idênticas* se o episódio intelectual inicial tiver sido esquecido"[15].

Frachetta levantou a questão de serem mais dignas de respeito as autoridades da Antigüidade em relação às modernas. Muitos sustentaram que as autoridades modernas tinham maior peso, já que estavam "mais perto de nós e eram mais convincentes" e que a situação vigente na época clássica, fosse no governo fosse na guerra, não era "em geral semelhante à do nosso tempo"[16]. De resto, era mais provável que as autoridades modernas persuadissem a população como um todo, pois o povo "não tem conhecimento algum da Antiguidade"; e realmente a nobreza era um pouco mais bem informada. Por outro lado, sustentou ele, "não faz nenhuma diferença que a situação vigente talvez seja hoje, sob certos aspectos, diferente da Antigüidade, tanto

14. I,22.4: Thucydides, *History of the Peloponnesian War*, org. M. Finley (Londres, 1972), p. 48. [Trad. bras. *História da Guerra do Peloponeso*, São Paulo, Martins Fontes, 1999.]

15. A. Hirschman, *The Passions and the Interests: Political Arguments for Capitalism before Its Triumph* (Princeton, 1981), p. 133.

16. Frachetta, *Il Seminario*, p. 993.

na forma de governo quanto no modo de guerrear, porque a diferença se resume a pouco ou nada..."[17]. Eis algo que precisamos examinar com cuidado à medida que prosseguimos neste texto. É possível pressupor uma perfeita relação de pertinência entre as duas situações? Podemos pressupor uma pertinência apenas parcial? A condução da política externa mudou em termos mais substanciais para nós desde a época de Frachetta do que mudara da época de Tácito até a de Frachetta?

Por que deveríamos pressupor que a redescoberta das raízes do pensar sobre as relações internacionais tem valor apenas para políticos e estudiosos de questões internacionais? O tema na realidade abrange pelo menos dois campos, a teoria das relações internacionais e a história do pensamento político. Por muito tempo existiu um imenso abismo entre eles, e até certo ponto ainda existe. Giuseppe Ferrari, em seu *Corso sugli Scrittori Politici Italiani*, de 1862, queixava-se: "O erro da escola italiana, o erro de todas as escolas, desde o passado mais distante, transitando por Locke, Montesquieu e chegando a figuras políticas contemporâneas, foi confinar o tema à idéia de um Estado isolado, como se existisse sozinho na Terra. Platão concebeu sua República como instituição isolada, assim como fez Maquiavel, de seu Estado, um mundo em si mesmo; como fez Campanella com sua Cidade universal; como fez Montesquieu com sua Monarquia leiga."[18]

Na verdade, seria possível dizer o mesmo daqueles que ensinam e escrevem a história do pensamento político hoje em dia, especialmente nas duas últimas décadas[19]. É essen-

---

17. *Ibid.*

18. G. Ferrari, *Corso sugli Scrittori Politici Italiani* (Milão, 1862), p. 793. Uma visão bastante diferente proveio mais tarde de Harvard, de autoria de Carl Friedrich: "a segurança interna e a externa são irremediavelmente confundidas uma com a outra. Essa era... a tendência de todos os escritores mais antigos, geralmente sem nenhum reconhecimento explícito do fato". *Constitutional Reason of State: The Survival of the Constitutional Order* (Providence, 1957), p. 2.

19. Uma honrosa exceção é, naturalmente, a de Richard Tuck. Ver, em particular, *The Rights of War and Peace: Political Thought and the International Order from Grotius to Kant* (Oxford, 1999).

cial algum tipo de divisão do trabalho entre os que estudam a política interna e os que enfocam as relações internacionais, pois essa divisão propicia uma quantidade cada vez maior de níveis de especialização. Isso possibilita a escavação do conhecimento em profundidades sempre maiores. No entanto, surge com isso o perigo da distorção. Uma metade do assunto é apartada da outra porque cada uma é distinta em termos conceituais, ainda que ambas estejam organicamente interligadas. Já está na hora de aqueles que ensinam a história do pensamento político começarem a se interessar pelas relações internacionais e vice-versa.

As velhas autoridades que dominam a história do pensamento político chegaram a fazer referência a relações internacionais, mas nunca de modo abrangente. O que nos legaram foram fragmentos esparsos, idéias em formação, conceitos incipientes. Nosso objetivo é buscar extrair desses fragmentos um padrão, ir mais fundo e detectar as raízes do pensar sobre as relações internacionais em toda a obra da "tradição realista" ao longo dos séculos para, finalmente, contextualizar dogmas e debates recentes e atuais. O que encontramos é interessante. Em vez de uma progressão ininterrupta na compreensão de uma geração para outra, de um século para outro, encontramos o intermitente surgimento e ocaso de certos conceitos realistas bem como uma flutuação no nível em que as idéias realistas predominam ou cedem lugar a suas equivalentes universalistas. Torna-se então difícil determinar em até que grau sucessivas gerações reinventaram ou redescobriram noções consagradas pelo tempo.

O economista político vitoriano McCulloch enxergou esse acontecimento nos estágios iniciais do desenvolvimento da economia como ciência.

> Quem reuniu um número considerável de obras de qualquer divisão da ciência ou da literatura, ou quem dedicou algum esforço a investigar sua história, dificilmente deixará de ficar surpreso, por um lado, com as indicações e explicações de sólidos princípios e doutrinas a serem encontrados entre seus primeiros cultivadores; e, por outro, com a contínua repetição de desacreditados erros e falácias.

> ... Se um escritor ou um orador se dedicar a revelar princípios, a recomendar sua aplicação ou a expô-los de uma maneira nova ou mais impactante, ele tem a obrigação de saber o que já foi dito e realizado sobre o tema e o que falta descobrir e elucidar. A obra que se segue fornece vários exemplos dos inconvenientes que resultam dessa falta de informação, demonstrando que homens qualificados se empenham na investigação de princípios e no desenvolvimento de leis que já haviam sido estabelecidas e detectadas; e propõem, como se fossem originais, especulações que já há muito estavam diante do público.[20]

Dito isso, não devemos exagerar o caso: chamar os autores nos quais estamos diretamente interessados de "teóricos" é quase com certeza impreciso, pois implica um grau mais alto de coerência e completude em sua obra do que existe[21]. Seus conceitos, como já salientado em outros textos, derivam principalmente de "intuições originais de protagonistas na política interestadual e são transformados em doutrina por ex-atores ou pretensos atores que se encontram provisória ou permanentemente afastados das atividades políticas"[22]. Tratava-se, portanto, em certo sentido, de material contaminado. "Seus proponentes são motivados pelo desejo de reconstruir intelectualmente os elementos essenciais da ação política e, com isso, facilitar a ação de

---

20. J. McCulloch, *The Literature of Political Economy: A Classified Catalogue of select publications in the different departments of that science, with historical, critical, and biographical notices* (Londres, 1845), pp. v-vii.

21. O infeliz uso equivocado desse termo a respeito dos pensadores que vamos examinar é perceptível em I. Knutson, *A History of International Relations Theory* (Manchester/Nova York, 1992). O mérito da obra está, mesmo assim, em fornecer um eclético texto introdutório a alguns elementos na história do pensamento político considerados interessantes para os estudiosos das relações internacionais.

22. G. Liska, "Continuity and Change in International Systems", *World Politics*, XVI, n.º 1, outubro de 1963, p. 134. Deve ser lembrado que Liska, quando muito jovem, foi secretário de Jan Masaryk (1886-1948) antes do suicídio ou assassinato político deste último no posto de ministro das Relações Exteriores da Checoslováquia.

outros além talvez de proporcionar ao próprio teórico um sucedâneo para a ação e a autoridade."[23] É sua utilidade que nos interessa, mas é sua própria utilidade que apresenta perigos. "Não se requer nenhum discernimento sofisticado, por exemplo, para perceber que o conceito de equilíbrio do poder tem sido usado de modos diferentes e entendido com significados distintos. E o crítico desse fato deveria suspeitar que essa suscetibilidade a variações era apreciada por participantes do sistema, e que, do ponto de vista deles, a ambigüidade descrita constitui a principal virtude do conceito em muitas situações, exceto naquelas cruciais que costumam dissolver a ambigüidade e substituí-la por um imperativo categórico, cuja aplicação pode estar carregada de dificuldades práticas mas não de dificuldades teóricas."[24] E deve-se resistir à tentação de impor, da perspectiva do presente, uma falsa coerência que não existia nas obras do passado. Não podemos, porém, dar-nos ao luxo de rejeitar princípios fundamentais da arte de governar só por causa da dificuldade de abstraí-los para verificar que valor ainda possam conter.

Cerca de trinta anos atrás, o campo da filosofia política no mundo de língua inglesa foi abalado pela percepção de que o contexto histórico era essencial para uma compreensão dos grandes textos, e que esses próprios textos deviam ser encarados não como entidades autônomas, mas como parte de uma corrente maior de pensamento. Skinner, o principal precursor dessa abordagem, escreveu: "Procurei não me concentrar tão exclusivamente nos teóricos mais importantes e preferi focalizar minha atenção na matriz intelectual e social mais abrangente a partir da qual suas obras surgiram... Considero que a vida política em si apresenta os principais problemas ao teórico político, de modo que uma série de questões mostre-se problemática e que uma série correspondente de perguntas forneça os temas principais do debate." O que ele pretendia com isso era "uma história da

23. *Ibid.*
24. *Ibid.*, p. 135.

teoria política com um caráter genuinamente histórico"[25]. Essa abordagem, embora original para a Grã-Bretanha e os Estados Unidos, era corriqueira na historiografia italiana; portanto, a revolução no nosso pensamento representou não apenas o despertar da percepção mas talvez também uma oportuna fuga da estreiteza a que estávamos acostumados. Já nos idos de 1929, Carlo Morandi afirmava princípios semelhantes num feroz ataque aos contemporâneos estrangeiros que estudavam um Bodin ou um Hobbes "retirando-os de seu contexto histórico concreto". Morandi teve a preocupação de não dar a entender que um pensador político só pode ser estudado como produto de seu tempo. Advertia ainda para que não se reduzissem princípios especulativos a motivações práticas. "A história de uma doutrina política", escreveu ele, "como a de todas as correntes de idéias, deve ser estudada em seus próprios termos para depois ser entendida dialeticamente por seu valor universal. Porém, nesse delicado momento em que a ideologia se une à história propriamente dita é que é preciso olhar a complexidade de motivos que não podem ser reduzidos a critérios intelectuais..."[26] Depois, Federico Chabod escreveu um prefácio para uma edição do clássico de Rudolf von Albertini, *Das florentinische Staatsbewusstsein im Übergang von der Republik zum Prinzipat*, publicado originalmente em 1955. Albertini apresentou seu tratado "da única forma em que se possa captar o pensamento político em termos claros e concretos, ou seja, associando-o estreita e constantemente às condições políticas e socioeconômicas da época em que tal pensamento surge, mantendo a mais firme correlação entre os problemas políticos que ocorrem de tempos em tempos e as discussões teóricas"[27]. Que esse não era um método intei-

---

25. Skinner, *The Foundations*, pp. x-xi.

26. "Lo studio delle dottrine politiche e la storia", *Rivista internazionale di filosofia del diritto*, 1929: reproduzido em C. Morandi, *Scritti Storici*, org. A. Saitta, vol. I (Roma, 1980), pp. 5-14.

27. *Firenze dalla repubblica al principato: Storia e coscienza politica* (Turim, 1970), p. xi.

ramente novo também está evidenciado não somente nos escritos de Benedetto Croce, como também nos daquele influente historiador das idéias sobre a arte de governar, Rodolfo de Mattei, cujas principais conclusões mencionaremos mais adiante. Esse é, com toda a certeza, nosso ponto de partida.

O estudo do pensamento nas relações internacionais apresenta certa semelhança com o estudo do pensamento político nos países de língua inglesa no final da década de 1960. Muitos textos, mesmo os mais recentes e bem informados, revelam uma indiferença e ignorância displicentes em relação à origem das idéias. Além disso, a prática de examinar a tradição realista nas relações internacionais como se tivesse nascido em 1939 com *Twenty Years' Crisis* [Vinte anos de crise], de Carr, ou em 1948 com *Politics among Nations* [A política entre as nações], de Morgenthau, produz uma estranha distorção no debate sobre o que normalmente se espera e o que não se espera do realismo.

Um exemplo é "Uma história de dois realismos: ampliando o debate sobre as instituições", publicado em 1997. Nessa obra, os autores, Schweller e Priess, apresentam uma defesa tendenciosa do "interesse do realismo tradicional pelas origens e pela influência das instituições internacionais"[28]. A noção transmitida sobre o realismo tradicional também apresenta sérias deficiências. Fazem-se determinadas asserções. Uma diz que "O realismo tradicional está enraizado na sociologia e na história (com alguma atenção voltada para a psicologia, a teologia e a economia)"[29]. É uma afirmação desconcertante, já que a ciência política antecede a sociologia e pode-se argumentar que seja também anterior até mesmo à história (no sentido de Ranke) como geradora e reflexo de idéias nas relações internacionais. Não é menos desconcertante na medida em que o "realismo tradicional" foi fundado originalmente sobre premissas a respeito da

---

28. R. Schweller e D. Priess, "A Tale of Two Realisms: Expanding the Institutions Debate", *Mershon International Studies Review* (1997), 41, p. 1.

29. *Ibid.*, p. 7.

natureza do homem que são nitidamente – ainda que na época não fossem reconhecidas como tal – premissas sobre psicologia. Ademais, a asserção de que os "realistas tradicionais encaram o poder como um fim em si" com toda a certeza nem sempre foi verdadeira antes de Morgenthau. Na verdade, a maioria dos realistas tradicionais acreditava serem os Estados intrinsecamente expansionistas, e não dedicados especificamente à busca do poder. Como os neo-realistas dos dias de hoje, eles de fato acreditavam que a segurança era a preocupação mais vital. Nesse sentido, mesmo que seja correto dizer que Kenneth Waltz, em sua *Theory of International Politics* [Teoria da política internacional], tomou "pesados empréstimos da microeconomia" para o arcabouço metafórico da teoria neo-realista, suas idéias centrais têm origem no passado remoto; tem a mesma origem, também, sua afirmação de que o sistema dos Estados determina o comportamento. Isso decerto não se encaixa com a alegação não incomum mas mal colocada de que "Os realistas tradicionais postulam que o poder e os interesses dos Estados determinam o comportamento", ao passo que os "neo-realistas examinam somente a anarquia e a distribuição de potenciais"[30]. E afirmações como a de que os realistas tradicionais enfocam "a distribuição relativa (equilíbrios e desequilíbrios) de potenciais entre Estados específicos ou coalizões de Estados, e não a distribuição de potenciais por todo o sistema ou a polarização do sistema"[31], estão obviamente incorretas. Uma rápida leitura de lorde Bolingbroke aliviará o interessado dessa infeliz pressuposição se ele acreditar que essa distinção seja algo mais que bizantina. Outra pressuposição equivocadamente atribuída aos realistas é a de que "os seres humanos não se encaram basicamente como indivíduos mas como membros de grupos que exigem sua lealdade"[32]. Isso parece plausível, na medida em que são os

30. *Ibid.*
31. *Ibid.*
32. *Ibid.*, p. 6.

Estados que atuam nas relações internacionais (segundo os realistas). Contudo, os autores passam então a comparar esse pressuposto com a premissa liberal de que "indivíduos autônomos e grupos particulares"[33] são os verdadeiros agentes. Essa distinção é desconcertante porque todos os realistas (e outros) que Waltz, em *Man, the State and War* [O homem, o Estado e a guerra], reúne em sua categoria da primeira imagem nas relações internacionais partem da idéia do indivíduo, não do coletivo. Maquiavel é o exemplo mais óbvio. Apenas aqueles classificados na sua segunda imagem podem ser caracterizados por raciocinar com base em agentes coletivos. E mesmo esses admitem os efeitos de "grupos particulares". Também nos deparamos com a estranha asserção da lavra de Thomas Friedman, jornalista vencedor do prêmio Pulitzer: "Não sou um realista, que pensa que, nas relações internacionais, tudo pode ser explicado pela busca do poder e da vantagem geopolítica – e que os mercados, no fundo, não fazem diferença."[34] Essa colocação desconsidera a corrente de pensamento descrita em detalhes mais adiante, no capítulo 3.

Para que os leitores não considerem que essa amnésia coletiva seja um fenômeno tipicamente americano, examinemos dois escritores britânicos que falam que o pensamento realista de "Estados-nação como constituintes de um sistema internacional que determina seu comportamento" é um fenômeno específico do século XX, aparentemente imersos na bem-aventurada ignorância de quase quatrocentos anos desse tratamento, embora seja mais provável uma displicente indiferença a esse respeito[35]. Quase onipresente nos dois lados do Atlântico é o pressuposto da racionalidade, no sentido de uma política impulsionada e deliberadamente projetada para atingir metas que maximizem

---

33. *Ibid.*
34. T. Friedman, *The Lexus and the Olive Tree* (Nova York, 2000), p. 23.
35. M. Hollis e S. Smith, *Explaining and Understanding International Relations* (Oxford, 1991), p. 92.

qualquer que seja o objetivo fixado (poder, segurança, riqueza etc.). Esse pressuposto atravessa o campo de batalha entre liberais e realistas, além de também ocupar quase toda a terra-de-ninguém. Trata-se, porém, de um mero pressuposto, e vale relembrar aos leitores que o principal objetivo dos primeiros realistas ao formular Razões de Estado consistia em apresentar e fazer vigorar os ditames da racionalidade na tomada das decisões. Era, portanto, um objetivo em si mesmo que foi desrespeitado com bastante freqüência, e não algo que se pudesse pressupor com total confiança. Especialmente numa época em que a opinião pública (aí incluídos interesses setoriais) tem voz de comando na política externa, principalmente nos Estados Unidos – por ironia também a matriz da pretensa racionalidade –, quaisquer pressupostos dessa natureza precisam ser questionados.

Outros deram-se conta da necessidade de retraçar a origem das idéias; surgiram vários textos sobre a teoria, apresentando referências ao passado mais distante. Essas olhadelas para trás, porém, não representaram quase nada além disso, como, por exemplo, no caso dos recentes debates sobre a Paz de Vestefália[36]. A história é tratada como algo estabelecido, estático, se não em franca decomposição, onde o eventual esclarecimento pode ser desenhado meramente para finalidades ilustrativas, para acrescentar colorido e não para definir o debate em questão. Onde pensadores do passado são citados – geralmente a mesma ladainha, quase sempre a partir de fontes de segunda mão e invariavelmente no idioma inglês –, é raro que suas obras tenham sido relidas com novos olhos e em sua totalidade. E mais, as obras de contemporâneos menos conhecidos das grandes figuras caíram na obscuridade do esquecimento. Mesmo quando se segue uma abordagem mais meticulosa, como no caso de Waltz e Michael Doyle, separados por quarenta anos, a atitude adotada – e prescrita pela ciência política contempo-

36. Ver, por exemplo, S. Krasner, *Sovereignty: Organized Hypocrisy* (Princeton, 1999).

rânea – restringe-se à dedicação intelectual e é exclusivamente instrumentalista em seus objetivos. Os escritores alvo do exame não são valorizados em si e por si, mas como exemplos para considerações teóricas atuais. É claro que essa é uma iniciativa perfeitamente aceitável. O preço pago está, entretanto, no processo de simplificação, pois o significado é específico ao contexto e o contexto em si é sujeito a transformações radicais.

As lições da escola do pensamento político podem contribuir para a nossa compreensão das relações internacionais. No entanto, em vez de tratar o assunto apenas na perspectiva de pensadores individuais dispostos numa seqüência meramente cronológica, sem dúvida faz mais sentido segmentar áreas específicas do pensamento para uma contextualização mais profunda. Nosso enfoque é o pensamento realista. O pensamento realista deve ser distinguido do pensamento moralista principalmente por sua tese de que a condução das relações internacionais não deve estar sujeita às restrições dos valores morais, e não, como se poderia pensar, por sua isenção de valores. Foi essa tese que diferenciou Maquiavel de seus predecessores e, de fato, de todos os seus sucessores imediatos na ciência política. Contudo, a alegação de que o pensamento realista não é em si normativo – ou seja, que não procura promover valores mas apenas refletir a realidade – é certamente insustentável.

O exemplo mais impressionante é a noção muito desenvolvida do Equilíbrio do Poder. No final do século XX, ela encontrou seu crítico mais enérgico e convincente no jovem Ernst Haas, cuja tese de doutorado destacou de modo espantoso e devastador não só a perturbadora elasticidade da expressão ao longo do tempo e em diferentes contextos, mas também o fato de ter ela servido como descrição de estrutura e como meta de política adotada a partir de escolhas, sujeita, portanto, a valores: "o mero emprego da expressão [Equilíbrio do Poder] em qualquer documento diplomático", escreveu Haas, "nada prova acerca das exatas motivações de seus autores. Uma análise detalhada de toda a situação da política interna e diplomática é imprescindível antes que se possa lançar qualquer luz sobre essas motivações; e, somente depois de realizada uma análise assim, pode-se arriscar uma generalização quanto ao que cada plenipotenciário quis dizer – no caso de ele ter querido dizer alguma coisa – com o emprego da expressão"[37]. Uma crítica dessa natureza serve de aviso a todos os que aspiram a conceitos permanentes, de suposta validade universal qualquer que seja sua origem. Temos de nos defender contra o argumento de que esses conceitos tiveram seu significado alterado em diferentes lugares e ao longo do tempo, perdendo com isso seu aspecto absoluto.

O único modo de enfrentar uma acusação tão assustadora, e a única esperança de recuperar algo do desastre, é empregar os próprios métodos usados pelos que estão no campo vizinho do pensamento político: pesquisando mais profundamente o contexto histórico, reconhecer esses conceitos como produtos históricos. No mínimo, isso poderá nos dizer mais a respeito da verdadeira natureza do sistema internacional em épocas mais distantes, ao longo de cuja trajetória nos encontramos hoje. Isso nos permitiria escapar e nos proteger da tosca transposição de idéias aparentemente familiares de outrora para o contexto atual, possivelmente inadequado. Na melhor das hipóteses, esse método de fato poderá nos permitir refinar ainda mais essas noções e adequá-las a necessidades atuais e futuras. Seja como for, o processo de separar e descartar o que for desnecessário é uma tarefa imprescindível para o progresso.

Para evitar equívocos, esclareçamos mais detalhadamente o que queremos dizer com o termo "realista". Para as finalidades atuais, ele pode ser resumido pelo termo elizabetano "estatista": ou seja, o enfoque das relações internacio-

---

37. E. Haas, *Belgium and the Balance of Power: A Critical Examination of some Balance of Power Theories in the Light of the Policy Motivations of the Major European States toward Belgium, 1830-1839* (Tese de Doutorado, Columbia University, 1953), p. 85.

nais é o comportamento do Estado, sendo sua segurança e seus interesses a mais alta prioridade na vida política. Outras definições têm sido propostas. Segundo a concepção de Hans Morgenthau, a busca do poder era o objetivo absoluto de todos os Estados. Waltz, por sua vez, encarou-o como a busca de segurança. Robert W. Tucker fala de um sistema de autodefesa. Todos admitem um sistema internacional anárquico. Como podemos ver, não existe uma teoria única; trata-se mais de uma coleção de abordagens com ênfase em pontos diferentes, mas convergindo para um núcleo central comum a todas[38]. Geralmente o realista adotará uma visão pessimista ou "agostiniana" do comportamento do homem, da sociedade ou de ambos na condução das relações internacionais. Essa definição evita a tendência implícita de tratar os "realistas" como se fossem necessariamente os mais próximos da realidade; o que talvez seja verdadeiro em muitos casos; em alguns, obviamente falso. Alguns pressupostos questionáveis foram acrescentados à lista de características, sendo o principal a crença de que os Estados são agentes "racionais" e "unitários" empenhados em atingir interesses fixos e identificáveis[39]. O filósofo escocês Adam Ferguson (1723-1816) disse com acerto que a atmosfera em que julgamos o comportamento influencia as causas que atribuímos a esse comportamento: "como motivos de conduta para com homens, fazemos aquelas considerações que nos ocorrem nas horas de recolhimento e de fria reflexão. Nesse estado de espírito, é freqüente que não consigamos encontrar nada de importante, além da deliberada busca de um interesse..."[40]. Nessa atmosfera, é menos provável que o pensador se estenda às emoções como motivação para a ação. No passado, os realistas decerto não pressupuseram a racionalidade;

---

38. Ver B. Frankel, org., *Roots of Realism* (Londres, 1996), p. ix.

39. J. Grieco, "Realist International Theory and the Study of World Politics", *New Thinking in International Relations Theory*, org. M. Doyle e G. Ikenberry (Boulder, Colorado, 1997), p. 165.

40. A. Ferguson, *An Essay on the History of Civil Society* (Edimburgo, 1767), p. 17.

a racionalidade era uma meta, o ideal para onde o estadista avançava. E como havemos de interpretar a audaciosa asserção, feita por Waltz, de que "os realistas consideram que as causas correm numa direção, de Estados em interação para os resultados de seus atos", ou seja, que eles deixam de considerar o impacto do sistema de Estados no comportamento do Estado?[41] Em comparação, alega, o mesmo Waltz, "o neo-realismo sustenta que a política internacional pode ser entendida somente se os efeitos da estrutura forem acrescentados às explicações do realismo tradicional no plano da unidade"[42]. Entretanto, como veremos no capítulo sobre o Equilíbrio do Poder, as abordagens do realismo tradicional não eram de modo algum tão limitadas, nem demarcadas por pressupostos de racionalidade, nem confinadas a explicações no plano da unidade.

Porém, mesmo que adotemos a definição mais ampla de "realista", que geralmente implica uma visão pessimista da natureza humana, poucos contestariam a afirmação de que as relações entre Estados, pela maior parte da história, foram conduzidas principalmente segundo normas realistas e não utópicas ou legalistas. A linhagem do pensamento realista é realmente longa. Os registros escritos limitam nossa escopo a Grécia, Índia e China. Pesquisas sobre a diplomacia grega – ou, melhor, sobre a falta de diplomacia em nosso sentido do termo – salientaram a ausência de um espírito de cooperação e a enorme e avassaladora importância dada ao sucesso na sociedade do mundo helênico. A guerra era corriqueira, e os diplomatas gregos falavam como todos os gregos: sem rodeios, em grande parte por serem essas práticas públicas[43]. A belicosidade e as ameaças eram a tônica; a moderação da linguagem nas relações interesta-

41. K. Waltz, "Realist Theory and Neorealist Theory", C. Kegley, org., *Controversies in International Relations Theory: Realism and the Neoliberal Challenge* (Nova York, 1995), pp. 74 e 80.

42. *Ibid.*, p. 78.

43. J. Grant, "A note on the tone of Greek diplomacy", *The Classical Quarterly*, LIX (XV), 1965, pp. 261-6.

duais, uma prática quase desconhecida. Xenofonte (435-354 a.C.) relata o pedido de auxílio, feito por Tebas aos atenienses, contra Esparta em 395 a.C.: "Todos sabemos que vocês gostariam de recuperar seu antigo império – não tenham medo por Esparta ter muitos súditos, mas... extraiam coragem disso pensando que vocês também, quando tinham mais súditos, tinham mais inimigos. No entanto, enquanto não tinham ninguém para fortalecer suas revoltas, esses inimigos ocultaram o ódio que sentiam por vocês; mas, quando os lacedemônios vieram para defendê-los, revelaram então seus sentimentos."[44]

Esse é o tipo de contexto em que deve ser visto o famoso diálogo entre os ameaçadores atenienses e suas vítimas, os habitantes de Melos, conforme relatado por Tucídides. É nele que se encontra "que realmente os fortes fazem o que têm o poder para fazer, e os fracos aceitam o que têm de aceitar"[45]. É nele também que se encontra a referência a "uma lei geral e necessária da natureza para dominar o que for possível"[46], bem como a acusação de serem os espartanos "famosos por considerar digno de honra o que lhes agrada e justo o que convém a seus interesses"[47]. De modo semelhante, no *Górgias* de Platão, Cálicles diz a Sócrates que "os fracos são maioria entre os que criam as regras"; que na criação dessas normas "eles cuidam de si mesmos e de seu interesse próprio; e que também é esse o critério que usam quando fazem elogios e críticas"; e ainda que "outras criaturas demonstram, como o fazem as nações e comunidades humanas, que a justiça tem sido determinada da seguinte forma: a pessoa superior dominará a inferior e terá mais do que ela". Os filósofos estavam "totalmente fora de sintonia com a natureza humana"[48]. E nas *Leis*, de Platão, aparece esta

---

44. *Ibid.*, p. 263.

45. Thucydides, *History of the Peloponnesian War*, org. M. Finley (Londres, 1972), 5, 89

46. *Ibid.*, 5, 105.

47. *Ibid.*

48. Platão, *Górgias*, org. R. Waterfield (Oxford/Nova York, 1998), pp. 65-7.

audaciosa afirmação de Clínias, o Cretense: "de acordo com a natureza, há sempre uma guerra não declarada que envolve cada cidade-Estado contra todas as outras cidades-Estado"[49].

Aproximadamente na época de Platão (entre os séculos V e IV a.C.), surgiu na Índia o *Arthashastra*, uma síntese dos princípios econômicos e políticos reunidos por Kautilya. Não se sabe se o nome do autor deriva, como já foi alegado, do termo sânscrito para "sagaz", "astuto" e "perverso" (*kutila*)[50], mas o texto sem dúvida reflete essas qualidades. Kautilya descreve um sistema indiano de Estados que parece familiar aos que têm conhecimento da Europa medieval e do início dos tempos modernos, com Estados governados por famílias cujas relações pessoais afetavam as relações interestaduais de modo positivo tanto quanto negativo. Kautilya enfoca principalmente a posição do conquistador em potencial que sempre almejava aumentar seu próprio poder à custa dos outros e se dispunha a fazer isso estabelecendo-se no centro de um círculo de Estados. Passa então ao exame dos seis métodos de política externa, com os quais não precisamos nos ocupar aqui. Basta dizer que eles incluem o conselho de que o rei deve "firmar a paz com um rei de poder igual ou maior; contra um rei mais fraco, deve travar guerra"[51]. A única hora em que o rei deveria se abster de guerrear com um rei mais fraco era quando, "ao entrar em ação, não houvesse nem um aumento de sua própria força nem uma redução da força do inimigo"[52]. Muitos outros pontos que podem ser encontrados nesse texto prenunciam Maquiavel, e também – embora em menor grau – a obra de Shang-chün (conhecido como lorde Shang), que ocupou alto posto na dinastia Ch'in entre 359 e 338 a.C. Por sua vez, num comentário que lembra de forma incrível e macabra o sábio italiano, Shang escreve: "A força produz o

---

49. Platão, *Leis*, 626A.

50. Para essa afirmação: Narasingha Prosad Sil, *Kautilya's Arthashastra* (Londres, 1985).

51. Kautilya, *The Arthashastra*, org. L. Rangarajan (Londres, 1992), p. 566.

52. *Ibid.*, p. 567.

poder, o poder produz o prestígio, o prestígio produz a virtude, e assim a virtude tem sua origem na força, que somente um príncipe-sábio possui. Ele é, portanto, capaz de transmitir benevolência e correção ao império."[53]

Um motivo não insignificante para não começarmos nossa exposição com esses pensadores é que sua obra se encontra separada do período moderno por uma lacuna grande demais no tempo e, em alguns casos também, por uma lacuna grande demais em termos geográficos e culturais. Mesmo com relação à redescoberta de Tucídides, nenhuma influência discernível evidenciou-se até que o pensamento sobre as relações internacionais recuperou a maior parte, se não a totalidade, do terreno perdido na Idade Média.

O fato de que práticas e idéias realistas predominaram no passado é, porém, amplamente admitido mesmo por aqueles que afirmam não ser o realismo uma resposta aos problemas atuais. Com efeito, para muitos, sua busca de alternativas resulta de uma repulsa moral diante da obstinada persistência do realismo ao longo dos séculos. Dois importantes teóricos das relações internacionais, no fundo contrários ao realismo, corroboram isso. Robert Keohane nos informa que, "há mais de 2000 anos, o que Hans J. Morgenthau batizou de 'Realismo Político' constitui a principal tradição para as análises das relações internacionais na Europa e em suas ramificações no Novo Mundo"[54]. Michael Doyle também encara o realismo não só como "nossa teoria predominante" mas como "nossa teoria mais antiga"[55]. Por outro lado, o pensamento sobre as relações internacionais jamais aceitou isso como algo inevitável. Existe há muito tempo uma opinião que pode ser resumida como a crença de que o Estado está meramente em transição, um enema que ficou inexplicavelmente alojado nas entranhas das relações internacio-

53. *The Book of Lord Shang*, org. J. Duyvendak (Londres, 1963), p. 259.

54. R. Keohane, org., *Neorealism and its Critics* (Nova York, 1986), p. 158.

55. M. Doyle, *Ways of War and Peace: Realism, Liberalism, and Socialism* (Nova York/Londres, 1997), p. 41.

nais. O comportamento realista nas relações internacionais, com base numa visão pessimista do homem, da sociedade ou dos dois, pode muito bem ser tão antigo como Adão e Eva. É verdade, porém, que, se ele fosse sempre e em toda parte a norma estabelecida, os realistas que criticam a condução atual das relações internacionais não teriam o que criticar. Na verdade, pode-se defender a teoria plausível de que o pensamento universalista e idealista é anterior ao pensamento realista por uma margem considerável, como veremos mais adiante. Além disso, é a pura verdade que os regimes com freqüência se desviaram da trilha realista. O argumento de que, à semelhança da elevação dos preços do mercado de ações em relação a seu valor fundamental, os governos simplesmente não podem se dar ao luxo de com o tempo se desgarrar constantemente da norma, sob pena de perderem o poder para seus rivais, não nos diz por quanto tempo eles podem seguir essa tendência até que a inevitável correção se imponha. O fato de poderem se desgarrar da norma e de que realmente o fazem é inegável. Isso exige, portanto, que levemos a sério os caminhos alternativos escolhidos e seu fundamento lógico. De resto, o fato de o comportamento realista ter, por muito tempo, permanecido instintivo, indefinido e incontestado também significou que ele permaneceu exposto ao uso indevido, permitindo que seu principal objetivo – a proteção e promoção dos interesses do Estado – se perdesse de vista com uma condescendência violenta sob a poderosa influência da emoção desenfreada: "paixões", na linguagem da época.

Esta obra enfoca diversos conceitos-chave do pensamento realista à medida que foram evoluindo de seu ponto de origem no debate público para entrar no uso corrente da argumentação contemporânea.

As Razões de Estado surgiram para expressar a primazia do Estado sobre os vestígios medievais do império universal; para argumentar que nenhum valor, seja moral seja secular, deveria estar acima da segurança do Estado. Isso significava efetivamente que as normas morais aplicáveis ao indivíduo não eram transferíveis ao Estado em sua atuação para com os cidadãos ou para com outros Estados. Também indicava um avanço significativo em relação à condução dos assuntos de Estado de acordo com as paixões ou caprichos do governante. E desse modo representava a subordinação dos assuntos de Estado aos critérios da razão – nesse caso, a eficácia na segurança da comunidade –, mas com a elevação dos assuntos de Estado acima de todos os outros interesses.

De modo semelhante, a noção do Equilíbrio do Poder reforçava a segurança do Estado diante das pretensões universalistas ou imperialistas de outros Estados. Salientava, porém, uma importante correção à idéia de que um interesse obtuso e imediatista deveria irrevogavelmente predominar. Pois o Equilíbrio se baseava na noção de que um interesse comum surgia das Razões de Estado, na medida em que a sobrevivência do Estado individual dependia da preservação de todo o sistema de Estados contra a hegemonia de alguma Potência única ou mesmo contra sua completa implosão. Nesse sentido crucialmente, as Razões de Estado ditavam o Equilíbrio do Poder. E ambos eram elementos tanto restritivos como liberadores da atuação estatal. Porém, o interessante é que, ao passo que surgia uma forte reação contra a noção de Razões de Estado (sobretudo por parte da Igreja na Contra-Reforma), a idéia do Equilíbrio do Poder foi prontamente aceita como força das circunstâncias. Entretanto, em nenhum lugar se supôs que o Equilíbrio pudesse ser aplicado sem guerra. Isso ressaltava o fato de que tanto as Razões de Estado como o Equilíbrio do Poder continham dentro de si pressupostos sobre a tendência do homem ou da sociedade a lutar para dominar os outros.

Esses conceitos vieram a prevalecer na esfera política. Mas tiveram seus equivalentes em outra esfera – a da economia. Nessa, a noção da Balança Comercial, conhecida de outro modo como protecionismo ou, em termos mais coloridos, como "maquiavelismo mercantil", complementou tanto as Razões de Estado como o Equilíbrio do Poder. O raciocínio era que a capacidade comercial respaldava o poder político. Ademais, o poder de produção excedia de longe o valor de troca de mercadorias básicas; logo, esse poder deveria ser desenvolvido e atrelado ao Estado. Não se podia permitir que a economia seguisse seu curso natural. A noção de Balança Comercial resistia desse modo às asserções universalistas e individualistas da teoria liberal do comércio, visto que essa teoria, da mesma forma que o marxismo, buscava efetivamente a extinção final do Estado. Foi assim que a Balança Comercial destacou a oposição realista ao universalismo liberal, o sucessor secular ao *corpus christianum* e às idéias medievais de um império universal acima e além do Estado. E não demorou muito para que o universalismo liberal desafiasse também as noções do Equilíbrio do Poder.

A ironia foi que a expansão desenfreada do capitalismo de mercado, liberado dos grilhões da Balança Comercial pela teoria ricardiana no século XIX, presenciou na Grã-Bretanha a formação do maior império mundial desde Roma. O processo de expansão territorial intensificou a questão do espaço nas relações internacionais – do espaço e da topografia. O Equilíbrio do Poder parecia depender da expansão intercontinental, e o império, por sua vez, examinava com olhos ansiosos as vulnerabilidades da comunicação por mar aberto e as distâncias incríveis entre as massas continentais de terra. A simultânea ascensão da biologia, na qual a própria noção de luta foi tomada emprestada do mundo das relações internacionais, coincidiu com o surgimento do nacionalismo alemão, agora despido de ilusões liberais. Nascia a idéia de que o espaço era vital à própria existência do Estado; e de que o espaço vital era uma questão de sobrevivência para o Estado. Esses dois processos – o biológico e o mecanicista – convergiram e irromperam no conceito de geopolítica na Europa setentrional da virada do século XX.

Essa reunião de idéias interdependentes formou o núcleo do pensamento realista no século XX. A noção de Razões de Estado ressurgiu sob o disfarce da *Realpolitik* na Alemanha do século XIX e com o tempo acabou cruzando o

Atlântico. O Equilíbrio do Poder, atacado pelo liberalismo wilsoniano, ressurgiu ainda mais forte em reação à Alemanha nazista e ao Japão imperial na Segunda Guerra Mundial. A Balança Comercial tornou-se o ponto principal para a industrialização americana, alemã, japonesa e russa, e mais tarde também para a maior parte do Terceiro Mundo. Concepções geopolíticas popularizaram-se ao garantir a ascensão dos Estados Unidos como potência global contra a expansão da Rússia de Stálin.

Capítulo 1
Razões de Estado

> Dificilmente há algum termo mais famoso na política do que esse. Ministros classificaram-no como segredo de Estado e guardaram-no com cuidado em seus gabinetes, enquanto professores universitários e homens de letras se torturaram no esforço de defini-lo e explicá-lo.
>
> Barão de Bielfeld[1]

A noção de Razões de Estado, conscientemente ou não, é comum a todos os realistas: a crença em que, no que diz respeito às relações internacionais, os interesses do Estado prevalecem sobre todos os outros interesses e valores. Contudo, o pressuposto defendido por alguns realistas, de que esses interesses prevalecem por vontade própria, por "necessidade" – daí a versão alternativa, "necessidade de Estado" –, não se sustenta. Assim, as Razões de Estado podem ser definidas de forma mais precisa como a crença em que, no que concerne às relações internacionais, os interesses do Estado *devem* prevalecer sobre todos os outros interesses e valores. Pois é evidente – como se demonstrará mais adiante – que uma visão alternativa prevaleceu de tempos em tempos, de modo não pouco significativo na mente dos nossos predecessores que refletiam sobre a condução da política externa.

Ao examinar a evolução das Razões de Estado, desde Maquiavel, deparamo-nos com as seguintes proposições:

As razões de Estado surgiram para legitimar uma nova formação social, o Estado, em oposição a uma alternativa universalista: a princípio, o Santo Império Romano e a Igreja universal.

---

1. Barão de Bielfeld, *Institutions Politiques* (Paris, 1762), vol. 3, pp. 277-8.

A pretensão essencial do Estado à legitimidade estava em seu papel de garantir a segurança do povo no lado de dentro de suas fronteiras.

No nível prático, as Razões de Estado também representam uma tentativa de organizar linhas de ação para combater a predisposição universal ao conflito.

Logo, as Razões de Estado desempenhavam um papel duplo: o da legitimação e o da garantia de eficiência na consecução de objetivos fixados pelo Estado.

A maior parte da discussão sobre as Razões de Estado girava em torno dos pressupostos sobre as origens do impulso de guerrear: como as Razões de Estado foram projetadas para controlar aquelas forças poderosas e destrutivas – geralmente identificadas como "paixões" –, a proveniência destas tinha de ser conhecida, bem como seu *modus operandi* e sua relação com a intencionalidade.

Mais recentemente, esses pressupostos passaram a ser identificados como as três imagens de Kenneth Waltz – referentes à natureza do homem, à natureza da sociedade ou à natureza do sistema dos Estados, ou combinações de quaisquer das três.

As duas primeiras eram, porém, essencialmente intercambiáveis, já que era de aceitação geral que as "paixões" que impeliam o homem ao conflito também empurravam a sociedade à guerra. Examinaremos detidamente a terceira imagem no próximo capítulo, sobre o Equilíbrio do Poder, se bem que para os objetivos atuais ela possa ser vista como um produto histórico das duas primeiras – já que, uma vez instaladas a ação e a reação, as expectativas de ação determinariam o comportamento; o comportamento, assim, *pareceria* ser dirigido sistemicamente.

A imposição de ordem na criação de planos de ação segundo os critérios racionais das Razões de Estado, que propositadamente excluíam os interesses pessoal ou setorial tanto quanto a obediência a autoridades ou a valores morais mais elevados, faz-nos lembrar que a racionalidade na criação de políticas externas era um objetivo, e não algo preestabelecido (como muitos supõem agora). Mesmo que funcionasse como objetivo, ela era, como qualquer princípio político, realizada somente de forma aproximada, logo imperfeita – como um resultado do que Clausewitz teria definido como introdução do atrito –, o que aos olhos de muitos minava qualquer legitimidade que ela reivindicasse.

Porém, o mesmo pode ser afirmado sobre os princípios universalistas. Sua estatura como força legitimadora inevitavelmente tornou sua adoção um disfarce conveniente ao exercício de pretensões particulares à monarquia universal.

A alternativa universalista mudou, possivelmente já na época de Vitoria, certamente com Grócio, de uma base explicitamente religiosa ou de uma tentativa de remontar à glória e segurança de Roma para a base puramente secular e imparcial dos primórdios do liberalismo cosmopolita. Essa questão será investigada em profundidade no Capítulo 3, sobre Balança Comercial.

Pode-se argumentar que, ainda mais do que o universalismo islâmico em ressurgimento, é o cosmopolitismo liberal que desafia as Razões de Estado até os dias de hoje. No entanto, desenredar esse conceito dos interesses particulares de Estados individuais continua problemático como sempre. Também seria plausível alegar que, pelo menos, as Razões de Estado são mais francas quanto ao egocentrismo dos objetivos do Estado – mas somente, na prática, se o país admitir internamente a integridade na condução da política externa.

Entretanto, muitas coisas giram em torno do pressuposto de que a condução de relações internacionais é ditada pelas mesmas forças platônicas da época em que as Razões de Estado surgiram pela primeira vez. Teria o mundo realmente mudado para melhor?

São essas as linhas gerais que se formam a partir do registro histórico esboçado abaixo.

Em latim, a expressão mais próxima de Razões de Estado é *ratio rei publicae*; no italiano do século XV, é *ragion* (ou *ragione*) *di stato*; no inglês dos primórdios da Inglaterra moderna é *statism*, e mais tarde *reason* ou *reasons of state*; na

Alemanha, *Staatsräson;* e na França, *raison d'état.* A terminologia francesa veio a prevalecer porque o francês substituiu o latim como a língua da diplomacia na Europa moderna tardia. Qualquer que seja a língua, porém, ela representa a subjugação daqueles princípios morais, normalmente aplicáveis ao comportamento do indivíduo nos interesses da comunidade para a condução do governo: na verdade, não faz diferença se essa comunidade é um "Estado nacional", como o conhecemos hoje, ou outra autoridade como a cidade-Estado medieval. Mas o surgimento da expressão como conceito explicitamente articulado na vida política tem ainda assim importância considerável, pois assinala a aceitação do Estado como um mecanismo duradouro para garantir a segurança e a prosperidade da comunidade. Não é por acaso que o conceito se manifesta em plena luz do dia somente com a ascensão do Estado moderno, durante a baixa Idade Média e o início da era moderna, aproximadamente de 1300 a 1600.

O termo originou-se nos primórdios da Itália moderna e despontou simultaneamente com a redescoberta do mundo clássico, que em grande parte esteve desaparecido na Idade Média após a queda de Roma. Não causa surpresa, portanto, saber que pelo menos um intelectual italiano, Secondo Lancellotto (1583-1643), exclamou: "Digam o que disserem, eu sempre considerei as Razões de Estado [*Ragione di Stato*] não modernas, mas bem antigas."[2] Com efeito, Rodolfo de Mattei, importante especialista no assunto, séculos mais tarde afirmou que "o mundo da Antiguidade... era bem familiarizado com o conceito e o ensinava, desenvolvendo uma variedade de termos diferentes"[3].

Eles estão certos e errados. Podem-se encontrar citações que parecem se encaixar. Porém numa observação

2. S. Lancellotto, *L'hoggidì overo Il mondo non peggiore, né più calamitoso del passato,* (Veneza, 1627-36), citado em R. de Mattei, *Il problema della "Ragion di Stato" nell'età della Controriforma* (Milão, 1979), p. 48.

3. R. de Mattei, *Il problema,* p. 40.

mais atenta a linguagem sugere que em Roma e na Grécia Antiga o conceito era expresso apenas numa forma muito rudimentar. Por exemplo, Etéocles, em *As fenícias* de Eurípides, declara: "Pois, se for preciso fazer o mal, então é bom fazê-lo em nome da autoridade; mas, caso contrário, dever-se-ia agir com justiça."[4] Em Cícero, os termos mais próximos que podem ser encontrados significam "os interesses do Estado" ou "assuntos públicos"[5]. O compendiador Floro, um índice confiável do espírito de sua época, atribuiu pouco peso à expressão *ratio rei publicae,* o que sugere a possibilidade de a noção não ter sido muito difundida[6]. Ele disse algo que está na raiz da idéia: que agir pela comunidade exime o agente da obediência ao código moral de praxe. Entretanto, o conceito parece não ter sido usado por César, Salústio, Lívio ou Tácito. E uma autoridade não menor que Friedrich Meinecke insiste que, apesar da semelhança aparente, na Antiguidade a noção "nunca (ou pelo menos sem absolutamente nenhuma constância) parecia apontar para a concepção de uma personalidade de Estado independente e supra-individual que se destacasse em comparação com os governantes da época"[7].

É espantoso também que não exista termo semelhante em chinês, em russo e nem mesmo em árabe. Trata-se quase exclusivamente de uma invenção, de lavra e uso, da Europa Ocidental moderna. Isso ilustra um ponto importante. Por que o termo haveria de surgir onde surgiu, quando surgiu, e em mais nenhum outro lugar de que se haja registro?

Devemos fazer a distinção entre língua e prática. A ausência do termo em outras línguas e culturas não significa

4. F. Meinecke, *Machiavellism: The Doctrine of Raison d'Etat And its Place in Modern History* (Londres, 1957), p. 25. Esse é decerto um clássico sobre o assunto, especialmente em razão da amplitude da erudição do autor e da brutalidade de seus julgamentos.

5. Cícero, *Ep. ad Fam.* 10.16.2, e *Pro Sestio* 103, *Pro Sulla* 10. Minha gratidão ao dr. C. Kelly por essas e outras referências semelhantes.

6. Lucius Florus, *Epitome of Roman History*, 1.2.8.

7. Meinecke, *Machiavellism*, p. 26.

que não existisse ou que não exista a prática que ele denota. Pelo contrário, sua ausência em outras sociedades pode perfeitamente indicar que não surgiu nenhuma alternativa em desafio à prática – que reinava suprema e era, assim, tacitamente aceita. Esse parece ter sido o caso da China e das culturas eslava e islâmica. Em certo sentido, o termo apenas tornava explícito o que em parte esteve sempre implícito na prática diplomática habitual. "Ninguém se preocupou em codificá-la: a diplomacia era perpetuada como uma arte, como uma tradição, como os segredos das chancelarias..."[8] O príncipe Adam Czartoryski, consultor de política externa do czar Alexandre I, notou: "As máximas sobre as quais se fundamentam as relações entre os Estados, desde que há Estados no mundo, são uma espécie de tradição oral, antiga como a História, uma opinião, ou mais exatamente uma prática instintiva que as pessoas seguiram sem jamais tê-la estudado com suficiente rigor e depois de terem deixado desaparecer as revelações iniciais."[9] É esse ponto que sugere o principal motivo pelo qual o termo "Razões de Estado" despontou no início dos tempos modernos na Europa: ele surgiu em reação ao pressuposto obstinadamente sustentado de que algum valor mais alto que o Estado governaria a atuação política e determinaria não apenas objetivos políticos finais mas também os meios escolhidos para tentar alcançá-los. Como Tucker ressaltou há alguns anos a respeito das Razões de Estado, "o problema da justificação não precisa aparecer. Ele não aparece onde não existe a consciência de uma ordem que impõe obrigações ao indivíduo e é independente da ordem da coletividade e potencialmente se opõe a ela. Onde os homens se identificam totalmente com a coletividade à qual pertencem, onde crêem que a 'saúde e a força' do coletivo não constituem apenas o imperativo mais elevado, mas o único imperativo moral, o problema da

---

8. Maude-La-Clavière, *La Diplomatie au temps de Machiavel*, vol. 1 (Paris, 1892), p. 6.

9. Le Prince Czartoryski, *Essai sur La Diplomatie* (Paris, 1864), p. 10.

razão de Estado não se manifesta e não pode se manifestar"[10]. A ortodoxia incontestada não exige justificação. Essa era apenas uma condição prévia. Afinal, os preceitos islâmicos não contestavam tal idéia? A segunda condição prévia era a liberdade da palavra impressa, para que as contradições na visão de mundo pudessem ser incorporadas ao debate aberto entre os que se situavam fora dos limites do tribunal ou da assembléia.

Quais eram exatamente esses valores e como vieram a prevalecer?

Na Europa medieval, havia uma noção orgânica de unidade que transcendia as fronteiras territoriais. A língua franca para os instruídos era o latim. O Império Romano havia também deixado uma herança de crença numa cultura comum, numa autoridade comum – fosse o Papa (espiritual), fosse o Santo Imperador Romano (legal) –, bem como num destino comum sob o cristianismo. O sentido de autonomia territorial individual das várias nacionalidades que compunham a Europa Ocidental após a queda de Roma (476) era fraco. Num plano, a lei prejudicava a jurisdição territorial através do princípio reinante de que um homem deve ser julgado somente por seu próprio povo e não pelos tribunais de outros, mesmo que o delito cometido desrespeitasse a lei da sociedade que o acolhia. Em outro plano, a preservação dos princípios do direito romano (em forma mutilada) sustentava o mito de um império universal que transcendia toda autoridade particular. Por exemplo, Santo Isidoro (560-636), bispo de Sevilha, afirmava que os sucessores bárbaros aos territórios que haviam pertencido à antiga Roma continuavam a ser meros *Regna* (reinos) no interior de um *Imperium* (império)[11]. Depois disso, Carlos Magno (742-814), governante dos francos, empenhou-se em ser coroado pelo papa Leão III como *imperator augustus romanum gubernans*

10. R. W. Tucker, "Peace and War" (uma resenha de R. Aron, *Paix et Guerre entre les nations*), *World Politics*, janeiro de 1965, XVII, n.º 2, p. 322.

11. J. Morrall, *Political Thought in Medieval Times* (Toronto, 1980), p. 18.

imperium – sucessor dos imperadores romanos[12]. O vasto império que ele construiu necessitava, portanto, de legitimação; e a Igreja necessitava igualmente de apoio militar.

O direito romano (*Corpus Iuris Civilis*) fora sintetizado na forma do Código e do Digesto do imperador Justiniano (482-565), que governava em Bizâncio. Mais tarde passou a ser o enfoque dos estudos escolásticos. Esses estudiosos, os glosadores e mais tarde os comentadores, desempenhavam cada vez mais um papel crucial tanto na justificação da autoridade imperial central quanto em seu enfraquecimento. Foi em reação às reivindicações de imperadores alemães e do Papado – que se arrogava o domínio espiritual com conseqüências políticas –, bem como de rivais internos[13], que a doutrina da soberania começou a emergir, formalizada na frase: *Rex in regno suo est Imperator regni sui* (o rei em seu próprio reino é imperador de seu próprio reino). A doutrina parece ter-se originado na França. A bula papal *Per venerabilem*, de 1202, determinava: "*Quum rex ipse superiorem in temporalibus minime recognoscat, sine juris alterius lesione in eo se juridictioni nostrae subjiceri potui et subjecit.*"[14] A corte francesa adotou a primeira frase, que reconhecia a superioridade do rei em assuntos temporais, mas omitiu a segunda metade do período, que restringia essa autoridade. Como notou o historiador Ullmann, a decretal de Inocêncio III (1160-1216) continha em si o "germe da idéia de soberania"[15]. Assim, já no final do século XIII, o jurista Gulielmus Durandus (1237-1296) ressaltava com alguma propriedade que o rei de França "não admitia um superior em assuntos

---

12. Para o contexto em termos de pensamento político: H.-X. Arquillière, *L'Augustinisme Politique: Essai sur la formation des théories politiques du moyen-âge* (Paris, 1934), capítulo 4.

13. Ver Olivier-Martin, *Histoire du droit français* (Paris, 1948), p. 235: citado em A. Bossuat, "La Formule 'Le Roi est empereur en son royaume': Son emploi au XVe siècle devant le parlement de Paris", *Revue historique de droit français et étranger*, vol. 39, 1961, n.º 3, p. 371.

14. Bossuat, "La Formule...", p. 373.

15. W. Ullmann, "The Development of the Medieval Idea of Sovereignty", *The English Historical Review*, vol. LXIV, n.º CCL, janeiro de 1949, p. 8.

temporais"[16]. Os franceses, então, distorceram ainda mais essa doutrina através de mais comentários – Jean de Blanot (1255) e Guillaume de Plasions (1303).

Um processo semelhante ocorreu na Itália, sobretudo no reino de Nápoles e Sicília, ligado a Paris pela dinastia dos angevinos. Os italianos citam a obra de Marino da Caramanico a esse respeito[17]. Ele alegava que os romanos conquistaram seu império de modo ilícito, somente pela força[18]. Esse também foi o ponto defendido por Andreas de Isernia. E, como o reino de Nápoles e Sicília pertencia originalmente à jurisdição do Papado, e não ao Império, o papa Clemente V por necessidade viu-se apoiando a soberania contra o imperador Henrique VII[19]. Enquanto os glosadores franceses garantiam a continuidade com o império romano, falando do rei como imperador em seu próprio reino, e buscavam o reconhecimento da independência *de facto* mais do que *de jure*, Marino preferiu afirmar em termos mais radicais a existência de um *jus gentium* que antecedia o império romano, e portanto o direito romano. De acordo com o *jus gentium* existiam múltiplos reinos. Assim, os napolitanos afirmavam não apenas a independência *de facto* como também a soberania *de jure*[20]. Diz-se que Clemente V teria consultado

---

16. Citado em F. Ercole, *Da Bartolo all'Althusio: Saggi sulla storia del pensiero pubblicistico del rinascimento italiano* (Florença, 1932), p. 181. Sentimentos dessa natureza eram extremamente evidentes nos textos de um jurista, com toda probabilidade Thomas de Pouilly, redigidos em 1296-1297, *ibid.*, p. 185.

17. F. Calasso, "Origini italiane della formula 'Rex in regno suo est imperator'", *Rivista Storica di diritto italiano*, III, 1930, p. 213; e, mais detalhadamente e com uma resposta aos críticos: *I Glossatori e la Teoria della Sovranità: studio di diritto comune pubblico* (3ª ed., Milão, 1957). Calasso defende a hipótese de que os napolitanos foram os primeiros a dar origem a teorias de soberania em oposição ao imperador do Santo Império Romano. É uma crença geral de que a tese não foi comprovada, mas o ponto principal é a aceitação de que os franceses podem não ter estado sozinhos nesse pioneirismo. Ver Ullmann, "The Development...", p. 20, nota 1.

18. Ullmann, "The Development...", p. 19.

19. *Ibid.*, p. 26.

20. Para um bom resumo: J. Canning, "Ideas of the state in thirteenth and fourteenth-century commentators on the Roman law", *Transactions of the Royal Historical Society*, série V, vol. 33 (Londres, 1983), p. 7.

um renomado jurista, Oldradus de Ponte, antes de publicar sua bula. Em outro concílio, Oldradus esboçou suas opiniões sobre a disputa entre Roberto de Nápoles e Henrique VII; e é nesse momento que ele empreende uma profunda investigação sobre a autoridade e o poder imperial, juntando ao processo idéias francesas e italianas e descartando de uma vez por todas a noção de que o imperador pudesse ser *dominus mundi*[21]. Foi só uma questão de tempo para os franceses seguirem o exemplo dos napolitanos na afirmação de direitos *de jure*. Bartolo de Sassoferrato (1314-1357) desbravou o caminho ao dissolver a real distinção entre *de jure* e *de facto*, argumentando que o poder *de facto* também era autoridade legítima[22]. O que isso refletia era o declínio significativo e irreversível da real autoridade imperial, ainda que não impedisse as repetidas tentativas, por parte do império, de recuperar o que acreditava ter perdido de forma ilegítima. O conceito de *utilitas regis* (conveniência do rei) ou *utilitas regni* (conveniência do reino) estava agora em circulação e saiu em panfletos políticos da época defendendo Filipe, o Belo (1268-1314), contra a jurisdição do Papa[23]. E, quando em 1418 a Universidade de Paris manteve contato independente com o novo papa, Martinho V, ela foi convocada para explicar suas atividades diante do parlamento. Lá, o procurador do rei, Guillaume le Tur, iniciou o pleito com as palavras: "O rei é imperador em seu reino, que mantém pela vontade exclusiva de Deus, sem reconhecer nenhum superior temporal [*seigneur terrien*]."[24] Se o império estava definhando, o mesmo acontecia com o poder do Papa. Pode-se dizer que os esforços do Papado para reforçar seu poder secular através da conquista durante aqueles mesmos séculos,

21. Ullmann, "The Development...", pp. 28-33.

22. C. Woolf, *Bartolus of Sassoferrato* (Cambridge, 1913), e Q. Skinner, *The Foundations*, pp. 9-11.

23. Presidential Address, F. Powicke, "Reflections on the Medieval State", *Transactions of the Royal Historical Society*, série IV, vol. XIX (Londres 1936), pp. 5-6.

24. Citado em Bossuat, "La Formule...", p. 374.

em vez de reduzir, aumentaram o processo de particularização. O conflito entre o papa Bonifácio VIII e Filipe de França começou como um confronto entre sistemas jurídicos rivais – o secular (francês) *versus* o eclesiástico (papal) – e culminou numa derrota vaticana que resultou na transferência da sede papal para Avignon durante a maior parte do século XIV.

Considerando-se a intimidade, assim como a profunda rivalidade, entre os reis da França e da Inglaterra, não surpreende que já no século XVI as implicações desses desdobramentos já estivessem absorvidas do outro lado do canal da Mancha. Quando o futuro Henrique VIII, aos dezoito anos de idade, veio a modificar a redação de seu juramento para a coroação, ele estava somente moldando a forma ao conteúdo. A redação original fazia com que o rei jurasse, "na coroação, preservar e manter os direitos e liberdades da santa igreja concedidos no passado pelos virtuosos reis cristãos da Inglaterra". Essas palavras ele mudou de próprio punho para "... manter o direito e liberdades concedidos no passado pelos virtuosos reis cristãos da Inglaterra à santa igreja da Inglaterra que não sejam prejudiciais à sua jurisdição e dignidade real". E também alterou "Ele promete obedecer às leis e costumes do reino e, nos limites de seu poder, mantê-los" para "Ele promete obedecer às leis e aceitar costumes do reino que sejam legítimos e não prejudiciais à sua Coroa ou à sua jurisdição imperial e, nos limites de seu poder, mantê-los"[25]. Portanto, quando finalmente rompeu com Roma, Henrique estava agindo de modo coerente com uma crença de longa data, e é muito provável também que com firme convicção.

Um debate sobre as futuras estruturas políticas da Europa estava em andamento, estimulado não apenas pela onda de exigências de soberania dos Estados nascentes mas também pela redescoberta dos escritos sociais e políticos de

---

25. Citado em W. Ullmann, "This Realm of England is an Empire", *Journal of Ecclesiastical History*, vol. 30, n.º 2, abril de 1979, p. 183.

Aristóteles (384-322 a.C.). A partir desse momento, a discussão sobre a natureza das relações internacionais passou a depender dos pressupostos sobre a natureza do homem; e, a partir do início do século XVIII, sobre a natureza da sociedade. A conclusão a que chegou no século XX um importante diplomata do período do pós-guerra, *sir* Nicholas (Nicko) Henderson, reflete uma velha crença. "O estudo apropriado da prática diplomática", escreveu ele, "é o estudo do homem, é o entendimento e a aceitação de alguns dos instintos mais profundos da natureza humana; e, sendo esses imutáveis, segue-se que a responsabilidade de um embaixador pode estar menos sujeita às forças da moderna ciência do que o escopo e os métodos de muitas outras profissões, como, por exemplo, a das forças armadas."[26]

O desafio que os textos de Aristóteles apresentam à teologia ortodoxa foi enfrentado com a fusão entre a perspectiva mais otimista sobre a natureza humana e a legitimidade que Aristóteles emprestou à autoridade do Estado, com uma ênfase maior no humanismo do Novo Testamento do que no severo critério do Antigo. Aristóteles afirmava que o homem era por natureza sociável: "aquele que é incapaz de viver em sociedade, ou que disso não sente necessidade por bastar a si mesmo, deve ser um animal ou um deus: não faz parte de um Estado. Um instinto social é implantado pela natureza em todos os homens..."[27]. A adoção dessa idéia na Europa medieval significava descartar a visão resolutamente negativa sobre o homem e suas obras, aí incluída a política – visão que encontrou plena expressão nos escritos de Santo Agostinho de Hipona (354-430). Embora Agostinho admitisse que alguns eram eleitos por Deus para serem salvos da condenação eterna, cada faceta da vida na terra em que o homem se empenhasse, exceto a espiritual, estava irremediavelmente contaminada pelo pecado original. *A ci-*

26. N. Henderson, *Mandarin: The Diaries of an Ambassador 1969-1982* (Londres, 1994), p. 3.

27. *Politics*, I, ii, 28-30, org. J. Barnes, *The Complete Works of Aristotle*, vol. 2 (Princeton, 1984), p. 1988.

dade de Deus contra os pagãos tomava uma visão deformada do ser humano. Movido por suas paixões, o homem inevitavelmente criava conflitos, mesmo que fosse inerentemente sociável: "em todo lugar a humanidade encontra-se em geral dividida contra si mesma; e, quando uma parte é mais forte, ela oprime a outra parte"[28]. Isso se aplicava igualmente à comunidade e ao indivíduo: "a cidade terrena... quando procura o domínio, é ela mesma dominada pelo desejo de dominar..."[29]. Ela era, raciocinou Agostinho, "mais repleta de perigos quanto maior fosse o seu tamanho"[30]. E ele questionou a legitimidade do Estado ao expressar a espantosa opinião de que, sem a justiça, "o que são os reinos a não ser imensos bandos de salteadores?"[31]. Citou a resposta de um pirata capturado por Alexandre, o Grande, que perguntou ao pirata o que ele pretendia ao infestar o mar: "O mesmo que você ao infestar o mundo inteiro; mas, como eu uso um pequeno navio, sou chamado de ladrão, e como o senhor usa uma grande frota é um imperador."[32] Desse modo, todos estavam metidos em conflito, por iniciativa própria ou não: "é a iniqüidade do adversário que impõe ao sábio o dever de travar guerras"[33]. O conflito é, portanto, determinado estruturalmente.

Esses eram argumentos que indicavam a necessidade de controle autoritário, mas que dificilmente foram projetados para convencer os que buscavam no poder objetivos mais elevados como os expressos por Aristóteles e, mais tarde, na tradição dos estóicos, por Cícero (106-43 a.C.), que se recusava peremptoriamente a admitir "uma distinção entre o que era conveniente e o que era justo"[34]. Esses argumentos

---

28. *The City of God against the Pagans*, org. R. Dyson (Cambridge, 1998), p. 822.

29. *Ibid.*, p. 3.

30. *Ibid.*, p. 928.

31. *Ibid.*, p. 147.

32. *Ibid.*, p. 148.

33. *Ibid.*, p. 929.

34. *Cícero, De Officiis:* III, 28.101. [Trad. bras. *Dos deveres*, São Paulo, Martins Fontes, 1999.]

estavam para ressurgir no horizonte sob uma variedade de bandeiras ao longo dos séculos seguintes, libertados definitivamente de suas amarras religiosas. São Tomás de Aquino (1225-1274), ao transpor a *Política* de Aristóteles para a linguagem contemporânea do cristianismo medieval, estava mais interessado na legitimidade que no poder, no bem comum mais que nos meios duvidosos. Em sua *Summa Theologica*, sustentou que "existe no homem uma aptidão natural à conduta virtuosa"[35]. Nessa visão, o homem era racional por natureza, em vez de movido pela luxúria, e era "um animal naturalmente social e político"[36]. Entretanto, embora lançasse um véu de legitimidade sobre a ordem política, Tomás de Aquino ao mesmo tempo desprezava o particularismo que era então a ordem do dia na Europa Ocidental: "o governo é tão mais perfeito quanto mais universalista for, quanto mais se expandir e quanto mais altas forem suas metas"[37]. Para ele, "o poder secular está sujeito ao poder espiritual como o corpo está sujeito à alma"[38]. Assim, a Igreja detinha a autoridade absoluta sobre tudo, o temporal tanto quanto o espiritual. Um importante comentador observou que, em Tomás de Aquino, "a *ecclesia* inclui a *res publica*"[39]. Isso não queria dizer que o papa brandisse as duas espadas, mas sim que a condução da política tinha de se encaixar num enquadramento moral conforme definido pelo representante de Deus na terra. Embora Tomás de Aquino reconhecesse o Estado, seu modo de ver também dava a entender que os que seguiam Aristóteles, nas condições da Idade Média, combinaram um humanismo maior a um comprometimento explícito com o universalismo. Isso era ainda mais evidente nos textos do poeta Dante Alighieri (1265-1321).

35. *Aquinas: Selected Political Writings*, org. A. d'Entrèves (Oxford, 1965), p. 127.

36. *Ibid.*, p. 3. Isso constava de seu ensaio *Sobre o governo dos príncipes ao rei de Chipre.*

37. *Ibid.*, p. 163.

38. Citado em D. Bigongiari, "The Political Ideas of St. Thomas Aquinas", em *ibid.*, *Essays on Dante and Medieval Culture* (Florença, 1964), p. 131.

39. *Ibid.*, p. 132.

Em sua obra em prosa *Monarchia*, Dante afirmava a necessidade de um império universal. Como observou um culto comentador, "esse é o antigo cosmopolitismo dos estóicos, revisto para se adequar às necessidades cristãs e adaptado a um sistema aristotélico"[40]. Para os estóicos, o universo era regido pela razão seminal (*spermatikós lógos*), que residia não só em todo o universo, mas também no interior do homem. Era isso que dava sentido à vida e ao cosmo exterior como um todo. O homem estava preso ao dever de buscar a "justa razão" em conformidade com o *lógos*, embora exercesse a escolha no plano individual; mas, "uma vez que lhe tenha sido dado um estímulo externo, ele se moverá daí por diante por sua própria força e natureza"[41]. Isso inevitavelmente acarretou uma visão da política que abarcava um mundo para além dos limites da *pólis* ou do império. Dante, seguindo Aristóteles, acreditava na capacidade do homem para a razão e, seguindo os estóicos, que o homem pertencia naturalmente a uma comunidade universal, a *humana civilitas;* vejam seu comentário de que "o fim da humanidade é um meio necessário para a consecução dos fins últimos da natureza universal"[42].

O modelo de Dante era Roma. "O tempo há de voltar, em busca dos tempos áureos", escreveu Milton. A resposta de Dante foi autoritária e ao mesmo tempo universalista: uma reação extrema à luta destrutiva que assolava a Itália. De Poppi, no Casentino, ele escreveu que Deus tinha "confiado ao Santo Império Romano o governo dos assuntos humanos para que a humanidade pudesse ter paz sob o céu sem nuvens que tal proteção proporciona". Conseqüentemente, "quando o trono de Augusto fica vago, o mundo inteiro perde o rumo, o piloto e os remadores na nau de São Pedro adormecem; e a Itália, infeliz e abandonada, entregue

40. "The Political Doctrine of Dante", *ibid.*, p. 21.

41. Crísipo, citado em A. Long, "Freedom and Determinism in the Stoic Theory of Human Action", Long (org.), *Problems in Stoicism* (Londres, 1971), p. 182.

42. Citado por D. Bigongiari, em *ibid.*, p. 27.

a caprichos pessoais e privada de qualquer norteamento público, segue à deriva, sendo atingida por ventos e ondas com tanta violência que palavras não poderiam expressar e os próprios italianos, em sua aflição, não conseguem medir com suas lágrimas"[43] – não foi a primeira nem a última vez que o conflito civil levou uma mente sensível à defesa de uma solução autoritária, nesse caso a universalista. A exigência essencial à ampla aceitação do princípio de Razões de Estado era a eliminação da idéia de que o ato adequado de um soberano deveria ser um ato moral; se assim não fosse, um valor mais elevado se sobreporia às necessidades do Estado. Os tomistas colocavam o princípio moral acima da política. Só depois do século XV, na Itália, é que se derrubou o raciocínio tomista acerca da primazia dos princípios em relação à conveniência na condução da política.

Marsílio de Pádua (*c*. 1275-1342) foi o pioneiro, com sua concepção da sociedade como um organismo vivo regido por leis humanas, livre de prescrições morais mais elevadas[44]. Ou seja, o reino espiritual não deveria mandar no reino mundano. Em certo sentido, a autoridade de Agostinho foi, assim, destruída. Em outro, porém, ela renasceu. A concepção do pecado original, que vinha dos primórdios do cristianismo, e fora incorporada na doutrina agostiniana, serviu como premissa indispensável para a elaboração do pensamento político de Maquiavel, que demoliu os frágeis alicerces morais da política. O homem tinha por natureza uma tendência para o mal, e a organização do Estado deveria levar esse ponto em consideração. O interessante é que essa visão – mais tarde denominada uma visão hobbesiana da natureza humana – também foi adotada por alguns no mundo islâmico no século XIV. Foi lá, e não na Itália, que a literatura de "espelho dos príncipes" surgiu primeiro. E foi

---

43. Carta VI: *Dante, Monarchy and Three Political Letters*, org. D. Nicholl (Londres, 1954), p. 103.

44. Para uma análise desse aspecto, ver L. Rothkrug, *Opposition to Louis XIV: The Political and Social Origins of the French Enlightenment* (Princeton, 1965), pp. 7-8.

lá que as exigências avassaladoras da religião foram desafiadas pela primeira vez em nome de prioridades seculares. Enquanto as principais autoridades tinham se concentrado na criação de um Estado em conformidade com a lei religiosa (*shari'a*), al-Tortúshí[45] (1059-1126/30) preferiu fixar a atenção nas necessidades do Estado em si (*siyasa*)[46]. Nascido em Tortosa, Tortúshí estudou em Saragoça e Sevilha, entre outros lugares, antes de deixar a Espanha em 1083 para ir a Bagdá, Basra, Meca e Damasco, e mais tarde se fixar no Egito. A obra que Tortúshí concluiu em 1122, e pela qual é mais conhecido, intitulava-se *Sirach Almoluc*[47]. *Sirach* significa lâmpada ou archote. O título assim traduzido significa "A Lâmpada dos Príncipes", ou, como mais tarde se popularizou, "O Espelho dos Príncipes". O livro foi dedicado a seu protetor, o vizir do Egito, Almamúm ben Albathaihí[48].

Tortúshí, testemunha da dissolução de sua terra natal, a Andaluzia, sob o impacto da guerra civil, defendia a enorme importância dos conselhos a estadistas em razão da natureza transcendental do poder político. Ele alegava que a obediência a uma autoridade mais alta era essencial não apenas por ser um refúgio contra dúvidas sobre a fé, mas também porque, "para o povo, o governante é o que o espírito é para o corpo"[49]. Numa obra repleta de citações de fontes tão distantes como a Índia e a Grécia Antiga (Aristó-

---

45. Seu nome completo era Abú Bekr Muhammad B. al-Walid B. Muhammad B. Khalaf B. Sulaimán B. Aiyub al-Fihrí, também conhecido como Ibn Abí Randaka – *Encyclopaedia of Islam*, org. M. Houtsma *et al.*, vol. 2 (Londres, 1927), pp. 355-6.

46. Para os antecedentes, ver R. Khalidi, *Arab Historical Thought in the Classical Period* (Cambridge, 1994), pp. 193-7.

47. O título completo é este: "Um livro da lâmpada de príncipes e califas, o caminho de governadores e emires; histórias dos profetas, sobre os quais repousa a paz; notícias de reis árabes e estrangeiros, e da prática de governo de reinos e impérios." Ver F. Pons Boigues, *Ensayo Bio-Bibliográfico sobre los Historiadores y Geógrafes Arábigo-Españoles* (Madri, 1898), pp. 181-4.

48. *Ibid.*

49. M. Alarcón (org.), *Lámpara de los Príncipes por Abubéquer de Tortosa* (Madri, 1930), vol. 1, p. 240.

teles), Tortúshí insistia na importância da justiça do governante, mas por motivos pragmáticos, e não morais. E, nos casos em que as necessidades da justiça entravam em conflito com a sobrevivência do Estado, ele dava firmemente a esta última primazia sobre as primeiras.

> Pode-se dizer, portanto, que um governante infiel que obedeça às exigências da política convencional dura mais e é mais forte que um governante cheio de fé e que, na sua própria pessoa, é justo e obediente a uma política profética de justiça...[50]

O sucessor mais significativo de Tortúshí foi Ibn Khaldun (1332-1406), que escreveu suas reflexões numa introdução à história depois de ter servido muitos anos nos altos escalões do governo. Khaldun dividiu a política em duas partes: as questões gerais, que se enquadravam nas leis do Islã, e as que "tratavam do interesse do governante e de como ele pode manter seu domínio através do uso vigoroso do poder". Nesse ponto, insistia que as pessoas "não podem permanecer num estado de anarquia e sem um governante para apartá-las. Logo, elas precisam de alguém que as refreie. Ele é seu governante. Como exige a natureza humana, ele tem de ser um governante vigoroso"[51]. Ibn Khaldun acreditava em dar conselhos. Outros autores no mundo islâmico consideravam essa atividade desnecessária. Em *Um espelho para príncipes: o Qabus Nama*, por exemplo, escrito em torno de 1082, Kai Ka'us Ibn Iskandar, príncipe de Gurgan, disse que "os príncipes são como aves aquáticas no sentido em que nunca é preciso ensinar filhotes de aves aquáticas a nadar"[52].

---

50. Citado em Khalidi, *Arab Historical Thought*, p. 194. Para a localização no texto, *Lámpara*, p. 204.

51. Ibn Khaldun, *An Introduction to History – The Muqaddimah*, org. N. Dawood (Londres, 1967), pp. 257 e 152.

52. Kai Ka'us Ibn Iskandar, Prince of Gurgan, *A Mirror for Princes: The Qabus Nama*, tradução de R. Levy (Londres, 1951), p. 214.

Havia também a visão, predominante na Inglaterra pelo menos até a segunda metade do século XVII, de que "os interesses dos príncipes não são temas adequados para penas comuns..."[53]. Se essa visão tivesse prevalecido nos primórdios da Itália moderna, o principal e mais radical expoente das Razões de Estado, Niccolò Maquiavel (1469-1527), nunca teria tido sua obra impressa. Embora não usasse o termo *ragion di stato*, não deixou nenhuma dúvida de que ele abarca a essência de seu pensamento. Maquiavel dedicara um tempo extraordinário ao estudo atento de práticas que até então eram em grande parte tidas como líquidas e certas. Serviu conscienciosamente à cidade-Estado de Florença, e foi nesse posto que absorveu a essência da estadística. Quando foi obrigado a deixar o cargo, lamentou profundamente "estar longe dos segredos e dos assuntos [de Estado]"[54]. Passava, porém, o tempo imerso em pensamentos sobre essas questões, tornando-se, como Francesco Guicciardini (1483-1540) o descreveu, um "inventor de coisas novas e extraordinárias"[55].

Em 4 de abril de 1513, Maquiavel escreveu ao amigo e diplomata Francesco Vettori: "Por determinação do destino, como não sei pensar na arte da seda e na arte da lã, nem em lucros nem em prejuízos, coube-me raciocinar sobre o Estado..."[56] Com sua prática anterior, Maquiavel passou seu "conhecimento da conduta dos grandes homens, adquirido

53. *A Justification of the present War against the United Netherlands. Wherein the Declaration of his Majesty is vindicated, and the War proved to be just, honourable, and necessary; the Dominion of the Sea explained, and his Majesty's Rights thereunto asserted; the Obligations of the Dutch to England, and their continual Ingratitude: In Answer to a Dutch Treatise, intitled, "Considerations upon the present State of the United Netherlands". By an Englishman*. Reproduzido em *The Harleian Miscellany: A Collection of Scarce, Curious, and Entertaining Pamphlets and Tracts, as well as in manuscript as in print. Selected from the Library of Edward Harley, Second Earl of Oxford.* Orgs. W. Oldys e T. Park, vol. 8 (Londres, 1811), p. 129.

54. Citado em J. Macek, *Machiavelli e il Machiavellismo* (Florença, 1980), p. 55.

55. *Ibid.*

56. *Opere di Niccolò Machiavelli*, vol. 3, org. F. Gaeta (Turim, 1984), doc. 208.

através da longa experiência em assuntos modernos e do contínuo estudo da história antiga"[57], para a forma teórica e, no vão esforço de conquistar um alto posto, acabou instruindo o leigo, de quem esse mundo misterioso fora até então meticulosamente ocultado.

Maquiavel foi na realidade motivado pela ambição pessoal ao escrever *O príncipe.* Em outra carta a Vettori, admitiu abertamente que estava com renda insuficiente e que também esperava que os Medici o "empregassem", mesmo se de início o trabalho fosse monótono e cansativo. A seu ver, o conhecimento que adquirira através da experiência das pessoas que estudava dava-lhe grandes condições de conseguir um bom emprego[58]. Mas havia também muito mais que isso em sua obra. Maquiavel atribuía à falta de atenção ao poder a culpa da destruição, pelas mãos de invasores do mundo civilizado que conhecia. Em 1494, a invasão dos franceses sob o comando do rei Carlos VIII destruiu o delicado equilíbrio do poder entre as cidades-Estado da Itália.

> Antes que saboreassem os golpes da guerra do outro lado das montanhas, nossos príncipes italianos acreditavam que a um príncipe sentado à sua escrivaninha bastava saber pensar numa réplica mordaz, escrever uma bela carta, demonstrar humor e agilidade [mental] em palavras e ditados, tramar uma fraude, adornar-se com pedras preciosas e ouro, dormir e comer com maior esplendor que os outros, comportar-se com lascívia suficiente por toda parte, governar seus súditos com crueldade e arrogância, deixar-se estragar no ócio, conferir patentes a militares por favorecimento, demonstrar desdém se alguém indicar algum caminho digno de elogio, desejando que suas palavras fossem as respostas do oráculo; eles também não percebiam os desgraçados que se preparavam como presas para alguém que os atacaria. Foi isso que

---

57. Carta dedicatória prefaciando Machiavelli, *The Prince*, orgs. Q. Skinner e R. Price (Cambridge, 1988), p. 3.

58. De Maquiavel a Vettori, 10 de dezembro de 1513: *Opere*, vol. 3, org. F. Gaeta, doc. 224. Uma tradução parcial da carta para o inglês encontra-se disponível em Machiavelli, *The Prince*, ed. cit., pp. 93-5. [Trad. bras. *O príncipe*, São Paulo, Martins Fontes, 3.ª ed., 2004.]

> mais tarde, em 1494, fez surgir o medo enorme, as retiradas inesperadas e as perdas imensas: assim, três dos Estados mais poderosos que a Itália possuía foram saqueados e devastados diversas vezes.[59]

Além disso, ele concluiu *O príncipe* com a exortação de salvar a Itália das "mãos dos bárbaros"[60]. Estava também motivado, portanto, por um profundo sentido de perda desnecessária, resultado da condução irresponsável da vida política nas cidades-Estado que sucumbiam com tanta facilidade à invasão.

As circunstâncias da época explicam muito das ênfases peculiares que caracterizam a escrita de Maquiavel. Por exemplo, o trauma da invasão e o caos subseqüente tornaram muitas pessoas completamente fatalistas, acreditando "que os assuntos do mundo são de certo modo regidos pelo acaso [*fortuna*] e por Deus"[61]. Se esses acontecimentos trágicos eram predeterminados, então não havia nada que se pudesse fazer para corrigi-los. "Essa opinião ganhou mais crédito em nossa época em razão das enormes mudanças que foram vistas e são vistas todos os dias, maiores que as que qualquer ser humano poderia conceber. E às vezes, quando reflito, eu mesmo me sinto até certo ponto inclinado a compartilhar dessa opinião."[62] E ainda, quando os florentinos eram instigados a agir, sua tendência era confiar mais na agilidade mental que na força para se proteger. A *ragione* era sua arma preferida. Como era dito na época, eles poderiam "resistir pela força ou pela inteligência. E não parece provável que possamos oferecer resistência à Itália inteira por meio da força. Precisamos recorrer à alternativa: a inteligência."[63]

---

59. N. Machiavelli, *Arte della guerra e scritti politici minori*, org. S. Bertelli (Milão, 1961), p. 518.

60. Machiavelli, *Il Principe* (Milão, edição de 1950), p. 190.

61. *Ibid.*, p. 186.

62. *Ibid.*

63. Citado em F. Gilbert, *Machiavelli and Guicciardini: Politics and History in Sixteenth Century Florence* (Princeton, 1965), p. 34. Esse é sem dúvida um clássico, tendo em vista a extensa pesquisa de Gilbert nos arquivos públicos da cidade.

Para Maquiavel, o fatalismo era anátema. O acaso (*fortuna*) "demonstra seu poder onde a virtude [qualidade de liderança] não está preparada para resistir a ele...". Logo, segundo Maquiavel, apesar da ação do destino, nem tudo era predeterminado; a ação humana era crucial para o fracasso. Desse modo, ele exemplificava o pensamento do Renascimento, ao ver o homem como centro das coisas, tanto para o bem como para o mal. E o mal era para Maquiavel uma realidade onipresente. Essa crença alimentava sua aversão a uma dependência total da *ragione* ou *ingegno* (engenhosidade) e reforçava sua percepção de que a violência tinha importância crucial. Ele não tinha fé na natureza humana e, num mundo em que Deus não intervinha de modo constante para garantir o bem, os homens precisavam ser organizados de modo que tivessem um comportamento melhor.

Os comentários de Maquiavel sobre a natureza do homem são esparsos mas estão em perfeita consonância com um pessimismo agostiniano. Um governo forte é necessário porque o homem é fundamentalmente indigno de confiança: "... todo profeta armado é vitorioso, e o desarmado é derrotado. Isso porque, no final das contas, a natureza das pessoas é mutável, sendo fácil persuadi-las de algo, mas difícil manter nelas essa persuasão. É, portanto, necessário que se faça um arranjo para que, quando elas não mais acreditarem, seja possível fazê-las acreditar pela força"[64]. Em termos semelhantes, os homens eram "ingratos, volúveis, impostores e dissimulados, covardes, ávidos por lucro..."[65]. Logo, considerando-se todos os aspectos, em resposta à pergunta se é melhor ser amado que ser temido, "como é difícil associar os dois sentimentos, é muito mais seguro ser temido que ser amado, quando se há de perder um dos dois"[66]. A razão era simples: "os homens têm menos respeito ao ofender alguém que desperta amor que alguém que desperta medo, porque o amor é mantido por um vínculo de

64. *Il Principe*, p. 106.
65. *Ibid.*, p. 153.
66. *Ibid.*, p. 152.

obrigação, que, visto serem os homens perversos, é rompido em qualquer ocasião quando necessário; mas o medo é mantido pelo temor do castigo que nunca vos abandona"[67]. Essa preocupação com a utilidade significava que, para Maquiavel, como na realidade para todos os comprometidos com as Razões de Estado, a atitude calculista e o autocontrole eram mecanismos essenciais ao governo eficaz. Ao passo que o medo era vantajoso, o ódio era contraprodutivo.

Maquiavel não se opunha ao governo constitucional; longe disso. Mas o poder era a primeira questão a ser considerada. "As principais bases de todos os Estados, novos, velhos ou mistos, são boas leis e boas armas. E, como não pode haver boas leis onde não houver boas armas e onde há boas armas há necessariamente boas leis, deixarei de lado o exame das leis para falar sobre as armas."[68] Maquiavel localizou especificamente aquele fracasso na falta de poderio militar e na carência de sabedoria. Ele havia criticado seus compatriotas por fiarem-se demais na inteligência e de menos na força, mas também tinha plena consciência de que a inteligência mesma não fora aplicada a contento. "Esses... dois aspectos [o poderio militar e a sabedoria] são as forças de todos os governos [*signorie*]..." A perda de território, a queda de cidades e a derrubada de governos decorriam todas, na sua opinião, da "falta de armas e de discernimento"[69]. O governante de Siena, Pandolfo Petrucci, respondeu nos seguintes termos ao questionamento de Maquiavel sobre as "trapaças e intrigas" desenvolvidas no trato com Florença: "No desejo de cometer a menor quantidade possível de erros, conduzo meu governo dia por dia, e organizo meus assuntos hora por hora, porque os tempos são mais poderosos que nosso cérebro."[70] Houve outras lições, outros mes-

---

67. *Ibid.*, p. 153.

68. *Ibid.*, pp. 132-3.

69. "Parole da dirle sopra la provisione del danaio, fatto un poco di proemio e di scusa", Machiavelli, *Arte della guerra e scritti politici minori*, org. S. Bertelli, vol. 2 (Milão, 1961), p. 57.

70. Q. Skinner, "Machiavelli", em *Great Political Thinkers* (Oxford, 1992), p. 24.

tres como modelo; sobretudo lições e modelos de impiedade. César Bórgia (Valentino), alertado de um complô de aliados subordinados, convidou-os a uma reunião e os assassinou. Maquiavel ficou "com o desenrolar dessa história"[71].

Um de seus adjetivos favoritos era "útil" (*utile*). Era sua medida para tudo. Outros tinham escrito manuais com conselhos para príncipes. Maquiavel diferia deles no completo desprendimento em relação às recomendações da moral – sua própria definição de virtude não continha termos da ética: virtude era capacidade e eficiência, que ele elevava ao plano das qualidades morais. Escreveu sobre a "crueldade mal empregada ou bem empregada. Podem-se considerar crueldades bem empregadas (se for legítimo chamar o mal de bem) quando elas são realizadas todas ao mesmo tempo com a finalidade de garantir a segurança... mal empregadas são as que, mesmo que pequenas no âmbito do principado, crescem em certo grau com o tempo..."[72]. O bem ou o mal estavam desse modo reduzidos a necessidade e utilidade. Até mesmo a devoção religiosa era uma questão de utilidade, e foi nesse momento que Maquiavel haveria de criar uma barreira intransponível entre ele mesmo e a renovação católica, com graves conseqüências para o destino de sua obra.

Como foi dito, a posição de Maquiavel tem por base uma premissa-chave sobre a natureza do homem que ele compartilhava com muitos "realistas". Em sua maioria, escreveu ele, os homens "não são bons". Decorria daí que, se o príncipe insistisse em "dedicar-se a ser bom", não conseguiria realizar "grandes feitos" e decerto seria "destruído". "E é preciso que se entenda que um governante, e em especial um novo governante, nem sempre pode agir de uma forma que seja considerada boa porque, para manter seu poder, ele muitas vezes é forçado a agir de modo traiçoeiro, impiedoso ou desumano, e desconsiderando os preceitos da religião."[73] Um governante contemporâneo "está sempre

---

71. *Ibid.*, p. 26.
72. *Il Principe*, pp. 120-1.
73. *Great Political Thinkers*, p. 62.

pregando a paz e a confiança, embora no fundo seja muito hostil a ambas; e, se ele as tivesse praticado, teria perdido várias vezes sua reputação ou seu poder"[74]. Somente isso lhe garantiria a flexibilidade tática necessária que lhe permitiria sempre adaptar-se às circunstâncias em tempos incertos: "... se fosse possível mudar nosso caráter de acordo com os tempos e as circunstâncias, sempre teríamos sucesso"[75].

Nós, portanto, não sabemos claramente como conduzir as relações exteriores, muito embora a experiência da natureza humana a que Maquiavel recorreu fosse significativamente diplomática. Uma aguda observação do comportamento na prática da política externa parece ter sido convertida em reflexões sobre o território nacional. Embora haja poucos sinais diretos disso, as provas circunstanciais estão em sua carreira: missões à França, a Roma e a várias cidades-Estado ao longo de mais de dez anos no posto. Há também o exemplo dos tratados internacionais em sua análise sobre promessas desfeitas e trapaças. "Seria possível dar inúmeros exemplos modernos disso e demonstrar quantos tratados de paz e promessas foram anulados e invalidados pela deslealdade dos governantes; e os mais capazes de imitar a raposa foram os mais bem-sucedidos." No entanto, "é preciso ser um grande fingidor e dissimulador. E os homens são tão ingênuos e tão dominados por suas necessidades imediatas que um trapaceiro habilidoso pode sempre encontrar bastante gente que se deixa enganar"[76]. Já em 1503, Maquiavel escrevia que "entre cidadãos comuns [*uomini privati*] as leis, contratos e acordos são cumpridos pela confiança, mas entre governantes as armas são o único meio de fazer cumpri-los"[77]. Ele criou polêmica com os eternos otimistas, que não paravam de encontrar razões para evitar o rearmamento: "toda cidade e todo Estado devem considerar hostis quantos tenham esperança de ser capazes

74. *Ibid.*, p. 63.
75. *Ibid.*, p. 86.
76. *Ibid.*, p. 62.
77. Machiavelli, "Parole...", loc. cit.

de promover sua ocupação e dos quais não possam se defender. Nunca houve governo ou república que quisesse manter seu Estado ao critério de outros ou que, ao mantê-lo, achasse que ele estivesse seguro"[78]. Ele aconselhou seus patrões: "Saiam de casa e dêem uma olhada nas pessoas que os cercam: vocês se verão entre duas ou três cidades que preferem que vocês morram a que vivam. Vão adiante, deixem a Toscana e olhem a Itália inteira: vocês verão que ela se debate sob o domínio do rei da França, dos venezianos, do Papa e de Valentino."[79]

O príncipe tomou isso como dado, e o foco se voltou principalmente para como um governante poderia reforçar seu poder dentro do Estado, e para o problema mais visível da fraqueza e divisão das cidades-Estado que tanto facilitavam a invasão estrangeira[80]. Maquiavel explicou que "os governantes deveriam ter duas preocupações principais: uma é interna e diz respeito a seus súditos; a outra é externa e diz respeito a potências estrangeiras. Contra esta última ameaça, boas tropas e aliados confiáveis são uma defesa eficaz; e possuir bons exércitos resulta sempre em ter aliados confiáveis. Se as relações exteriores tiverem base sólida, as questões internas não causarão problemas a não ser que já tenham sido perturbadas por conspirações"[81]. Somos também informados de uma maneira muito descontraída de que "desejar anexar territórios é realmente muito natural e normal..."[82]. Contudo, o livro todo de Maquiavel é voltado para as complicações das questões internas. Sua obsessão principal pode claramente ser resumida em seu comentário de que, "quando cidades divididas por facções são ameaçadas

78. Machiavelli, *Arte*, org. Bertelli, p. 61.

79. *Ibid.*, p. 62.

80. Para uma exposição detalhada do papel das divisões internas no enfraquecimento da política externa florentina: S. Bertelli, "Machiavelli e la politica estera fiorentina", *Studies on Machiavelli*, org. M. Gilmore (Florença, 1972), pp. 31-72.

81. *Ibid.*, p. 64.

82. Skinner, "Machiavelli", p. 13.

por uma força inimiga, elas sempre caem com muita rapidez"[83]. Nenhuma política exterior tem qualquer proveito se a esfera interna não estiver em boa ordem.

Embora nunca tenha usado a expressão "Razões de Estado", Maquiavel falou do raciocínio sobre o Estado, e o termo certamente estava em uso na sua época. Alguns anos após sua morte, a expressão apareceu impressa variando entre *Ragion di Stato* (Giovanni Della Casa) e *Ragione dei Governi* (Palazzo)[84]. Por mais que as expressões sejam diferentes em palavras, não pode haver dúvida quanto ao seu mesmo significado. Francesco Guicciardini usou o termo *"Ragione e uso degli Stati"* em seu *Dialogo del reggimento di Firenze,* escrito entre 1521 e 1526, enquanto Maquiavel ainda estava vivo[85]. Guicciardini também trabalhou para o governo, como embaixador da Espanha. Talvez ele tenha sido mais parecido com todos nós do que com Maquiavel, por demonstrar seu dilema entre a necessidade de ver os fatos "como são" e como "deveriam ser"[86], ainda que, ao mesmo tempo, refutasse em adotar uma opinião tão radicalmente negativa a respeito da natureza humana[87]. Ele considerava por demais radical a posição de Maquiavel de "que os homens não se comportam bem exceto por necessidade". Na sua própria opinião, havia "muitos que se comportam bem, aí incluídos os capazes de agir mal; e nem todos os homens são maus"[88]. Com efeito, em suas memórias, ele escreveu:

---

83. *Ibid.*, p. 73.

84. R. de Mattei, "Il problema della 'Ragion di Stato' nei suoi primi affioramenti", *Rivista Internazionale di Filosofia del Diritto,* XLI, nov.-dez. de 1964, pp. 712-3.

85. F. Guicciardini, *Dialogo del reggimento di Firenze,* reproduzido em *Opere di Francesco Guicciardini,* org. E. Scarono, vol. 1 (Turim, 1970), p. 465.

86. F. Guicciardini, *Ricordi Politici e Civili,* reproduzido *ibid.*, nº 179, p. 780.

87. É um grande esforço procurar ver como se pode julgar Guicciardini tão frio, calculista e desumano como é apresentado em B. Brunello, *Machiavelli e il pensiero politico del Rinascimento* (Bolonha, 1964), p. 121. Essa é, apesar disso, uma obra valiosa.

88. "Considerazioni sui 'Discorsi' di Machiavelli", *Opere di Guicciardini,* vol. 1, p. 613.

"Os homens têm uma inclinação natural para o bem, no sentido de que para todos, quando o mal não dá prazer nem atende a uma necessidade, o bem é preferido ao mal. No entanto, como sua natureza é frágil e as oportunidades que os tentam ao mal são infinitas, eles se afastam com facilidade de seus próprios interesses decorrentes da inclinação natural."[89] Foi porém o mesmo Guicciardini que também escreveu: "Talvez pareça malicioso ou suspeito fazer essa afirmação... Deus desejaria que ela não fosse verdadeira: há mais homens maus do que bons; máximas que direcionam os interesses da propriedade [*di roba*] e do Estado..."[90]

Essa visão "realista" da natureza humana encontrou expressão no *Diálogo,* de Guicciardini, na pessoa de Bernardo, que conclui: "o fato é que no curso natural das questões humanas... a violência, mais do que a razão ou a sabedoria dos homens, é freqüentemente melhor"[91]. Depois, na mesma conversa, ele vê a violência não só como um valor em si[92], mas também como uma conseqüência do fato de que "os homens têm um gosto pela corrupção; não consideram que a verdadeira honra seja composta por mais nada além do poder..."[93]. Passa então a examinar a ameaça que a obstinada Pisa representa para Florença: "devem-se sempre matar todos os pisanos que participem da guerra, para reduzir o número de inimigos e incutir medo nos outros..."[94]. Obviamente isso daria uma reputação de crueldade e falta de consciência. A resposta de Bernardo aos dois aspectos foi "que aquele que deseja hoje manter o domínio de sua terra e do Estado deve, sempre que possível, exercer a piedade e a boa intenção, e, quando não for possível agir de outro modo, é necessário exercer a crueldade e com pouca consciência". Ele cita o bisavô de seu interlocutor, Gino Capponi,

---

89. *Ibid.*, n.º 3, p. 798.
90. *Ibid.*, n.º 201, p. 787.
91. "Dialogo del reggimento di Firenze", *Opere di Guicciardini,* vol. 1, p. 382.
92. *Ibid.*, p. 390.
93. *Ibid.*, p. 443.
94. *Ibid.*, p. 463.

que teria escrito ser "impossível administrar governos e Estados desejando fazê-lo da maneira que fazem hoje em dia, de acordo com os mandamentos da lei cristã... De que modo alguém poderia, em sã consciência, pela ambição de expandir seus domínios, travar uma guerra na qual se executa tanta matança, tanta violação de mulheres, tantos incêndios de casas e igrejas, e uma infinidade de outros males? Mesmo assim, quem quer que num senado, por esse motivo e nenhum outro, rejeitasse a iniciativa de uma empreitada que é tanto viável como útil seria contestado por todos. Mas o que estamos dizendo vai além disso: de que modo você poderia, em conformidade com a sua consciência, empreender uma guerra de defesa, mesmo das terras que você possui? Além disso, mesmo que não houvesse guerra nenhuma e que ninguém exigisse que houvesse, como você poderia manter seus domínios, nos quais, se você pensar bem, talvez não haja nada de sua propriedade, já que você ocupou toda a área ou pelo menos a maior parte dela pela violência ou comprando-a de quem não tinha outra escolha? O mesmo acontece com todos os outros, porque todos os Estados são violentos, como se constata em qualquer investigação acurada sobre suas origens..."[95]. As repúblicas não eram nada melhores do que outras formas de governo. "Veja você a que são reduzidos aqueles que desejam governar Estados de acordo com as restrições da consciência. Mas, quando eu disse que matassem ou aprisionassem os pisanos, talvez não falasse como cristão, mas falasse de acordo com a razão e a prática dos Estados [*secondo la ragione e uso degli stati*]..."[96]

As noções de que as relações internacionais regidas por esse tipo de prática amoral não eram fáceis de alterar e de que fatores mais recalcitrantes, constantes – ou, se preferirem, estruturais – estavam em operação ficam evidentes nas tentativas de retratar o Estado ideal que surgem no século XVI. *Sir* Thomas More (1477/8-1535), chanceler da Inglater-

95. *Ibid.*, p. 464.
96. *Ibid.*, p. 465.

ra de 1529 a 1532, mais tarde concebeu sua utopia como peça de um sistema internacional que com toda a certeza não era utópico. Homem de firmes princípios religiosos, sua própria preferência, e a dos utópicos de sua ficção, consistia em agir por meio da "inteligência e racionalidade" mais que pela força[97]. Para os utópicos, porém, a guerra era necessária, embora eles entrassem em guerra "somente por bons motivos: para proteger sua própria terra, para expulsar exércitos invasores dos territórios de seus amigos ou para libertar um povo oprimido da tirania e da servidão em nome da compaixão e da humanidade"[98].

More, aristotélico em seu modo de ver, acreditava que os homens e portanto as comunidades fossem ligados pela sociedade ou por um vínculo da natureza. O problema era que eles não se comportavam como se o fossem. Um indicador da avaliação pessimista de More sobre o estado vigente das relações internacionais foi sua apreciação de tratados. Embora haja quem acredite serem as alianças um sinal de amizade, More as via como o exato oposto; de fato, tanto como as causadoras de problemas quanto como a conseqüência deles: "Enquanto outras nações estão constantemente fazendo, desfazendo e renovando tratados, os utópicos não firmam absolutamente nenhum tratado com nação alguma."[99] "Um tratado implica que um povo dividido por algum obstáculo natural tão insignificante como uma colina ou um regato não esteja unido por nenhum laço da natureza; ele assume que esses povos sejam inimigos e rivais inatos, e estejam certos em tentar se destruir mutuamente, salvo quando um tratado os refreie."[100] Como diplomata e estadista experiente, More tinha motivos para saber do que estava falando. Os que se opunham a Maquiavel e a suas idéias enfrentavam, portanto, dificuldade para convencer

97. T. More, *Utopia*, org. G. Logan *et al.* (Cambridge, 1995), p. 205.
98. *Ibid.*, pp. 202-3.
99. *Ibid.*, p. 197.
100. *Ibid.*, p. 201.

os outros de que, nas condições da época, a arte de governar pudesse efetivamente operar de modo diferente daqueles que ele elogiava. Sempre foi mais fácil prescrever uma utopia nacional do que uma utopia internacional. Isso significava que os que sentiam essa motivação costumavam idealizar utopicamente o passado imperial da monarquia universal, ou idealizar uma monarquia existente e cheia de aspirações (geralmente de sua própria nacionalidade) como o império universal há muito procurado. Tomando emprestado de Robert Conquest: incapazes de realizar o ideal, eles recorriam a uma idealização do real, como muitos socialistas fizeram no século XX.

Em pouco tempo, a expressão "Razões de Estado" se espalhava numa rapidez incrível como um chavão da moda por falta de uma oposição séria. O embaixador veneziano Andrea Gussoni escreveu em 1576 sobre a "razão de Estado [*ragion di stato*] e a própria vantagem de cada um, que é a única discussão que tem valor na cabeça de príncipes...". E, três anos depois, Tasso (1493-1569), escrevendo a Scipione Gonzaga, referiu-se àqueles "que, como se diz, por razões de Estado [*per ragion, com'essi dicevano, di Stato*], vacilam na fé"[101]. Guicciardini, porém, teve menos impacto na opinião geral do que Maquiavel.

De início, Maquiavel recebeu boa acolhida. Lorde Acton salientou: "Maquiavel gozou de um período de popularidade até mesmo em Roma. Os papas da família Medici recusaram-se a dar qualquer emprego oficial a alguém que fora o cérebro de um governo hostil; entretanto, eles o incentivavam a escrever e não se ofendiam com o que ele escrevia para eles. A própria forma pela qual Leão lidou com o tirano de Perúgia foi citada por juristas como um modelo sugestivo para homens que têm um inimigo de quem queiram se livrar. Clemente confessou a Contarini que a honestidade seria preferível, mas que os homens honestos não se beneficiam de sua honestidade... Dois anos depois de dizer

101. Ambas as citações em de Mattei, *Il Problema*, p. 28.

essa frase, o astuto florentino autorizou a publicação d'*O príncipe* em Roma."[102] Em 1550, porém, Maquiavel foi denunciado à Inquisição. O Index de livros proibidos foi instituído sete anos depois, e o nome de Maquiavel esteve entre os primeiros a serem incluídos. Contudo, o que era chocante e condenável não era tanto que o comportamento dos Estados fosse como estava descrito, mas que essas descrições fossem amplamente divulgadas como a norma.

Já se disse que o impacto d'*O príncipe* vinha menos de sua contribuição teórica ao conhecimento do que de sua descrição realista das questões[103]. O que atraiu a atenção, porém, foi sua assustadora amoralidade. Mais tarde, Maquiavel foi caracterizado pelo historiador Thomas Macaulay (1800-1859) como "um enigma" cuja "sensibilidade moral" parecia ao mesmo tempo "morbidamente obtusa e morbidamente aguçada"[104]. Essa foi uma avaliação de uma era mais imparcial. Na época em que escreveu, a franqueza brutal e sem adornos da mensagem de Maquiavel soava inevitavelmente ofensiva. Passado pouco tempo, ela desencadeou o restabelecimento do moralismo na ordem política. Porém, esse restabelecimento e a conseqüente condenação das idéias de Maquiavel não foram uma mera repulsa moral espontânea. Pelo contrário, representaram um enérgica reação orquestrada por uma Igreja que lutava para recuperar a supremacia espiritual contra a Reforma Protestante iniciada em 1517. E o contra-ataque representava não só o ressurgimento das regras morais, mas também uma restauração de ideais universalistas em oposição à ênfase dada ao Estado, assim como às Razões de Estado.

---

102. Lord Acton, "Introduction to Burd's Edition of *Il Principe* by Machiavelli", *Selected Writings of Lord Acton*, vol. II. *Essays in the Study and Writing of History*, org. J. Fears (Indianápolis, 1985), pp. 480-1.

103. A. Sorel, *L'Europe et la Revolution Française*, parte 1 (Paris, 1908), p. 17. Afora Meinecke, esta é sem dúvida uma das melhores resenhas sobre o tema das Razões de Estado.

104. "Machiavelli" (março de 1827), Lord Macaulay, *Critical and Historical Essays*, vol. 1 (Londres, 1903), p. 65.

O impulso na direção do universalismo abrangia uma variedade de diferentes motivações positivas. Em parte tratava-se de uma falsa nostalgia por um mundo em paz sob o manto de um único império. Em parte, era a busca utópica por um salvador leigo para a humanidade. Em parte, era uma tentativa de motivação espiritual para trazer o mundo de volta ao controle temporal da igreja universal. Mas todos viam que as Razões de Estado levavam à destruição. Giovanni Battista Pigna (1530-1575) escreveu sobre um príncipe heróico que se tornava "Monarca de todo este mundo"[105]. O mais famoso defensor do império universal foi, no entanto, Tommaso Campanella (1568-1639). Campanella, um dominicano, sofreu muito por sua impetuosa independência de pensamento. Perseguido pela Santa Sé, torturado, acusado duas vezes de heresia, condenado à prisão perpétua, cumprindo 27 anos no total, ele acabou morrendo no exílio em Paris[106]. Somente em sua rejeição a Maquiavel é que estava em harmonia com a igreja. Campanella fazia uma cuidadosa distinção entre "Prudência" e "Astúcia". Ao passo que a primeira vinha de Deus e era portanto boa, a segunda "que é por alguns chamada de *Ratio Statuum regendorum*, a Razão, ou Norma de Governo do Estado" – era nociva[107]. Campanella negava expressamente a sentença de Aristóteles de que um homem não poderia governar o mundo e insistia que caberia ao rei da Espanha desempenhar esse papel, cujo objetivo final era reunir todos novamente sob a Santa Igreja. Seu raciocínio era simples: "todos os problemas do mundo têm como origem a guerra, a doença, a fome, a opinião contrária à religião inata"[108]. Obviamente, a ironia é que essa aspiração utópica a uma monarquia universal era facilmente deturpada para servir a Razões de Estado.

---

105. Citado em Rodolfo de Mattei, *Il Pensiero politico italiano nell'Età della Controriforma*, vol. 1 (Milão, 1982), p. 222.

106. T. Bozza, *Scrittori politici italiani dal 1550 al 1650* (Roma, 1949), pp. 135-6.

107. T. Campanella, *A Discourse touching The Spanish Monarchy* (Londres, 1654), p. 16.

108. Citado em de Mattei, loc. cit., p. 225, nota 13.

Como disse uma vez E. H. Carr (ver pp. 309-10), tudo é um instrumento da política externa[109]. O melhor meio para legitimar a proposta de hegemonia imperial na Europa era alegar a monarquia universal, e não os interesses do Estado, como a única verdadeira motivação. Poucos estavam imunes a essa enorme tentação. Desse modo, até mesmo o filósofo francês Guillaume Postel (1510-1581), aparentemente desinteressado dos assuntos mundanos, contemplava a França como o império universal[110].

De fato, o que mais surpreendia nos principais críticos de Maquiavel era seu nível de hipocrisia, consciente ou não, exposto no enorme abismo entre seus protestos públicos contra a imoralidade d'*O príncipe* e seu próprio comportamento. Monsenhor Giovanni Della Casa (1503-1556), que atacou as Razões de Estado em sua obra *Orazione a Carlo V*, é um bom exemplo. Della Casa não era um simples clérigo ou estudioso. Era também diplomata, familiarizado com os assuntos de Estado. O papa Paulo III o enviara como Núncio Papal a Veneza, e ele foi confidente do cardeal Carlo Carafa, chefe do secretariado do papa Paulo IV[111]. Na *Orazione*, Della Casa protestou contra o disfarce de "atividades fraudulentas e violentas sob o nome da razão". Negou que pudesse haver dois tipos de razão, a pessoal, que era simples e pura, e a do Estado, que "não só dificilmente seria cristã como... também dificilmente seria humana"[112]. Não obstante, como se ressaltou, foi esse mesmo Della Casa em seu papel de Núncio que, por vontade própria ou não, de fato agiu em dois níveis morais. Em duas *Orazioni* escritas para incitar os venezianos a entrar numa aliança contra Carlos V, Della Casa não usa os termos *ragion di stato*, mas tacitamente capitula diante de seus ditames. Ele escreve sobre "a natureza das coisas pela qual, como entre o lobo e o reba-

---

109. Ao autor, enquanto analisavam um capítulo intitulado "Desarmamento como instrumento da política externa".

110. Citado em de Mattei, p. 226.

111. De Mattei, "Il problema...", pp. 720-2.

112. Citado *ibid.*, p. 723.

nho, nem mais nem menos que entre o Império e os... Estados, a eterna hostilidade e discordância estão predeterminadas segundo leis infalíveis e perpétuas". E acrescentou que "a prosperidade do Imperador é nossa adversidade; e, na medida em que Sua Majestade se eleve e se torne mais poderosa, nós decairemos e fraquejaremos"[113]. Ainda mais surpreendente é seu comentário de que, se os governantes dominassem um território injustamente, eles não deveriam esperar que "outros interviessem somente de maneira justa e legítima; porque, em questões assim, não existe um juiz competente, não são apresentadas peças processuais, nem petições; porém armas, força e empenho reunidos são tanto juízes quanto carrascos..."[114].

Para quem não tinha nenhuma experiência prática de estadística, era mais fácil assumir uma superioridade moral contra Maquiavel; e, nos anos da Contra-Reforma, tais autores tinham prestígio. Para evitar o opróbrio público, portanto, os seguidores de Maquiavel sentiram-se obrigados a procurar precedentes na Roma Antiga, nos escritos de Cornélio Tácito (*c.* 55-120), como fonte de autoridade. Os *Anais* foram publicados em 1515, mas foi somente por volta de 1580 que o tacitismo se tornou amplamente difundido. Especialmente a publicação, em Florença, em 1594, da obra superficial porém popular de Scipione Ammirato, *Discorsi sopra Cornelio Tacito,* levou a traduções que disseminaram essas idéias para além das fronteiras da Itália[115]. Houve casos de palavras que foram divulgadas como se fossem de Tácito e que na verdade estavam mais próximas de Maquiavel, embora a freqüência com que isso se tornou lugar-comum esteja agora sob questionamento[116]. Na verdade, o que provo-

113. Citado *ibid.*, p. 730.

114. Citado *ibid.*, p. 731.

115. Na França, uma tradução feita por Baudoin sai em 1618: Maspétiol, "Les deux aspects...", p. 212.

116. Ver, por exemplo, J. Freund em *Staatsräson: Studien zur Geschichte eines politischen Begriffs*, org. R. Schnur (Berlim, 1975), pp. 78-9; para uma opinião mais cética: P. Burke, "Tacitism", em *Tacitus*, org. T. Dorey (Londres, 1969), pp. 149-71.

cou profunda inquietação foi uma mudança de costumes – da aceitação passiva do absolutismo à revelação dos segredos de governo (*arcana imperii*) no interesse de uma participação pública maior. A inevitável reação das autoridades foi proibir a circulação dos textos sobre Tácito.

Em 1627, a obra póstuma de Traiano Boccalini, *Comentarii sopra Cornelio Tacito,* foi considerada inadequada para publicação pelo Conselho dos Dez de Veneza, com a objeção de que o bom governo seria prejudicado pela discussão aberta, entre membros do público, sobre os segredos da estadística[117]. De fato, a opinião da elite em Veneza era, num jogo de palavras, que "*sarebbe stato meglio che Tacito avesse tacito*" (seria melhor que Tácito tivesse ficado quieto)[118]. Era, porém, um gesto definitivamente inútil da ortodoxia. Mal eles batiam uma porta, outra se abria às suas costas. Ludovico Zuccolo (1568-*c.*1631), que publicou *Della ragion di stato* em 1621, brincava que as Razões de Estado eram debatidas "não apenas por conselheiros na corte e por intelectuais [*dottori nelle scuole*], mas até mesmo por barbeiros e pelos artífices mais baixos das oficinas..."[119]. E, em 1634, *Il forestiero,* de Giulio Capaccio (*c.*1560-1651), continha o revelador comentário de que "o mundo redescobriu [as Razões de Estado] a fim de perder a lucidez porque, mesclada a toda atividade humana e a cada acontecimento, seja ele frívolo, seja solene, útil ou prejudicial, a sério ou para diversão, esse conceito não deixa em paz a boca dos homens; é discutido nas cozinhas, ouve-se gritarem seu nome nos bordéis, os nobres têm um lugar de cerimônia para ele, a gente comum faz uso dele para parecer importante [*ci si fan grandi*], e entre os astrólogos se diz que os céus se movem pelas razões de Estado"[120]. De modo semelhante, na sátira *La secretaria d'Apollo,*

---

117. D. Wootton, *Paolo Sarpi: Between Renaissance and Enlightenment* (Cambridge, 1983), p. 73.

118. Citado em F. Ramorino, *Cornelio Tacito nella Storia della Coltura* (Milão, 1898), p. 101.

119. Citado em B. Croce, *Storia della Età Barocca in Italia* (Bari, 1929), p. 77.

120. *Ibid.*, p. 76.

de Antonio Santacroce, que surgiu em 1653, Tácito protesta ao ser humilhado por terem-lhe atribuído "coisas que nunca sequer sonhara"[121].

A proibição nunca foi totalmente eficaz. Um estratagema mais sutil e duradouro foi, porém, o de neutralizar o impacto de Maquiavel aceitando certos preceitos diluídos e ao mesmo tempo rejeitando o impulso amoral de sua argumentação; ou seja, preservando sua forma enquanto se destruía efetivamente seu conteúdo. Giovanni Botero (1533/4-1617) foi um intelectual brilhante, mas um espírito desregrado. Formou-se como jesuíta (o que incluiu uma esclarecedora estada em Paris), mas achava a disciplina quase intolerável. Sem conseguir expressão adequada para uma ambição cada vez maior, logo adquiriu uma reputação por apreciar a intriga. Com efeito, seus superiores o puniram em setembro de 1579 por ser "pessoa... que fica mais à vontade com a sabedoria secular que com a sabedoria divina [*che s'accomoda più presto per prudenza umana che divina*]"[122]. Foi, portanto, com algum alívio de todas as partes que ele deixou a ordem após vinte e dois anos de dificuldades, em dezembro de 1580. Em Milão, achou um emprego que durou pouco tempo com o poderoso arcebispo São Carlos Borromeu, para quem já realizara algumas tarefas (antes de se desentender com ele devido a um pronunciamento irrefletido em que negava a autoridade temporal de Cristo antes da crucificação). O que se revelou um ponto decisivo foi um ataque a Maquiavel em seu original de *De regia sapientia*. Dentro de pouco tempo, estabelecia-se como secretário e acompanhante do arcebispo. Os Borromeus eram a principal família de Milão: Botero afinal tinha galgado uma posição de influência perante alguém com quem tinha muito a aprender. A desgraça atingiu-o, porém, em novembro de 1584, quando o arcebispo morreu. A experiência política de Botero foi então

121. *Ibid.*, p. 84.

122. L. Firpo,"Giovanni Botero", *Dizionario biografico degli italiani* (Roma, 1971), p. 354 *passim*.

ampliada em grau imensurável com seu serviço numa missão diplomática em Paris para Carlos Emanuel de Savóia em 1585. A crise na França e a fermentação intelectual que a acompanhava deram-lhe ocasião para profunda reflexão. Ao voltar a Milão, foi designado tutor do jovem sobrinho de San Carlo, Federico (1564-1631), acompanhando-o em setembro de 1586 a Roma para conduzi-lo através das águas perigosas da corte romana. Concretizou-se o sucesso com a ascensão de Federico ao cardinalato, apenas um ano depois. Havia ainda muito pouco na formação de Botero sugerindo que ele se tornaria um dos pensadores políticos mais importantes da Contra-Reforma. Mas as oportunidades oferecidas por Roma fizeram toda a diferença. Ampliando o esboço apresentado em *De regia sapientia*, Botero tratou de defender os valores da Igreja na Contra-Reforma, de restaurar os valores religiosos transcendentais à sua anterior supremacia sobre a condução da política. Diluiu Maquiavel e tornou as Razões de Estado um composto muito menos estonteante e mais fácil de engolir para os providos de uma índole mais ingênua ou confiante. O título de sua obra *Della Ragion di Stato*, publicada em 1589, seria mais bem traduzido como "Pensando sobre o governo" em vez de Razões de Estado.

Apesar de seu inegável sucesso na Itália e em outros países, essa habilidosa tentativa de pasteurização não deixou de ser desafiada. O cáustico monsenhor Goffredo Lomellini, representante em Roma da república de Gênova, e homem com reputação literária, além de perito na arte da negociação, costumava participar todas as semanas das reuniões em Roma na casa de uma das figuras mais poderosas da cidade, o cardeal Cinzio Aldobrandini, sobrinho do papa Clemente VIII, no que chamavam de *Accademia di cose di Stato* [Academia de Assuntos de Estado]. Foi ali que, em 20 de junho de 1594, Lomellini lançou um ataque à obra de Botero e disse em tom de brincadeira que o livro não "continha nada sobre *Ragion di Stato* a não ser o título"[123]. Essa

---

123. Citado dos arquivos do Vaticano: R. de Mattei, *Il problema della "Ragion di Stato" nell'età della Controriforma* (Milão, 1979), p. 66. Ver também E.

censura mordaz ressoou para além das paredes da *Accademia*. Uma carta de Girolamo Frachetta, em março de 1594, não foi menos depreciativa[124]. Desse modo, em julho, Botero foi levado a escrever a Aldobrandini e outros cardeais em protesto, afirmando ser injustificado o ataque de Lomellini[125]. Não que isso surtisse algum efeito de impacto, pois alguns anos depois, nos escritos de Boccalini, Apolo queixa-se de que o livro trata apenas de "política em geral", sem nenhuma menção "daquelas razões de Estado que o título de outro modo promete"[126].

Que a publicação de Botero foi em grande parte um ato interesseiro de oportunismo político corrobora de modo significativo com o fato de seu prefácio conter uma dedicatória ao arcebispo e príncipe de Salzburgo, ele próprio homem de reputação nada admirável. A ostensiva indignação de Botero diante do fato de "Maquiavel basear sua Razão de Estado na falta de consciência e de Tibério [o enfoque dos escritos de Tácito] justificar sua crueldade e tirania por uma desumana *lex maiestatis*..." precisa, portanto, ser posta em seu contexto, da mesma forma que seu espanto manifestado "ao descobrir que esse modo bárbaro de governar tinha conquistado tanta aceitação que podia se opor descaradamente à Lei Divina, de tal maneira que os homens falavam em certas coisas serem permitidas pelas Razões de Estado e outras pela consciência"[127].

Botero, entretanto, não estava de modo algum sozinho nisso tudo. Frachetta, em *L'Idea del libro de' governi di stato e di guerra*, publicado em 1592, já tinha feito distinção entre "*buona ragione di stato*" (boa razão de Estado) e "*cattiva ragione di stato*" (má razão de Estado):

Baldini, "Le guerre di religione francesi nella trattatistica della ragion di stato: Botero e Frachetta", *Il Pensiero Politico*, XXII, n.º 2, 1989, p. 309. A data exata do documento e o comentário são de Baldini.

124. Citado em Luigi Firpo, "Lettere inedite di Giovanni Botero", *Atti delle Accademia delle Scienze di Torino*, vol. 89 (1954-55), p. 213.

125. Carta de julho de 1594, *ibid.*, pp. 239-40.

126. Publicado em 1613, citado em *ibid.*, p. 212.

127. Dedicatória, 10 de maio de 1589, G. Botero, *The Reason of State* (Londres, 1956), pp. xiii-xiv.

> A Razão de Estado apresenta-se sob duas formas: uma verdadeira, que é o que... chamamos de prudência civil, que não está dissociada da virtude moral ou da religião e é, portanto, a verdadeira razão e a verdadeira regra do governo. A outra é uma cópia, a qual só leva em conta a conveniência de quem dela faz uso e não dá atenção nem a Deus nem ao dever. É dessa segunda, e não da primeira, que pretendo agora falar, porque é ela... que vem usurpando a expressão Razão de Estado.[128]

Frachetta prossegue:

> Não se pode com justiça chamar essa Razão de Estado de Arte porque a Arte (como Aristóteles ensina no sexto livro da Ética) se aplica a coisas que podem ser criadas [*delle cose fattibili*], ao passo que a Razão de Estado se aplica a meios para atingir um fim [*delle cose agibili*], ou preferências [*eligibili*], como se diria... Diríamos portanto que a Razão de Estado é uma formação [*pedia*], técnica [*peritia*] ou disciplina, ou seja, que se origina em parte da instrução de outros, em parte da leitura de histórias e de autores políticos, em parte de correspondência diplomática [*Relationi*], em parte de uma questão de intuição [*dal seso*] e em parte de experimentação nos assuntos do mundo...[129]

Frachetta também distinguia entre Razões de Estado e Razões de Guerra, da mesma forma que aqueles realistas que mais tarde fizeram objeção a Hobbes distinguiam entre o Estado de Natureza e o Estado de Guerra (ver adiante, pp. 86-97). Prendendo-se a Tácito, Frachetta manifestava seu desdém e indignação diante de Maquiavel e dos que seguiam "um autor tão abominável que tantos apreciavam no belo Reino de França..."[130].

---

128. G. Frachetta, *L'Idea del libro de'governi di stato et di guerra* (Veneza, 1592), pp. 37-8.

129. *Ibid.*, p. 39. Para o trecho pertinente em Aristóteles: "Nicomachean Ethics", tomo 1, em *The Complete Works of Aristotle*, org. J. Barnes, vol. 2 (Princeton, 1984), p. 1728.

130. Frachetta, *L'Idea*, p. 45.

Na verdade, foi na França que surgiu o mais importante realista a seguir Maquiavel. Na França, a expressão "Razões de Estado" só apareceu impressa no final do século XVI[131]. Mas a influência da idéia se evidenciara antes, na obra de Jean Bodin (1530-1596). Os *Six Livres de la République* foram publicados em 1576. Como outros de inclinação semelhante, Bodin enfatizou suas diferenças com o antigo mestre enquanto na prática mantinha com ele muito em comum. Apenas uma década antes, elogiara Maquiavel – ainda que nunca de maneira acrítica – como o "primeiro... em cerca de 1200 anos, depois que a barbárie dominou tudo", a escrever extensamente sobre política[132]. O massacre do dia de São Bartolomeu, em 1572, deu um fim a esse tipo de tolerância. Nesse dia, Maria de Medici, mãe do jovem rei, no desejo de livrar a coroa da influência huguenote, mandou assassinar o líder, o almirante Coligny, manobra que desencadeou uma série de massacres de huguenotes por todo o país. Seguiu-se a guerra civil.

O repúdio a Maquiavel não deveria ser motivo de surpresa. Qualquer associação explícita com suas idéias corria o risco de condenação, ou coisa pior. Entretanto, as circunstâncias que provocaram o *tour de force* de Maquiavel existiam em outros lugares e inevitavelmente levaram outros a prescrever soluções não muito diferentes para problemas comparáveis. Pois, exatamente como o colapso da ordem na Itália colocara em risco o futuro da cidade-Estado medieval que Maquiavel procurava proteger, a dramática desintegração da França, durante as brutais guerras de religião, gerou em Paris uma especial conscientização da necessidade

---

131. Sua primeira ocorrência registrada teria sido num pasquim protestante de maio de 1593 intitulado: "advertência ao Rei, na qual se deduzem as Razões de Estado [*raisons d'État*] pelas quais não lhe fica bem trocar de religião" – citado em R. Maspétiol, "Les deux aspects de la 'raison d'État' et son apologie au debut du XVIIe siècle", *Archives de Philosophie du Droit* n.º 10, 1965, p. 209.

132. *Methodus ad facilem historiarum cognitum*: citado em E. Beame, "The Use and Abuse of Machiavelli: The Sixteenth-Century French Adaptation", *Journal of the History of Ideas*, vol. XLIII, n.º 1, 1982, p. 39.

de medidas fortes para reunificar o reino. Os *Six Livres* estavam, desse modo, impregnados de uma obsessão pela "preservação dos reinos e impérios de todos os povos" e enraizados na ansiedade diante da "tempestade impetuosa" que vinha "atormentando a nau de nossa República"[133]. Surgiram nítidas diferenças entre Bodin e Maquiavel. Mas os pontos de vista que compartilhavam decorriam de suas respostas semelhantes a circunstâncias parecidas: o caos e a desordem dentro do Estado, a ameaça de invasão de outro país.

Não surpreende, portanto, que Bodin encontrasse ali as razões para a criação do Estado: não como um ato de Deus, do acaso ou como produto de um contrato social mítico. Pelo contrário, ele afirmou sem rodeios a premissa de que "a força e a violência forneciam a fonte e a origem das Repúblicas"[134]. Seu desenvolvimento era uma resposta fundamental às exigências que lhes eram impostas por um ambiente ameaçador. "A República", escreveu ele, "tendo surgido, caso disponha de bons alicerces, protege-se de forças externas e de enfermidades internas; e aos poucos vai ficando mais poderosa..."[135] O acréscimo de poder até um nível absoluto, na forma da plena soberania, era vital às políticas tanto nacionais quanto externas. "Em primeiro lugar", afirmou, "trata-se de uma exigência nos assuntos de Estado que se deva ser o mais forte ou figurar entre os mais fortes; e essa norma permite poucas exceções, seja no interior da própria República, seja entre vários Príncipes."[136]

Bodin nunca nos deixa nenhuma dúvida de que a força era essencial para a proteção nacional num sistema de Estados europeus que funcionava através da violência. A estrutura do sistema, por basear-se em sociedades que estavam sob graves problemas econômicos, forçava um modo de comportamento aos governos, privados como estavam de

133. J. Bodin, *Les Six Livres de la République* (Paris, 1576; edição de 1594).
134. *Ibid.*, vol. 1, p. 112.
135. *Ibid.*, vol. 4, pp. 7-8.
136. *Ibid.*, vol. 5, p. 179.

uma multiplicidade de escolhas. "O povo, num país fértil cercado por inimigos famintos, precisa estar pronto para a guerra", escreveu ele[137]. Para ele, portanto, a condução das relações internacionais – que nunca foi seu interesse principal – era em grande parte um jogo de soma zero. "À primeira vista", observou, "parece não existir melhor meio de manter o próprio Estado em sua grandeza do que vendo seus vizinhos se arruinarem uns aos outros. Pois a grandeza de um Príncipe, resumidamente, não é nada mais do que a ruína ou a redução da importância de seus vizinhos; e seu poder não é nada mais do que a fraqueza dos outros."[138]

Um cinismo tão insensível chegava até a considerar ameaças internacionais como um meio conveniente para garantir a coesão interna do Estado: "o melhor modo de preservar o Estado e protegê-lo de rebeliões, insurreições e guerras civis, além de manter seus súditos em bons termos uns com os outros, consiste em ter um inimigo contra quem o povo possa se empenhar"[139]. Esse era um conselho digno de um discípulo de Maquiavel. Mas seria errado encarar Bodin como alguém totalmente entregue aos preceitos amorais das Razões de Estado, embora acontecimentos recentes o tivessem praticamente empurrado para aquele campo. Seguiu Santo Agostinho ao recomendar que, por mais poderoso que um príncipe pudesse se tornar, ele deveria recorrer à guerra somente por "necessidade"[140]. E, embora a sensibilidade de Bodin à avassaladora importância do fator do poder nas relações internacionais fizesse com que ele alertasse contra os perigos de alianças entre os fracos e os fortes – "Os estrangeiros mais fortes tornam-se senhores daqueles que lhes solicitam ajuda"[141] –, ele era atormentado pela necessidade de criar e reforçar vínculos de obrigação, uma necessidade mais tarde não reconhecida por Hobbes mas

137. *Ibid.*, p. 163.
138. *Ibid.*, p. 179.
139. *Ibid.*, p. 137.
140. *Ibid.*, pp. 149-50.
141. *Ibid.*, p. 160.

explícita na obra dos tomistas (firmemente entrincheirados na Universidade de Paris) e seus sucessores: Grócio, Pufendorf, Locke e Rousseau. Não há "nada", escreveu Bodin, "em todos os assuntos de Estado que dê mais trabalho a príncipes e governantes do que a salvaguarda de tratados firmados com outros: seja entre amigos, seja entre inimigos, seja com os que são neutros, seja até mesmo com os próprios súditos"[142]. O cumprimento a tratados não era portanto associado exclusivamente ao poder; era também uma questão de fé, e a "fé", escreveu ele, "é o único alicerce e apoio para a justiça, sobre a qual se baseiam todas as Repúblicas, alianças e sociedades humanas..."[143].

A visão de Bodin do sistema europeu era a de um conflito modificado, e até certo ponto circunscrito, pela ética. No seu pensar, é esse elemento que foi desenvolvido pelos teólogos mais utópicos que acabaram fundando a escola de direito internacional. Considerando que a reação a Maquiavel na França emergiu somente após a grande intensidade das guerras de religião, a reação na Espanha foi extrema desde o início[144]. A Espanha da Contra-Reforma produziu tanto o mais cínico "raciocínio" de Estado quanto a mais vigorosa e empenhada reafirmação do universalismo, cristão ou secular. Entre os citados e condenados em 1595 pelo teólogo jesuíta Pedro de Rivadeneira em seu *Tratado de la Religion* como os mais perigosos proponentes do estadismo amoral estavam Maquiavel, o calvinista francês La Noué, Duplessis-Mornay, Bodin e, *last but not least*, seu compatriota Antonio Pérez (*c.*1540-1611).

Pérez, cuja astúcia de início lhe fora útil como secretário de Estado do rei Filipe II, acabou em apuros por sua cumpli-

142. *Ibid.*, p. 165.

143. *Ibid.*, p. 189.

144. Gonzalo Fernandez de la Mora, "Maquiavelo visto por los tratadistas españoles de la contrarreforma", *Arbor*, XIII, 1949, pp. 417-49. Tentativas subseqüentes de modificar esse quadro encontraram provas somente muito insignificantes de que as coisas fossem diferentes: D. Bleznick, "Spanish Reaction to Machiavelli in the Sixteenth and Seventeenth Centuries", *Journal of the History of Ideas*, vol. XIX, junho de 1958, n.º 3, pp. 542-50.

cidade direta no assassinato do rival Escobedo, resultando numa fuga ao exílio, primeiro na França e depois na Inglaterra. Em Paris, publicou suas *Relaciones*, que, advertia ele, "não têm nada a ver com Religião". Tratava-se de um "texto minucioso para ensinar o que os Príncipes ocultam [*privados de Principes*]". A obra foi inspirada por sua experiência pessoal. "Aqui, como em outros lugares nos séculos passados, o mais perigoso é conhecer os segredos mais secretos dos Príncipes. É mais perigoso que ter um Príncipe que lhe deva uma enorme obrigação."[145] A esse livro seguiu-se a publicação de suas cartas, das quais foi extraída uma série de aforismos e, como com Tácito anteriormente no século XVI, publicada separadamente. Os aforismos continham pouca coisa de pertinência direta para a condução das relações internacionais; tratavam principalmente do tipo de conselho experiente que se costumava dar a príncipes na Itália de Maquiavel. Era a má reputação de Pérez que dava aos aforismos certa qualidade de provocação[146].

Uma alternativa mais eficaz surgiu, novamente na Espanha, pelas mãos dos dominicanos, que, com a prudência de um ponto de vista tático, aceitaram o advento do Estado mas não a implicação de que o Estado fosse portanto o fim da questão. Dois teólogos reafirmaram, à moda dos estóicos, a unidade essencial da humanidade contra o particularismo estadista afirmado tão enfaticamente por Maquiavel e Bodin. Mas era um sinal do crescente secularismo desse debate o fato de, em vez de insistir na tradicional reivindicação de uma monarquia universal baseada no *corpus chris-*

---

145. *Relaciones de Antonio Pérez, Secretario de Estado, que fue, del Rey de España Don Phelippe II, deste nombre* (Paris, 1598), pp. 11-2. Argumentos quanto à autoria de Pérez de várias obras que apareceram sob seu nome podem ser encontrados na introdução de Modesto Santos de uma obra conhecida originalmente como produto de Pérez, *Discurso Político al Rey Felipe III al Comienzo de su Reinado* (Madri, 1990); o nome dado ao autor é Baltasar Alamos de Barrientos. No entanto, esses argumentos, aqui nos Estados Unidos como em outros lugares, por outros autores, não parecem totalmente convincentes.

146. *Aphorismos de las Cartas Españolas, y Latinas de Antonio Pérez* (Paris, 1605).

tianum, eles terem preferido estruturar sua argumentação com base numa premissa independente da crença religiosa, embora em perfeita harmonia com suas crenças. E não procuraram banir o Estado tanto quanto refrear seus excessos na condução das relações internacionais.

Em primeiro lugar, o célebre acadêmico da Universidade de Salamanca Francisco de Vitoria (1480-1546) defendia uma *societas naturalis* de nações e liberdade de comércio[147]. Vitoria formara-se em Paris sob a influência de uma restauração do tomismo e, ao voltar à sua terra natal, logo adquiriu uma fama que ultrapassava a de qualquer um de sua geração ao aplicar os princípios tomistas às questões da época. Essas idéias foram esboçadas numa série de *relecciones* – aulas de duas horas que ele era obrigado a dar como parte de seus deveres de professor na Universidade de Salamanca. Nos textos de Vitoria há uma óbvia tensão entre o consenso que começava a surgir sobre as Razões de Estado e o que se poderia chamar de Razões da Guerra e universalismo tomista. Em primeiro lugar, ele considerava o Estado não só legítimo como também natural: "Os Estados e comunidades não tiveram sua fonte e origem na invenção do homem, nem em nenhuma forma artificial, mas brotaram, por assim dizer, da natureza, que produziu esse método de proteção e preservação dos mortais."[148] Em segundo lugar, argumentava que, "se os Estados e as sociedades são estabelecidos de acordo com a lei natural ou divina, o mesmo vale para o poder, sem o qual os Estados não poderiam existir"[149]. Em terceiro, observou que "um príncipe deve subordinar tanto a paz quanto a guerra ao bem comum de seu Estado, e não despender receitas públicas em busca de sua própria glória ou proveito, muito menos expor seus súditos ao perigo por esse motivo"[150]. E, em último lugar, afirmou que "na guerra é legíti-

147. Veja J. Barthelemy, "de Vitoria", em *Les Fondateurs du Droit International*, org. A. Pillet (Paris, 1904), pp. 8-9.

148. "De Potestate Civili", em J. Scott, *The Spanish Origin of International Law: Francisco de Vitoria and His Law of Nations* (Londres, 1934), pp. lxxv-lxxvi.

149. *Ibid.*, p. lxxvi.

150. "De Jure Belli", *ibid.*, p. liv.

mo tudo o que for exigido pela defesa do bem comum", já que o objetivo da guerra é "a defesa e preservação do Estado"[151]. Evidentemente, isso se aplicava apenas à guerra justa, não à injusta.

Vitoria assim admitia que o Estado estava aqui para ficar, e a guerra junto com ele. Seu objetivo era criar uma estrutura que possibilitasse um distanciamento das Razões de Estado – que eram explicitamente amorais – e voltasse a inserir o Estado numa filosofia maior com fins éticos. Numa *relección, De potestate civili,* postulou que "o mundo inteiro... em certo sentido forma um Estado [*república*]"[152]. Isso confirmava sua crença na aplicabilidade geral de um *jus gentium,* ou lei das nações. Ainda assim, ele não estava interessado em restabelecer o antigo império. Em suas *relecciones* sobre a posição dos índios do Novo Mundo, embora vivesse dentro da jurisdição de Carlos V, rejeitava abertamente a monarquia universal: "O imperador não é senhor do mundo inteiro."[153] Afirmou ainda o direito dos índios a serem tratados como iguais. Descartando a idéia de que pudessem ser comparados a animais, insistiu que, embora não fossem cristãos, eles tinham direitos de propriedade: "antes da chegada dos espanhóis, os índios eram senhores verdadeiros"[154]. Ao sustentar que o mundo formava um todo, mas não sob o domínio de um único dono, e que esse todo era compartilhado por homens iguais que não eram necessariamente cristãos, Vitoria forneceu efetivamente a base para a regulamentação mais sistemática das relações entre essas partes segundo determinados preceitos morais. Seguindo a posi-

---

151. *Ibid.*, p. lv.

152. Citado em F. Castilla Urbano, *El pensiamento de Francisco de Vitoria: Filosofía política e indio americano* (Barcelona, 1992), p. 170. Para mais informações acerca de Vitoria: R. Naszalyi, *El estado según Francisco de Vitoria* (Madri, 1948). Também em inglês, um estudo significativo é o de J. Fernández Santamaría, *The State, War and Peace. Spanish Political Thought in the Renaissance, 1516-1559* (Cambridge, 1977). Também, Scott, *The Spanish Origin*, pp. lxxxii e xc.

153. A segunda parte de suas *Relecciones sobre los indios y el derecho de guerra* (Buenos Aires, 1946), p. 68.

154. Primeira parte de *Relecciones*, p. 63.

ção de Agostinho, que uma vez se referiu enigmaticamente a "leis e costumes de guerra" não nomeados[155], provavelmente aqueles observados por Cícero[156], ele admitia o direito dos Estados de travar uma guerra justa em benefício próprio, já que, pela inexistência de uma autoridade superior, "os príncipes são juízes de suas próprias causas pois não há quem esteja acima deles"[157]. Mas também procurou controlar a conduta deles pela lei.

O jesuíta Francisco Suárez (1548-1614), seu colega como tomista e também proveniente de Salamanca, ampliou ainda mais a concepção de Vitoria de uma *societas naturalis* de nações, transformando-a na exigência de uma lei das nações (*jus gentium*):

> A *raison d'être* dessa lei consiste no fato de que a espécie humana, embora seja realmente dividida em povos e reis, mesmo assim mantém, de alguma forma, certa unidade, não meramente a da espécie, mas algo quase político e moral como indicado pelo preceito natural de solidariedade e ajuda que se aplica a todos, incluindo estrangeiros de qualquer nação.
>
> Em conseqüência disso, embora um Estado – monarquia ou república – seja por natureza uma comunidade autárquica e seja dotado de seus próprios elementos constitutivos, qualquer um desses Estados é, no entanto, também em certo sentido e em relação à espécie humana, um integrante dessa comunidade universal, porque, considerados isoladamente, jamais gozam de uma autonomia tão absoluta que não precisem de alguma ajuda, associação ou intercâmbio, às vezes para seu bem-estar, progresso e desenvolvimento, e às vezes por verdadeira necessidade moral e falta de meios, como demonstra a própria experiência.
>
> E é por isso que as nações têm necessidade de um sistema de leis: para que esses tipos de intercâmbio e associação mútua possam ser direcionados e organizados objetivamente.

---

155. Não está de modo algum claro quais seriam essas "leis e costumes": *The City of God*, p. 52.

156. Ver Cícero, *De Officiis*, I, 11.36.

157. Citado em Naszalyi, *El estado*, p. 149.

> E, se admitirmos que em grande parte isso é permitido pela razão natural, o mesmo não ocorre nem de modo direto nem completo em relação a todas as questões e circunstâncias. Logo, algumas leis especiais poderiam ser estabelecidas por meio dos costumes dessas mesmas nações. Porque, da mesma forma que o costume é a origem da lei num Estado ou país, também seria possível estabelecer leis internacionais por meio do costume na comunidade da espécie humana.[158]

Embora Suárez, como Vitoria, tivesse um nítido compromisso com a unidade moral da humanidade, seria um erro considerá-lo uma espécie de liberal temporão. De resto, não era um pacifista. Também não concebia nenhum tipo de governo mundial. Ele aceitava a guerra como o único meio pelo qual um Estado poderia garantir a justiça[159]. Além disso, Suárez, Vitoria e os teólogos compatriotas Domingo de Soto (1495-1560) e Luis de Molina (1535-1600)[160] aceitavam, todos, o crucial pressuposto realista de que era preciso distinguir entre o que era moralmente permitido ao indivíduo e o que era aceitável ao Estado. E mais, o Estado era o único juiz de seu direito de travar guerra, já que nenhuma autoridade superior se sobrepunha a ele – como Suárez reconhecia: "humanamente, não se poderia encontrar melhor método na ordem natural..."[161].

O que presenciamos aqui é um ajuste crítico ao Estado como autoridade maior em questões seculares; ao mesmo tempo, no entanto, a reafirmação da existência de uma comunidade maior dentro da qual o Estado atua e que, de al-

---

158. F. Suárez, *De Legibus: De Iure Gentium*, org. L. Pereña *et al.*, vol. 4 (Madri, 1973), pp. 135-6.

159. L. Rolland, "F. Suárez", em *Les Fondateurs*, pp. 107-10 e 122.

160. Por engano, Molina é descrito como português por R. Tuck, *The Rights of War and Peace*, p. 9. Molina nasceu em Cuenca mas mudou-se para Coimbra após iniciar o noviciado. *Enciclopedia Universal Illustrada*, vol. XXXV, pp. 1464-5.

161. Para um resumo: B. Hamilton, *Political Thought in Sixteenth-Century Spain: A Study of the Political Ideas of Vitoria, De Soto, Suárez, and Molina* (Oxford, 1963), capítulo vii.

guma maneira profunda, refreia sua liberdade de manobra pela aplicação de valores mais elevados. Isso representava um nítido ressurgimento do tomismo, ainda que pela porta dos fundos. O conceito de utilidade, e portanto de interesses, reforçava a defesa tomista da sociabilidade. E um dos que fizeram aquele ajuste crucial foi o padre espanhol Juan de Mariana (1536-1624), jesuíta como Rivadeneira. Mas ele era um intelecto muito mais independente e formidável, mais bem conhecido talvez por sua audaciosa defesa do direito de derrubar a tirania. Isso ele afirmou em sua obra *De Rege et Regis Institutione*, de 1599. O primeiro capítulo começa com o subtítulo extraído direto de Aristóteles: "o homem é por natureza um animal social"[162]. Contudo, Mariana apresenta essa sociabilidade não como algo instintivo e inato no homem, como queriam Aristóteles e seus seguidores, mas como produto direto da implacável necessidade. O homem nasce relativamente indefeso, neste mundo. "Começamos esta vida desgraçada com um sopro nos lábios e lágrimas nos olhos, um exato presságio da infelicidade que nos oprimirá e das tristezas que nos ameaçarão..."[163] Para tudo, até para sua segurança, os homens precisam confiar uns nos outros. Mariana acompanhou Agostinho em sua crença na guerra justa, cunhando o eloqüente epigrama: "deve-se procurar não a guerra na paz, mas a paz na guerra"[164]. Isso equivale a dizer que o objetivo da guerra consistia em obter a paz apropriada. Porém, sua perspectiva era de uma coerente inflexibilidade. Caso o rei seja "fraco e odeie armas, começará a ser alvo de desdém, inicialmente por parte do exército e mais tarde por todos os cidadãos; e, como se sabe, após o desdém vem o mal, já que a majestade dos reis depende menos do poder e da força do que da opinião e respeito dos homens"[165]. Escreveu ainda: "em tempos de paz, prepara-

162. J. de Mariana, *Del Rey y De la Institucion Real: Obras de Padre Juan de Mariana* (Madri, 1854), p. 467.
163. *Ibid.*
164. *Ibid.*, p. 543.
165. *Ibid.*, p. 545.

te para a guerra", e isso incluía a formação de alianças[166]. Além disso, embora recomendasse que os príncipes não mentissem, eles podiam dissimular[167]. Mariana apresentou não apenas uma filosofia inflexível, mas também o padrão de um utilitarismo resoluto. Salientou: "nada motiva tanto como a verdadeira utilidade, seja para reis seja para indivíduos; e nunca acredite em amizades ou alianças seguras das quais não se espere nenhuma vantagem"[168].

O poder dos interesses era igualmente óbvio para o jurista holandês Hugo Grócio (1583-1645), cujo aristotelismo era apenas condicional. Evidentemente, em conseqüência de seus próprios laços pessoais com o comércio, bem como de seu compromisso com o emergente colosso comercial que eram os Países Baixos, Grócio procurou basear no interesse próprio as limitações universalistas à soberania do Estado, e essa noção de interesse individual decorria de um forte sentido de propriedade privada[169]. Ele racionalizou essa posição por estar em perfeita harmonia com princípios aristotélicos, princípios que produziram "aquela fraternidade humana, aquele Estado mundial, louvado com tanta freqüência e tanto entusiasmo pelos antigos filósofos e em especial pelos estóicos"[170]. Em seu primeiro tratado, escrito para justificar a apropriação de despojos dos rivais espanhóis por parte dos holandeses, ele explicou o que aparentava ser uma harmonia paradoxal entre o interesse próprio do indivíduo e os interesses da comunidade maior da humanidade. Os Prolegômenos da defesa, apresentada em *De Iure Praedae Commentarius*, estabelecem primeiro a sociedade universal declarada por Vitoria e Suárez – sem referir-se a eles – só para abrir a possibilidade de uma justificativa do unilateralismo do Estado.

---

166. *Ibid.*, p. 569.

167. *Ibid.*, p. 568.

168. *Ibid.*, p. 567.

169. A subversão de suposições prévias sobre a trajetória estritamente aristotélica do pensamento de Grócio foi o feito de Richard Tuck, cuja exposição mais acessível se encontra em *The Rights of War and Peace*, capítulo 3.

170. Citado em *ibid.*, p. 87.

> Quando veio a suceder... que muitas pessoas (tamanho é o mal que decorre da natureza corrupta de alguns homens!) deixavam de cumprir com suas obrigações ou até investiam contra a fortuna e mesmo contra a vida de outros sem sofrer punição – já que os desprevenidos eram atacados pelos que estavam preparados; ou indivíduos sozinhos, por grandes grupos –, surgiu a necessidade de um novo recurso para que as leis da sociedade humana não fossem postas de lado como inválidas. Essa necessidade era especialmente imperiosa em vista do crescimento da quantidade de seres humanos, dilatados a uma tal multidão que os homens viviam espalhados, separados por enormes distâncias e privados de oportunidades de benefício mútuo. Assim, as menores unidades sociais começaram a reunir indivíduos numa localidade, não com a intenção de abolir a sociedade que une todos os homens como um todo, mas, sim, para fortalecer aquela sociedade universal por meios mais confiáveis de proteção; e, ao mesmo tempo, com o propósito de reunir numa disposição mais conveniente os numerosos e diferentes produtos do trabalho de muitas pessoas que são necessários aos costumes da vida humana.[171]

Sob esse aspecto crucial, a noção de Grócio sobre os valores universais era não só secular, mas também protocapitalista. Portanto, não há nenhum equívoco em enxergar uma vaga afinidade natural entre Grócio e o liberalismo dos últimos tempos.

Como seus precursores espanhóis, Grócio estava determinado a reduzir a crueldade e a barbárie na condução da guerra no século XVI. Sua tese foi publicada em 1625 como *De Iure Belli ac Pacis*. Porém, foi somente na segunda edição, em 1631, que ele deu uma ênfase clara à sua ligação com a tradição aristotélica. Os motivos pelos quais agiu assim em estágio tão tardio são tema de discussão. Enquadrado no legado de Aristóteles, afirmou que, "entre as faculdades peculiares ao homem, está seu desejo de sociedade, ou seja,

171. H. Grócio, *De Iure Praedae Commentarius: Commentary on the Law af Prize and Booty*, vol. 1 (Oxford, 1950), p. 19.

de uma comunidade, não de qualquer tipo, mas que seja pacífica..."[172]. Como Suárez, Grócio afirmava que a lei natural fornecia a base para uma lei das nações, uma lei na qual "poucos tocaram, e da qual até agora ninguém tratou em termos universais e metódicos, embora seja do interesse da humanidade que se faça isso"[173]. Para Grócio "a Mãe da Lei Natural é a própria natureza humana, que, mesmo que a necessidade de nossas circunstâncias não o exigisse, por si mesma geraria em nós um mútuo desejo de sociedade..."[174].

Considerando-se a adesão apenas condicional a valores aristotélicos, não surpreende ver que Grócio insiste na inevitabilidade da interdependência e na necessidade, por motivos inteiramente práticos, de que essa interdependência seja devidamente controlada. Outros poderiam contra-argumentar que, embora seja óbvio que cidadãos são interdependentes, cidades ou Estados inteiros, em razão de sua autonomia como comunidades, não tinham necessidade alguma de semelhante regulamentação segundo os princípios da justiça; que não se poderia aplicar adequadamente a moral à condução de relações internacionais. Grócio afirmava, portanto, a impossibilidade de uma autarcia sustentável:

> Porém, muitos que exigem a justiça no caso de cidadãos particulares não dão todavia a menor importância a ela no caso da nação inteira ou de seu governante; a causa deste erro está, em primeiro lugar, no fato de eles não considerarem nada na Lei a não ser o lucro que dela decorre, algo que é visível no que diz respeito a cidadãos particulares, que, considerados isoladamente, são incapazes de se defender. Mas as grandes cidades, que parecem ter dentro de si tudo o que é necessário para sua defesa e bem-estar, não parecem carecer dessa virtude que respeita o benefício dos outros e se chama justiça.

---

172. H. Grócio, *Of the Rights of War and Peace, in Three Volumes, In which are explain'd The Laws and Claims of Nature & Nations, and the Principal Points that relate either to Publick Government, or the Conduct of Private Life* (Londres, 1715), p. 10.

173. *Ibid.*, p. 7.

174. *Ibid.*, p. 17.

> No entanto, para não repetir o que já foi dito, ou seja, que a Lei não foi instituída apenas em nome do lucro, não há cidade tão forte ou tão abastecida que ocasionalmente não precise de auxílio estrangeiro, seja na atividade comercial, seja para repelir as forças conjuntas das diversas nações estrangeiras que se confederaram contra ela. Razão pela qual vemos que as alianças são desejadas pelas nações e príncipes mais poderosos, cuja força total é destruída por aqueles que restringem a Lei aos limites de apenas uma cidade. É a mais pura verdade que, com o afastamento da Lei, tudo se reduz a um estado incerto e inconstante.[175]

Desse modo, a lei proporcionaria um ambiente internacional mais disciplinado e previsível no qual os Estados poderiam chegar a acordos uns com os outros. A argumentação estava baseada na vontade premiada pela necessidade; seria possível fazer a moral valer como um fixador conveniente.

> Se não há comunidade que possa ser preservada sem lei... decerto o que une a humanidade em geral, ou algumas nações reunidas numa sociedade, deve igualmente precisar de lei; o que foi observado por quem disse que um ato vil não deve ser cometido, nem mesmo pelo bem de seu próprio país.[176]

Para Grócio, que vinha de um Estado recém-estabelecido, próspero e tranqüilo, existia algo que se podia chamar de sociedade internacional, decorrente da natureza e das necessidades do homem; além disso, a justiça podia e devia regular o interesse nas relações internacionais. Porém, enquanto Grócio, com a importante motivação de diversos imperativos, reagira à barbárie da guerra (pelo menos entre raças brancas) de uma distância discreta, procurando regulamentar sua condução, outros que vieram depois dele, prin-

175. *Ibid.*, pp. 19-20.
176. *Ibid.*

cipalmente Thomas Hobbes (1588-1679) – cuja carreira abrangeu a Guerra dos Trinta Anos, que devastou o norte da Europa, e também a guerra civil que derrubou a antiga ordem na Inglaterra –, foram atingidos menos pela necessidade de justiça, como ocorreu com Bodin durante e após as guerras de religião, do que pela necessidade de ordem na casa e pela inevitabilidade do conflito no exterior, instigando uma interpretação muito diferente da verdadeira natureza do homem. Assim, o poder e o interesse eram mais determinantes do que a moral e a justiça. Tratava-se do realismo em sua forma mais pura. Não pode ser por acaso que Maquiavel, Bodin e Hobbes reagiram de modo semelhante a condições comparáveis.

Àquela altura já se tornara lugar-comum que os pensadores realistas fizessem um gesto simbólico de aquiescência diante da moral ao mesmo tempo que deixavam clara a sua insistência quanto à primazia das Razões de Estado. Entretanto, por elevar a "razão" como princípio determinante, os realistas consideravam estar traçando uma linha mais prática e disciplinada entre o comportamento puramente animal e a política imposta por considerações morais de maior peso, muito embora estivesse óbvio para todos que esse limite se aproximava mais do primeiro que da última. Ao fim do *corpus christianum* e ao surgimento do Estado secular equiparavam-se o declínio da moral de espiritualidade ortodoxa e sua gradual substituição pela alternativa humanista: a força legitimadora da razão. O célebre cardeal de Richelieu (1585-1642), que demonstrara poucos sinais de escrúpulo religioso ao governar a França com uma eficiência impiedosa, escreveu em seu *Testament Politique* que a "razão" deveria prevalecer sobre a paixão nas atividades do governo, porque permitir que as paixões corressem soltas tornaria o homem indistinguível do reino animal. Por outro lado, Richelieu insistia que "de todos os princípios capazes de movimentar um Estado, o medo... é o de maior impacto" e que "se esse princípio é de enorme eficácia dentro dos Estados, ele não terá a menor eficácia no exterior, pois súditos e estrangeiros verão com os mesmos olhos uma potência temível, e tanto uns como outros evitarão ofender um príncipe que considerem capaz de prejudicá-los, se esse fosse seu desejo"[177]. E foi mais além. "Quem detém o poder geralmente detém o direito nos assuntos do Estado, e quem é fraco terá dificuldade para fugir da culpabilidade na opinião da maioria das pessoas."[178] Essa preocupação pelo predomínio da razão imparcial aparece igualmente nos textos de Jean Silhon, um dos secretários de Richelieu[179]. Não está nada claro quem tomou emprestado de quem.

Como Maquiavel e Bodin, mas diferentemente de Grócio, Hobbes se interessava principalmente em restabelecer a ordem em casa, dentro das fronteiras do Estado; ele acreditava que o homem era movido sobretudo pelo medo[180]. Thomas Hobbes nasceu em 5 de abril de 1588, na época da Invencível Armada, em Westport, próximo a Malmesbury, em Wiltshire[181]. Abandonado pelo pai mas sustentado por um tio rico, entrou para Oxford aos catorze anos de idade. Ao formar-se, tornou-se secretário e acompanhante do filho de William Cavendish, então barão de Hardwicke (mais tarde, conde de Devonshire). Isso proporcionou a Hobbes oportunidades de viajar e acesso às melhores bibliotecas. Em 1614, visitou a França e a Itália com o jovem Cavendish numa época em que os avanços na ciência (Galileu e Kepler) surpreendiam a Europa culta. Dessa época em diante, os conta-

---

177. Cardeal de Richelieu, *Testament Politique*, org. L. André (Paris, 1947), p. 326.

178. *Ibid.*, p. 380.

179. *Le Ministre d'Estat, avec le véritable usage de la politique moderne par le Sieur de Silhon* (Amsterdam, 1644), p. 18.

180. O melhor tratamento desse aspecto pode ser encontrado em H. Trevor-Roper, "Thomas Hobbes", publicado em 1945 e reproduzido em J. Gross, *The Oxford Book of Essays* (Oxford, 1992), pp. 566-71.

181. Um resumo da vida e da obra de Hobbes está em G. Sortais, *La Philosophie Moderne depuis Bacon jusqu'á Leibniz* (Paris, 1922), artigo III, capítulo 1. Esse texto, mesmo que não totalmente preciso até os últimos detalhes, apresenta a vantagem inestimável de situar Hobbes em seu contexto europeu maior. Para uma perspectiva diferente e uma exposição mais especulativa: R. Tuck, *Philosophy and Government 1572-1651* (Cambridge, 1993), capítulo 7.

tos com Paris, profissionais e pessoais, foram tão ou até mais íntimos que os encontrados na Inglaterra. Uma segunda viagem, como professor visitante, de 1629 a 1631, após o falecimento precoce de seu jovem companheiro, incluiu uma estada de mais ou menos um ano e meio na França. Nessa ocasião, Hobbes presenciou o espetáculo da centralização do poder monárquico por parte de Richelieu em nome de Luís XIII e foi apresentado por acaso às certezas dedutivas da geometria euclidiana; o primeiro evento sem dúvida firmou sua crença no poder da realeza, e o segundo deu-lhe um gosto declarado pelo raciocínio axiomático. Voltou à Inglaterra a pedido da condessa de Devonshire, viúva, para assumir a educação do filho do falecido conde. Apenas três anos depois, porém, ele podia ser visto novamente no continente europeu, acompanhando seu pupilo pela França e pela Itália.

O retorno à Inglaterra coincidiu com o acirramento da crise entre o rei e o país quanto aos direitos da monarquia. Os Devonshires eram firmes defensores da realeza, como seria razoável esperar que fossem. Em 1628, na época do primeiro confronto importante entre Carlos I e o parlamento, o conde de Devonshire era o procurador-geral. Foi nesse papel que ele fez a defesa mais vigorosa das "razões de Estado" que Whitehall jamais presenciara[182]. Sua argumentação era que, "se o súdito obtiver a liberdade, ele perderá os benefícios do governo daquele Estado, sem os quais uma monarquia logo se transforma em anarquia..."[183]. Isso ele justificou como uma questão de "necessidades de Estado"[184]. Depois que o parlamento foi fechado, coube a Cavendish processar, no Tribunal da Câmara Estrelada, aqueles membros da Câmara dos Comuns que tinham se manifestado contra o rei. Que a argumentação de Cavendish fosse mais tarde transformada em doutrina pelo tutor da casa não de-

---

182. A data exata não é conhecida: *The Parliamentary History of England*, vol. II (Londres, 1807), col. 306.

183. *Ibid.*, col. 318.

184. *Ibid.*, col. 317.

veria portanto causar muita surpresa. E, quando da volta de Hobbes à Inglaterra, ele compôs um pequeno tratado que defendia Carlos I de uma intimação renovada e mais vigorosa por parte do parlamento – "o referido poder e direitos estavam inextricavelmente associados à soberania...". Embora o tratado não fosse publicado, atingiu grande circulação e fama. Mais tarde Hobbes relembrou que, "se Sua Majestade não tivesse dissolvido o parlamento, [Hobbes] teria corrido perigo de vida". Acrescentou que o novo parlamento, quando se reuniu em novembro de 1640, era composto, "em sua maioria, daqueles homens que o povo tinha eleito somente por sua aversão ao interesse do rei" e que "logo de início procediam com tanta ferocidade contra os que tinham escrito ou discursado em defesa de qualquer parte daquele poder... que o sr. Hobbes, desconfiando de como seria tratado, viajou para a França, o primeiro de todos a fugir..."[185].

Intitulado *The Elements of Law Natural and Politic* [Os elementos da lei natural e da política], o texto desenhava sua imagem do conflito a partir do comportamento do homem. Mais tarde, no *Leviatã*, Hobbes também colheu sua imagem no reino das relações internacionais: ponto que até agora parece ter passado despercebido. Como foi indicado anteriormente, o tratado foi inspirado pela profunda reflexão sobre as causas últimas das disputas políticas, na França e também na Inglaterra, que eventualmente subvertiam a estrutura da ordem social. Nesse texto, Hobbes evitou ser específico. Em outros, tendo em mente a Guerra dos Trinta Anos assim como os problemas enfrentados na Inglaterra, alegou que "a disputa por [precedência] entre o poder espiritual e o civil, mais do que qualquer outra coisa no mundo, vem sendo recentemente a causa de guerras civis em todos os cantos da cristandade"[186]. Em contraposição, construiu o

---

185. T. Hobbes, "Considerations upon the reputation, loyalty, manners and religion of Thomas Hobbes written by himself by way of letter to a learned person", *Works*, vol. IV, p. 414.

186. Carta ao conde de Devonshire, 2 de agosto de 1641, N. Malcolm (org.), *Correspondence of Thomas Hobbes*, vol. I, p. 120.

quadro de uma sociedade baseada numa fria avaliação da natureza do homem, com um caráter não muito diferente do retratado por Luciano, o autor satírico (117-180 d.C.), de desejos insaciáveis que levam ao conflito:

> considerando-se a enorme diferença que há nos homens, a diversidade de suas paixões, como alguns são vaidosos em sua glória, e aspiram à precedência e superioridade em relação ao próximo, não só quando estão em situação igual no poder, mas também quando são inferiores; é preciso reconhecer que a conclusão necessária é a de que aqueles homens que são moderados e não procuram nada mais do que a igualdade da natureza devem ser intoleráveis à força dos outros, que tentarão subjugá-los. E daí decorre uma desconfiança geral na humanidade e o medo recíproco que uns sentem de outros.
>
> ... E mais, como os homens, pela paixão natural, são de diversos modos ofensivos uns aos outros, cada um pensando bem de si próprio e detestando ver o mesmo nos outros, sentem a necessidade de se provocar com palavras e outros sinais de desprezo e ódio, que são inerentes a todas as comparações: até que afinal precisem estabelecer a predominância pela força e resistência do corpo.
>
> ... Além disso, considerando-se que os apetites de muitos homens os levam a um mesmo fim, fim que às vezes não pode nem ser apreciado em comum, nem dividido, deduz-se que o mais forte deva apreciá-lo sozinho, e que seja decidido em combate quem é o mais forte. E desse modo a maior parte dos homens, sem nenhuma garantia de probabilidades de vitória, mesmo assim, pela vaidade, por comparações ou por apetite, provoca os outros que, se não fosse por isso, se contentariam com a igualdade.[187]

Hobbes resumiu sua posição do seguinte modo:

> Atentando, então, para a agressividade da natureza dos homens uns para com os outros, acrescentando-se o direito de todo homem a todas as coisas, pelo qual um homem invade com direito, e outro resiste com direito; e com isso os

187. T. Hobbes, *Human Nature and De Corpore Politico* (Oxford, 1994), p. 78.

homens vivem em perpétua desconfiança, e estudam modos para atormentarem uns aos outros; o estado dos homens nessa liberdade natural é o estado da guerra. Pois a GUERRA não é nada mais do que aquela época em que a vontade e a intenção de lutar pela força estão suficientemente declaradas, seja por palavras, seja por atos; e a época que não é guerra é PAZ.[188]

No *Leviatã*, que foi concluído em 1651, bem depois do final da guerra civil inglesa e do seu lugar de exílio, Hobbes firmou consideravelmente sua posição, apesar de tentar voltar à terra natal, o que conseguiu durante o ano seguinte. Ocorreu-lhe a necessidade de deixar a França, conta-nos ele, "porque não quis confiar sua segurança às mãos do clero francês"[189]. Seu objetivo, relatado de próprio punho, era deixar "claro a todos que era impossível estabelecer a paz no mundo cristão a menos que aquela doutrina [o direito dos reis tanto em termos espirituais quanto temporais] fosse aceita, e a menos que uma força militar de considerável expressão pudesse obrigar cidades e Estados a manter esse pacto"[190]. Asseverou que existia "uma inclinação geral da humanidade inteira, um desejo perpétuo e insatisfeito por poder e mais poder, que cessa apenas com a morte... o homem não pode se assegurar do poder e dos meios para viver bem que possui no presente, sem a aquisição de mais", e disse que "a competição por riquezas, honras, comando ou outro poder induz à disputa, à inimizade e à guerra..."[191]. Em sua passagem mais citada, declarou:

> durante o tempo em que os homens vivem sem um poder comum que os mantenha a todos em atitude de reverência, eles estão naquela condição a que se denomina guerra, e a natureza dessa guerra reside em todos estarem contra todos.

---

188. *Ibid.*, p. 81.

189. "Considerations...": *Works*, p. 415.

190. Memórias em *Human Nature*, p. 248.

191. T. Hobbes, *Leviathan with selected variants from the Latin edition of 1668*, org. E. Curley (Indianápolis/Cambridge, 1994), p. 58. [Trad. bras. *Leviatã*, São Paulo, Martins Fontes, 2003.]

> Pois a GUERRA não consiste apenas na batalha, ou no ato de lutar, mas num trecho de tempo em que a disposição ao combate é suficientemente conhecida.
>
> Portanto, qualquer que seja a conseqüência dos tempos de guerra, nos quais todos são inimigos de todos, a mesma conseqüência terão os tempos em que os homens viverem sem outra segurança além da que a que sua própria força e sua própria inventividade lhes proporcionarem. Em condições semelhantes não há espaço para a iniciativa, pois os frutos dela advindos são incertos e, conseqüentemente, não há nenhum cultivo da terra, nenhuma navegação, nem uso dos produtos que podem ser importados por mar, nem ampla construção, nem uso de instrumentos para mover e remover coisas que exijam muita força, nem conhecimento da face da terra, nenhuma crônica do tempo, nem artes, nem letras, nem sociedade; e, o que é pior, é constante o medo e perigo da morte violenta, e a vida do homem, solitária, pobre, desagradável, brutal e curta.[192]

Os críticos poderiam lembrar, e evidentemente foi o que fizeram, que "nunca houve um tempo nem uma condição de guerra semelhante a essa". Hobbes dispôs-se a reconhecer que "essa hipótese nunca foi geral, no mundo todo"[193]. Contudo, prosseguiu ele, voltando-se neste momento às relações internacionais para sustentar suas causas, "mesmo que nunca tenha existido uma época em que os homens individualmente se encontrassem numa condição de guerra uns contra os outros, ainda assim desde sempre reis e pessoas de autoridade soberana, devido à sua independência, estão envolvidos em constantes invejas e no estado e postura de gladiadores, tendo as armas apontadas e os olhos fixos uns nos outros, ou seja, suas fortalezas, guarnições e armas de fogo instaladas nas fronteiras de seus reinos, e sucessivos espiões vigiando seus vizinhos, o que é uma postura de guerra"[194].

---

192. *Ibid.*, p. 76.
193. *Ibid.*, p. 77.
194. *Ibid.*, p. 78.

Essa imagem do homem isolado em guerra com todos, ou com potencial para isso, não sofreu alteração significativa com o reconhecimento de Hobbes de que os homens – com o auxílio da razão – poderiam concordar entre si em atingir certos objetivos na ausência de uma autoridade soberana. Novamente o exemplo é tirado da arena internacional. Esses pactos foram possíveis, mas não sustentáveis. Tomemos as alianças: "embora eles [os Estados] obtivessem uma vitória pelo seu esforço conjunto contra um inimigo estrangeiro, ainda assim, mais tarde, quando não tivessem mais nenhum inimigo comum ou quando este fosse considerado inimigo por uma das partes e amigo por outra parte, deveriam necessariamente, pela diferença de seus interesses, anular o pacto e mais uma vez entrar em guerra entre si"[195]. Para Hobbes, esse estado de natureza excluía por definição a possibilidade de justiça e – embora não tratasse explicitamente do assunto – com toda a certeza excluía qualquer idéia de uma lei das nações: "Onde não existe poder comum, não existe lei; onde não existe lei, não existe injustiça..."[196] E é surpreendente que, em vez de "sociedade", Hobbes prefira o termo mais frio e mecanicista "sistemas" para se referir a "qualquer quantidade de homens reunidos por um interesse ou por um negócio"[197].

Até a publicação do *Leviatã* de Hobbes na Inglaterra do século XVII, nenhum estudioso de direito internacional se dispunha a manifestar publicamente seu descrédito pela natureza humana com tanta firmeza e, portanto, a ser tão brutal em sua defesa da suprema prioridade dos interesses do Estado. E será que pode ser mera coincidência que a ruptura da segurança da vida na Itália e na França dos séculos XV e XVI, que levou Maquiavel e Bodin respectivamente a compreender a importância de ver o mundo como era e governá-lo como era em vez de como poderia ser, também era uma característica daquele período da Inglaterra

195. *Ibid.*, pp. 107-8.
196. *Ibid.*, p. 78.
197. *Ibid.*, p. 146.

do século XVII no qual Hobbes compôs seu texto assustador? O colapso da ordem cívica, depois do desafio lançado à autoridade monárquica por um parlamento agitado, tinha levado a uma sangrenta guerra civil e em seguida a uma ditadura republicana. Como foi observado, Hobbes nos relata que, sob a eclosão da guerra civil, "temendo por sua segurança, ele retornou à França"[198]. Para um monarquista como ele, como observa Christopher Hill, o mundo fora "virado de cabeça para baixo". Hobbes queria a restauração da ordem – "uma força militar de magnitude significativa" para "obrigar cidades e Estados a manter" a concórdia[199] –, exatamente como Maquiavel e Bodin, e em circunstâncias quase idênticas.

Hobbes parece nem sempre ter tido uma opinião tão radical. O biógrafo John Aubrey (1626-1697) conta que Hobbes trabalhou uma vez como secretário de Francis Bacon (1561-1626), lorde Verulam, que nitidamente o respeitava e de quem ele deve ter absorvido alguma compreensão das realidades da vida política, nacional e internacional[200]. Tendo subido ao poder sem zelar por princípio algum, Bacon foi chanceler por pouco tempo antes de ser exonerado por corrupção. Nunca aceitou plenamente a opinião expressa em Platão de que era natural a guerra entre Estados; porém, não era contrário à guerra preventiva caso existissem temores justificados. Demonstrava um especial desdém por "alguns escolásticos (homens veneráveis por outros motivos, porém mais aptos no uso do estilete que no da espada)" que insistiam que era preciso esperar ser atacado[201]. Bacon afirmava que Platão tinha razão não só "que todo Estado deve se manter em guarda e preferir impedir a ser impedido",

---

198. Memórias do próprio Hobbes, Hobbes, *Human Nature*, p. 247.

199. *Ibid.*, p. 248.

200. J. Aubrey, "The Brief Life", em Hobbes, *Human Nature*, p. 234. Muita importância é dada a esse ponto – talvez importância demasiada – por R. Tuck, *The Rights of War and Peace* (pp. 126-7), cuja obra sob outros aspectos é valiosa no que diz respeito a Hobbes.

201. "Considerations touching a War with Spain. To the Prince" (1624), *The Works of Francis Bacon*, orgs. J. Spedding *et al.*, vol. XIV (Londres, 1874), p. 476.

mas também que "é em boa parte verdade que, se a predisposição à guerra e a hostilidade geral (que ele [Platão] equivocadamente considerava existir em todas as nações) forem elaboradas e ampliadas para gerar um medo justificado de ser oprimido, não se tratará mais de uma verdadeira paz, mas da imitação de uma paz"[202]. De fato, este último é exatamente o ponto que Hobbes procurou enfatizar.

Existem provas de que Hobbes se tornou mais desiludido sob o impacto dos acontecimentos que através da leitura. Em 1628-1629, ele prefaciou sua tradução da *História da Guerra do Peloponeso* escrita por Tucídides com comentários indicando uma consolidação do desencanto e um tom carregado de moralismo. Ao defender o valor de se estudar o passado, e a contribuição de Tucídides em particular, Hobbes ressaltou que "na *História,* atos de *honra* e *desonra* permitem que se veja clara e nitidamente quais são de um tipo e quais são do outro; mas, nos tempos atuais, eles estão tão bem disfarçados que são poucos, e muito cautelosos, os que não se enganam grosseiramente nessa distinção"[203]. Entretanto, não parece que o estudo atento de Tucídides em si tenha produzido essa transformação – sem dúvida não há nenhuma indicação no prefácio de Hobbes aos *Eight Bookes* de que fosse esse o caso. Seu relato diz apenas que "Tucídides foi sua principal fonte de prazer" e que na história "as fraquezas e os fracassos definitivos dos democratas atenienses, junto com os de sua cidade-Estado, se tornaram evidentes"[204]. E, em sua biografia em verso, Hobbes discorreu sobre a questão:

> Ninguém me agradou como *Tucídides*.
> Diz ele que a democracia é coisa tola,
> Mais sábio que uma República é um único rei.[205]

---

202. *Ibid.*

203. *Eight Bookes Of the Peloponnesian Warre* (2ª edição, Londres, 1634).

204. "The Prose Life", em Hobbes, *Human Nature,* p. 246.

205. "There's none that pleas'd me like Tkucydides. He says Democracy's a Foolish Thing, Than a Republick wiser in one king." "The Verse Life", *ibid.,* p. 256. Ver também, em seu relato da guerra civil – *Behemoth* –, mais de uma referência ao efeito nocivo dos clássicos sobre os jovens: "havia um

Seu trabalho com Tucídides, portanto, parece não ter feito nada por sua compreensão das relações internacionais. Pelo contrário, fortaleceu-lhe o monarquismo. Desse modo, resta-nos concluir que os próprios acontecimentos acabaram provocando a mudança decisiva em sua interpretação tanto do mundo quanto da natureza humana.

Não era por acaso que Hobbes usava o termo "sistema". Ele concebia o mundo em termos materialistas e individualistas. Isso, nas condições da Inglaterra do século XVII, fazia dele um radical. No entanto, sua solução era uma forma de soberania absoluta sobre o povo – o Leviatã –, o que, em última instância, fazia dele um conservador. Como sua análise despia o homem das obrigações e características então adotadas pela religião cristã, ele precisou consolidar as bases para a ordem social sob as características naturais (piores) do homem. Suas suposições impiedosas quanto à natureza do homem foram levadas ainda mais longe no continente europeu pelo judeu holandês Bento Espinosa (1632-1677). Em comparação à Inglaterra, notou um visitante, na Holanda "parecia haver entre eles [os holandeses] um excesso de frieza e indiferença diante de questões religiosas"[206]. E *sir* William Temple (1628-1699), embaixador inglês durante a Restauração, comentou que "Homem nenhum pode se queixar aqui de pressão sobre sua consciência", acrescentando que "é possível que a religião faça mais bem em outros lugares, mas aqui ela faz menos mal..."[207]. Desembaraçado da necessidade de moderar a dureza de suas afirmações por conta das suscetibilidades da sociedade, Espi-

---

número excessivamente grande de homens da melhor estirpe, que tinham sido educados desse modo, e na juventude tinham lido os livros escritos por homens famosos das antigas comunidades da Grécia e de Roma, referentes à sua constituição política e seus grandes feitos; livros nos quais o governo popular era louvado pelo glorioso nome de liberdade, e a monarquia desprezada pelo nome de tirania..." – *Behemoth: The English Works of Thomas Hobbes*, vol. VI, org. W. Molesworth (Londres, 1840), p. 168; ver também p. 218.

206. Isso ocorreu em 1664, *Bishop Burnet's History of His Own Time* (Oxford, edição de 1823), vol. 1, p. 357.

207. *Observations upon the United Provinces of the Netherlands* (1672), *The Works of Sir William Temple*, vol. 1 (Londres, 1740), p. 59.

nosa – embora tivesse fé – desnudou exatamente os mesmos elementos, mas livre da estrutura religiosa externa na qual a obra de Hobbes teve necessariamente de se encaixar.

Não diferente de Hobbes, Espinosa "deduziu todas essas doutrinas da natureza essencial do homem... do impulso universal de todos os homens para se preservarem[208]. Seu exame mais completo dessas questões aparece no *Tractatus Politicus*, que abre com um feroz ataque aos pensadores utópicos que "concebem os homens, não como são, mas como gostariam que fossem". Teóricos e filósofos eram, na opinião de Espinosa, comentadores muito menos convincentes em questões políticas do que os que praticavam a política:

> Acredita-se que os estadistas... planejam a desgraça dos homens ao invés de seu bem-estar; e eles têm maior reputação de esperteza do que de sabedoria. Sem dúvida, a experiência ensinou-lhes que enquanto houver homens haverá vícios. Eles procuram, desse modo, impedir a perversidade humana; mas, como o fazem por meio de truques que foram aprendidos na sua longa experiência, truques que os homens costumam empregar mais por medo do que por motivos racionais, os estadistas são considerados adversários da religião, especialmente por teólogos, que acreditam que os soberanos deveriam administrar as questões públicas de acordo com as mesmas normas morais impostas aos indivíduos particulares. Contudo, não há dúvida de que os estadistas escreveram sobre política com muito maior sucesso do que os filósofos; pois, como a experiência foi seu guia, eles não ensinaram nada que não pudesse ser colocado em prática.[209]

O motivo pelo qual o soberano não poderia ser julgado por seus atos pelo mesmo padrão moral aplicado ao cidadão em particular era que o soberano, ao encarnar o Estado,

---

208. B. de Spinoza, *The Political Works*: *The Tractatus Theologico-Politicus in Part and the Tractatus Politicus in Full*, org. A. Wernham (Oxford, 1958), p. 299. Para a explanação mais recente e atualizada da filosofia de Espinosa, S. Smith, *Spinoza, Liberalism and Jewish Identity* (New Haven, 1996).

209. *Ibid.*, p. 261.

atuava no mesmo ambiente amoral que o homem na natureza: "dois Estados estão na mesma relação de um com o outro que dois homens na condição da natureza"[210]. Aqui a idéia central de Maquiavel – "aquele observador arguto", "aquele sábio estadista"[211] – se encontrava e se unia com a essência de Hobbes. Na natureza, a única limitação à liberdade de ação era o poder e a vontade. Isso valia tanto ao homem quanto à natureza: "o direito natural do homem não é determinado pela boa razão, mas por seu desejo e seu poder"[212]. Na natureza "todos estão igualmente empenhados na supremacia..."[213]. Espinosa prosseguiu:

> o direito do Estado ou do soberano não é nada além do direito da natureza em si, e como tal determinado pelo poder; não porém pelo poder de um único indivíduo, mas pelo de um povo que é conduzido como que por uma única mente. Em outras palavras, está claro que o que é verdadeiro para cada homem no estado de natureza também vale para o corpo e a mente do Estado inteiro – o Estado tem direito na mesma medida em que tem poder e força.[214]

Espinosa acreditava, assim como Hobbes, que "duas comunidades são inimigas por natureza", e, sendo assim, o poderio era o direito.

> Se... uma comunidade desejar atacar outra e recorrer a medidas extremas para sujeitá-la, ela tem o direito de fazer a tentativa, uma vez que tudo o que ela necessita para empreender uma guerra por direito é a vontade de empreender uma guerra.

Como Hobbes, ele também admitia a formação de alianças, mas, também como Hobbes, ele afirmava que um

---

210. *Ibid.*, p. 295.
211. *Ibid.*, p. 313.
212. Do *Tractatus Theologico-Politicus, ibid.*, p. 127. [Trad. bras. *Tratado teológico-político*, São Paulo, Martins Fontes, 2003.]
213. Do *Tractatus Politicus, ibid.*, p. 265.
214. *Ibid.*, p. 285.

"tratado de aliança permanece em vigor contanto que o motivo para firmá-lo, ou seja, o medo do prejuízo ou a esperança do lucro, continue a valer; mas, assim que qualquer uma das duas comunidades perder seu medo ou sua esperança, a ela restará a posse de seu próprio direito... e o vínculo que unia as comunidades se romperá por si mesmo"[215]. Os estadistas não tinham nenhum direito de protestar diante disso porque os contratos eram acertados sob condições específicas, "e, logo que essas condições mudam, a razão para todo o acordo também muda". Isso significava que os estadistas não tinham nenhuma base para confiar em aliados temporários: "se uma comunidade se queixa de ter sido enganada, ela certamente não pode culpar a má-fé de seu aliado, mas apenas a sua própria loucura de confiar sua segurança às mãos de um governante estrangeiro que detém seu próprio direito e não conhece lei maior do que a segurança de seu próprio reino". Essa perspectiva desoladora é aliviada apenas parcialmente pela ponderação de que, quanto maior a aliança, maior o poder de dissuadir outros a entrar em guerra: "Quanto maior o número de comunidades que firmarem juntas um tratado de paz, menor será o medo que cada uma há de incutir nas restantes; ou, se preferirem, menor será o poder que cada uma terá para iniciar guerra contra as restantes; cada uma estará mais presa à obrigação de observar as condições da paz... terá menos posse de seu próprio direito e estará mais obrigada a ceder à vontade comum dos aliados."[216] Para que ninguém interprete que Espinosa visualizou a possibilidade de um futuro governo mundial ou de uma Organização das Nações Unidas, é preciso que se entenda que esse ponto apenas reconhecia que uma aliança hegemônica domina os Estados vizinhos. Não há nada que sugira que os objetivos de um sistema dessa natureza seriam necessariamente benéficos àqueles que dele não fizessem parte. A coação sobre sua capacidade de travar guerra, mas não contra a aliança como um todo, apenas li-

---

215. *Ibid.*, p. 295.
216. *Ibid.*, p. 297.

mita sua liberdade de ação sem necessariamente também cuidar de sua própria proteção.

O principal elemento do pensamento de Espinosa acerca dessas questões é sua crença, semelhante à de Hobbes, de que "os homens... são guiados mais pela paixão do que pela razão"[217]. Portanto, quaisquer que sejam as decisões políticas baseadas em cálculos, elas são condicionadas somente pelas conseqüências da "paixão". Essa opinião não precisou ser aceita na íntegra para derrubar a pressuposição da racionalidade completa. Ademais, a consciência da força das emoções não era exclusiva à Inglaterra nem à Holanda. De fato, na França, Jean Paul de Gondi, cardeal de Retz (1614-1679), ele próprio um agente político de alguma importância, compartilhava dessa perspectiva, embora de seu próprio ângulo de visão, mais provido de matizes. Ele escreveu:

> A regra mais correta para avaliar com precisão as intenções dos homens é examinar seus interesses, que são o motivo mais comum para seus atos. Contudo, um político verdadeiramente sutil não rejeita de todo as conjecturas que podem ser derivadas das paixões de um homem, pois às vezes as paixões são um componente bastante manifesto dos motivos que impulsionam os mais importantes assuntos de Estado, e quase sempre conseguem afetá-los inconscientemente.[218]

De Retz considerava as emoções uma fonte de interferência na política, mas uma fonte que podia ser aproveitada. Espinosa, por sua vez, recusava-se categoricamente a condenar a paixão, já que a considerava totalmente natural. A transposição dessa abordagem ao sistema internacional gera uma visão do comportamento não menos anárquica do que a testemunhada e descrita por Hobbes. A insistência de Hobbes no absolutismo tinha por base sua interpretação es-

---

217. *Ibid.*, p. 315.

218. Citação das memórias do cardeal: A. Hirschman, *The Passions and the Interests: Political Arguments for Capitalism before Its Triumph* (Princeton, 1977), p. 45.

pecialmente desoladora da natureza humana: o homem como um ser naturalmente anti-social e predatório. Um meio de atacar o *Leviatã* era derrubar essa premissa. Richard Cumberland (1631-1718), pesquisador em Magdalene College, Cambridge, e mais tarde bispo de Peterborough, afirmava que o homem era naturalmente bom, social e relativamente pacífico. Seu objetivo era "extirpar, pelas próprias raízes, os pontos da doutrina fundamentais contidos em seu livro *De Cive* e em seu *Leviatã*"; aos olhos de Cumberland, essas eram "Opiniões nocivas e destrutivas"[219]. Com esse objetivo, publicou *A Philosophical Enquiry into the Laws of Nature* [Uma investigação filosófica das leis da natureza]. A força propulsora do ataque era moral, mas isso em si não deveria desqualificá-lo de uma avaliação séria numa crítica ao realismo, já que Cumberland conseguiu extrair algumas incoerências práticas da obra de Hobbes. E é esse seu ataque que mostra exatamente a que ponto as idéias de Hobbes pareciam radicais. Além disso, sua crítica foi, consciente ou inconscientemente, absorvida por Locke e Pufendorf; e, depois ainda, influenciou Bolingbroke e Rousseau, apesar do fato de nenhum deles se situar muito longe do círculo realista.

Ao contrário de Hobbes, Cumberland sugeriu: "não é impossível que possamos ter nascido trazendo dentro de nós as primeiras impressões (de verdadeira devoção e sólida moral), que se tornaram mais profundamente gravadas em nosso coração e mente a partir de causas exteriores"[220]. Era sua opinião "Que certas proposições práticas da imutável verdade (diligentemente exercidas e empregadas na promoção, proteção e preservação da felicidade ou bem de todos os seres racionais tomados como coletividade) são necessa-

---

219. R. Cumberland, *A Philosophical Enquiry into the Laws of Nature Wherein the Essence, the Principal Heads, the Order, the Publication, and the Obligation of these LAWS are deduced from the NATURE of THINGS. Wherein also, The Principles of Mr. HOBBES' Philosophy, both in a State of Nature, and of Civil Society, are examined into, and confuted* (Dublin, 1701), p. lxxv.

220. *Ibid.*, p. xvi.

riamente inculcadas em nossa mente a partir da natureza das coisas..."[221]. Ele não defendia apenas que o homem é naturalmente bom, mas também alegava que a necessidade humana de cooperação é um impulso básico e um requisito, e que na realidade seria impossível imaginar o *Leviatã* de Hobbes sem ela:

> todos poderiam e devem ter previsto (o que é uma questão à qual o próprio sr. *Hobbes* poderia livremente ceder) que uma assistência social deve se revelar útil, conveniente e benéfica; e que a propensão natural da mente humana em direção a tal estado social era capaz de uma descoberta plena por meio de sinais, marcas & símbolos adequados: pois até o próprio sr. Hobbes afirma que o fundamento de toda sociedade é estabelecido com esse mesmo fim & propósito, ou seja, como um estado de assistência mútua.[222]

Mesmo que se admita que o impulso à cooperação não é primário, Cumberland também recorreu ao argumento de que o homem aprende a partir do comportamento, de que não é só a arte da cooperação que pode ser aprendida, mas também o princípio da repressão:

> *O poder de causar um dano é suficientemente equilibrado por um poder equivalente nos outros de causar algo semelhante: Isso, seja por um princípio de defesa ou de retaliação.* Por essa razão, para o homem que prudentemente leva em conta sua própria preservação & segurança, tal poder não pode provar ser nenhuma espécie de argumentação, pela qual o homem deveria preferir fazer mal aos outros a não fazer.[223]

A isso acrescentavam-se mais três pontos: (1) sempre houve a possibilidade de ajudar outros e de ser ajudado por eles; (2) qualquer indivíduo pode ser oprimido por um gru-

---

221. *Ibid.*, pp. xvi-xvii.
222. *Ibid.*, p. 56.
223. *Ibid.*, p. 244.

po de indivíduos; e (3) o auxílio coletivo é sempre mais valioso que o auxílio individual. Logo:

> Na realidade, não pode ser concebível pela mente do homem, sob nenhuma manifestação ou aparência da razão, imaginar que, nesse estado de guerra generalizada proposto pelo sr. Hobbes, as forças & poderes humanos estejam sempre separados tão distinta e claramente que uma única pessoa se empenhe em combater uma única outra pessoa...[224]

Poucos iriam tão longe a ponto de aceitar a conclusão de Cumberland de, no lugar da imagem hobbesiana da realidade como um "Estado de Guerra", inserir sua antítese – um "Estado de Paz"[225]. No entanto, Cumberland, seguido por Locke, lembrou-nos a todos da natureza ambivalente do homem e de que ele era um ser fundamentalmente social, como Aristóteles, Tomás de Aquino, Vitoria e Grócio haviam todos asseverado. Embora quase nunca o tema seja tratado diretamente, é evidente que Cumberland considerava que esses preceitos também se aplicavam à conduta dos Estados, pois a certa altura fez menção à prova da benevolência recíproca na criação de acordos entre reinos fronteiriços.

Em 1690, John Locke (1632-1704) descreveu o estado de natureza como "*um estado de liberdade*" mas "*não um estado de desregramento*"[226]. Nascido em Wrington, próximo a Bristol, em Somerset, no dia 29 de agosto de 1632, Locke, como Hobbes, achava desagradável a educação afetada de Oxford. Mesmo assim, era "visto como o rapaz mais inventivo da Faculdade"[227] e se manteve ligado à Christ Church

---

224. *Ibid.*, p. 247.

225. *Ibid.*, p. 397.

226. J. Locke, *Second Treatise of Government*, org. C. Macpherson (Indianápolis/Cambridge, 1980), p. 9.

227. J. Le Clerc, *The Life and Character of Mr. John Locke, Author of the Essay concerning Humane Understanding* (edição em inglês, Londres, 1706), p. 2. Le Clerc (ver pp. 112-3), foi "um dos Amigos íntimos do Sr. Locke" – prefácio a *The Life*. Os dois se conheceram quando Locke foi à Holanda em 1683, acompanhando Shaftesbury.

por muito tempo até ser expulso pelo rei em 1684. Médico, Locke tornou-se íntimo do primeiro conde de Shaftesbury depois de operá-lo e começou a compartilhar do interesse do amigo pela filosofia. Isso foi que mudou sua vida e acabou por transformá-lo no pai do liberalismo. No que parece sugerir a influência de Cumberland, ele afirmou que o estado de natureza tem "uma lei natural para governá-lo, que obriga a todos... Cada um, na medida em que *é obrigado a preservar a si mesmo*, e a não abandonar sua condição por vontade própria, também pelo mesmo motivo, quando sua própria preservação não está em jogo, deveria, até onde lhe fosse possível, *preservar o resto da humanidade*, e não poderia, a menos que fosse para fazer justiça contra um criminoso, tirar ou prejudicar a vida, ou o que tende à preservação da vida, da liberdade, da saúde, dos membros ou bens de outro"[228]. Dessa forma, para ele, havia uma "clara *diferença entre o estado de natureza e o estado de guerra*" que "alguns homens [ou seja, Hobbes] confundiram". Esses se encontravam, escreveu ele à moda de Cumberland, "tão distantes um do outro quanto um estado de paz, boa vontade, cooperação mútua e preservação está distante de um estado de inimizade, maldade, violência e destruição mútua"[229]. Para Locke, assim como para Cumberland, o estado de natureza não significava que o homem permanecesse sozinho em perpétua guerra com outros homens. A "cooperação mútua" era possível com a supressão da guerra. Mesmo assim o estado de natureza era "inseguro e incômodo"[230]. Os homens eram, portanto, impelidos a criar uma "sociedade civil" por um acordo que serviria de árbitro entre eles na aplicação de leis pactuadas.

Era essa "sociedade civil" que não existia no cenário internacional; daí "o ruído da Guerra, que desempenha um papel tão grande na história da humanidade"[231]. Mas não se

---

228. Locke, *Second Treatise*, p. 9.
229. *Ibid.*, p. 15.
230. *Ibid.*, p. 68.
231. *Ibid.*, p. 91.

tratava de uma guerra contínua de todos contra todos: "todos os príncipes e governantes de governos *independentes* no mundo inteiro... estão num estado de natureza"[232]; e, pela definição de Locke, isso significava que os governos poderiam entrar em acordos de tempos em tempos: "não é todo pacto que põe fim ao estado de natureza... outras promessas e pactos os homens podem fazer entre si e continuar no estado de natureza... pois a verdade e a fé pertencem aos homens enquanto homens, não enquanto membros de uma sociedade"[233]. E assim Locke reservou o termo "sociedade" para as circunstâncias nas quais uma "sociedade civil" se estabelece e tira o homem do estado de natureza. Não obstante, ele considerava o homem como um ser fundamentalmente social. Outros passaram a argumentar que isso significa que a sociedade de alguma forma preexistia à sociedade civil instituída pelo homem, nublando, assim, a distinção original entre o estado de natureza e a vida dentro da sociedade civil.

Cumberland reconheceu com relutância a força da paixão; mas sua obra está impregnada da firme crença no domínio da razão sobre a paixão, ao passo que Hobbes claramente afirmava o contrário. Por ironia, o perigo na opinião de Cumberland é que, se transposta à condução dos negócios de Estado, ela pressupõe uma racionalidade previsível e exclui a possibilidade da eclosão de um conflito como conseqüência involuntária de alguma ação humana equivocada ou, na verdade, do exercício hobbesiano ou espinosista de reações primitivas e passionais que não cedem aos ditames da razão. Para os verdadeiros realistas, a racionalidade era um objetivo, e não uma condição prévia ao comportamento. Nessa questão, Samuel Pufendorf (1632-1694) estava – sem dúvida em decorrência de sua experiência na prática política – mais próximo da realidade do que Cumberland. Da perspectiva de um ex-diplomata e de suas leituras da História, Pufendorf destacou a importância não só do ho-

232. *Ibid.*, p. 13.
233. *Ibid.*

mem e do Estado, mas também dos homens que comandam o Estado.

Pufendorf nasceu em 8 de janeiro de 1632 em Dorfchemnitz-bei-Thalheim, na Saxônia. Depois dos estudos universitários em Leipzig e Jena (onde foi apresentado à obra de Hobbes), pelos bons ofícios de seu irmão, um diplomata, foi trabalhar para o conde Pierre Julius Coyet, o enviado sueco em Copenhague, onde foi preso por oito meses sob suspeita de conspiração. Passou então para os Países Baixos antes de ser nomeado, em 1661, catedrático em Heidelberg pelo Eleitor: decisão extraordinária considerando-se a juventude de Pufendorf (mal completara trinta anos de idade) e o fato de que ele, um protestante, recebesse um posto desses numa instituição tradicionalmente católica. O fato de que a faculdade precisava de renovação aparentemente explica a nomeação. Em vez de ensinar direito romano, como seus colegas, Pufendorf começou a ensinar direito natural, seguindo a linha dos escritos de Grócio. Causou tanta impressão no Eleitor que também foi convidado a se tornar seu conselheiro particular. Entretanto, em pouco tempo, seu gosto pela liberdade de pensamento e pela controvérsia tornou problemática sua manutenção no cargo. Depois de atacar a corrupção no Santo Império Romano em *De Statu Imperii Germanici*, publicado em 1667, mudou-se para Lund a convite de Carlos XI da Suécia no ano seguinte à publicação. Lá, Carlos pediu-lhe que trabalhasse na história da família real. Embora sua história da Suécia ocupasse a maior parte de suas energias durante os nove anos seguintes, foi em Lund que em 1672 Pufendorf concluiu e publicou sua obra mais famosa, derivada diretamente de suas atividades de ensino em Heidelberg: *De jure naturae et gentium* [Do direito natural e das gentes]. O interlúdio sueco foi, porém, interrompido em 1686 por uma oferta do Grande Eleitor de Brandemburgo para que viesse aconselhá-lo. Dois anos depois, Pufendorf assumiu esse cargo, que manteve até o fim da vida. O filho do Eleitor, Frederico, acabou tornando-se Frederico I da Prússia, pai de

Frederico, o Grande. Foi em sua viagem de volta da Suécia, após receber de Carlos XI o título honorífico de barão, que Pufendorf morreu, em 1694[234]. A vida de Pufendorf realça portanto a ardorosa dedicação que ele despertou em seus poderosos admiradores, mas ela não ilustrou menos a severidade com que seus detratores o encaravam. O filósofo Gottfried Leibniz (1646-1716) descreveu-o desdenhosamente como *Parum jurisconsultus et minime philosophus* (um jurisconsulto médio e um filósofo mínimo)[235].

Pufendorf tem um pé na posição aristotélica e outro na hobbesiana. Para ele, havia um "vínculo natural entre os homens"[236]. Por outro lado, também afirmava que "suspeitas quase constantes e a desconfiança mútua medram entre os que vivem juntos num estado natural, especialmente se sua situação lhes fornecer oportunidades para prejudicar uns aos outros. E muitos manifestam um desejo de prejudicar e impedir o crescimento da força dos outros, de aumentar seu próprio poder a partir da destruição deles e, quando finalmente surgir uma ocasião, tomar a iniciativa e esmagá-los"[237]. De modo semelhante, em seu famoso tratado, *Do direito natural e das gentes,* ele admitiu, por exemplo, "que em sua maioria os impérios que fizeram alarde e tiveram importância no mundo, se não todos em geral, deveram seu crescimento & progresso à guerra". No entanto, também se afastou de Hobbes quando escreveu que "isso não é razão para buscar na guerra a fonte & origem do governo"[238]. Pufendorf considerava nociva "a insistência daqueles que declaram que o estado natural seria o da guerra, na realidade

234. S. Goyard-Fabre, *Pufendorf et le droit naturel* (Paris, 1994).

235. Carta a Kastner, 21 de agosto de 1709: *ibid.*, p. 18. Ver também J. Schneewind, "Barbeyrac and Leibniz on Pufendorf", *Samuel Pufendorf und die europäische Frühaufklärung: Werk und Einfluss eines deutschen Bürgers der Gelehrtenrepublik nach 300 Jahren* (1694-1994) (Berlim, 1996) pp. 181-9.

236. *Samuel Pufendorf's On the Natural State of Men: The 1678 Latin Edition and English Translation,* org. M. Seidler (Nova York, 1990), p. 130.

237. *Ibid.*, p. 128.

238. S. Pufendorf, *Of the Law of Nature & Nations* (Londres, 1712), tomo VII, p. 488.

uma guerra de todos contra todos ou de qualquer um contra qualquer um que também habite aquele Estado"[239]. Suas objeções eram mais de ordem prática do que moral, sendo bastante significativa a seguinte: "visto que ninguém pode dispensar a cooperação dos outros... a preocupação com a própria preservação faz com que ninguém seja capaz de tratar todas as outras pessoas como inimigas, nem que se disponha a tal"[240]. Embora concordasse quanto a "uma perversidade inata" nos seres humanos, Pufendorf ainda assim acreditava que, "como as causas que podem colocar homens uns contra os outros não são universais ou não têm tendência a se manifestar em atos hostis de modo constante, elas decerto não deveriam ser consideradas uma justificativa suficiente para a declaração simplista de que o estado natural é o estado da guerra"[241]. Ademais, ele discordava da idéia de que os homens não deveriam "ser considerados amigos [ao invés] de inimigos", nos casos em que a amizade significava "que não existia nem a vontade nem o poder de ferir"[242]. "De modo semelhante", escreveu ele, "também não deveríamos tolerar aqueles que tão indiscriminadamente afirmam que alguém que seja capaz de nos ferir necessariamente deseje fazê-lo; e que, caso se apresente uma oportunidade para atingi-lo, não deveríamos deixá-la passar em vão, visto que ele sem dúvida não deixaria de nos destruir se tivesse essa chance"[243].

Sob certos aspectos, Pufendorf aparentava, portanto, estar fornecendo modificações à árida filosofia de Hobbes, mas estava a uma distância considerável do quadro mais reconfortante vislumbrado por Cumberland ou mesmo por Locke. Sob outro aspecto crucial, porém, ele parece ter divergido fundamentalmente de Hobbes. Ao passo que Hob-

239. *Samuel Pufendorf's*, p. 128.
240. *Ibid.*, p. 129.
241. *Ibid.*
242. Pufendorf, *Of the Law*, p. 112.
243. *Samuel Pufendorf's*, pp. 129-30.

bes e Espinosa viam o homem comandado pelas paixões, Pufendorf, como Cumberland, via o homem governado pela razão. Para Pufendorf, a razão era o árbitro. Enquanto Hobbes supunha que a igualdade de forças faria com que os homens lutassem entre si por instinto, Pufendorf alegava que esse tipo de igualdade haveria de "restringir [em vez de]... provocar um desejo de ferir. Uma vez que homem algum, em seu juízo perfeito, aprecia muito um confronto com um seu igual, a menos que a isso seja levado pela necessidade ou pelo aspecto promissor da oportunidade posto em esperanças de sucesso"[244]. Em outro trecho, ele acrescentou que "sem dúvida a razão não permitirá que um medo indefinido quanto ao futuro sirva de pretexto para que eu ameace outra pessoa com um mal definido e presente"[245]. A total concordância com a posição de Hobbes entrava assim em conflito com a crença na imposição esmagadora da razão.

É assim que ele se manifesta a favor de "algum tipo de meio-termo":

> Em vista do laço entre os homens resultante da semelhança de sua natureza, de sua necessidade mútua e da imposição da lei natural que solicita a paz, o estado de natureza não pode ser corretamente considerado um estado de guerra. No entanto, em decorrência da perversidade dos homens, de seus desejos e paixões que investem ardorosamente contra a boa razão, ele também se caracteriza por uma paz um tanto instável e incerta.[246]

As deduções que se seguiram apresentavam, portanto, um equilíbrio semelhante:

> devemos supor que qualquer um é nosso amigo e estar dispostos a cumprir as obrigações da paz e da humanidade na relação com ele, caso ele se disponha a recebê-las. Da mesma

244. *Ibid.*
245. *Ibid.*, p. 130.
246. *Ibid.*

> forma, também devemos sentir um ansioso interesse por garantir nossa própria segurança a todo momento, como se só pudéssemos confiar um pouco na amizade dos outros e nunca nos permitir a acomodação na negligência passiva, pela confiança na integridade moral ou na inocência dos outros.[247]

Essa análise aparentemente acadêmica a respeito do homem num estado natural corroborava o conselho de Pufendorf a estadistas de que "um exato conhecimento do estado de natureza pode fornecer a líderes de Estados muitas sugestões referentes aos assuntos internos e externos de um Estado, cuja observância é extremamente necessária"[248]. O que está tão óbvio nesse caso é que, embora Pufendorf se equilibre entre os dois extremos no exame do homem na natureza, quando se volta à prática dos Estados nas relações internacionais, ele decisivamente favorece a prudência, sendo um motivo nada desprezível para tal "a obrigação primordial dos líderes de buscar a preservação de seu próprio Estado"[249]. Em primeiro lugar, "a paz no estado de natureza é bastante duvidosa e pouco digna de confiança"[250]. Em segundo lugar, e como conseqüência dessa proposição, surgiram problemas na transposição do "vínculo da afinidade compartilhada pelos homens" para as alianças entre Estados. Nenhum suposto interesse geral pelo bem-estar comum garantiria a segurança de um Estado contra uma ameaça externa, mas, sim, interesses particulares. Um "amor-próprio inato faz com que todos se preocupem mais com seu próprio bem-estar – o que a maioria das pessoas prefere muito mais do que a segurança dos outros"[251]. Isso queria dizer que "deveríamos procurar nos aliar àqueles que tivessem laços especiais conosco pelo interesse comum e para quem nossa segurança fizesse diferença". Apelos a "reivindicações de

247. *Ibid.*
248. *Ibid.*, p. 131.
249. *Ibid.*
250. *Ibid.*, p. 132.
251. *Ibid.*, p. 133.

humanidade, misericórdia, honra e glória" apenas suscitariam "uma solidariedade estéril ou granjeariam um auxílio muito ineficaz"[252]. Uma coincidência de "vantagens" era a condição *sine qua non* para a cooperação. "E nada choca com maior freqüência um estudioso da História que a expiração automática de tratados depois que os tempos e os interesses mudaram."[253] Em terceiro lugar, concluía-se que "os que valorizam sua própria preservação devem fazer o maior esforço possível para impedir quaisquer outros de aumentar sua força excessiva e desnecessariamente a ponto de adquirir a capacidade de superá-los, bem como para manter um equilíbrio entre a força de seus vizinhos"[254]. Contudo, Pufendorf, acompanhando o pensamento de Agostinho, não aprovava a guerra preventiva para limitar o poderio de Estados vizinhos. Somente se aquele Estado provocasse outros, forçando-os a entrar em guerra, a ação unificada se justificaria. E, se aquele mesmo Estado fosse alvo de ataque, seria justificado abster-se de auxiliá-lo[255]. Em quarto lugar, "os líderes deveriam fazer o máximo para que seu próprio Estado fosse o mais forte possível", especialmente porque "Estados que sofrem um súbito ataque de um inimigo depois de terem se enfraquecido por uma longa e ociosa paz correm o maior risco". Isso também exigia que se incentivasse o acúmulo de fortunas particulares para cobrir futuras despesas militares[256].

Pufendorf, entretanto, não assumia ingenuamente a hipótese de que, por ser o homem governado mais pela razão que pela paixão, as Razões de Estado pudessem ser seguidas meramente de acordo com os ditames da razão sem nenhuma interferência de elementos não-racionais. Nisso ele não estava muito distante do cardeal de Retz. Em *An Introduction to*

252. *Ibid.*, p. 131.
253. *Ibid.*
254. *Ibid.*, p. 132.
255. *Ibid.*, p. 133.
256. *Ibid.*, p. 134.

the History of the Principal Kingdoms & States of Europe [Uma introdução à história dos principais reinos & Estados da Europa], Pufendorf examinou as Razões de Estado no contexto dos interesses. Dividiu esses interesses em "imaginários" e "reais". Por imaginários, quis dizer objetivos hegemônicos e imperialistas, como a monarquia universal, que obviamente perturbaria outras potências e despertaria seu antagonismo: "o combustível com o qual o mundo inteiro pode ser posto em chamas..." Os "interesses reais" poderiam ser subdivididos em "perpétuos" e "temporários". Os "perpétuos" eram determinados pela "situação & constituição do país, & pelas inclinações naturais do povo". Os "temporários" eram determinados pela "condição, força & fraqueza das nações vizinhas, pois, na medida em que essas variem, os interesses também devem variar". E, numa passagem que até mesmo agora serviria como um lembrete saudável aos teóricos atuais das relações internacionais, escreveu:

> Por isso, acontece freqüentemente que, embora sejamos para nossa própria segurança às vezes obrigados a cooperar com uma nação vizinha, que tem probabilidade de ser oprimida por um inimigo poderoso, somos forçados em outra ocasião a nos opor aos desígnios daqueles com quem anteriormente cooperamos, quando descobrimos que eles se recuperaram a tal ponto que podem se revelar temíveis e inconvenientes para nós mesmos. Tendo porém em vista que esse interesse é tão óbvio para os versados nos assuntos de Estado que eles não podem ignorá-lo, é de perguntar como pode acontecer com tanta freqüência que erros enormes desse tipo sejam cometidos contra o interesse do Estado. Essa pergunta pode levar à seguinte resposta: que aqueles que detêm a suprema administração das questões muitas vezes não são suficientemente instruídos nos interesses tanto de seu próprio Estado como também do de seus vizinhos; e, ainda, por estarem apegados a seus próprios sentimentos, não seguirão o conselho de ministros sensatos e fiéis. Às vezes, serão enganados por suas paixões ou por favoritos & ministros oportunistas. Mas, quando a administração do governo estiver confiada aos cuidados de ministros de Estado, pode

acontecer que eles não consigam discerni-la; ou então, por estarem divididos em facções, tenham maior interesse em derrotar seus rivais que em seguir os ditames da razão.[257]

Frederico, o Grande, atacou "príncipes que consideram um desentendimento entre seus ministros algo necessário para seu interesse. Eles imaginam que correm menos perigo de sofrer imposições por parte de homens obrigados por um ódio mútuo a vigiar as ações uns dos outros"[258]. Sem dúvida, essa era a forma pela qual muitos conduziam os negócios de Estado, forma que inevitavelmente prejudicava uma tomada de decisão racional. No entanto, exatamente como as decisões podiam ser corrompidas pela falibilidade individual ou por grupos de interesses egoístas, enfraquecendo com isso a eficácia do Estado nas relações exteriores, também uma opinião extraordinária podia compensar a falta de poderio material. "Costuma acontecer", escreveu Pufendorf, "que um Estado, que considerado em si mesmo não passa de fraco, acabe se tornando grandioso pela boa conduta & valor de seus governantes; ao passo que um Estado poderoso, pela má administração dos que o comandam, muitas vezes sofre consideravelmente."[259]

No século XVIII, embora as Razões de Estado ainda fossem o padrão dominante, as expectativas de governos que atingiam esse padrão tinham caído mais do que subido, e certo grau de cinismo se instalara nas mentes dos iluministas. À medida que os governantes vestiam suas políticas na linguagem dos ideais, a reação foi previsível. A referência à lei ou à religião era considerada interesseira, como salientou o teólogo e filósofo liberal Jean Le Clerc (1657-1736):

---

257. Prefácio, Pufendorf, *An Introduction to the History of the Principal Kingdoms & States of Europe* (2.ª edição, Londres, 1697).

258. *Anti-Machiavel: or, an Examination of Machiavel's Prince with Notes Historical and Political*, (Londres, 1741), pp. 249-50. O livro foi publicado originalmente sob o nome de Voltaire. Frederico mais tarde traiu na prática a maioria dos princípios que enunciara pomposamente nesta obra antes de assumir o trono.

259. Prefácio, Pufendorf, *An Introduction to the History of the Principal Kingdoms & States of Europe* (2.ª edição, Londres, 1697).

> Aqueles Estados que não são suficientemente poderosos para invadir os domínios de outros falam apenas da paz e sustentam com razão que seus vizinhos deveriam deixá-los aproveitar o que possuem. É inevitável que citem a razão ou a religião em defesa de arrancar das mãos de terceiros o que estes possuem por direito. Mas os Estados que são, ou que se acreditam ser, superiores em poderio àqueles que estão nas proximidades dificilmente deixam de invadir as terras de seus vizinhos, quando surge a oportunidade, e de retê-las pela lei do mais forte. Às vezes, procuram atenuar a gravidade do que fazem com desculpas esfarrapadas, de doer os ouvidos. Bem se poderia supor que, se os mais fortes se tornassem os mais fracos, e se estes últimos se tornassem os mais poderosos, logo veríamos a troca do linguajar e dos papéis. Aquele que só falava de justiça e religião quando tinha necessidade de paz começaria, por sua vez, a procurar pretextos frívolos para esmagar seu vizinho. O outro, pelo contrário, recolheria, por assim dizer, as armas que seu inimigo tivesse abandonado e com razão criaria polêmica contra a violência e ambição daquele a quem não conseguisse oferecer resistência. É dessa forma que a espécie humana faz uso, alternadamente, de vícios e virtudes, para atingir seus objetivos.[260]

A semelhante cinismo respondia-se com propostas de paz perpétua. Mas antes de passar para outro manancial de pensamento, examinemos o primeiro de alguns pensadores que encontraram uma espécie de meio-termo entre Hobbes e Cumberland ao salientar que, enquanto o homem era de fato social por natureza – ou seja, necessitava da associação com outros homens –, a sociedade da qual fazia parte se comportava tão mal quanto os indivíduos descritos por Hobbes, mas que isso era devido menos à maldade do homem do que à natureza da sociedade.

---

260. *Negociations secretes touchant la paix de Munster et d'Osnabrug,; ou Recueil General des Preliminaires, Instructions, Lettres, Memoires &c. concernant ces Negociations, depuis leur commencement en 1642, jusqu'a leur conclusion en 1648. Avec les Depeches de Mr. de Vautorte, & autres Pieces au sujet du meme Traite jusqu'en 1654, inclusivement*, org. J. Le Clerc (Amsterdam, 1724), vol. 1, p. i.

O primeiro a abrir uma passagem para transpor esse obstáculo parece ter sido *sir* William Temple, que exerceu enorme influência sobre Jonathan Swift, seu secretário na última década de sua vida. Temple era embaixador em Haia em 1668, encarregado de negociar a Tríplice Aliança e, quando esta se rompeu, ele negociou, em 1674, o fim da guerra holandesa. Em descompasso com o regime corrupto sob as ordens de Carlos II, voltou à política em 1681. Talvez Temple seja mais conhecido por suas *Observations upon the United Provinces of the Netherlands* [Observações sobre as Províncias Unidas dos Países Baixos], obra publicada em 1672, uma brilhante avaliação da ascensão e queda de um país vizinho como grande potência (ver pp. 225-6). Mais pertinente ao tema deste livro é seu *Essay upon the Original and Nature of Government* [Ensaio sobre a origem e a natureza do governo], também de 1672. Enquanto outros, notadamente Hobbes e Cumberland, tinham tomado um único aspecto da natureza do homem como sua característica essencial e construído um sistema político sobre essa base, Temple, por exercer a política, enxergou uma dualidade, com o comportamento sendo em última análise determinado pelas circunstâncias. Ele também tinha pouca paciência para explicações contratualistas do Estado. Esses contratos eram pactuados para evitar fosse a violência (Hobbes), fosse a confusão (Cumberland). Temple não compartilhava de nenhum dos dois pressupostos: "se a Humanidade precisa ser classificada de acordo com um desses tipos", argumentava ele, "não sei bem de acordo com qual seria. E, considerando-se as enormes diferenças de costumes e disposição nos vários homens, e até nos mesmos homens em ocasiões diversas, duvido muito que devam ser divididos em várias categorias. Também me pergunto, se os homens são como carneiros, por que precisariam de governo? Ou, se são como lobos, como podem suportá-lo?"[261]. Foi Macaulay quem mais tarde sugeriu que o instinto de Temple de dividir a diferen-

261. *Works*, vol. 1, p. 99.

ça entre extremos era, como o de lorde Halifax ("o contemporizador"), típico da época, quando as lembranças da violência da revolução ainda eram muito recentes para tolerar repetição. Portanto, nada mais natural que, à medida que as lembranças fossem se apagando, também fosse diminuindo a tendência a procurar acordos.

Até esse ponto, a análise das causas do conflito nas relações internacionais estava concentrada na natureza do homem. Os que encaravam o homem como um animal social (seguindo a linha de Aristóteles e de Tomás de Aquino) necessariamente pressupunham que ele fosse menos propenso ao conflito do que os que pressupunham que fosse inerentemente anti-social. A única figura célebre que sugerira (em particular) que o que Hobbes atribuía à natureza do homem poderia de fato ser, afinal de contas, decorrente da natureza da sociedade foi o alemão Leibniz, matemático e filósofo, além de polímata. Seu interesse pelas questões políticas está evidente em sua correspondência com Thomas Burnet, o sacerdote pouco ortodoxo. Numa carta, sem data, Leibniz observou que, no que dizia respeito às origens do governo, ele estava mais do lado de Aristóteles do que de Hobbes. Na sua opinião, o que havia acontecido era que "a corrupção e a violência garantiram que o homem fosse separado do estado natural em sua perfeição e fosse obrigado a se acomodar à natureza em desordem"[262]. Estava implícito que a sociedade corrompia o homem. Com isso, Leibniz prenunciava em particular uma mudança de perspectiva que veio a se dar com Rousseau; embora a ênfase na sociedade surja na obra do médico holandês Bernard Mandeville (1670-1733), autor de *The Grumbling Hive* [A colméia insatisfeita]. Mandeville chegou ao ponto de publicar (sob pseudônimo) o que à primeira vista parecia ser um ataque à sua própria obra: uma *Investigação sobre a origem da virtude moral*, de 1728. O autor seria supostamente um religioso profun-

262. Cartas a Thomas Burnet, VIII: Leibniz, *Opera Omnia*, vol. 6 (Genebra, 1768), p. 268.

damente perturbado com a imoral descrição da sociedade apresentada por Mandeville, que tinha argumentado que os vícios particulares – sob a forma dos gastos com artigos luxuosos – criavam condições benéficas para a coletividade, porque geravam negócios e empregos:

> E assim cada parte era cheia de vício,
> Enquanto o todo era um paraíso;
> Aduladas na paz, e temidas nas guerras,
> Elas atraíam a admiração de estrangeiros,
> E pródigas com sua prosperidade e sua vida,
> O fiel para todas as outras colméias.*

Para Mandeville, o homem era um "composto de várias paixões, cada uma das quais, à medida que seja instigada e prepondere, há de governá-lo por sua vez, quer ele queira quer não"[263]. A crítica satírica que ele compôs conduz aos poucos o leitor confiante, e que logo se verá traído pelo labirinto de um raciocínio tortuoso que resulta na legitimação da noção do egoísmo, do interesse e do prazer como as verdadeiras motivações da atividade virtuosa (em vez da moral). Entre outros argumentos, a investigação alegava que "O grande objetivo e intenção de *Políticos* e *Príncipes* tem sido geralmente o de acumular riquezas, de aumentar sua fortuna, expandir suas conquistas e ampliar seus domínios, aproveitar-se das fraquezas ou necessidades de seus vizinhos; e, em suma, de não hesitar diante de nada que pudesse de alguma forma satisfazer suas ambições, objetivos e propósitos"[264].

---

* No original: "Thus every Part was full of Vice/Yet the whole Mass a Paradise; Flatter'd in Peace, and fear'd in Wars, / They were th'Esteem of Foreigners, / And lavish of their Wealth and Lives, / The Balance of all other Hives."

263. B. Mandeville, *The Fable of the Bees: or, Private Vices, Public Benefits* (edição de 1924, Oxford), p. 39.

264. Alexander Innes, *An Enquiry into the Original of Moral Virtue; wherein The False Notions of Machiavel, Hobbes, Spinoza, and Mr Bayle, as they are Collected and Digested by the Author of The Fable of the Bees, are Examin'd and Confuted; and the Eternal and Unalterable Nature and Obligation of MORAL VIRTUE is Stated and Vindicated* (Londres, 1728), p. xvii.

Como isso se deu era em parte descrito em termos da própria sociabilidade do homem: "o fato de um homem querer ou desejar aquelas coisas que agora são chamadas de necessidades e confortos da vida, e de que as pessoas costumam fazer com que constituam seu interesse e felicidade, decorre simplesmente de estar o homem associado a outros, entre os quais tem havido competição"[265].

Mandeville conseguiu unir sociabilidade e egoísmo dentro da sociedade. O passo seguinte, dado por outros que vieram depois, consistiu em atribuir as causas de conflito nas relações internacionais não ao homem mas à sociedade em si – como em Leibniz. Essa foi a conseqüência lógica de uma atenção maior dada ao homem como grupo ao invés de ao homem como indivíduo, e viu-se então o ressurgimento de analogias entre homens e formigas ou homens e abelhas, familiares no mundo clássico. Talvez não seja por acaso que isso também tenha se seguido à afirmação da soberania coletiva – a classe dos proprietários de imóveis na Inglaterra – em contraste com o soberano individual nas duas revoluções (a de 1640-1646 e a de 1688). Pois o soberano não era mais um indivíduo convocado para obedecer a Razões de Estado e servir à comunidade; o soberano era agora a própria comunidade – ou pelo menos os proprietários de imóveis que se identificavam coletivamente como a comunidade. O comportamento da coletividade não mais seria explicado somente como a soma dos desejos e vontades de indivíduos; a conclusão a que se chegara era que a própria criação e existência da coletividade ditava certos modos de comportamento e na realidade moldava o homem. Em outras palavras, as Razões de Estado tinham uma existência independente da vontade do homem; elas integravam a sociedade enquanto sociedade. Eram o pressuposto de alguma lei natural. O primeiro a chamar a atenção para esse fenômeno referente às relações internacionais foi lorde Bolingbroke, que, ao contrário de Temple, decididamente jamais fora homem de escolher o justo meio-termo por instinto.

---

265. *Ibid.*, p. 6.

Ao explicar a origem do governo, Temple seguiu a linha do pensamento clássico, vendo a resposta na extensão orgânica da autoridade paterna da família para as comunidades e finalmente para o Estado. Henry St. John, visconde de Bolingbroke (1678-1751), foi grande admirador de Temple e amigo de Swift. Adotou a explicação de Temple e a desenvolveu ainda mais, muito além das expectativas razoáveis de Temple. Como ministro das Relações Exteriores da Grã-Bretanha – "negociador habilíssimo"[266], nas palavras de Swift –, Bolingbroke encerrou de modo brilhante mas implacável a Guerra da Sucessão Espanhola com o Tratado de Utrecht em 1713, contra imensa resistência nacional. Numa série de cartas ao poeta e satirista Alexander Pope (1688-1744), apresentou uma filosofia que teve impacto muito maior na época do que desde então, especialmente porque os que o sucederam foram, sob todos os aspectos, filósofos mais completos do que ele. Pode-se discutir, porém, que eles trabalharam sobre as bases das intuições de Bolingbroke em questões de Estado, que manifestam as nítidas características da rica experiência pessoal. É irônico, para dizer o mínimo, que utopistas radicais encontrassem já pronta uma base para suas crenças nos escritos de um estadista britânico, monarquista e conservador convicto. Mas a verdade é que é isso o que nos permite classificá-los, em matéria de relações internacionais, como realistas.

O ponto de partida de Bolingbroke, ao estabelecer as imaginadas origens do Estado, como em Temple e no pensamento clássico, não foi com o indivíduo mas com a unidade social primária: a família, que, uma vez ampliada através das gerações, se distanciou do controle patriarcal único e, em interação com outras famílias, exigiu uma autoridade maior para a manutenção da ordem. Desse modo, a sociedade sempre existiu sob alguma forma; os homens nunca foram "criaturas independentes e isoladas" ou "selvagens errantes"[267].

---

266. "Characters", *Annual Register For the Year 1765*, pp. 12-3.

267. "Fragments or Minutes of Essays", *The Works of the Late Right Honorable Henry St. John, Lord Viscount Bolingbroke*, vol. V (Londres, 1754), p. 131.

A diferença entre essas comunidades básicas e os Estados era que as primeiras eram "sociedades naturais"; e os últimos, "sociedades políticas". A visão que Bolingbroke tinha do homem não era muito diferente daquela apresentada por Hobbes. Os homens eram naturalmente sociáveis mas somente até o ponto em que a sociedade atendesse a suas necessidades básicas; ou seja, não havia nenhuma chance de serem eles naturalmente bons e portanto sociáveis; eram, sim, carentes e portanto sociáveis – até certo ponto. Ademais, as comunidades – que preenchiam essas necessidades básicas – não eram naturalmente sociáveis em suas relações com as outras, mas belicosas. O estado de guerra não era, ressaltou ele, a *causa* da formação da sociedade, mas seu *efeito*. É aqui, na sua originalidade máxima, que Bolingbroke prenuncia Jean-Jacques Rousseau (1712-1778) e de fato, mais tarde, Immanuel Kant (1724-1804):

> A individualidade pertence às comunidades, não às pessoas. Talvez se possam conceber famílias como indivíduos, embora não homens no estado de natureza; e sociedades civis ainda muito mais no Estado político. A razão é simples. Temos uma sociabilidade natural, ou seja, somos determinados pelo egoísmo a procurar nosso prazer e nossa utilidade na sociedade, como já foi dito; mas, quando esses objetivos tiverem sido perfeitamente atendidos, a sociabilidade natural declina, e tem início a insociabilidade natural. A influência do egoísmo não vai além disso. Sob todos os aspectos, as sociedades transformam-se em indivíduos, ou seja, elas não têm nenhuma consideração por outras, salvo no que se refere a si mesmas; e o egoísmo, que promoveu a união entre os homens, gera a discórdia entre elas. Como os selvagens do filósofo de MALMESBURY [Hobbes], elas agem como se tivessem direito a tudo o que puderem adquirir pela fraude ou pela força; e um estado de guerra, longe de ser a causa, é o efeito da formação de diferentes sociedades, ainda que, pelo plano geral da natureza, a propagação da humanidade torne necessário formá-las. Tamanha é nossa incoerência, tamanhas são as contradições que se reúnem no caráter humano.[268]

268. *Ibid.*, p. 115.

Esse caráter, Bolingbroke sustentava, era formado por uma interação entre a paixão e a razão, ambas igualmente essenciais à sobrevivência e ao sucesso. Desse modo, ele encontrou algo como um espaço intermediário entre Hobbes e Cumberland, não de todo diferente, em alguns aspectos da posição de Pufendorf sob certos aspectos. Ao contrário de formigas e abelhas, os homens não podiam ser cidadãos perfeitamente obedientes porque "as criaturas racionais esquecem da sua razão, ou a aviltam, na economia intelectual, tornando-a o instrumento abjeto de seus apetites e paixões. Tanto é esse o caso", prosseguiu Bolingbroke, "que os homens teriam sido o que HOBBES supõe que sejam, se a sabedoria divina não os tivesse constituído de modo que, tão logo chegam ao mundo, já são membros de sociedades formadas pelo instinto e desenvolvidos pela razão. O que a razão não consegue fazer por si mesma, ela realiza em certo grau por meio do auxílio casual que a experiência lhe permite adquirir, por meio de ordens e normas do governo que todo homem concorda em respeitar, porque todo homem se dispõe a controlar as paixões e reprimir os excessos dos outros, não importa até que ponto seja indulgente consigo mesmo. E eu disse 'em certo grau' porque, mesmo com esses auxílios casuais, a razão preserva as sociedades humanas de modo desigual e por um conflito perpétuo; ao passo que o instinto preserva as sociedades das abelhas num curso uniforme e absolutamente sem nenhum conflito"[269].

Uma vez criadas essas sociedades políticas, o comportamento de algumas estabeleceu o modelo para o comportamento de todas:

> Contudo, por mais diferentes que as nações sejam em suas organizações e costumes, todas elas, até as mais fracas, procuram seu próprio proveito, real ou imaginário, à custa das outras. Assim agiram as sociedades civis umas para com as outras desde sua constituição mais primitiva; pois, se algumas estabe-

---

269. *Ibid.*, p. 116.

leceram o exemplo, as outras logo o seguiram, e embora cada Estado específico tenha passado por várias formas de governo e ciclos de prosperidade, o estado universal da humanidade foi pouco menos do que um estado de perpétua anarquia. As famílias mantiveram os homens fora do estado de individualidade que HOBBES, e até mesmo LOCKE, sugere. No entanto, as sociedades políticas sempre foram indivíduos.[270]

O ponto em que os instintos conservadores de Bolingbroke deram a palavra final – e o ponto em que ele haveria de divergir em espírito do que Rousseau e Kant iriam afirmar – foi sua crença de que essa situação não poderia ser melhorada; o homem não tinha alternativa, posição resumida numa frase: "Nosso olhar alcança alturas muito maiores do que as que conseguimos escalar."[271] O que se poderia esperar? Não muita coisa: a sombra visão de Bolingbroke sobre o comportamento dos Estados estava encaixada numa visão maior do "sistema no qual este planeta gira"[272]. "As diversas partes do mundo material, como as máquinas de um teatro, foram projetadas não para os atores, mas para a ação: e toda a ordem e sistema do drama seriam desorganizados e prejudicados se alguma alteração fosse feita em qualquer um dos dois."[273] "O desenrolar dos acontecimentos avança através de uma enorme variedade de eventos contingentes, pois é assim que se apresentam a nossas apreensões, de acordo com a primeira impressão de movimento aplicado, e sob a direção de uma providência universal."[274] A condução das relações internacionais encaixava-se nesse quadro maior:

Embora o estabelecimento original e a conservação das sociedades civis tenham desde então causado, na ordem da providência, guerras perpétuas e grande parte daquela aflição que a injustiça e a violência provocam no mundo... ainda as-

270. *Ibid.*, p. 137.
271. *Ibid.*, p. 150.
272. *Ibid.*, p. 326.
273. *Ibid.*, p. 377.
274. *Ibid.*, p. 379.

sim, a necessidade de estabelecê-las e conservá-las surge da constituição da natureza humana e é, portanto, indispensável. A grande comunidade dos homens não pode ser submetida a um governo único, tampouco subsistir sem nenhum.[275]

Embora tivesse firme crença em Deus e na Providência, Bolingbroke gabava-se mesmo assim de penetrar brutalmente, através das aparências, na realidade, o que o distinguiu como um realista por excelência, no sentido mais geral do termo. Como resultado, sua caracterização da hipocrisia moral e legal com respeito ao tratamento das populações colonizadas tem um quê de quase contemporâneo e radical. "Quando os espanhóis navegaram para a conquista da América, a prata e o ouro eram seus objetivos, mas a propagação do evangelho era seu pretexto", escreveu ele[276]. E disse ainda mais, num estilo digno de E. H. Carr num século mais recente mas não mais sábio:

> Nossas violações legais da lei natural têm um solene verniz de política e até mesmo de religião que os casuístas da lei e os do evangelho lhes jogam por cima e sempre as disfarçam, embora nem sempre consigam ocultá-las. Nações selvagens e iletradas não dispõem de semelhante verniz para utilizar, e suas leis e costumes, a todos os olhos exceto aos seus, parecem ser antinaturais e abomináveis, como realmente são. Pode-se acrescentar a isso que, em todos os casos semelhantes, os que sabem escrever têm uma enorme vantagem sobre os que não sabem. Eles podem atenuar e exagerar os fatos, o que raramente deixam de fazer, sem nenhuma consideração a mais pela verdade do que a necessária para tornar a mentira aceitável. Se tivéssemos a história de Canaã escrita por um cananeu, a de Cartago por um cartaginês ou a do México e do Peru por um mexicano ou um peruano, calculem por si mesmos como a hospitalidade, a fidelidade, a inocência e a simplicidade de maneiras de todos esses povos seriam exemplificadas em diversos casos; e que mais provas

275. *Ibid.*, p. 149.
276. *Ibid.*, p. 266.

seriam apresentadas da ferocidade, traição, injustiça e crueldade dos israelitas, dos romanos e dos espanhóis, em especial dos primeiros e dos últimos[277].

A visão de Bolingbroke antecipou em forte sentido o cerne de Rousseau. Embora a obra de Bolingbroke fosse somente publicada postumamente em 1756, após o lançamento dos dois discursos de Rousseau em 1750 e 1752, ela antecedia os fragmentados comentários de Rousseau sobre as relações internacionais. As idéias bem podem ter estado em circulação anteriormente, por cortesia de seu destinatário, Pope, que despertou a cólera de Bolingbroke ao organizar a publicação de outros escritos semelhantes sem nem mesmo solicitar permissão[278]. Sua influência foi vasta em razão da imensa reputação de Bolingbroke, ainda não obscurecida pelo desdém moralista que o século XIX nutriu por um manipulador tão devasso, jacobita e desprovido de escrúpulos.

Em 1756, Edmund Burke (1729-1797), um liberal-conservador jovem e ambicioso, instintivamente questionador, fez sua reputação ao investir contra as idéias de Bolingbroke. Ele publicou *A Vindication of Natural Society: or, a view of The Miseries and Evils Arising to Mankind from every Species of Artificial Society* [Uma defesa da sociedade natural: ou, uma visão dos males e desgraças que atingem a humanidade decorrentes de todas as espécies de sociedade artificial], na forma de uma imitação do estilo de Bolingbroke e como extensão lógica de suas idéias. "A intenção era demonstrar que, sem a aplicação de qualquer força considerável, os mesmos para a destruição da religião, poderiam ser utilizados com igual sucesso para a subversão do governo..."[279] Como sátira,

277. *Ibid.*, p. 152.

278. Pope, ainda assim, considerava Bolingbroke "o homem mais admirável do mundo, seja nesta era, seja na posteridade" – Pope a Jonathan Swift, 25 de março de 1736: Swift, *Works*, vol. VII (Dublin, 1770), Carta LXXVI, p. 322.

279. Prefácio da segunda edição, *A Vindication of Natural Society: or, a view of The Miseries and Evils Arising to Mankind from every species of Artificial Society* (Londres, 1757), p. vii.

a obra fez o nome de Burke, embora, como salientou um crítico anônimo, "percebemos, no que diz respeito à pequena obra à nossa frente, que o engenhoso escritor estava mais inclinado a revelar seu talento e capacidade como autor do que seu discernimento e seus princípios como filósofo. Entretanto, não podemos injustamente lhe negar o mérito de um bom *ator*, que interpretou bem seu papel e não é dessemelhante da personagem que representa..."[280].

O crítico evidentemente quis dizer que o autor não era melhor em filosofia do que Bolingbroke. Pode haver, porém, mais verdade na afirmação do que se poderia esperar. Devemos supor que não havia nenhum traço das idéias de Burke por trás da sátira? Um defensor ferrenho de Burke asseverou que, quando seu herói escreve sobre as injustiças cometidas contra os pobres na *Defesa*, ele não está zombando, mas falando "com a máxima seriedade"[281]. O que mais poderia ser classificado na mesma categoria? A *Defesa* também ampliou a visão de Bolingbroke sobre as relações internacionais, das quais trata com certa atenção e em perfeita consonância com a visão de Burke da história, conforme apresentada em seu *Annual Register of World Events* [Registro anual de acontecimentos mundiais][282], no qual Burke parece equiparar acontecimentos históricos à ocorrência de guerra.

Qualquer que seja a verdade, a *Defesa* é digna de estudo por si mesma. Num estado de natureza, Burke afirmou, os homens enfrentavam a "Falta de união, falta de cooperação mútua, falta de um árbitro comum a quem recorrer para re-

---

280. *Critical Review*, junho de 1756, artigo III, p. 426.

281. J. Cressman, *Burke's Satire on Bolingbroke in a Vindication of Natural Society* (Tese de Doutorado de Michigan, 1957), p. 281. Essa é a investigação mais detalhada do assunto. Seu ponto fraco está no fato de que o autor atribui a Burke motivações das quais temos poucas provas. A argumentação de que, apesar de seus protestos, Burke na realidade recorreu extensamente a Bolingbroke no que diz respeito a estilo e a idéias é apresentada de modo sólido e convincente em W. Sichel, *Bolingbroke and His Times*, vol. 2 (Londres, 1902), capítulo XI.

282. Para mais informações sobre a autoria de Burke: T. Macknight, *History of The Life and Times of Edmund Burke*, vol. I (Londres, 1858), pp. 90-5 e 115.

solver suas diferenças." E prosseguiu: "O Homem percebeu uma vantagem considerável nessa união de muitas pessoas para formar uma família; logo estimou que encontraria vantagem proporcional numa união de muitas famílias num único organismo político. E, como a natureza não formou nenhum vínculo que os mantivesse juntos, o Homem compensou esse defeito com leis." Essa era a "*sociedade política*. Daí vêm as origens do que geralmente se chama de Estados, sociedades civis ou governos; em algumas de cujas formas, mais extensas ou mais restritas, toda a humanidade gradualmente se encaixou"[283].

Contudo, enquanto Rousseau haveria de atribuir todos os males ao efeito da sociedade sobre o homem, a *Defesa* atribuía a maior parte apenas à sociedade; um sinal indiscutível de um espírito de radicalismo muito mais moderado: "é justo imputar à sociedade política a maior parte da responsabilidade por essa destruição da espécie. Para ser imparcial em relação a todos os lados da questão", reconheceu ele, "disponho-me a admitir que há na natureza humana uma altivez e ferocidade que causam inúmeras contendas, colocando os homens nas situações que se conhecem; mas, feita essa ressalva, ainda insisto em atribuir às regulamentações políticas a responsabilidade por serem essas contendas tão freqüentes, tão cruéis e acompanhadas de conseqüências tão deploráveis. Num estado natural, teria sido impossível encontrar para essas carnificinas um número suficiente de homens que concordassem quanto ao mesmo objetivo sangrento ou; supondo-se que pudessem ter chegado a um acordo semelhante (uma suposição impossível), ainda assim os meios que a simples natureza lhes tivesse fornecido não seriam de modo algum adequados a um objetivo desses... A sociedade, e a política, que nos deram essas visões destrutivas, também nos deram os meios para realizá-las. Desde as manifestações mais remotas da política até os dias de

---

283. "A Vindication of Natural Society: or, a view of the Miseries and Evils Arising to Mankind from every species of Artificial Society" (1756), *The Works of the Right Honourable Edmund Burke*, vol. 1 (1803), p. 11.

hoje, a inventividade humana foi aguçando e aprimorando o mistério do assassínio, dos primeiros ensaios com clavas e pedras até a atual perfeição com armas de fogo, canhões, bombardeios, minas e todas as espécies de crueldade artificial, estudada e refinada, na qual somos agora tão destros, e que compõem uma parte importante do que os políticos nos ensinaram a acreditar ser nossa principal glória"[284].

Escrevendo na época da deflagração da Guerra dos Sete Anos, travada em grande parte entre a Grã-Bretanha e a França pela posse da América do Norte, Burke antecipou a avaliação de Rousseau das relações internacionais. "Não vale menos a pena observar", escreveu ele, seguindo a posição de Bolingbroke, "que essa divisão artificial da humanidade em sociedades separadas é em si uma perpétua fonte de ódio e desavenças entre elas."[285]

> A primeira parte da visão exterior de todos os Estados, suas relações como amigos, desempenha um papel tão insignificante na história que, lamento dizer, me oferece pouquíssimo assunto sobre o qual me alongar. Os bons ofícios que uma nação presta à sua vizinha; o apoio dado em situações de dificuldades públicas; a ajuda fornecida em ocasiões de calamidade geral; a proteção concedida diante de riscos emergenciais, a mútua troca de gentilezas e cortesias, tudo isso proporcionaria um tema vasto e muito agradável à História. Entretanto, ai de nós, toda a História de todos os tempos, referente a todas as nações, não dá assunto suficiente para encher dez páginas, mesmo que fosse esticada com a capacidade de prolongamento digna do próprio Guicciardini. O lado gritante é o da inimizade. A guerra é o tema que preenche toda a História; conseqüentemente, a única ou quase única perspectiva na qual podemos enxergar o lado externo da sociedade política assumiu uma forma hostil; e os únicos atos aos quais sempre vimos e ainda vemos todos eles atentos são aqueles voltados para a destruição uns dos outros. A guerra, segundo Maquiavel, deveria ser o único tema de estudo de

---

284. *Ibid.*, pp. 30-1.
285. *Ibid.*, p. 32.

um príncipe; e, por um príncipe, ele quer dizer todos os tipos de Estado, não importa como se tenha constituído. Ele deveria, diz esse grande doutor da política, considerar a paz somente como uma pausa para tomar fôlego, que lhe dá o repouso para continuar e lhe fornece a capacidade para executar planos militares. Uma reflexão sobre a condução das sociedades políticas fez o velho Hobbes imaginar que a guerra fosse o estado de natureza; e realmente, se uma pessoa fosse avaliar os indivíduos de nossa espécie por sua conduta quando unidos e organizados em nações e reinos, ela poderia imaginar que todos os tipos de virtude eram antinaturais e alheios à mente do homem.

Os primeiros relatos que temos da humanidade não passam de relatos de carnificinas. Todos os impérios foram cimentados com sangue; e naqueles tempos remotos em que a espécie humana começou a se organizar em agrupamentos e combinações, o primeiro efeito do agrupamento, e na realidade o objetivo com o qual foi formado, e mais bem calculado, foi sua destruição mútua.[286]

E, quanto às Razões de Estado: "Todos os que escrevem sobre a ciência da política concordam", escreveu Burke, "e concordam com a experiência, quanto ao fato de que todos os governos precisam freqüentemente infringir as normas da justiça para se sustentar; que a verdade deve ceder a vez à dissimulação, a honestidade à conveniência, e a própria humanidade ao interesse reinante. O todo desse mistério de iniqüidade chama-se razão de Estado."[287] "Houve uma época", prosseguiu ele, "em que eu contemplava com assombro e reverência esses mistérios da política, mas a idade, a experiência e a filosofia rasgaram o véu; e eu encaro esse *sanctum sanctorum*, no mínimo, sem nenhuma admiração entusiástica. Decerto reconheço a necessidade de um procedimento semelhante nessas instituições, mas só posso ter uma péssima opinião sobre instituições onde tais procedimentos são necessários."[288]

---

286. *Ibid.*, pp. 15-6.
287. *Ibid.*, p. 34.
288. *Ibid.*, p. 35.

O papel da sociedade em contribuir para o conflito nas relações internacionais estava associado à suposta importância das emoções coletivas tanto quanto do interesse coletivo, e não somente o da classe governante. Um importante pensador nesse campo foi Adam Ferguson (1723-1816), que, na época em que estava escrevendo seu *Essay on the History of Civil Society* [Ensaio sobre a história da sociedade civil], era catedrático de filosofia moral em Edimburgo. O mais interessante em Ferguson foi sua concordância com a máxima de Aristóteles de que o homem era fundamentalmente social mas, como Juan de Mariana fizera anteriormente, recusou-se a deduzir dessa premissa as conclusões costumeiras sobre o que ela significava para a condução da política. Numa frase deliciosa e memorável, Ferguson escreveu: "Estar em sociedade é o estado físico da espécie, e não a distinção moral de qualquer homem em particular."[289] Também salientou: "Que o homem que é encontrado em sociedade não pode ser questionado; que ele seja afeiçoado à sua espécie por alguma disposição cordial tornou-se alvo de dúvida e controvérsia."[290] A sociedade era "o estado dos que brigam, assim como dos que concordam. A desavença nem sempre é um vício; nem a associação, uma virtude. As pessoas podem reunir-se para disputar tanto como para concordar"[291]. O homem sempre esteve "disposto a selecionar sua companhia e a evitar, bem como a acolher, um conhecido"[292]. Logo, a sociabilidade não era apenas condicional; ela poderia também reforçar comportamentos anti-sociais por poder ser seletiva em sua abrangência. Como ele resumiu, "a espécie humana, embora disposta à associação, também é disposta à separação"[293].

Ferguson seguiu o exemplo de Sócrates ao considerar que o homem era igualmente dado ao conflito como à coo-

289. A. Ferguson, *Principles of Moral and Political Sciences*, vol. 1 (Edimburgo, 1792), p. 24.

290. *Ibid.*, p. 22.

291. *Ibid.*, p. 24.

292. *Ibid.*, p. 32.

293. A. Ferguson, *Principles*, vol. 2, p. 293.

peração[294]. No entanto, Ferguson constantemente voltou sua eloqüência contra a tradição aristotélica. Fazendo eco a Hobbes, ele escreveu:

> Por que, na maioria das sociedades pacíficas, o magistrado é armado, e o próprio símbolo da autoridade é uma espada do Estado, ou algum instrumento de violência e objeto de terror? Por que motivo as nações precisam de tantas providências para conservar a paz nacional ou para rechaçar invasões do exterior?... Por que motivo, em cada fronteira, erigem-se fortalezas, e postos militares são escolhidos com tanto cuidado? Serão esses preparativos destinados à recepção de amigos de outros países? Ou na verdade eles não denunciam uma convicção de que, fora do círculo no qual os homens obtiveram algum meio artificial de tranqüilidade, eles não têm nada a esperar além de hostilidade e guerra?
>
> Em resposta a essas questões, devemos admitir que a paz da sociedade é, em muitas circunstâncias, evidentemente forçada e que perdura à força de uma variedade de meios artificiais.[295]

De modo semelhante, ele sustentou que "é... prudente considerar a paz mais duradoura não mais que uma trégua prolongada e uma época de preparação para a guerra. Assim são os assuntos humanos e não há quem os possa corrigir sem aquilo que jamais poderá ser obtido, uma anuência do todo"[296]. O que equivale a dizer que o comportamento de todos os Estados ditava o comportamento: o próprio sistema de Estados impedia uma condução mais esclarecida das relações. Ferguson não era dos que exageram o ódio de uma nação por outra, e era até certo ponto complacente quanto ao nível comum de civilização e de justiça pública compartilhada. Afinal de contas, sua época foi de guerras limita-

294. A. Ferguson, *An Essay on the History of Civil Society* (Edimburgo, 1767), p. 29.

295. A. Ferguson, *Principles*, vol. 1, p. 23.

296. Carta a Henry Dundas, 18 de janeiro de 1802: *The Correspondence of Adam Ferguson*, vol. 2, org. V. Merolle (Londres, 1995), nº 365, p. 472.

das travadas com meios limitados por objetivos limitados – "Faz-se a guerra com pouca animosidade nacional, e os combates são travados sem nenhuma exasperação pessoal dos que neles estão engajados"[297]. Mas não era por isso que Ferguson se inclinaria a superestimar o grau até o qual a razão prevalecia. Sua luta não era exatamente hobbesiana, mas mesmo assim era uma competição crivada de suspeitas.

> As nações são... em quase todos os casos, objetos de mútua inveja e desconfiança; e devem se considerar seguras apenas na medida em que estejam cada uma por si em condições de manter seus respectivos direitos. Elas devem manter um olhar vigilante nas potências estrangeiras pelas quais possam ser importunadas, assim como devem cuidar dos meios de defesa que lhes estejam disponíveis em território nacional. Sua independência deverá deixar de existir no momento em que estiver sujeita ao critério de uma potência estrangeira: por isso, o que um vizinho esteja prestes a ganhar pode ser para elas um motivo de alarme não menor do que o que elas mesmas estejam prestes a perder; e uma guerra pode ser empreendida com justiça, por um Estado, para interromper o perigoso avanço de outro; bem como para tomar qualquer outra providência necessária à sua própria preservação.[298]

Embora as normas sejam num sentido geral ditadas pelo sistema dos Estados, elementos não-racionais impossibilitavam o cálculo puro e, portanto, a previsibilidade. Desse modo, a prática das Razões de Estado dependia de estimativas muito aproximadas de intenções, para não falar em capacidades: "em questões de mera cautela ou desconfiança", escreveu ele, "é difícil determinar até onde uma nação pode legitimamente obstruir o avanço de outra e, ao agir assim, fazer com que se suponha que esteja agindo com base em princípios de mera defesa..."[299]. Esse ponto precisa-

297. A. Ferguson, *Principles*, vol. 2, p. 295.
298. *Ibid.*, pp. 300-1.
299. *Ibid.*, p. 301.

va entrar como fator na política. Ferguson não era absolutamente alguém que sempre procurasse o ataque preventivo. Com cautela, ele concluiu que "nas brigas entre nações... deve-se dar grande desconto ao equívoco ou mal-entendido entre as partes...[300].

Ferguson, entretanto, também via a virtude nos conflitos e emoções em suas origens. "A humanidade", escreveu ele, "não só encontra em suas condições as fontes de divergência e desavenças; o ser humano parece trazer na mente as sementes da hostilidade e abraçar as ocasiões de oposição mútua com alegria e prazer."[301] Até então, ninguém jamais mencionara o papel do conjunto da sociedade na gênese do conflito nas relações internacionais. No entanto, exatamente como Bolingbroke, Ferguson considerava a comunidade como dada a conflitos, decorrentes de um aspecto da natureza humana. Dentro da sociedade e entre as sociedades, na opinião de Ferguson, as fontes de conflito surgiam naturalmente das massas, e o que estava envolvido não era somente o interesse próprio, mas também as emoções; e isso criava um problema importante para a condução da política externa de acordo com as razões de Estado:

> Se as sociedades, assim como os indivíduos, estiverem encarregadas do cuidado de sua própria preservação, e se em ambos captarmos uma divergência de interesses que possa dar origem a invejas e competição, não poderemos nos surpreender ao descobrir que hostilidades surgem dessa fonte.
>
> Ouçam os camponeses de lados diferentes dos Alpes, dos Pireneus, do Reno ou do Canal da Mancha dar vazão a seus preconceitos e paixões nacionais; é entre eles que encontramos os materiais para a guerra e a desavença expostos sem a orientação do governo, e fagulhas prontas para acender uma labareda, que o estadista freqüentemente se dispõe

300. *Ibid.*, p. 302. Essa é uma noção desenvolvida mais tarde e exaustivamente por Robert Jervis: *The Logic of Images in International Relations* (Princeton, 1970) e *Perception and Misperception in International Relations* (Princeton, 1976).

301. A. Ferguson, *Essay*, p. 30.

> a extinguir. O fogo nem sempre vai pegar ali onde suas razões de Estado ordenariam, nem haverá de parar onde a concordância de interesses tiver produzido uma aliança. "Meu Pai", disse um camponês espanhol, "levantaria da cova se pudesse prever uma guerra com a França." Que interesse tinha ele, ou os ossos de seu pai, nas brigas de príncipes?[302]

Ferguson era claramente favorável ao predomínio das Razões de Estado, mas também considerava o conflito produtivo em si mesmo. "É comum considerar a paz e a unanimidade como os principais alicerces da felicidade pública; porém, a rivalidade de comunidades separadas e as agitações de um povo livre são os princípios da vida política e a escola dos homens."[303] Lembramos que a Grã-Bretanha tinha se saído bem da guerra, tendo acabado de ganhar a costa leste da América do Norte – exceto a Flórida, claro – para sua exclusiva colonização. A visão de Ferguson era em grande parte um espelho de seu tempo e dos interesses do Estado que o abrigava. Não era só que virtudes viris fossem criadas pela guerra, mas a própria existência da sociedade como uma entidade coerente se devia ao perigo onipresente do conflito externo. "Sem a rivalidade das nações e a prática da guerra, a sociedade civil em si dificilmente poderia ter encontrado um objetivo ou forma."[304] Não havia nada de excepcional nisso, na medida em que tanto Hobbes como Pufendorf aceitavam essa premissa. O que importou foi o que eles construíram sobre esse alicerce. Ferguson avança: "Caso nos fosse possível de imediato, no caso de qualquer nação, extinguir a competição instigada no exterior, provavelmente destruiríamos ou enfraqueceríamos os laços da sociedade nacional e encerraríamos as manifestações mais dinâmicas das ocupações e virtudes nacionais."[305] Não lhe ocorria a probabilidade de que aquilo tudo fosse terminar:

---

302. *Ibid.*, pp. 34-5
303. *Ibid.*, p. 93.
304. *Ibid.*, p. 36.
305. *Ibid.*, p. 37.

> É tolice afirmar que o caráter de qualquer nação é avesso à conquista. Na verdade, geralmente seu real interesse é esse, mas todo Estado que esteja preparado para se defender, e para obter vitórias, corre da mesma forma o risco de se sentir tentado a conquistar.
>
> Na Europa, onde há exércitos mercenários e disciplinados, formados por toda parte, prontos para percorrer a terra, onde, como uma inundação represada por margens frágeis, eles são contidos apenas por formas políticas, ou por um provisório equilíbrio de poder; se as barragens se romperem, que inundações não poderemos esperar avistar?[306]

Ademais, ele não desejava de modo algum que terminasse:

> A força das nações consiste na prosperidade, nos números e no caráter de seu povo. A história de seu progresso a partir de um estado primitivo é, em sua maior parte, um detalhe das lutas que travaram e das artes que praticaram para se fortalecer ou para se proteger. Suas conquistas, sua população e seu comércio, sua organização civil e militar, sua habilidade na construção de armas e nos métodos de ataque e defesa, a própria distribuição de tarefas, seja em negócios privados, seja em questões públicas, costumam proporcionar, ou prometem empregar com proveito, os componentes de uma força nacional e os recursos de guerra.[307]

O papel da guerra no progresso humano foi mais tarde examinado por Kant. Rousseau adotou uma visão bastante diferente.

Burke bem pode ter lido os primeiros escritos de Rousseau antes de escrever a *Defesa*. Na realidade, em seu prefácio, ele fez referência a "diversos outros" além de Bolingbroke que dignificavam esses raciocínios "com o Nome de Filosofia"[308]. Em contraste direto com Bolingbroke e Fergu-

306. *Ibid.*, p. 235.
307. *Ibid.*, p. 357.
308. Prefácio da segunda edição, p. vi.

son, Rousseau considerava o homem fundamentalmente pacífico. Contudo, as conseqüências de partir desse pressuposto não o levaram a concluir que as relações internacionais pudessem ser baseadas na confiança, mesmo que marginalmente, porque ele adotava a mesma visão do comportamento dos Estados que Hobbes havia adotado. O ponto em que ele e Hobbes divergiam era que para Rousseau, como para Bolingbroke, Hobbes estava equivocado ao atribuir, ao homem na natureza, características peculiares ao homem na sociedade. Além disso, Rousseau também procurava eliminar totalmente a culpa do homem: "É o relacionamento entre as coisas, não entre os homens, que constitui a guerra..."[309] O defeito estava na sociedade, não no homem: na sua célebre frase, "o estado da guerra deriva do estado da sociedade". Uma vez que novos Estados se espalhavam por toda a terra, tornou-se evidente que existia entre eles "relações que tendiam à mútua destruição...". "O homem", escreveu ele, "é por natureza pacífico e temeroso... Somente entra em guerra sob a compulsão do hábito ou da experiência. A honra, os interesses, os preconceitos, a vingança, todas as paixões que poderiam fazê-lo expor-se ao risco e à morte encontram-se distantes do homem no estado de natureza. É apenas depois de ter-se unido [*fait société*] com outro homem que ele decide atacar um terceiro; e só se torna soldado após ter-se tornado cidadão."[310]

Não era que não pudessem ocorrer homicídios entre indivíduos no estado de natureza, mas que o homem isolado na natureza tinha, por definição, capacidades limitadas. "O Estado, pelo contrário, por ser um organismo artificial, não é de modo algum predeterminado em suas dimensões; o tamanho que lhe é peculiar não é definido; sempre pode crescer; o Estado sente-se fraco por existirem outros mais fortes do que ele. Sua segurança, sua preservação, exigem que ele se torne mais poderoso do que todos os seus vizinhos.

309. "Du Contrat Social", I, iv, *Oeuvres Complètes*, vol. 2 (Paris, 1971), p. 520.
310. "Fragment sur la guerre", J.-J. Rousseau, *Oeuvres*, pp. 379 e 382.

Ele não pode crescer, nutrir-se, exercer sua força a não ser em detrimento deles; e, se não tem nenhuma necessidade de olhar para fora de si mesmo para prover sua subsistência, olha incessantemente para novas regiões que lhe confiram uma solidez mais inabalável. Pois a desigualdade dos homens tem limites impostos pelas mãos da natureza, mas a das sociedades pode crescer incessantemente, até o ponto em que uma sozinha absorva todo o resto."[311] Rousseau portanto encontrou justificação para as Razões de Estado na sociedade, o que em essência não era assim tão diferente de uma visão costumeira, corrente antes da sua própria época. "A iniqüidade dos tempos costuma ser admitida como uma *Razão de Estado*, e talvez seja uma das melhores *Razões de Estado* que possam ser dadas. As circunstâncias justificam coisas que não devem ser justificadas por si mesmas, mas é uma necessidade fatal que obriga os homens a fazer coisas que de outro modo seriam dolorosas, ou a omitir coisas necessárias", escrevia o romancista e panfletista Daniel Defoe algumas décadas antes[312].

O dilema para todos os que tinham uma inclinação liberal no final do século XVIII e cuja cabeça governava o coração era que o progresso em todas as formas de vida era bem evidente, mas o progresso na condução mais civilizada das relações internacionais era severamente restrito. Os mais esclarecidos princípios realistas das relações internacionais elaborados no Renascimento – como, por exemplo, as Razões de Estado e o Equilíbrio do Poder – eram um avanço, mas não inteiramente concretizado e, onde estavam em vigor, acabavam revelando ser apenas uma solução provisória: forneciam maior estabilidade, impediam a hegemonia, mas não conseguiam proporcionar uma justiça abrangente nem uma paz permanente. Rousseau não era dos que se prendiam a aparências. No que dizia respeito às Razões de Estado, como Le Clerc, ele era da opinião de que não havia

311. *Ibid.*, p. 383.

312. Escrevendo no *The Manufacturer: or, The British Trade truly Stated*, 5 de janeiro de 1720.

tanta razão nelas quanto deveria ter. Rousseau e Hobbes convergiam na crença de que a paixão prevalecia sobre a razão. "Milhares de escritores ousaram dizer que o organismo político [e o Estado] é desprovido de paixão e que não há outras razões de Estado além da própria razão. É como se não se enxergasse que a essência da sociedade consiste, pelo contrário, na atividade de seus membros e que um Estado sem ação não seria mais do que um cadáver."[313] O que isso realça é o valor das Razões de Estado, reconhecidas por Maquiavel e Richelieu como um apelo à razão para que supere a paixão e a corrupção na gestão dos assuntos de Estado. As Razões de Estado, que em retrospectiva são consideradas totalmente conservadoras, se não reacionárias em sua intenção, no contexto da Europa no início da era moderna, eram libertadoras, porque almejavam garantir a primazia da razão comum a todos os homens em lugar da primazia do Estado como propriedade pessoal do monarca[314].

Rousseau enxergou o sistema de Estados europeu em toda a sua complexidade. É provável que tivesse desejado ser convencido pelo abade de Saint-Pierre, cujo projeto para a paz perpétua consumiu muito de seu tempo e de sua atenção. Entretanto, como Kant haveria de concluir por si mesmo antes que o século terminasse, o tema das relações internacionais era complexo demais para ser examinado em sua totalidade no tempo disponível. De fato, em sua obra-prima, *O contrato social*, Rousseau reconheceu ter deixado de lado tudo o que dissesse respeito ao "direito, comércio, negociações, tratados etc. internacionais", que constituíam "um novo tema vasto demais para a minha escola de observação..."[315]. Sua concepção, portanto, tem de ser colhida em vários comentários breves, inevitavelmente desconexos e contraditórios se tomados como um todo.

---

313. "Fragment...", p. 384.

314. J. Freund, "Raison d'état", *Encyclopédie philosophique universelle*, II – *Les Notions Philosophiques, Dictionnaire*, org. S. Auroux (Paris, 1990), pp. 2152-3.

315. *Du Contrat Social*, IV, ix. [Trad. bras. *O contrato social*, São Paulo, Martins Fontes, 1996.]

Como Grócio, Locke e Pufendorf, Rousseau levou em conta a integração internacional funcional "através de uma união de interesses, através da... conformidade de costumes, ou por outras circunstâncias que permitem a existência de relações mútuas entre comunidades diversas. É assim que todas as potências da Europa formam entre si uma espécie de sistema que as une pela mesma religião, pela mesma lei, pelo costume, pela erudição, pelo comércio e por um tipo de equilíbrio que é o efeito necessário de tudo isso e que, sem que ninguém tenha realmente sonhado em sustentá-lo, ainda assim não seria tão fácil de romper como muitos acreditam"[316]. Voltando-se, porém, para as realidades de seu tempo:

> Ao ver, por outro lado, as intermináveis altercações, roubos, confiscos ilegítimos, revoltas, guerras... uma política tão sábia nos livros e tão áspera na prática, soberanos tão bem-intencionados e uma plebe tão desgraçada, governos tão moderados e guerras tão cruéis: é difícil saber como conciliar essas estranhas contradições; e essa alardeada camaradagem do povo da Europa não parece ser mais do que um termo de escárnio para expressar com ironia a animosidade que uns sentem pelos outros.

Por que haveria de ser assim? Aqui, a resposta de Rousseau faz eco ao pessimismo de Hobbes:

> Qualquer sociedade sem lei ou sem um soberano, qualquer união formada ou mantida por acaso, deve necessariamente degenerar em querelas e desavenças na primeira mudança de circunstâncias. A antiga união do povo da Europa complicou seus interesses e seus direitos em milhares de formas; eles entram em contato uns com os outros em tantos pontos que o movimento mais leve de alguns não pode deixar de colidir com outros; o que os divide é muito mais mortífero que a intimidade que os une, e suas brigas freqüentes têm quase a crueldade das guerras civis.

---

316. "Extrait du projet de paix perpétuelle de M. l'Abbé de Saint-Pierre", *Oeuvres*, p. 161.

> Vamos, portanto, concordar que o estado específico das potências da Europa é simplesmente um estado de guerra, e que todos os tratados parciais entre algumas dessas potências são mais tréguas passageiras do que uma verdadeira paz: seja porque esses tratados em conjunto não têm nenhuma outra garantia além das partes contratantes; seja porque os direitos de um e do outro nunca são totalmente decididos desse modo, e esses direitos obtidos ilicitamente, ou as reivindicações que deles derivam entre potências que não reconhecem nenhuma instância superior, irão infalivelmente tornar-se fontes de novas guerras, assim que circunstâncias diferentes tiverem proporcionado novas forças aos reclamantes.[317]

O amargo realismo estava igualmente manifesto nos textos em que Rousseau examinou as Razões de Estado. Em seu ensaio "Sobre o governo da Polônia", ele disse aos rebeldes poloneses que as potências cristãs "desconheciam quaisquer outros laços que não fossem os de seus interesses". Por outro lado, como Pufendorf, não estava totalmente convencido de que os esforços para atingir esses interesses eram empreendidos de forma racional e objetiva:

> No entanto, quase nunca são as Razões de Estado que os guiam: é o interesse momentâneo de um ministro, de uma namorada, de um protegido; é um motivo que nenhuma sabedoria humana poderia prever que os impele às vezes a favor de seus verdadeiros interesses, às vezes contra eles. Que segurança pode-se ter com pessoas que não têm absolutamente nenhum sistema fixo e se conduzem somente por impulsos fortuitos? Nada é mais frívolo do que a ciência política das cortes: como ela não tem nenhum princípio assegurado, não é possível depreender nenhuma conseqüência determinada, e toda essa bela doutrina sobre os interesses dos príncipes é uma brincadeira de crianças que faz rir os homens sensatos.[318]

Obviamente as Razões de Estado eram nesses termos uma meta longínqua mais do que um padrão dominante.

---

317. *Ibid.*, p. 164.
318. "Sur le gouvernement de Pologne": *ibid.*, pp. 505-6.

Rousseau admitia a possibilidade de conduzir as relações internacionais de acordo com princípios mais elevados através da criação de uma liga federativa de Estados, mas acreditava que isso só poderia se realizar por meio de uma revolução, "e, tendo em mente esse princípio, quem de nós ousaria dizer se uma liga européia dessa natureza deve ser desejada ou temida? Ela talvez pudesse causar mais danos com um golpe do que poderia ter sido previsto em séculos"[319]. Para o homem culto do século XVIII, o medo da anarquia – o medo da turba – era tão forte quanto o medo do despotismo; e, defrontando-se com as alternativas, muitos – até mesmo alguns aspirantes a liberais – escolhiam o despotismo, um mal conhecido, que preferiam à anarquia, considerada um perigoso vôo que poderia resultar em seu desaparecimento.

Para o filósofo escocês David Hume (1711-1776), como para Hobbes, as relações internacionais eram fundamentais. A origem dos Estados residia nas relações internacionais: "... Afirmo que os primeiros rudimentos de governo nasceram de disputas, não entre homens da mesma sociedade, mas entre os de sociedades diferentes."[320] Contudo, como Pufendorf e Rousseau, embora acreditasse na força do interesse e no poder da razão, Hume também via sérias limitações numa explicação da política e das Razões de Estado que fundasse seus alicerces exclusivamente nessas premissas. E ele esclarecia sua posição delineando uma dialética atuante entre os Estados: entre a razão e a paixão, entre o interesse a curto prazo e o interesse a longo prazo. "Nada é mais certo", escreveu ele, "do que serem os homens em grande parte governados pelos interesses..." Mesmo assim, também admitia que "os homens são fortemente dominados pela imaginação e distribuem seus afetos mais em vista de como qualquer objeto lhes aparece do que em razão de

---

319. *Ibid.*

320. Hume, "Of the Origin of Government": de *A Treatise of Human Nature* e reproduzido em D. Hume, *Political Writings*, orgs. S. Warner e D. Livingston (Indianápolis, 1994), p. 51. [Trad. bras. *Escritos políticos*, São Paulo, Martins Fontes, 2003.]

seu valor intrínseco e verdadeiro"[321]. Era esse "o motivo pelo qual os homens agem com tanta freqüência em contradição com seu reconhecido interesse..."[322]. Hume via homens tomando decisões de ganho imediato em detrimento de vantagens duradouras. Como Hobbes e Espinosa, ele se impressionava com o fato de serem os homens "eternamente dominados por suas paixões desenfreadas..."[323]. Esses pressupostos tinham implicações óbvias para a condução das relações internacionais. Não se podia esperar que os Estados sempre se comportassem "racionalmente", já que os estadistas eram dominados pelo proveito imediato – também descrito como míope – e impelidos pela emoção. O "egoísmo e a ambição" dos Estados eram, escreveu ele, "fontes permanentes de guerras e discórdia"[324]. Não havia esperança de alterar esse aspecto da natureza humana, que Hume considerava perpétuo, mas havia possibilidades de alterar o comportamento através de uma mudança "de sua situação..."[325]. Ademais, os interesses podiam ser levados em conta até certo ponto. "Onde a posse não tem estabilidade, a guerra há de ser permanente. Onde a propriedade não é transferida pelo consentimento, não pode haver comércio. Onde as promessas não são cumpridas, não pode haver ligas nem alianças." A lógica desse raciocínio sugeria que os Estados, como os homens num estado de natureza, procurariam criar uma autoridade superior para garantir a "paz, o comércio e o auxílio mútuo"[326].

Logo, a condução das relações internacionais não poderia ser puramente hobbesiana, e nessa questão Hume acompanha Cumberland. Porém, mal conseguimos detectar um claro afastamento com relação a Hobbes, presenciamos também um claro distanciamento com relação a Cumberland.

---

321. *Ibid.*, p. 47.
322. *Ibid.*, p. 48.
323. *Ibid.*, p. 61.
324. *Ibid.*, p. 74.
325. *Ibid.*
326. *Ibid.*

"Há uma máxima muito divulgada no mundo", acrescentou Hume, "que poucos políticos se dispõem a admitir, mas que foi corroborada pela prática de todas as eras, *de que existe um sistema de moral calculado para os príncipes, muito mais livre do que o sistema que deveria reger as pessoas comuns.*" Essa máxima revelou-se bastante convincente para Hume, mas, preocupado em convencer os insatisfeitos com a marginalização da moral nos assuntos de Estado, ele distinguiu entre uma moral predominante e a capacidade de fazê-la vigorar. Pois, ao passo que, na sociedade nacional, a moral que garantia as interações pacíficas e cooperativas podia ser imposta de cima para baixo, no sistema europeu de Estados, uma autoridade semelhante não existia: "embora a moral dos príncipes tenha a mesma *abrangência*, ela não tem a mesma *força* que a das pessoas comuns e pode licitamente ser transgredida por um motivo mais trivial"[327]. Em outras palavras: "embora a interação de diferentes Estados seja vantajosa e às vezes até mesmo necessária, mesmo assim ela não é tão necessária nem tão vantajosa quanto a interação entre indivíduos, sem a qual é totalmente impossível para a natureza humana chegar a subsistir. Portanto, como a obrigação *natural* para com a justiça, entre diferentes Estados, não é tão forte como entre indivíduos, a obrigação *moral* que dela deriva deve necessariamente compartilhar de sua fraqueza; e nós devemos necessariamente conceder uma indulgência maior a um príncipe ou ministro que engane outro, do que a um cavalheiro comum que não cumpra sua palavra de honra"[328].

Assim, embora se dissociasse de pressupostos puramente hobbesianos e tomasse como base Locke e Pufendorf, Hume apresentou uma justificação moderada e racional, mas não menos eficaz, para as Razões de Estado como uma máxima efetivamente isenta das restrições normais da ética. É, porém, estranho que os que, como Hume, por qualquer outro padrão se encaixariam no rótulo de liberais na época

---

327. *Ibid.*, p. 75.
328. *Ibid.*

atual fossem em grande parte realistas em sua visão sobre as relações internacionais. Eles diferiam dos realistas intransigentes como Hobbes em sua crença de que uma ordem européia melhor e mais humanitária acabaria sendo possível. Diferiam também daqueles que poderiam ser chamados de utopistas, na medida em que para eles "acabaria" era de fato um objetivo muito distante. Em parte podemos explicar a aceitação das Razões de Estado como uma conseqüência lógica da preocupação em proteger-se tanto das paixões como do governo arbitrário. Mesmo assim, existia a tensão entre suas aspirações mais utópicas e a aceitação das leis imediatas da selva. Que harmonizar essa tensão não foi fácil está evidente em Rousseau. Também não está menos visível nos escritos de Immanuel Kant (1724-1804), um admirador tanto de Hume como de Rousseau.

Enquanto Hobbes via o problema do conflito internacional na natureza do homem, e Bolingbroke e Rousseau viam o problema na natureza da sociedade, Kant por sua vez considerava a interação do homem com a sociedade como uma dinâmica que contribuía para a guerra e, em última análise, como uma oportunidade para a paz. A filosofia de Kant sempre foi algo enigmático por sua posição ambígua e ambivalente em relação à guerra. Nisso, Kant segue Ferguson. Conseqüentemente, os comentadores geralmente encontraram seu próprio Kant e ignoraram o outro. Mas Kant, à semelhança de Rousseau, era tanto um realista como um utopista, embora não no mesmo grau: um utopista nas questões nacionais e na potencialidade última das relações internacionais, mas um realista nas relações exteriores de curto a médio prazo. Quando chegamos ao final do século XVIII, a compreensão do homem sobre a sociedade já avançara muito, ao ponto em que era possível traçar uma distinção entre intencionalidade e resultado e em que era possível admitir abertamente, e até mesmo celebrar, a natureza paradoxal do homem. O caminho fora desbravado primeiro por Mandeville, depois por Adam Smith (ver pp. 72-5); ambos na esfera da economia, mas com implicações para a sociedade em geral. Kant considerava o homem mau por natureza.

Sua imagem do homem não era dessemelhante daquela de Hobbes e de Luciano, o autor satírico: um impulso irresistível à liberdade total, inevitavelmente à custa dos outros. Mas, ao contrário de Hobbes, ele acreditava também no aprimoramento do homem, como demonstrou sua polêmica com Moses Mendelssohn – *Über die Gemeinspruch* (1793). Fazendo eco aos estóicos, Kant concebeu uma teleologia. Esta funcionava pela tensão: uma luta entre opostos. Como delineado em *Idee zur einer allgemeinen Geschichte in weltbürgerlicher Absicht* (1784), o fim último, o *telos*, era o pleno desenvolvimento das capacidades do homem, sobretudo seu uso da razão. O homem não teve origem com a razão, mas apenas com a capacidade da razão. A Natureza forneceu os meios para sua evolução através de uma dialética entre as inclinações naturais do homem e a cultura civilizadora. É aqui que a influência de Rousseau é mais acentuada. Para Kant, a aparente contradição em Rousseau entre seu ataque à civilização no *Discours* e em *Héloïse*, e sua crença no valor do Estado e da instrução, no *Contrat social* e em *Émile*, é resolvida à medida que a cultura desenvolva as capacidades do homem como espécie moral de tal modo que elimine o conflito entre o que é moral e o que é natural[329]. Mas, ao passo que Rousseau de fato considerava a civilização um fator-chave para a decadência do homem, Kant via o inverso. Da mesma forma que muitos encontraram um Kant à sua própria imagem, também Kant encontrou seu próprio Rousseau.

No entender de Kant, o que à primeira vista parecia totalmente negativo era transformado pela Natureza de acordo com as forças do progresso: leis naturais determinavam o comportamento do homem, por mais tolo que o comportamento em algum momento pudesse parecer. Kant compartilhava com Maquiavel, Hobbes e Bolingbroke – mas decerto não com Rousseau – a crença nas "inclinações animais" do homem[330], mas elas não eram críticas ao conflito. Kant

---

329. M. Mori, "Il problema della guerra nella filosofia della storia di Kant", *Filosofia*, ano XXX, fasc. II, abril de 1979, p. 214.

330. "Idea for a Universal History with a Cosmopolitan Purpose", I. Kant, *Political Writings*, org. H. Reiss (Cambridge, edição de 1977), p. 41.

não tinha uma compreensão coerente de como a sociedade surgiu. Um comentador perspicaz fez uma relação de algumas de suas explicações separadas: que as famílias se reúnem naturalmente; que "sociedades civis" se formam a partir da necessidade; que os Estados passam a existir por causa da guerra[331]. O progresso social, porém, é que era responsável por acelerar o conflito entre sociedades. Kant ansiava, portanto, pela transformação social como o mecanismo distante que acabaria por produzir uma paz duradoura. A visão de Kant sobre a natureza do homem e da sociedade apresenta-se numa "teoria teleológica da natureza"[332], por meio da qual ele demonstrou ter mais em comum com Hegel e Marx do que com os pensadores que costumamos associar ao liberalismo. "Os homens individualmente e mesmo nações inteiras pouco imaginam que, enquanto se esforçam por atingir seus próprios objetivos, cada um a seu modo e com freqüência em oposição a outros, estão sendo guiados, sem o valor, em seu avanço ao longo de um percurso designado pela natureza. Estão inconscientemente promovendo um fim que, mesmo que soubessem qual era, dificilmente despertaria seu interesse."[333] Daí a célebre referência de Kant à *"sociabilidade insociável"* do homem[334]. Aqui a influência de Mandeville é visível. Para Mandeville, a lição tirada era clara – o vício privado levava ao benefício público. Para Kant, porém, o resultado não era de forma alguma tão certo, mas o meio para atingir o objetivo final era paradoxal do mesmo modo. "O meio que a natureza emprega para produzir o desenvolvimento de capacidades inatas é o do antagonismo dentro da sociedade, na medida em que esse antagonismo se torne a longo prazo a causa de uma ordem social regida por leis."[335] Esse objetivo tinha sido atingido em parte mas somente poderia ser realizado plenamente quan-

---

331. G. Vlachos, *La Pensée Politique de Kant: Métaphysique de l'ordre et dialectique du progrès* (Paris, 1962), p. 216.

332. "Idea...", p. 41.

333. *Ibid.*

334. *Ibid.*, p. 44.

335. *Ibid.*

do o ambiente externo das relações internacionais também fosse posto em ordem. Assim, para Kant, as relações internacionais eram fundamentais. Pois "sob nenhum outro aspecto a natureza humana se apresenta menos admirável do que nos relacionamentos existentes entre os povos"[336]. O mesmo parecia valer no que dizia respeito à consecução de uma ordem global.

Como muitos contemporâneos, Kant era perturbado e preocupado com a necessidade de criar a paz entre os Estados, mas não a paz a qualquer preço. Embora a guerra fosse aceita como um mal, a monarquia universal e a extinção dos direitos dos Estados não eram um mal menor. Além disso, a guerra era também uma força de coesão dentro da sociedade (visão de Bodin) e, de fato, uma verdadeira máquina do progresso (visão de Ferguson):

> se o constante medo da guerra não forçasse até mesmo chefes de Estado a demonstrar esse *respeito pela humanidade*, ainda encontraríamos a mesma cultura, ou aquela íntima união de classes sociais dentro da comunidade que promove o bem-estar de todos?[337]

Kant, como Rousseau, encarava de frente as realidades desagradáveis; e é isso que lhe dá uma reputação de realista bem como de idealista. Em sua obra, não há vestígio de atitude moralizante. Na tensão entre a cabeça e o coração, a cabeça geralmente saía ganhando. O crescente grau de civilização dos Estados, "com sua tendência cada vez maior à expansão por meio da astúcia ou da violência em detrimento de outros, deve tornar as guerras mais freqüentes", asseverava ele[338]. Essa dialética entre o progresso da civilização e a recorrência da guerra resultante de um crescente

---

336. "On the Common Saying: 'This May be True in Theory, but it does not Apply in Practice'", *ibid.*, p. 91.
337. "Conjectures on the Beginning of Human History", *ibid.*, p. 232.
338. "On the Common Saying: 'This May be True in Theory, but it does not Apply in Practice'", *ibid.*, p. 90.

desejo de expansão era sem sombra de dúvida uma característica de sua época. No entanto, em vez de investigar exatamente o que atuava como propulsor para a guerra no desenvolvimento da sociedade, Kant preferiu dar ênfase à sua argumentação de que um maior grau de democratização acabaria por resolver o problema, se é que isso um dia aconteceria. A natureza da complexa interação entre a transformação nacional radical (ou aperfeiçoamento da constituição) e o conflito externo é descrita da seguinte forma:

> Todas as guerras, portanto, não passam de tentativas (na realidade, não pela intenção dos homens, mas pela intenção da natureza) de produzir novas relações entre os Estados, e de criar novos Estados, seja pela destruição, seja ao menos pela divisão de antigos organismos. Essas novas entidades, em si mesmas ou umas em relação às outras, serão por sua vez incapazes de sobreviver, e assim necessariamente passarão por mais revoluções de natureza semelhante, até que afinal, em parte por um ajuste interno ideal da constituição civil e em parte pela legislação e acordos externos comuns, seja criado um estado de coisas que, como uma comunidade civil, possa se manter *automaticamente*.[339]

É aqui que o Kant realista finalmente cede diante do idealista e, assim, sai da nossa atenção imediata[340]. Kant tinha esperança de que, no futuro distante, o homem reagisse contra os custos avultantes da guerra e preferisse se voltar para a cooperação internacional. Nesse ínterim, porém, "a bárbara liberdade dos Estados estabelecidos" e seus "conseqüentes males" forçaram a descoberta de "uma lei de equilíbrio" para regular a hostilidade[341]. Trata-se daquela outra inovação do Renascimento: o Equilíbrio do Poder.

---

339. "Idea...", p. 48.

340. Para uma explanação meticulosa desse aspecto do pensamento de Kant: A. Hurrell, "Kant and the Kantian paradigm in international relations", *Review of International Studies* (1990), 16, pp. 183-205. Minha única objeção é que o autor não reconhece a ambigüidade da avaliação que Kant faz da guerra.

341. "Idea...", p. 49.

Capítulo 2

O equilíbrio do poder

> ... é uma questão de pura opinião, que cada um interpreta segundo sua perspectiva e seus interesses pessoais...
>
> – *Instruction du marquis d'Hautefort, 1750. Recueil des Instructions, Autriche*[1]

Os críticos têm atacado o Equilíbrio do Poder por muitos motivos – alguns de forma convincente, outros nem tanto. Contudo, sua utilidade tem persistido pela maior parte dos últimos quinhentos anos. E a crítica pública à idéia surgiu há somente duzentos e cinqüenta anos. Isso indica que, nos duzentos e cinqüenta anos anteriores, o conceito esteve sob um constante equívoco de interpretação ou que as circunstâncias estavam tão mudadas na época em que as críticas surgiram que a noção teria de repente se tornado supérflua, ou ainda que condições desconhecidas e sem relação com os méritos do conceito incitaram a crítica com outros objetivos em mente.

O que se depreende com alguma clareza de um exame detido da idéia é: que a noção se ampliou do sistema de cidades-Estado italianas para o emergente sistema europeu de Estados; que, em violento contraste com a noção das Razões de Estado, ela permaneceu substancialmente inalterada por vários séculos; que, como bem demonstram os acontecimentos do século XIX, não apenas sua adoção foi ocasionalmente um disfarce para objetivos nefandos mas a própria rejeição a ela poderia se provar igualmente interesseira; e que essa rejeição, em pelo menos duas ocasiões importantes,

1. Citado por C. Dupuis, *Le Principe d'Équilibre et le Concert Européen de la Paix de Westphalie à L'Algésiras* (Paris, 1909), p. 36.

sofreu uma inversão dramática, quando as conseqüências da rejeição se revelaram desastrosas.

Houve quem afirmasse que as Razões de Estado eram tão antigas quanto Adão e Eva; por outro lado, a expressão pública da idéia era novidade para a Europa de Maquiavel. O mesmo poderia ser dito sobre o Equilíbrio do Poder. "É uma interrogação se a idéia do equilíbrio do poder se deve inteiramente à política moderna, ou se somente a expressão foi inventada nestes últimos tempos", perguntava David Hume[2]. Mas esse era apenas um floreio retórico; ele já tinha uma resposta em mente. Entre as cidades-Estado gregas, escreveu Hume, "era líquido e certo que toda potência predominante se defrontaria com uma confederação contrária a ela; e essa liga era muitas vezes constituída de seus antigos amigos e aliados"[3]. Híeron, rei de Siracusa, compreendeu o princípio quando, embora aliado de Roma, enviou auxílio a Cartago: "Considerando ser indispensável... tanto para manter seus domínios na SICÍLIA como para preservar a amizade ROMANA, que CARTAGO não corresse perigo, para evitar que com sua queda a potência remanescente fosse capaz, sem contestação nem oposição, de realizar todos os seus propósitos e empreendimentos. E nisso ele agiu com grande sabedoria e prudência. Pois nunca se pode, por motivo algum, deixar de atentar para isso; nem deveria uma força semelhante jamais ser colocada numa única mão, de modo que os Estados vizinhos ficassem incapacitados de defender seus direitos contra ela." Como lembrou Hume, com uma citação de Políbio, "eis o objetivo da política moderna ressaltado em termos expressos"[4]. Portanto, o Equilíbrio do Poder era quase com certeza praticado na Antiguidade.

É muito provável que o desconhecimento da noção no início da era medieval na Europa seja devido ao fato de ela

---

2. "Of the Balance of Power", em D. Hume, *Essays: Moral, Political and Literary* (Indianápolis, edição de 1985), p. 332.

3. *Ibid.*, p. 334.

4. *Ibid.*, p. 337.

ter desaparecido na história romana, pois Roma acabou por criar um império universal que erradicou a memória coletiva de tempos anteriores. Os pequenos Estados já não eram livres para criar um equilíbrio uns com os outros e para entrar em conflito à vontade. Roma tornou-se desse modo uma rocha de estabilidade. Como Justus Lipsius (1547-1606) observou, referindo-se ao Império Romano, citando Plutarco, "ele era como uma âncora para o mundo flutuante"[5]. Após o saque de Roma, o esfacelamento do império não fez de imediato surgir um sistema de Equilíbrio do Poder porque a destruição da abrangente infra-estrutura ainda não fora plenamente compensada pela expansão do comércio. Como observou William Robertson, contemporâneo de Hume, "constatamos... que o primeiro efeito do estabelecimento dos bárbaros no Império consistiu em dividir aquelas nações que o poder romano tinha unido. A Europa foi partida em muitas comunidades separadas. A interação entre esses Estados divididos cessou quase totalmente durante alguns séculos... Mesmo entre partes distantes do mesmo reino, a comunicação era rara e difícil"[6]. Essas distâncias aumentavam a impressão de separação, o que por sua vez gerava um imediatismo na condução da política externa; e isso por sua vez tornava impraticável a operação do Equilíbrio do Poder. "A expectativa de vantagens remotas ou a perspectiva de males distantes e eventuais", relembra-nos Robertson, "não eram suficientes para instigar as nações a pegar as armas. Somente aqueles que estavam em perigo imediato, e inevitavelmente expostos a danos ou insultos, consideravam-se interessados em qualquer disputa ou forçados a tomar precauções por sua própria segurança."[7]

---

5. Citado em R. Tuck, *Philosophy and Government 1572-1651* (Cambridge, 1993), p. 62.

6. *The History of the Reign of the Emperor Charles V with a View of the Progress of Society in Europe from the subversion of the Roman Empire to the Beginning of the Sixteenth Century* (Londres, 1769) – *The Works of William Robertson,* vol. IV (Londres, 1818), p. 92. A obra, um modelo do seu gênero, consumiu dez anos de trabalho.

7. *Ibid.*, p. 105.

O Equilíbrio do Poder tornou-se assim um conceito popular e amplamente reconhecido somente no início da Europa moderna. Como tantas noções nas relações internacionais, era uma analogia extraída da esfera das ciências naturais e, na realidade, da vida do dia-a-dia. Qualquer pessoa que fazia compras na feira estava familiarizada com a balança na qual as mercadorias eram pesadas. A estática é o estudo das condições de equilíbrio que resultam da distribuição dos pesos. Na estática, o cálculo de pesos muito maiores apresentava problemas matemáticos dificílimos. Os gregos da Antiguidade foram pioneiros nesse campo. Os romanos, porém, pouco tinham acrescentado às suas descobertas. O avanço na estática não esperou por Galileu e Newton. Foi na Europa da baixa Idade Média, numa época que não se sobressaiu pela originalidade no pensamento científico, que o estudo da estática – então conhecido como *scientia de ponderibus* – conquistou sua devida posição, e não apenas como a reiteração dos ensinamentos clássicos. A necessidade de criar critérios precisos para a medição do peso já se tornara àquela altura uma prioridade comercial. A obra principal foi a produzida por Jordanus no século XIII: *Liber de ratione ponderis*[8]. Segundo o historiador da ciência, o francês Pierre Duhem, as idéias de Jordanus despertaram enorme interesse intelectual na ocasião[9]. Com as mentes instruídas tão concentradas nos problemas do equilíbrio, era fácil para os estudiosos interpretar o comportamento de objetos não-físicos em termos analógicos.

A conceituação das Razões de Estado seguiu e espelhou a prática estabelecida na Itália renascentista. O próximo passo lógico era a conceituação do Equilíbrio do Poder. A situação que propiciou o surgimento do Equilíbrio como um princípio normativo nas relações internacionais foi, na Itália, o período geralmente considerado estável e pacífico en-

---

8. E. Moody e M. Clagett (orgs.), *The Medieval Science of Weights* (Madison, 1952), pp. 3-20, 57-63 e 169-73.

9. P. Duhem, *Les Origines de la Statique* (Paris, 1905).

tre a paz de Lodi (1454) e a invasão dos franceses sob o comando de Carlos VIII (1494), período durante o qual cinco potências mantiveram um equilíbrio na península: Veneza, Milão, Florença, Roma e Nápoles. Na realidade, o período não foi assim tão pacífico como mais tarde se afirmou[10]. Ademais, a natureza inseparável das relações entre as potências italianas não era de modo algum tão completa como se alegou depois. A república de Veneza, agressivamente rica e poderosa, era uma potência tanto italiana como extra-italiana. Florença tinha boas relações comerciais com a França. E um importante elemento para a manutenção do equilíbrio era a estabilidade de cada regime, de cada reino ou cidade-Estado. Quando essa estabilidade se rompia, a intervenção era praticamente inevitável, como Maquiavel advertiu acertadamente. O sistema italiano também funcionava somente porque os venezianos temiam a expansão otomana, o que fazia com que preferissem a união com seus vizinhos na península a continuar a exercer pressão sobre eles.

A operação do Equilíbrio do Poder como sistema pode ter se originado no início da Europa moderna com as cidades-Estado italianas, mas é ao brilhante escritor e estadista francês, Philippe de Commynes, que devemos a primeira descrição publicada do sistema de equilíbrio, escrita entre 1488 e 1501[11] e impressa em 1524. "Aos príncipes da Itália", escreveu ele, "... Deus concedeu como contrapeso as comunas, como são chamadas na Itália, como por exemplo Vene-

10. Para o tratamento mais elegante e mais bem informado do tema: G. Pillinini, *Il sistema degli stati italiani 1454-1494* (Veneza, 1970).

11. Estimativa apresentada na edição de sua obra em língua inglesa: *The Memoirs of Philip de Commines, Lord of Argentin*, org. A. Scoble, vol. 1 (Londres, 1855). Embora de leitura muito fluente, a tradução é livre demais para citação direta e precisa. Foi, portanto, preterida em favor do original. As afirmações de que o veneziano Francesco Barbaro (1395-1454) teria sido o primeiro a propor a noção do Equilíbrio do Poder não são corretas, pelo menos se forem levadas em conta as citações aduzidas como prova por Sabbadini, Carotti e Morandi. Para uma refutação conclusiva: G. Pillinini, "L'Humanista Veneziano Francesco Barbaro e l'Origine della Politica di Equilibrio", *Archivio Veneto* (Veneza, 1963), Anno XCIV, V Serie N. 107, pp. 23-8.

za, Florença, Gênova, Bolonha, Siena, Luca e outras, que, em certos aspectos, se opõem aos principados e os principados a elas: cada um fica de olho em seu vizinho para que não fique poderoso demais."[12] De Commynes foi o primeiro a divulgar o equilíbrio ao público, mas não se deve dar demasiada importância a isso: essas noções e a terminologia a elas associada quase certamente já eram de circulação geral na época entre os envolvidos no governo em todos os Estados italianos; o emprego de Commynes como embaixador em Veneza deve ter-lhe dado acesso direto e bastante familiaridade com a linguagem e os conceitos vigentes então.

O mito de um sistema perfeitamente equilibrado para o qual o próprio De Commynes parece ter contribuído surgiu pouco depois que a França invadiu a península, em 1494. Esse mito dava aos italianos a noção de um mundo ideal ao qual um dia poderiam retornar. Todo mito tem uma figura central, e nesse caso os florentinos lançaram a imagem de Lorenzo de Medici. Talvez não seja surpreendente que o primeiro escritor a imortalizá-lo tenha sido seu cunhado Bernardo Rucellai, em *De bello italico*[13]. Rucellai escreveu que tanto Fernando de Aragão, que tinha o poder sobre Nápoles, como Lorenzo de Medici, em Florença, "de longe o mais prudente de todos os príncipes da Itália", lutaram "por aquelas coisas pelas quais os negócios da Itália pudessem crescer e (para usar as palavras daqueles homens) ser mantidos em perfeito equilíbrio [*examine aequo penderent*]"[14]. O manuscrito caiu nas mãos de Guicciardini durante a composição de sua *História da Itália*, e parece tê-lo induzido a iniciar seu relato na virada do século, apresentando um qua-

12. *Mémoires de Philippe de Commynes*, org. R. Chantelauze (Paris, 1881), p. 391. Para a interpretação de Scoble, ver *The Memoirs*, p. 379. De Commynes não era um realista nas relações internacionais. Adotava uma posição moralista diante de como os governos deveriam se comportar e condenava nos governantes o tipo de comportamento que Maquiavel defendia.

13. *Bernardi Oricellarii de Bello Italico Commentarius, Iterum in lucem editus* (Londres, 1733), pp. 4-5, em especial.

14. *Ibid.*, p. 4.

dro semelhante com algum detalhamento[15]. De fato, em sua *História*, está escrito sobre Lorenzo de Medici que ele "tomava o máximo cuidado para que os negócios da Itália fossem mantidos em equilíbrio, de forma que os pesos não ficassem mais para um lado que para o outro"[16].

O que parece ter acontecido então é que uma idéia corrente dentro do sistema semifechado das cidades-Estado italianas foi transportada para o todo da Europa Ocidental. Naquele período inicial, como Robertson salienta, "em cada reino da Europa ocorriam importantes acontecimentos e revoluções, que as outras potências observavam quase que com indiferença, como se fossem espectadores sem nenhum interesse a quem o efeito dessas transações jamais poderia atingir"[17]. A ascensão da Espanha deu-se, portanto, quase sem ser notada. O que mudou foi, é claro, a crescente centralização do poder dentro de certos reinos e o surgimento das Razões de Estado mais conscientes. Como Robertson declara, "ao longo do século XV, ocorreram diversos acontecimentos que, ao conceder aos príncipes um comando mais completo das forças em seus respectivos domínios, tornaram suas operações mais vigorosas e abrangentes. Conseqüentemente, como os negócios de reinos diferentes se tornaram interligados com maior freqüência bem como com maior profundidade, os príncipes aos poucos se acostumaram a atuar de comum acordo e em aliança, e foram imperceptivelmente preparados para formar um sistema de política, com o objetivo de estabelecer e preservar um equilíbrio do poder de tal natureza que se coadunasse mais com a segurança geral. Foi durante o reinado de Carlos V que as idéias sobre as quais o sistema se constrói vieram a ser compreendidas plenamente. Foi então que as máximas que vinham sendo constantemente encorajadas desde aquela

15. Esse fato foi revelado por Roberto Ridolfi em sua obra *Genesi della storia d'Italia guicciardina* (Florença, 1939).
16. *Opere di Guicciardini*, vol. 2, p. 89.
17. Robertson, *op. cit.*

época foram adotadas universalmente"[18]. Com efeito, como argumentou Robertson, a própria eleição de Carlos V para imperador do Santo Império Romano-Germânico, que uniu a maior parte da Europa Ocidental sob um só trono, em 1519, atestou a lentidão com a qual as noções do Equilíbrio do Poder se firmavam:

> Os outros príncipes europeus não poderiam continuar a ser espectadores indiferentes de uma competição cuja decisão afetava cada um deles tão de perto. Seu interesse comum deveria naturalmente ter formado um consenso geral para enganar os dois candidatos e impedir que qualquer um deles obtivesse tal preeminência em poderio e dignidade que pudesse representar perigo às liberdades da Europa. No entanto, as idéias relativas a uma distribuição adequada e a um equilíbrio do poder eram de tão recente introdução no sistema de políticas da Europa que até então não tinham sido objeto de atenção suficiente. As paixões de alguns príncipes, a falta de visão de outros e o medo de ofender os candidatos estorvaram uma tão salutar união das potências da Europa, tornando-as totalmente negligentes quanto à segurança pública ou impedindo-as de agir com vigor em seu benefício.[19]

Com o firme estabelecimento de Carlos V no trono, foi acima de tudo a vizinha França que se tornou mais sensível à mudança no Equilíbrio do Poder. Donato Giannotti, o florentino estudioso das relações internacionais (1492-1573), como Maquiavel, de quem tinha um conhecimento profundo, preocupava-se com a degradação das cidades-Estado italianas, alvo constante da rivalidade entre as grandes potências. O sistema criado no século XVI em conseqüência da eleição de Carlos V, que unia a Áustria, a Espanha, os Países Baixos e a Alemanha, era essencialmente bipolar, e era isso que estava na raiz dos sofrimentos italianos, produzindo uma ação e reação retaliatórias na luta pela posição de maior

---

18. *Ibid.*, pp. 107-8.
19. *Ibid.*, vol. 2, *Works*, vol. V (Londres, 1818), p. 68.

influência. Giannotti encarava a questão do seguinte modo: "é bastante evidente", escreveu ele em 1535, "para quem examina as características do Estado não só na Itália mas na cristandade como um todo, que o rei da França e o imperador são como dois monarcas e líderes desta última [cristandade], de tal forma que qualquer incidente que surja no seu interior não pode senão ser atribuído a eles..."[20].

Foi da França, e numa época de enfraquecimento crescente causado pelas guerras de religião da segunda metade do século XVI, que Jean Bodin escreveu que a segurança de príncipes e Estados seria obtida "num equilíbrio entre as potências"[21]. Esse era o Equilíbrio como política, do qual voltaremos a tratar. Giovanni Botero, por outro lado, considerava que o Equilíbrio do Poder era ditado pelas circunstâncias: a estrutura do que logo se tornaria conhecido como o sistema de Estados ditava o comportamento. Em sua obra *Relatione della Republica Venetiana*, publicada em 1605, Botero foi o primeiro a explicar como e onde o equilíbrio surgiria, em termos que ilustram bem a novidade do incipiente sistema de Estados:

> onde não existir uma pluralidade de príncipes... o Equilíbrio do Poder [*contrapeso*] que estamos discutindo não pode ter lugar. Isso pode ser visto com clareza na Espanha, Inglaterra, França, Polônia e em outros reinos que de início eram divididos em mais principados e mais tarde foram unidos sob uma coroa. Além disso, se o mundo inteiro constituísse uma república ou um principado, a arte do contrapeso seria supérflua e totalmente desnecessária: mas, dada a pluralidade de príncipes, deduz-se que um equilíbrio do poder é útil e positivo não como resultado de uma determinação [*non per natura sua*], mas das circunstâncias [*per accidente*]. E é de duas naturezas porque às vezes seu objetivo é a paz de uma

20. D. Giannotti, "Discorso delle cose d'Italia" (Al Santissimo Padre e Nostro Signore Papa Paolo Terzo): *Opere Politiche*, org. F. Diaz, vol. 1 (Milão, 1974), p. 372. Para mais informações sobre Giannotti: *Dizionario Biografico degli Italiani* (Roma, 2000), pp. 527-33.

21. Citado em G. Zeller, "Le principe d'équilibre dans la politique internationale avant 1789", *Revue historique*, vol. 215, 1956, p. 27.

> república, composta de outros Estados diferentes, como por exemplo a Itália, a Alemanha e a cristandade em seu todo; e outras vezes é a segurança e prosperidade de um Estado específico. No primeiro caso, o equilíbrio do poder consiste em certo contrapeso de acordo com o qual a república em sua íntegra não tem nenhuma parte que não esteja em proporção e não se apresente equilibrada numa espécie de igualdade; o peso em excesso exerce sua força ora deste lado, ora daquele...[22]

O principal exemplo citado é o mais conhecido, o do sistema italiano de cidades-Estado comandado por Lorenzo de Medici.

Botero considerava a busca e a descoberta do equilíbrio como um processo previsível resultante da multiplicidade de Estados em disputa. Chegou à conclusão de que "o equilíbrio do poder tem como base a ordem da natureza e a luz da razão, e, em conseqüência disso... cada um precisa procurar contrabalançar não só as forças suspeitas e hostis mas também as confiáveis e aliadas... [*a ogni uno convenga cercar oppositione alla potenza non solo sospetta, e nimica, ma anche confidente e congiunta seco...*]"[23]. É surpreendente que Botero, embora resoluto em seu empenho na Contra-Reforma em oposição ao pensamento herege, liderasse o furioso ataque contra os escritos de Maquiavel e com isso esvaziasse as Razões de Estado de sua verdadeira importância, ainda assim se sentisse perfeitamente à vontade para enunciar o princípio do Equilíbrio do Poder sem absolutamente nenhum escrúpulo. Enquanto sua interpretação das Razões de Estado, e a de todos os escritores católicos dos séculos XVI e XVII, dava a entender qual era a escolha do governante entre a ação moral e a imoral, o Equilíbrio do Poder era apresentado como um pressuposto, sobre o qual não poderia haver nenhuma cogitação de equiparar a moral dos meios com a moral dos fins. Se era uma lei da natureza, nada poderia ser feito a respeito. Essa é a primeira, mas de modo algum a última, indicação da intensidade com que a idéia do Equilíbrio

22. Botero, *Relatione della Republica Venetiana* (Veneza, 1605), p. 9.
23. *Ibid.*

do Poder encontrou pronto consenso no início da Europa moderna como uma solução óbvia e natural a um problema perene. A idéia não deixou só de ser questionada, ela chegou mesmo até a obter qualidade moral, o que mais tarde a tornou vulnerável ao ataque, já que sua própria invocação podia ser usada para ocultar uma quantidade enorme de maus comportamentos. Somente nos séculos XVIII e XIX, a própria idéia veio a ser alvo de sério questionamento de fundo moral feito então por aqueles novos universalistas seculares, os liberais.

No final do século XVI – com o Santo Império Romano-Germânico agora separado da Espanha – a noção do Equilíbrio já estava firmemente entrincheirada na Inglaterra elizabetana, que obviamente era uma potência menor em comparação com as potências mais importantes do continente europeu: um claro lembrete de que, pelo menos em sua formulação original como política, o Equilíbrio era essencialmente um instrumento dos mais fracos contra os mais fortes. "Deus colocou nas suas mãos o equilíbrio do poder e a justiça, para que vocês pensem e contrapensem à vontade os atos e decisões de todos os reis cristãos de seu tempo", escreveu Geoffray Fenton[24]. Pode-se dizer que isso era fazer da terrível necessidade uma virtude. Francis Bacon, ex-chanceler da Inglaterra, falava dessa atitude como "o principal exemplo de sabedoria em assembléias fortes e prudentes":

> estar em perpétua vigilância para que os Estados à sua volta, nem por investidas, nem por aumento de domínio, nem pela desmoralização de confederados, nem pelo bloqueio ao comércio, nem por nenhum meio semelhante, tenham nas mãos o poder de prejudicar ou de importunar os Estados a que servem; e, sempre que qualquer causa dessa espécie aparecer, excluir imediatamente a possibilidade com uma guerra, e nunca aceitar a paz a crédito e com juros. É tão memorável, e parece tão recente como se tivesse ocorrido ontem, como

24. Fenton traduziu para o inglês a história de Guicciardini: citado em A. Vagts, "The Balance of Power: Growth of an Idea", *World Politics*, vol. 1, nº 1, outubro de 1948, p. 97.

> aquele triunvirato de reis, Henrique VIII da Inglaterra, Francisco I da França e Carlos V, imperador e rei da Espanha, era na sua época tão previdente que um palmo de terra mal podia ser conquistado por qualquer um dos três sem que os outros dois não empreendessem os maiores esforços para acertar novamente o equilíbrio da Europa.[25]

O que esse cântico de louvor também sugere é que a moeda do poder era basicamente a terra. O equilíbrio havia de ser mantido entre as três potências com base na distribuição territorial. E a guerra era o meio pelo qual o equilíbrio seria mantido ou, caso isso não fosse possível, restaurado. Em outro texto, porém, Bacon foi mais circunspecto. Em seu ensaio para Jaime I sobre a "verdadeira grandeza do Reino da Grã-Bretanha", uma das primeiras estimações dos componentes do poder nacional na Europa moderna, Bacon afirmava que "na avaliação ou ponderação da grandeza, é comum que se atribua um excesso de importância à extensão territorial". Outros fatores eram de igual relevância. Além de um nível de prosperidade, a verdadeira grandeza "exige uma situação adequada do lugar ou região" (geografia). Ela "consiste essencialmente na população e procriação dos homens" (demografia). "Consiste também no valor e disposição militar do povo que gera" (ânimo). Exigia também que cada súdito "fosse apto a tornar-se um soldado" (saúde nacional). Dependia do "temperamento do governo" (identificação com o Estado). E, em último lugar, a verdadeira grandeza "consiste no domínio dos mares"[26]. A extensão territorial poderia tornar-se "questão de responsabilidade mais que de força", insistiu[27]. Não obstante, essa continuou a ser a principal base de cálculo.

---

25. "Considerations touching a War with Spain. To the Prince", 1624, em *The Works of Francis Bacon*, org. J. Spedding *et al.*, vol. XIV (Londres, 1874), p. 477.

26. "Of the true greatness of the Kingdom of Britaine, to King James", *Letters, Memoirs: Parliamentary Affairs, State Papers, & c. With some Curious Pieces in Law and Philosophy Publish'd from the Originals of the Lord Chancellor Bacon*, org. R. Stephens (Londres, 1736), p. 194.

27. *Ibid.*, p. 196.

Em termos gerais, os pesos relativos da França e da Espanha eram isoladamente mais impressionantes que o da Inglaterra. Com o ocaso das cidades-Estado italianas como entidades plenamente independentes, primeiro a França e depois a Espanha elevaram o Equilíbrio do Poder ao nível de princípio de política exterior para proteção contra a hegemonia uma da outra. Carlos V incorporou toda a sua herança (a Espanha, Nápoles, os Países-Baixos, a Alemanha e a Áustria) num único império. Deparando-se com a Espanha sob a autoridade dos Habsburgos que cada vez mais exerciam domínio na Europa, mas com a Áustria e a Espanha então sob administração diferente, em 1584, Duplessis-Mornay, um amigo de Henrique de Navarra, comentou:

> Todos os Estados são considerados fortes e fracos apenas em comparação com a força ou fraqueza de seus vizinhos... Há algum tempo a casa da Áustria vem aumentando enormemente seu poderio e crescendo tanto em influência como em território: de tal modo que a balança sem dúvida está desequilibrada, com excesso de peso de um lado, e está na hora de acrescentar peso do outro, se não quisermos que a nossa França acabe sendo esmagada.[28]

Da mesma forma, Veneza – uma sombra de sua anterior preeminência como colosso comercial e como a potência principal na Itália – preocupou-se com a enorme preponderância do poder estabelecido pelos Habsburgos. Enquanto o Papa estava empenhado em formar uma aliança geral de toda a cristandade contra os odiados turcos, em Roma, Paolo Paruta (1540-1598) apresentava a proposta veneziana para uma união mais limitada contra a Espanha. Paruta começou como professor mas passou para a política, carreira que culminou com o posto de embaixador em Roma (1592-1595)[29]. "Para a segurança da Itália", escreveu ele em novembro de

---

28. *Discours au roi sur les moyens de diminuer l'Espagnol*, 23 de abril de 1584: G. Zeller, "Le principe d'équilibre...", p. 28.

29. Bozza, *Scrittori*, p. 54.

1592, "é tanto suficiente como mais benéfico que as forças do Reino da França sejam capazes, não por si mesmas, mas devidamente aliadas às potências italianas, de se contrapor ao rei da Espanha para que, quando este pense em tocar no Estado de qualquer italiano, as forças de todos os príncipes italianos se reúnam, como poderia facilmente ocorrer, pela defesa comum, e se aliem às da França, que sempre estariam prontas para uma oportunidade dessas, se surgisse, quando fosse necessário agir com vigor contra tais tentativas."[30]

O tema prosseguia. Em 1635 o *Mercure d'Estat* publicou um "Discours des Princes e Estats de la Chrestiente plus considerables a la France, selon leurs divers qualites & conditions", escrito por Henri Duc de Rohan, que afirmava:

> Todos os Estados e príncipes cristãos que não sejam súditos nem partidários da Espanha têm interesse em formar um contrapeso necessário contra ela, e em encorajar aqueles que pegam em armas contra uma casa tão ameaçadora...[31]

Esse instrumento, o Equilíbrio do Poder, pode ter sido uma constante na política externa inglesa em razão de sua persistente fraqueza em relação às potências do continente europeu; mas para as próprias potências européias o Equilíbrio do Poder era mais um meio de troca, a ser negociado quando os tempos fossem favoráveis e ao qual recorrer quando surgissem rivais. Em seguida às guerras de religião, a França reconstruiu-se como uma potência poderosa e usurpadora sob o comando de Luís XIV e então ameaçou estabelecer a mesma monarquia universal que outrora fora tão temida da Espanha. Em 1667 François Paul, Baron de Lisola, publicou o *Bouclier d'Estat et de Justice*. De Lisola aprovava a máxima do Duc de Rohan segundo a qual a Europa dependia da manutenção de um equilíbrio entre as duas grandes monarquias da França e da Espanha. No entanto, acusava os franceses de usar indevidamente esse princípio ao empre-

30. *La Legazione di Roma di Paolo Paruta* (1592-1595), p. 25.
31. *Le Mercure d'Estat ou Recueil de Divers Discours d'Estat* (1635), p. 399.

gá-lo para atrair as outras potências a apoiar a França sob o falso pretexto de que "o poder e os desígnios da Espanha são mais ameaçadores do que os da França, e que, conforme essas mesmas razões de Estado, elas estariam obrigadas a pôr seu contrapeso no lado da França"[32]. Dissimulado, Luís XIV naturalmente negou essa intenção: "Longe de sonhar com a famosa idéia da monarquia universal com a qual os defensores da Áustria muitas vezes alarmaram toda a Europa, reivindico apenas o direito de manter o equilíbrio perfeito que as potências vizinhas sempre consideraram ser sua segurança."[33] Como é impressionante, porém, que o conceito já estivesse tão legitimado que um expansionista declarado como Luís procurasse disfarçar seus planos de agressão sob a égide do Equilíbrio do Poder.

De fato, o Equilíbrio gozava agora de aceitação tão universal – mesmo que para ser aplicado apenas a outros e não ao próprio país – que estava em andamento um movimento para elevá-lo à enaltecida condição de princípio moral. De algum modo não se considerava o pragmatismo uma justificativa suficiente, pelo menos não no continente europeu. François Fénélon, arcebispo de Cambrai (1651-1715), em suas "Diretrizes para a consciência de um rei", escritas para o neto de Luís XIV, afirmou que o Equilíbrio do Poder era essencial para a segurança. Geralmente os que se expressavam nesses termos davam as costas aos apelos mais idealistas aos ideais universalistas da humanidade. Fénélon, porém, remontando a Vitoria e Suarez, também argumentava que os Estados devem agir no interesse comum criando "uma espécie de sociedade e república geral"[34].

Por serem leves demais para atuar como um dos pesos básicos para o equilíbrio da balança, os ingleses procuraram

---

32. *Bouclier d'Estat et de Justice, contre Le dessein manifestement decouvert de la Monarchie Universelle, Sous le vain pretexte des pretentions de la REYNE DE FRANCE* (1667), p. 227.

33. 20 de maio de 1700, Zeller, "Le principe...", p. 33.

34. *Oeuvres Complètes de François de Salignac de la Mothe Fénélon, Archeveque-Duc de Cambrai, Prince du Saint-Empire*, vol. VI (Paris, 1810), p. 334.

agir como o pivô entre a França e a Espanha ou os seus Estados sucessores como potências principais no continente. Para funcionar com êxito, um sistema assim exigia uma política, imparcial, pragmática e ideologicamente neutra; caso contrário, ele não teria credibilidade. Em 1648, a aceitação do princípio de *cuius regio, eius religio* [a cada reino, sua própria religião] nos tratados de Osnabrück e Münster (a Paz de Vestefália)[35], após a desastrosa Guerra dos Trinta Anos, abriu o caminho para um sistema desses, embora as Razões de Estado demorassem mais para se livrar por inteiro das preferências religiosas. As declarações de princípios cativam as pessoas apenas até certo ponto; cumprir os princípios é algo totalmente diferente. Lorde Halifax (1633-1695), que fora Ministro da Fazenda, expôs em 1689 a reflexão de que, quando a Inglaterra desempenhava o papel que a natureza lhe dera como fulcro da balança, de modo neutro, entre a França e a Espanha, o país tinha se beneficiado. "Ser um perpétuo árbitro das duas potências em disputa... era uma grandeza peculiar a nós, e fizemos isso por um tempo considerável, sendo que manter essa posição era nossa segurança e nossa glória." Contudo, "por uma fatalidade que se abateu sobre nossos conselhos, ou pela requintada política desta era posterior, julgamos adequado nos empenhar na destruição desse enorme poderio de que gozamos por tanto tempo; e aquela igualdade entre os dois monarcas, que nós poderíamos ter preservado para sempre, foi principalmente esfacelada por nós, cujo interesse acima de todos os outros era mantê-la... em vez de fazer peso num razoável equilíbrio do poder de cada coroa, a impressão é que aprendemos apenas a medir o peso dos subornos, e a aceitar os mais pesados"[36].

A Inglaterra jogara seu peso apenas numa direção – contra a França. Era isso o que dava tanta preocupação a

35. *The Consolidated Treaty Series*, org. C. Parry, vol. 1 (Nova York, 1969).

36. "The Character of a Trimmer", *HALIFAX: Complete Works*, org. J. Kenyon (Londres, 1969), pp. 86-7.

Halifax. Uma eficaz política de Equilíbrio de Poder só poderia sustentar-se a longo prazo se funcionasse através de uma avaliação neutra e objetiva dos pesos relativos a cada potência no sistema; se não fosse assim, todo o seu propósito seria anulado. Não era uma questão simples. A própria aferição do poder era problemática. Bacon, já na década de 1620, refletiu que, "entre os assuntos civis, não há nenhuma questão mais sujeita a erro, nem esse erro é mais sujeito a conseqüências desastrosas, do que a da justa medida e avaliação das forças e do poderio de um Estado"[37]. Mais para o final do século, os perigos da correta avaliação foram exacerbados pela corrupção predominante. A Inglaterra abandonara seu principal interesse porque, asseverou Halifax, estadistas ou a própria corte tinham sido subornados para agir assim. Desse modo, não era apenas a religião que impedia uma compreensão nítida dos interesses nacionais. E isso levantava uma questão maior: como poderia haver alguma interpretação objetiva das Razões de Estado e, portanto, como poderia haver uma avaliação verdadeiramente objetiva do Equilíbrio do Poder? Na realidade, até que ponto os homens de Estado eram racionais?

Sempre consciente das complexidades da política externa, Pufendorf foi, como já notamos, um dos primeiros a descrever o dilema:

> considerando-se que esse interesse é tão evidente para aqueles que são versados em assuntos de Estado que eles não poderiam desconhecê-lo, seria possível perguntar como ocorre com tanta freqüência que graves erros sejam cometidos desse modo contra o interesse do Estado. A resposta pode ser que os que detêm a suprema administração dos assuntos não costumam estar suficientemente inteirados dos interesses tanto de seu próprio Estado como dos de seus vizinhos; ... Às vezes seguem os maus conselhos de suas paixões... ou então, estando divididos em facções, preocupam-se mais em derrubar seus rivais, que em seguir os ditames da razão. E por esse motivo, alguns dos períodos mais primosos da História mo-

37. "Of the true greatness...", *Letters, Memoirs*, p. 193.

> derna consistem em conhecer o exato caráter da pessoa que é o soberano ou dos ministros que governam um Estado; sua capacidade, inclinações, caprichos, interesses particulares, modo de proceder e assim por diante; uma vez que disso depende, em grande parte, a boa e a má gestão de um Estado. Pois freqüentemente acontece que um Estado que em si é considerado não mais que fraco se torne muito importante pela boa conduta e vigilância de seus dirigentes; enquanto um Estado poderoso, pela má gestão dos que estão ao leme, muitas vezes entra em rápido declínio.[38]

Naturalmente o perigo se originava não apenas de paixões hobbesianas que poderiam cegar os estadistas às verdadeiras Razões de Estado, da personalidade dos governantes, das intrigas políticas que caracterizam todos os governos ou mesmo do apetite venal dos detentores do poder, mas também das limitações do pensamento racional intencional, principalmente numa era em que a "opinião pública" começava a desempenhar um papel significativo na elaboração da política externa. Essa se tornou uma especial preocupação na Grã-Bretanha do início do século XVIII.

Daniel Defoe foi uma figura cínica que aceitava dinheiro de onde viesse e trabalhava como espião para os dois lados no reinado da rainha Ana. De fato, um escritor mais tarde afirmou que Defoe criava polêmica contra suas próprias publicações anteriores apenas por dinheiro[39]. Mesmo assim, seus comentários, engenhosamente elaborados, não deixaram de ter influência. Ele se apresentava como um realista frio e calculista que rejeitava decididamente "Projetos de Paz formulados no Exterior, e fundamentados apenas na Opinião pessoal..."[40]. Defoe não tinha nenhuma ilusão sobre

38. S. Pufendorf, *An Introduction to the History of the Principal Kingdoms and States of Europe* (Londres, 1719).

39. Ele "às vezes descobria suas razões ao dar resposta a suas próprias obras...": *The Critical Review*, outubro de 1756, p. 279.

40. *A Review of the Affairs of France: Purg'd from the Errors and Partiality of News-Writers and Petty-Statesmen, of all Sides*, vol. V, n.º 155, 24 de março de 1709, p. 617.

como as relações internacionais eram conduzidas: "A fé e a honra dos melhores príncipes no mundo são uma base fraca demais para que se construa sobre ela uma coisa de tanta importância [um tratado de paz], especialmente quando, de acordo com as práticas correntes, a fé e a honra dos tratados são sempre interpretadas pelos príncipes a seu próprio modo, quando eles têm alguma reivindicação a fazer ou consideram conveniente faltar com a palavra dada."[41] Em 1701, Defoe expressou sua preocupação com a dificuldade de executar uma política que funcionasse puramente através da razão e evitasse as opiniões irracionais. Pois a opinião pública – mesmo que fosse apenas a da classe governante – era agora um fator na formulação da política externa, pelo menos na Grã-Bretanha. "De todas as nações do mundo, não há nenhuma de que eu tenha conhecimento que seja tão exclusivamente governada por seu humor como a *inglesa*. Basta abrir caminho para qualquer empreitada geral, que por alguma fantástica surpresa desperte a simpatia do povo, e *lá se vão eles*, como cães em perseguição à caça, até que a ultrapassam, e então estacam e voltam correndo com a mesma velocidade com que investiram." E acrescentou: "Antipatias naturais não são um motivo justo para uma guerra entre nações. As opiniões populares também não."[42]

No início da Europa moderna, quando a influência sobre a formulação da política estava confinada a uma minoria, quando as paixões individuais ameaçavam, portanto, uma decisão razoável, a noção de Razões de Estado era considerada uma salvaguarda essencial das necessidades da comunidade. A ampliação da participação nas decisões mais importantes da política externa – ou seja, a guerra ou a paz

---

41. *A View of the real Dangers of the Succession, from The Peace with France: Being A sober Enquiry into the Securities proposed in the Articles of Peace and Whether they are such as the Nation ought to be satisfy'd with or no* (Londres, 1713), pp. 40-1.

42. Defoe, mas em publicação anônima, *Reasons against a War with France, or an Argument shewing That the French King's Owning the Prince of Wales as King of England, Scotland and Ireland; is No Sufficient Ground of a War* (Londres, 1701), pp. 1 e 3.

– estava evidente na Inglaterra já em 1620. Essa ampliação foi propiciada pela necessidade de recursos. Naquela ocasião, Bacon teve de redigir uma proclamação ao parlamento em nome do Rei. "Pois, embora a decisão da Guerra ou da Paz seja um segredo de império", escreveu ele, "e um tema devidamente pertinente à nossa alta prerrogativa real e poder imperial; ainda assim, contudo, em causas dessa natureza, que consideramos adequado não manter em sigilo, mas comunicá-las: sempre nos consideraremos muito auxiliados e fortalecidos, pelos leais conselhos e consentimento geral de nossos amados súditos."[43] Em pouco tempo, esses "amados súditos" derrubaram a monarquia e levaram ao poder seus próprios representantes. O crescimento da democracia, então, agravou o problema de subordinar a condução da política externa aos princípios da razão, aí incluído o Equilíbrio do Poder. Ora, como a influência sobre as decisões políticas se espalhou por toda uma classe da sociedade, as paixões coletivas ameaçaram inflamar o debate e distorcer as decisões tomadas. Nessas circunstâncias, cálculos baseados exclusivamente no Equilíbrio do Poder – "essa expressão pouco compreendida mas muito popular e abrangente"[44] – eram considerados um avanço em relação à emoção; de fato, em pouco tempo o Equilíbrio do Poder veio a ser visto como o triunfo definitivo da razão. Como Defoe explicou, "Para evitar... as eternas confusões, com as quais a ambição e o orgulho mantinham o mundo constantemente agitado, eles [nossos antecessores] extraíram do todo essa conclusão, que passou por máxima incontestável desde então, entre todas as políticas da *Europa*. Para preservar a paz pública desta região do mundo, um EQUILÍBRIO DE PODER deveria ser mantido entre todas as várias monarquias, comunidades e governos da cristandade – E assim o *Poder Exorbitante*, o horrendo monstro de que estivemos falando, foi expulso e

43. "Draught of a Proclamation for a Parliament, referred to in the preceding letter", 18 de outubro de 1620: *Letters, Memoirs*, p. 125.

44. *A Review of the Affairs of France*, vol. VI, n.º 7, 19 de abril de 1709, p. 26.

banido pela sociedade humana nessas regiões há algumas gerações."[45]

Porém, exatamente como se queixava Halifax, a tendência era que os estadistas e jornalistas britânicos interpretassem o Equilíbrio apenas contra a França, velha inimiga e nação católica, e dessem voto de confiança a uma nação rival protestante, porém importuna, como a Holanda. Mesmo um secretário de Estado para relações exteriores tão astuto e controlado como lorde Bolingbroke, que tinha mais consciência do que outros do impacto adverso das emoções, chegou a falar da Holanda como "a fronteira avançada da Grã-Bretanha" e das "duas nações juntas como o baluarte dos interesses protestantes"[46]. A Guerra da Sucessão Espanhola foi travada e liderada pela Grã-Bretanha com o objetivo de obstruir a tentativa da França de absorver a Espanha através da herança do trono, o que, se ocorresse, romperia o Equilíbrio do Poder por décadas, se não por mais tempo. Com a geração dos temores francófobos necessários ao sucesso da condução da campanha militar, foram desencadeadas emoções que podiam facilmente nublar a mente dos políticos. As paixões coletivas da sociedade insuflaram desse modo as emoções pessoais dos estadistas. E, à medida que a sociedade se tornava mais democratizada e que outras sociedades seguiam-lhe o exemplo, esses problemas vieram a multiplicar-se e a complicar ainda mais os acontecimentos.

O outro perigo era que a Grã-Bretanha abandonasse a repressão que ela se impunha com relação ao Equilíbrio do Poder enquanto política, assumindo o lugar da França numa corrida pela hegemonia, "e assim nos colocasse como inimigos públicos da Europa no lugar daquele inimigo público que derrubássemos"[47]. Em sua *Review of the Affairs of France:*

---

45. *Ibid.*, vol. VI, n.º 3, 9 de abril de 1709, p. 11.

46. Carta a Drummond, 3 de dezembro de 1710: *Letters and Correspondence, Public and Private, of the Right Honourable Henry St. John, Lord Viscount Bolingbroke, during the time he was Secretary of State to Queen Anne; with state papers, explanatory notes, and a translation of the foreign letters, & c.*, org. G. Parke (Londres, 1798), vol. 1, p. 22.

47. *A Review of the Affairs of France*, vol. III, n.º 65, 1.º de junho de 1706, p. 262.

Purg'd from the Errors and Partiality of News-Writers and Petty-Statesmen, of all Sides [Resenha das relações da França: expurgada dos erros e da parcialidade de jornalistas e estadistas menores, de todos os lados], Defoe lembrou aos leitores o que realmente significou a Guerra da Sucessão Espanhola:

> O objetivo dessa Guerra consiste em reduzir o poder exorbitante a um nível razoável, a diminuí-lo substancialmente... Toda potência que se sobrepõe às outras *torna-se um incômodo* a seus vizinhos. Sendo a *Europa* dividida numa enorme variedade de governos e constituições independentes, a segurança do todo reside numa devida distribuição de poder, compartilhado por toda parte ou ramificação de governo de tal modo que nenhum tenha capacidade para oprimir e destruir os outros.
>
> ... Quando essa potência diminui, ela deixa de ser objeto de inveja ou ressentimento dos outros; mas, se qualquer uma das potências unidas se erguer mediante a ruína dessa potência, ou por qualquer outro método se colocar em posição demasiadamente alta, o incômodo é transmitido a esta última potência, que antes se considerou conveniente ajudar; e agora se torna necessário às outras reduzir essa potência ou esse príncipe, como antes foi necessário reduzir a outra.[48]

Com a vitória sobre a França, veio uma paz patrocinada por Londres. "*A Grã-Bretanha*", proclamou Defoe em 1712, "agora segura a balança, e decidirá qual prato vai descer e qual vai subir. E absolutamente qualquer lado que se arriscar ao extremo há de bater-se com esta rocha, há de entrar em confronto direto com os *britânicos*; não que eu deseje isso, mas a natureza do assunto é tal que não pode ser de outro modo."[49] Mais uma vez a noção de Equilíbrio do Poder era apresentada como uma inelutável lei da Natureza, e não como uma mera escolha. Talvez não se devesse dar muita importância a isso, já que a idéia provinha de um autor tão sem escrúpulos; afinal, não há modo melhor de defender

---

48. *Ibid.*
49. *Ibid.*, vol. VIII, n.º 204, 12 de julho de 1712, pp. 817-8.

uma política do que apresentá-la como uma necessidade. E as motivações de Defoe logo entraram em questão. Bastou que os holandeses tentassem obter mais do que o devido – eles desejavam continuar uma guerra que o governo britânico agora procurava encerrar mediante condições que a França originalmente propusera – para Defoe publicar um panfleto sobre *The Justice and Necessity of a War with Holland, in Case the Dutch Do not Come into her Majesty's Measures* [A justiça e a necessidade de uma guerra com a Holanda, no caso de os holandeses não se enquadrarem nas medidas declaradas e examinadas por Sua Majestade][50].

Em 1713, o secretário Bolingbroke, de modo implacável e tortuoso, conseguiu o Tratado de Utrecht, que finalmente encerrava a Guerra da Sucessão Espanhola com vitória para os oponentes da união franco-espanhola. Os elaboradores do tratado puderam, portanto, adotar uma visão mais abrangente e tomar providências para garantir a estabilidade geral da Europa, uma vez que a Grã-Bretanha estivesse satisfeita com conquistas territoriais e outras. Entre outros objetivos, o tratado pretendia "implantar e estabelecer a paz e a tranqüilidade da cristandade por meio de um perfeito Equilíbrio do Poder (que é o melhor e mais sólido alicerce a uma amizade recíproca e a uma harmonia que seja duradoura para todos os lados)..."[51]. Esse foi o primeiro acordo internacional baseado explicitamente nesse princípio. Como já foi salientado, Bolingbroke, por ser um homem que confessava abertamente "quanta complacência" tinha por "suas paixões", suas "fantasias", suas "fraquezas"[52], tinha muita consciência dos perigos de um excesso de subjetividade na avaliação e assim tornou uma questão de princípio que a razão dominasse a condução dos assuntos públicos. Seus comentários sobre o Equilíbrio do Poder demonstram tanto sensi-

50. Publicado em Londres em 1712.

51. Tratado de Utrecht entre a Grã-Bretanha e a Espanha, 13 de julho de 1713, *The Consolidated Treaty Series*, org. C. Parry, vol. 28 (Nova York, 1969), pp. 325-6.

52. Citado em H. Dickinson, *Bolingbroke* (Londres, 1970), p. 166.

bilidade ao impacto deformador das emoções, sem dúvida nascido da dura experiência, quanto uma forte crença na necessidade de conceituar a condução da política externa de um modo que assegurasse a primazia da razão:

> O momento exato em que o equilíbrio do poder se altera, como o do solstício em cada um dos trópicos, é imperceptível à observação comum... os que estão em decadência não abandonam facilmente os habituais preconceitos da superioridade na riqueza, no poder, no talento ou na coragem, nem a confiança que esses preconceitos inspiram. Os que estão em ascensão não percebem de imediato sua força nem assumem aquela confiança nessa força que a experiência do sucesso lhes dará mais tarde. Os que estão mais interessados em observar as variações dessa balança costumam errar na avaliação da mesma forma e a partir dos mesmos preconceitos. Continuam a temer uma potência que não é mais capaz de atingi-los, ou continuam a não perceber uma potência que a cada dia se torna mais ameaçadora.[53]

As avaliações de prováveis ameaças à segurança eram, portanto, muito falíveis. O perigo era sempre o de se preparar para lutar a última guerra e deixar de prever a origem da próxima.

Enquanto os Estados da Europa cresciam em população, indústria, agricultura e comércio exterior, não ocorreu nenhum avanço comparável nos meios de comunicação no mundo fora do subcontinente. A Europa parecia claustrofóbica. E, após décadas de paz, a Guerra dos Sete Anos foi deflagrada em 1756. Era natural que predominasse a atitude mental de um jogo de soma zero. "A Europa hoje em dia", escreveu Réal de Curban (1682-1752), "forma um único Organismo em razão do modo pelo qual os diferentes Estados se relacionam. Mas, nesse organismo, cada parte tem seus próprios interesses e se ocupa apenas de seu próprio en-

---

53. "A plan for a General History of Europe", Carta VII: *The Miscellaneous Works of the Rt. Honourable Henry St. John, Lord Viscount Bolingbroke* (Edimburgo, MDCCLXVIII), p. 143.

grandecimento, que gostaria de obter à custa de todos os outros..."[54] Assim, uma Europa que por alguns séculos se preocupara "com o mais ínfimo movimento de ambição que percebesse numa potência" via sua segurança no Equilíbrio do Poder, mesmo que isso nunca fosse fácil[55]. "Esse equilíbrio, que deveria fazer de cada um seu próprio senhor, é tão perigoso de buscar e ainda mais de encontrar; e, se é encontrado, é impossível preservá-lo. As paixões dos Príncipes, as inclinações do Povo, as máximas dos Estados, as mudanças de regime e as revoluções nacionais não tornam o ponto de equilíbrio difícil de atingir?"[56]

Foi em mãos britânicas que o Equilíbrio do Poder na Europa se tornou mais eficaz. Totalmente empenhada na expansão ultramarina, a Grã-Bretanha não representava nenhuma ameaça às potências européias unicamente continentais. E a única potência continental que representava ameaça àquela expansão ultramarina – ou seja, a França, na América do Norte – sempre enfrentava rivais na Europa. Ao propor a questão do Equilíbrio do Poder tão-somente nos termos do sistema europeu de Estados, Londres efetivamente limitou a capacidade da França de se expandir no ultramar. "Sob esse aspecto devemos sempre ter uma enorme vantagem em relação à França", observou um parlamentar em 1754, às vésperas da guerra da Grã-Bretanha com a França pela posse da América do Norte, "porque nenhum deles pode jamais sentir inveja desta nação, e a maioria sempre deve ter inveja da França; conseqüentemente, a qualquer momento será fácil para nós a formação, no continente europeu, de uma confederação tal que seja capaz de impor limites aos ambiciosos intentos da França quando ela tentar

---

54. Réal de Curban, *La Science du Gouvernement, Contenant le Traite de Politique par rapport au dehors & au dedans de l'État, & aux moyens de concilier les interets respectifs des Puissances qui partagent la domination de l'Europe*, vol. 6 (Aix-La-Chapelle, 1762), p. 437.

55. *Ibid.*, p. 442.

56. *Ibid.*, p. 447.

se expandir demais, seja contra nós, seja contra qualquer um de nossos aliados.[57]"

O ceticismo persistia, porém, mesmo na Grã-Bretanha. As relações entre as potências no sistema europeu pareciam tão inconstantes, a atmosfera tão contaminada pela desconfiança, pelo mesmo motivo que as mantinha em equilíbrio, de tal modo que, embora fosse freqüente a assinatura de alianças e fossem travadas guerras com igual freqüência, disputas pendentes nunca eram plenamente resolvidas, mas supuravam quase até a putrefação. O jovem político irlandês, estudioso das relações internacionais, Edmund Burke, em seu relato do progresso – ou, melhor, da falta de progresso – da Guerra dos Sete Anos, reverberava as dúvidas anteriores de *sir* Thomas More:

> O equilíbrio do poder, orgulho da política moderna e inventado originalmente para preservar a paz geral bem como a liberdade da Europa, somente preservou sua liberdade. Essa tortura política por meio da qual as potências devem ser ampliadas ou reduzidas de acordo com um padrão, talvez não calculado com muita precisão, sempre foi, e é de temer que sempre continue a ser, causa de infinita discórdia e derramamento de sangue. Os embaixadores estrangeiros com residência constante em todas as cortes, e as negociações em andamento incessante, ampliam tanto as confederações e as disputas que, sempre que se iniciam as hostilidades, o teatro da guerra apresenta proporções gigantescas. Todas as partes nessas operações difusas têm necessariamente seus pontos fortes e fracos. O que ganham de um lado é perdido de outro; e, no final, suas relações tornam-se tão equilibradas que todas as potências envolvidas forçosamente têm muito a perder; as mais afortunadas ganham pouco; e o que realmente ganham nunca está numa proporção razoável em relação ao custo e às perdas.
>
> A freqüente experiência dessa situação talvez pudesse se revelar uma das bases mais fortes para uma paz duradoura na Europa. No entanto, esse espírito de intriga, que é a per-

57. Coronel Henry Conway, 14 de novembro de 1754, *Parliamentary History of England*, vol. XV (Londres, 1813), col. 340.

> turbação política dos tempos, essa ansiedade de prever, que forma o caráter de todas as cortes atuais, impede os efeitos salutares que poderiam resultar dessa experiência. Esses tratados modernos de paz, frutos não da moderação mas da necessidade; esses compromissos acertados quando todos os envolvidos estão exaustos e ninguém fica satisfeito, nos quais ninguém pode ser propriamente chamado de vencedor ou de vencido, nos quais, depois de terem lutado em vão para fazer valer sua vontade, eles se satisfazem em exceder os contratos no mesmo instante em que estes são elaborados, e, a partir do próprio ato de sua elaboração, com as sementes de novas discórdias, geram animosidades mais implacáveis e guerras mais cruéis. Pois, se com a intenção de promover o trabalho da paz, qualquer membro dessas alianças venha a adquirir uma concessão de qualquer importância a seu favor, mais tarde isso se torna o motivo para mais uma aliança e para novas intrigas destinadas a privá-lo dessa conquista.[58]

Esse foi o primeiro ataque moralista ao Equilíbrio do Poder, no qual Burke impetuosamente identifica o Equilíbrio com a condução geral das relações internacionais. Contudo, essa avaliação não foi ponderada nem duradoura. Pois, uma vez que o sistema foi ameaçado de destruição, mal se havia passado uma década, Burke o encarava de uma perspectiva muito mais positiva.

O desafio que finalmente destruiu a frágil reivindicação do Equilíbrio como um preceito moral ou legal veio na forma da aplicação mais questionável do princípio: a divisão da Polônia entre a Áustria, a Prússia e a Rússia em 1772, 1793 e 1795. Para sustentar um equilíbrio entre potências que procuravam se expandir, as três concordaram em dividir entre si a diferença: que por acaso era a Polônia. O que isso mostrou foi que somente as grandes potências participavam plenamente do sistema; as outras eram descartáveis. O governo britânico, com seu indefectível excesso de sensibilidade a

58. *The Annual Register, or a View of the History, Politics, and Literature, For the Year 1760* (7ª edição, Londres, 1789), pp. 2-3.

mudanças no Equilíbrio do Poder na Europa Ocidental, olhava tudo isso com calculada indiferença. Para os britânicos, a Polônia não fazia realmente parte da Europa e, portanto, não tinha lugar na balança. Sua condição era, assim, semelhante à das colônias ultramarinas, nada além disso. Burke armou-se para continuar a crítica iniciada durante a Guerra dos Sete Anos. Se ele fizera objeções ao Equilíbrio do Poder como força motivadora em 1760, fazia muitas mais agora, em 1772, ao seu modo de operação que descrevia como uma "Revolução no sistema político da Europa"[59].

Nas palavras de Burke, tratava-se de "uma revolução tão inesperada como importante naquele sistema geral de política e organização de poder e domínio, que vinha sendo, há algumas gerações, objeto de atenção incessante entre a maioria dos Estados da Europa"[60]. A "violenta divisão e partilha da Polônia" não consistia em "desvitalizar aos poucos a continuação de nossa grande república ocidental"; era "levar o machado de uma vez à raiz, de tal modo que ameace um derrubamento total do conjunto". Burke prosseguiu, expondo o cerne de sua argumentação:

> A tomada de uma cidade, a invasão de uma província insignificante ou a eleição de um príncipe que não tivesse nem talentos a serem temidos nem virtudes a serem admiradas, alguns anos atrás teriam armado metade da Europa e despertado toda a atenção da outra metade. Estamos agora contemplando a destruição de um grande reino, com a conseqüente desorganização do poder, do domínio e do comércio, com tanta indiferença e despreocupação como se estivéssemos lendo um relato do extermínio de uma horda de tártaros por outra, nos tempos de Gêngis Khan ou de Tamerlão.
>
> A idéia de considerar a Europa como uma vasta comunidade de nações, com suas diversas partes distintas e separadas, embora unidas em termos políticos e comerciais; de mantê-las independentes, ainda que em desigualdade de poder; e de impedir que qualquer uma, por qualquer meio, se

59. *Ibid.*, *For the Year 1772* (Londres, 1773), p.1.
60. *Ibid.*

torne poderosa demais para as outras era importante e liberal, e, embora resultasse da barbárie, estava fundada nos princípios mais amplos da mais sábia política. É graças a esse sistema que essa pequena parte do mundo ocidental adquiriu uma superioridade tão espantosa (e, de outro modo, inexplicável) em relação ao resto do mundo. A prosperidade e a glória da Grécia derivaram de um sistema semelhante de política, apesar de em escala menor. Tanto a prosperidade como a glória expiraram junto com o sistema.[61]

Burke sustentava que as províncias asiáticas tinham sofrido no passado pela falta de um sistema semelhante. "Cada Estado", escreveu ele a respeito da ascensão de Roma, "assistia com indiferença ou com um prazer perverso à derrota de seu vizinho sem refletir que as armas e o poderio dos quais esse vizinho era privado logo seriam empregados para sua própria destruição."[62] Perfeitamente consciente das dúvidas que expressara com tanta eloqüência uma década antes, ele admitiu:

> Não se negará que a idéia de apoiar um equilíbrio de poder foi em alguns casos levada a um extremo; que, ao ser habilmente empregada para manipular as paixões e invejas da humanidade, ela foi transformada num mecanismo de destruição em função dos desígnios de pessoas ambiciosas e interesseiras, e talvez com isso tenha provocado algumas guerras desnecessárias.

Porém, o mesmo poderia ser dito da liberdade civil. "Mesmo essa, a qualidade mais nobre da mente humana, provocou guerras e outros males."[63] O Equilíbrio do Poder era, portanto, essencial:

> Os mesmos princípios que atribuem a cada membro patriótico de uma república a incumbência de observar com a

---

61. *Ibid.*, p. 2.
62. *Ibid.*
63. *Ibid.*, p. 3.

> mais rigorosa atenção os movimentos e intenções de seus poderosos concidadãos deveriam também valer para os diferentes Estados de uma comunidade como a da Europa, Estados que são também membros importantes de uma comunidade maior. Por mais que se lamente esse fato, as guerras são inevitáveis em todos os estados da natureza humana. Elas podem ser adiadas, mas não podem ser evitadas por completo; e a aquisição da tranqüilidade no presente ao preço da segurança futura é indubitavelmente uma covardia das mais abjetas e degradantes[64].

Burke também afirmou que a independência com relação ao sistema não era do interesse da segurança nacional. Logo, o isolacionismo não era uma opção:

> Pode não ser... uma opinião totalmente especulativa a de que um homem sozinho, afastado das leis, da proteção e do intercâmbio com toda a sua espécie, pudesse nessa situação solitária, com uma probabilidade tão racional e bem fundamentada, propor a si mesmo conveniência e segurança, como qualquer Estado isolado, na atual situação física e política da Europa, pudesse contar com a independência e a segurança, desvinculado de todos os outros.[65]

Como Burke agora procurava salientar, o funcionamento do Equilíbrio do Poder repousava sobre um sentido de comunidade, mesmo que apenas entre as grandes potências. A religião tinha praticamente desaparecido como ameaça a esses cálculos. Ninguém previa uma força equivalente que, construída sobre alicerces utópicos, ainda que seculares, pudesse desalojar as Razões de Estado, e com elas o Equilíbrio do Poder, ou derrubar o uso controlado de força limitada dentro de valores compartilhados essenciais ao sistema europeu de Estados; muito embora, como Burke afirmava, o sistema já estivesse em sério processo de decomposição. Ele insistia que "a França deve encarar com enorme inquietação

64. *Ibid.*
65. *Ibid.*

uma nova organização de poder que ameaça desconjuntar totalmente o antigo sistema da Alemanha e do Norte". E mais, a absoluta exclusão da França do processo fatalmente teria graves conseqüências:

> Pela liderança que durante tantos anos havia assumido nos assuntos da Europa, ela [a França] adquiriu o hábito de ser vista como detentora de uma posição de superioridade; e, pela habilidade e destreza de seus ministros, todas as negociações e intrigas pareciam ter origem neles. Portanto, excluindo-se todas as outras considerações, deve ser um tanto amargo para ela ver uma medida de natureza tão extraordinária ser adotada e quase executada, sem sua participação ou consentimento; ao mesmo tempo que evoca uma recordação desagradável daquela fraqueza, que até o momento a forçava a ser mera espectadora.[66]

Logo, não era inteiramente inesperado que problemas tivessem origem em Paris; mas a forma que eles assumiram revelou-se uma total surpresa. Foi a revolução de 1789 – mais especificamente sua guinada para a esquerda no verão de 1792 à medida que eclodiu o conflito com potências vizinhas ainda em busca da partilha como meio para a expansão – que deu vez a um universalismo secular que ameaçava a integridade do sistema inteiro: a monarquia universal com outro nome. Foram atacadas todas as formas de governo monárquico, até mesmo o constitucionalismo na Grã-Bretanha. Membros das radicais "sociedades de correspondência" [*corresponding societies*] britânicas eram tratados em Paris como aliados. Londres, em grau não inferior ao das outras capitais da Europa, aguardava os acontecimentos com ansiosa preocupação enquanto os austríacos e outros avançavam. O decreto da Convenção Nacional de 19 de novembro de 1792 acirrou ainda mais a situação. O governo britânico descreveu o decreto como "a declaração formal da intenção de ampliar universalmente os novos princípios de

---

66. *Ibid.*, p. 5.

governo adotados na França e de encorajar a desordem e a revolta em todos os países, mesmo naqueles que são neutros"[67]. No prazo de um ano, os dois países estavam em guerra; foi a França que tomou a iniciativa, mas só depois que o ministro das Relações Exteriores já tinha chegado à seguinte conclusão: "Não vejo como podemos continuar mais um instante *les bras croisés*."[68]

Quanto às razões para entrar em guerra, era inevitável um elemento de ambigüidade. Alguns salientavam que, ao procurar controlar o Scheldt nos Países Baixos, os franceses tinham rompido o Equilíbrio do Poder; outros enfatizavam a ameaça ideológica representada pelos franceses, um tipo de perigo muito diferente – a própria natureza do regime republicano. A respeito do primeiro aspecto, um *modus vivendi* poderia a princípio ser estabelecido com o republicanismo francês; em relação ao outro aspecto, somente a destruição daquele regime poderia trazer ordem ao sistema. E, se outros regimes semelhantes surgissem, a coexistência seria igualmente impossível. Enquanto os ideólogos continuavam a ser minoria em Londres – Edmund Burke e seguidores –, eles estavam no comando de outros países, principalmente a Rússia e a Áustria. "Nossa distância nos protege por determinado tempo: seremos os últimos, mas também seremos vítimas dessa epidemia", escreveu o embaixador russo em Londres[69]. Entretanto, a distância entre Burke, os russos e austríacos, e o governo britânico não era tão grande como alguns gostariam que acreditássemos. Como o próprio primeiro-ministro William Pitt expôs com eloqüência ao apresentar ao parlamento o Projeto de Lei

67. Grenville a Chauvelin, 31 de dezembro de 1792, *Foundations of British Foreign Policy from Pitt (1792) to Salisbury (1902): Old and New Documents*. Organização de H. Temperley e L. Penson (Londres, 1938), doc.1.

68. Grenville a lorde Auckland, 24 de janeiro de 1793: M. Hutt, *Chouannerie and Counter-Revolution: Puisaye, the Princes and the British Government in the 1790s*, vol. 1 (Cambridge, 1983), p. 98.

69. Príncipe Vorontsov a seu irmão, no final de 1792: K. Dzhezhula, *Rossiya i velikaya frantsuzskaya burzhuaznaya revolyutsiya kontsa XVIII veka* (Kiev, 1972), p. 152.

dos Estrangeiros, que foi a reação repressora imediata à Convenção Nacional, "Era possível separar o avanço de suas opiniões e sucesso de suas armas?"[70]

Os franceses justificavam-se principalmente com o argumento de que o antigo sistema de direito internacional, incluindo o Equilíbrio do Poder, já estava irrecuperavelmente destroçado. Essa era a fundamentação da defesa apresentada anteriormente ao mundo por Napoleão Bonaparte, que, na virada do século, alistara a eloqüência, a erudição e a experiência do chefe da primeira divisão de correspondência política no Ministério francês das Relações Exteriores, Alexandre-Maurice Blanc de Lanautte, Comte d'Hauterive (1754-1830), para dispor em forma organizada e publicada suas idéias sobre as relações internacionais. O livro resultante, *De l'État de la France à la Fin de l'An VIII*, era essencialmente uma prolongada polêmica contra os britânicos, a quem em última análise era atribuída a culpa da maioria das calamidades que se abatiam sobre o sistema europeu de Estados. "No julgamento de todos os estudiosos das relações internacionais", alegava o livro, "o tratado [*sic*] de Vestefália fundou, em meados do século XVII, o direito internacional dos tempos modernos."[71] Por essa perspectiva, três eventos destruíram as bases do acordo: primeiro, o surgimento da Rússia como potência; segundo, a ascensão da Prússia a partir de uma posição de subordinação dentro do Império Germânico; e, *last but not least*, o enorme crescimento do sistema colonial e marítimo "nos quatro cantos do Universo"[72].

Com relação à Rússia, o ataque habilmente fazia eco a preocupações liberal-conservadoras expressas na época da divisão da Polônia:

---

70. 4 de janeiro de 1793: *The Parliamentary History of England from the Earliest Period to the Year 1803*, vol. XXX (Londres, 1817), col. 235. Para uma visão bastante diferente, apresentada em tom incisivo: T. Blanning, *The French Revolutionary Wars* (Londres, 1986), e P. Schroeder, *The Transformation of European Politics* (Oxford, 1994). É curioso, porém, que nenhum deles faça referência aos debates parlamentares sobre o tema.

71. *De l'État de la France à la Fin de l'An VIII* (Paris, 1800), p. 3.

72. *Ibid.*, p. 6.

> Uma teoria desconhecida em séculos anteriores foi, a partir dessa época, introduzida na Europa. O acerto de planos para a invasão, o acordo a respeito da partilha e uma garantia de novas demarcações pelos parceiros na partilha eram elaborados com tanto mistério que sua violenta execução necessariamente causava escândalo. O surgimento dessas opiniões e acima de tudo sua realização despertaram a ganância de todas as grandes potências, acionaram o alarme entre as potências de segundo escalão e proclamaram aos pequenos Estados que para eles não existia salvaguarda nenhuma e que seu destino dependia daí em diante mais ou menos da conveniência que sua incorporação num estado vizinho poderia oferecer a um vizinho poderoso...[73]

A ascensão da Prússia não teve nenhuma repercussão semelhante na Grã-Bretanha, especialmente a afirmativa de que ela rompia o equilíbrio no interior do Santo Império Romano e excluía a França do jogo. Tudo isso, porém, era mais ou menos um mero prelúdio para um ataque aos britânicos.

A abertura do Novo Mundo era um fenômeno a despertar boa acolhida. "A primeira fase é um dos acréscimos mais brilhantes à história da Europa nos séculos XV e XVI..." Foi uma época de heróicas aventuras e extraordinárias cenas de "coragem, barbárie e ganância". "No entanto, esses acontecimentos tiveram pouca influência sobre a organização geral da Europa; quase não estavam associados à política, e foi somente pelo papel parcial que representaram na decadência da Espanha e no destino da Holanda que são ligados aos acontecimentos da segunda era, na qual devo me deter especialmente."[74] Essa era teve início em meados do século XVIII e foi caracterizada por uma louca corrida ao além-mar em busca de riquezas. Nesse caso, os britânicos, inicialmente de modo dissimulado (sobretudo pelas Leis da Navegação promulgadas no governo de Cromwell), garantiram para si o domínio dos mares, o que lhes permitiu de-

73. *Ibid.*, pp. 11-2.
74. *Ibid.*, p. 23.

sempenhar um papel importante na Europa, usando os lucros acumulados da Grã-Bretanha para dividir e dominar o continente[75]. Ao concluir, Hauterive descartou a possibilidade de criar o tipo de Equilíbrio do Poder na Europa vislumbrado pela Grã-Bretanha, argumentando em parte que, tendo a França importância central para a Europa, ela poderia manter, e deveria ser convocada a manter, equilíbrios locais em várias regiões do continente!

A análise e a polêmica são interessantes, embora escandalosamente egoístas, não apenas pela proposta de uma visão alternativa das relações internacionais, mas também pelas reações que suscitaram tanto de Berlim como de Londres. A primeira veio da pena talentosa e cada vez mais reconhecida de Friedrich Gentz (1764-1832), um ex-discípulo de Kant que trabalhou no Ministério da Guerra da Prússia a partir de 1793, recebeu dinheiro dos britânicos (na época em que foi publicada sua resposta a Hauterive) e mais tarde trabalhou como conselheiro direto de Metternich na Áustria. Gentz publicou sua resposta a Hauterive em Londres, em 1802. Considerou ridícula a elevação da Paz de Vestefália à categoria de fundamentação legal do sistema europeu de Estados, pois ela "nem mesmo cumpria a primeira condição de um pacto projetado para ser a base de um sistema federativo; não incluía todas as nações consideradas importantes naquela época; e muito menos abrangia todas as relações dos Estados que realmente incluía"[76]. Além disso,

> O destino dos impérios não é menos sujeito a vicissitudes que o dos indivíduos. Em virtude da desigualdade de seu respectivo progresso, do desenvolvimento inesperado de novos ramos de atividades e do poder, das ligações pessoais e de famílias e, ainda mais, das opiniões, caráter e paixões de seus governantes, devem necessariamente ocorrer muitas mudanças que nenhuma sabedoria humana pode prever, e

75. *Ibid.*, pp. 25-9.

76. F. Gentz, *On the State of Europe before and after the French Revolution Being an Answer to L'État de la France à la Fin de l'An VIII* (Londres, 1802), p. 10.

> muito menos contra as quais possa se precaver. Cada uma dessas mudanças ocasiona novas carências, novos planos e novas pretensões; põe em risco ou destrói o equilíbrio anterior; apresenta novas dificuldades ao estadista e torna necessário revitalizar o sistema, com nova definição dos respectivos direitos. Assim como é impossível para o código de leis de qualquer nação dispor sobre todas as possíveis variações futuras no caráter e nos costumes, civis e morais, bem como na condição nacional de seus cidadãos, na mesma medida é impossível estabelecer um sistema eterno de direito internacional, por meio de qualquer tratado geral, por maior que seja o número de temas abrangidos por ele, por maior que seja o cuidado e a habilidade com que ele possa ter sido pactuado.[77]

Gentz não discordou muito de Hauterive com relação à Rússia: "não se pode negar", escreveu ele, "que a formação desse novo império serviu para tornar mais intrincadas as relações políticas dos Estados, e mais difíceis suas combinações; para multiplicar planos e planos contrários, pretensões e oposições, guerras ofensivas e defensivas; e para dar novo impulso àquela atividade irrequieta que distingue tão singularmente os tempos atuais"[78]. Quanto à partilha da Polônia, Gentz ficou menos perturbado com a partilha em si – afinal de contas, ele era prussiano, e seu país saiu ganhando com ela – que com o fato de ser essa partilha legitimada em termos tradicionais que agora estavam gravemente desvalorizados em conseqüência dela:

> Os planos de conquista e partilha, dos quais grande parte deveria ser atribuída a esse império [a Rússia], foram menos prejudiciais em suas conseqüências imediatas que nas remotas. Eles atacaram os fundamentos de toda a segurança política e social; desagregaram e invalidaram todos os princípios; levantaram dúvidas se o direito das nações não era uma expressão vazia, inventada como um disfarce para o poder e em segredo desprezada pelos poderosos: eles foram o

77. *Ibid.*, pp. 8-9.
78. *Ibid.*, pp. 15-6.

modelo, o pretexto e a desculpa para todas as usurpações futuras. E corromperam tanto a opinião pública que as expressões *sólida política, sistema de equilíbrio, manutenção ou restauração do equilíbrio do poder* eram com demasiada freqüência aplicadas ao que, na realidade, era apenas um abuso de poder ou o exercício de uma vontade arbitrária.[79]

Foi essa a questão salientada pelo jovem Henry Brougham (1778-1868), um liberal-conservador escocês, radical, ambicioso e empreendedor, editor fundador da nova *Edinburgh Review*. Brougham não se identificava nem com Fox, que de início apoiara com vigor a Revolução Francesa, nem com Burke, que defendia com veemência a causa da guerra contra a França. Procurava preservar as metas originais do sistema de Equilíbrio do Poder e descreveu "o sistema de partilhas" como:

> uma corrupção natural, ainda que muito alarmante, daquele próprio sistema de equilíbrio no qual confiamos tão implicitamente para a proteção contra todos os desastres semelhantes. O sistema de equilíbrio arma todos contra a usurpação por parte de um e em tempos normais nos protege totalmente do perigo do domínio universal; mas não oferece nenhuma proteção aos Estados menores contra a coligação de dois ou três soberanos ambiciosos, e até mesmo parece facilitar a concentração de todo o poder e autoridade nas mãos usurpadoras de alguns grandes potentados. É evidente que coligações dessa natureza são os estratagemas sob os quais a ambição daqueles que antes teriam feito suas conquistas isoladamente vem sendo dirigida recentemente pelo predomínio do sistema de equilíbrio; e eles parecem apenas dar a essa ambição maior firmeza de direção e maior garantia de sucesso.[80]

Brougham – refletindo sem dúvida a perspectiva privilegiada de uma das principais potências – não quis sustentar, como Gentz havia sustentado, que o sistema do Equilíbrio

79. *Ibid.*, p. 17.
80. "Gentz, *État de l'Europe*", *Edinburgh Review*, n.º III, abril de 1803, p. 16.

do Poder deveria buscar uma igualdade entre os Estados. Ele adotou a posição mais conservadora de que o objetivo do sistema era o de "proteger e garantir as irregularidades às quais a fortuna deu existência: tornar seguras e independentes tanto a riqueza como a pobreza; defender os fracos e os humildes da rapacidade de seus superiores; e manter a legitimidade do poder e da autoridade contra coligações de inferiores descontentes"[81]. Ele e Gentz estavam de acordo quanto ao seguinte: "Todos os verdadeiros benefícios do sistema moderno estarão perdidos assim que os Estados menores forem aniquilados", mas Brougham ainda assim sustentava que "a prosperidade e independência de toda a Europa estarão igual e decisivamente arruinadas se a dividirmos em dois ou três impérios grandiosos e iguais ou se a entregarmos ao domínio de um único monarca universal"[82].

Brougham reconheceu que o "sistema de partilha é o inquestionável produto do sistema de equilíbrio; avança com base nos mesmos princípios e somente aplica, para as finalidades da destruição e do engrandecimento parcial, aqueles poderes artificiais que haviam sido criados para preservar a independência e reprimir a ambição". Era uma deformação corruptora do sistema original porque parecia legitimar e propiciar o expansionismo por parte das grandes potências em detrimento das nações fracas, em nome da preservação do equilíbrio:

> A ambição de Estados importantes e poderosos raramente tem como objetivo subjugar um antagonista importante e poderoso; de início, ela se satisfaz com a aquisição mais fácil de algum domínio insignificante; e seus vizinhos mais fracos são protegidos somente pela inveja que tal saque despertaria entre os pares e iguais do usurpador. Com o sistema de partilha, porém, toda essa inveja é apaziguada; as grandes potências encontram-se unidas; são subornadas com uma fatia da pilhagem, agem de comum acordo e acertam deliberadamente o trabalhoso equilíbrio de seus impérios

81. *Ibid.*
82. *Ibid.*, pp. 16-7.

por meio de uma habilidosa divisão dos despojos dos quais se apropriaram.

Brougham considerava ameaçador esse fato. "A menos que se possa ensinar efetivamente às nações que existem limites à expansão salutar do território e do poder, não nos parece de modo algum fantasioso supor que, no decurso de mais um século, o sistema da partilha possa ter subvertido totalmente a antiga composição da Europa."[83]

O firme propósito de Brougham era resgatar o Equilíbrio do Poder de sua recente deturpação. Hauterive afirmava que o sistema já tinha sido derrubado e que algo novo era necessário em seu lugar. Brougham acreditava que o sistema era por demais fundamental para a condução das relações internacionais para ser eliminado com tanta facilidade. Segundo sua argumentação, "parece ser mais uma figura de retórica que uma sóbria constatação de um fato alegar que todo o sistema do equilíbrio está fundamentalmente derrubado. Esse sistema não consistia em tratados e alianças, de modo que desaparecesse com sua violação; mas consistia num princípio que era imortal por sua própria natureza; cujos conhecimento e influência não podem jamais perecer enquanto os homens continuarem a ser racionais e civilizados, e que facilmente encontrará um meio de se manifestar e se aplicar a cada nova combinação de circunstâncias às quais o destino das nações dê origem"[84].

A publicação, em 1806, dos *Fragments Upon the Balance of Power in Europe* [Fragmentos sobre o equilíbrio do poder na Europa], de Gentz, proporcionou a Brougham mais uma oportunidade de aprofundar essas opiniões. Àquela altura, Gentz estava ao lado de Metternich e tinha se apressado para lançar o que era uma parte preliminar de uma obra maior que estava por vir[85]. Nela, Gentz reexaminava a opinião, ini-

---

83. *Ibid.*, p. 18.
84. *Ibid.*, p. 22.
85. A obra teria sido escrita em setembro e outubro de 1805 e publicada em abril de 1806.

cialmente atacada por Brougham, de que o sistema do Equilíbrio do Poder exigiria uma igualdade de peso entre as potências participantes. Em vez disso, sua "teoria de um equilíbrio do poder" requeria "um sistema de contrapesos. Pois talvez o melhor dos resultados obtidos não seja tanto o de um perfeito equilíbrio mas o de uma constante oscilação alternada nos pratos da balança, que, pela aplicação de contrapesos, é sempre impedida de ultrapassar certos limites"[86]. O trabalho foi prejudicado, porém, pela falta de imparcialidade de Gentz em relação à política contemporânea e às necessidades tanto do governo da Prússia quanto do da Áustria na guerra com a França. Foi essa tendenciosidade que Brougham questionou na *Edinburgh Review* no ano seguinte, como também a tendência de Gentz a "recorrer a justificativas, sempre que não trata de assuntos do interesse da França"[87].

De fato, Gentz pareceu ter estruturado sua argumentação pela manutenção do Equilíbrio em torno da história do conflito com a França e das necessidades da luta por vir. Disse que a intervenção contra o regime revolucionário por parte da Áustria e outras nações em 1792 estava justificada pelo fato de a França estar se dissolvendo como potência e, portanto, estar pondo em risco o equilíbrio. Brougham discordava. "A nosso ver", escreveu ele, "a tentativa de repartir a França em 1792 se assemelhava, sob todos os aspectos menos no resultado, ao esquema que dera início às calamidades da Europa vinte anos antes."[88] "É exatamente essa a linguagem de 1772 [ano da primeira partilha da Polônia]", afirmou ele. "Não se deixou que nem os poloneses nem os franceses cuidassem de seus próprios assuntos, para que sua anarquia não continuasse e levasse assim a uma espécie de suicídio nacional. Seus vizinhos deviam atacá-los para salvar sua existência, não para se defender a si próprios; e, em

86. F. Gentz, *Fragments upon the Balance of Power in Europe* (Londres, 1806), p. 63.

87. "Gentz *on the State of Europe*", *Edinburgh Review*, n.º XVIII, janeiro de 1807, p. 259.

88. *Ibid.*, p. 264.

conseqüência dessa interferência, se os poloneses tivessem sido tão fortes quanto os franceses, seria grande a probabilidade de que todos tivéssemos visto a Europa ser invadida do Vístula para o oeste, logo após 1772, em vez de achá-la conquistada do Reno para o leste alguns anos mais tarde."[89] Brougham sempre teve a preocupação de solapar as justificativas ideológicas sobre as quais se apoiava a política externa para preservar os princípios básicos que considerava essenciais à estabilidade do sistema europeu a longo prazo. E percebia um claro perigo em atribuir à natureza humana qualquer coisa otimista demais. "Para nossas finalidades atuais", prosseguiu ele, "basta observar que as mudanças que o sr. Gentz admite terem subseqüentemente deformado e degradado o projeto original são essenciais à própria natureza de todos esses tipos de pactos; que não existe nenhuma diferença real entre unir-se para dividir uma nação vizinha por ter ela se tornado muito fraca e unir-se para atacá-la porque sua destruição interna pode acabar se revelando perigosa; que, enquanto a natureza do homem continuar a mesma, todos os acordos classificáveis nesta última descrição rapidamente se deturparão, assumindo a natureza da primeira; e que a certeza desse fato constitui exatamente o mal da interferência ou do ataque de acordo com o princípio do sr. Gentz, bem como do abandono da doutrina sólida e saudável defendida tantas vezes neste periódico, doutrina que propaga a estrita limitação de ligas ofensivas para aqueles casos em que haja um perigo evidente de excesso de poder por qualquer Estado isolado."[90] Da mesma forma, Brougham argumentou que um mero acréscimo de poder à base nacional não era motivo justo para intervenção. Outros – principalmente Burke, cujo nome não foi mencionado no texto – tinham argumentado que a França precisava ser atacada antes que espalhasse suas idéias pelo continente. Burke e Gentz, da mesma forma, representavam os argumentos

89. *Ibid.*, p. 265.
90. *Ibid.*

dos partidários da guerra. "Suas doutrinas", escreveu Brougham, "depois de percorrerem toda a Europa, à exceção de duas ou três potências muito fracas, afinal concretizaram os próprios temores da soberania universal, que tinham dado origem àquelas doutrinas; e o continente europeu foi aos poucos dominado pela França, em doze anos, em conseqüência do ataque à França que tinha como objetivo impedi-la de conquistar o continente europeu em algum futuro remoto. Dessa forma, seja como for, não é de todo injusto suspeitar da sanidade dos princípios que norteiam os partidários da guerra; e supor que, se algum dia os fanáticos dessa facção quiserem ajudar na reparação do mal que seus conselhos ocasionaram, deverá ser com a revisão de suas doutrinas fundamentais ou com a correção de sua aplicação."[91]

As reflexões de Brougham não foram totalmente desprovidas de influência. Ele logo se tornou uma figura renomada na sociedade londrina. O Equilíbrio do Poder continuou a controlar a política externa britânica. De fato, considerava-se agora que o conceito dava origem a um sistema mais organizado e sofisticado para a manutenção da segurança na Europa. Mais tarde, quando a guerra contra a França, que se esperava tipicamente que fosse curta[92], já se prolongava, o primeiro-ministro Pitt redefiniu seu objetivo como o estabelecimento da "mais perfeita União de Conselhos e Pacto de Medidas", o que por sua vez criaria "um sistema geral e abrangente de Direito Público na Europa, com dispositivos para, na medida do possível, reprimir futuras tentativas de perturbação da tranqüilidade geral e, acima de tudo, para conter quaisquer projetos de engrandecimento e ambição semelhantes aos que produziram todas as calamidades que se abateram sobre a Europa desde a desastrosa era da Revolução Francesa"[93].

---

91. *Ibid.*, pp. 270-1.

92. Para as recordações de Canning, que trabalhou sob o comando de Pitt: *The Speeches of the Right Honourable George Canning with a Memoir of his Life*, org. R. Therry (Londres, 1828), p. 123.

93. Memorando sobre a Libertação e Segurança da Europa, 19 de janeiro de 1805, *Foundations*, doc. 2.

Finalmente, em 1815, obteve-se a vitória sobre a França. O acordo de Viena refletia em grande escala a ordem de prioridades britânicas. Entretanto, fiéis a suas metas originais, os russos e austríacos também formaram uma aliança com toda a intenção de ir adiante e interferir nos assuntos internos de outros Estados com o objetivo de manter o *status quo* social e político. Havia precedentes. Os Estados do início da Europa moderna interferiam nos assuntos internos de seus vizinhos para sustentar princípios religiosos. Após a derrota da Revolução Francesa, justificava-se a intervenção pela necessidade de impedir o ressurgimento de princípios revolucionários[94]. Admite-se que Metternich expressou repetidas vezes preocupação a respeito do Equilíbrio do Poder, mas também ele constantemente subordinou essas preocupações à prioridade de impedir a revolução. "Todos os governos precisam lutar contra o mesmo inimigo; esses inimigos são os homens que governariam em seu lugar", escreveu Metternich[95]. De modo semelhante, em 1830, durante a crise sobre a questão da independência da Bélgica, Metternich escreveu ao representante do czar: "Em nenhuma época da história moderna a sociedade se deparou com mais perigos que na atual, devido à convulsão social na França. A verdadeira... e última âncora que resta para o bem-estar da Europa reside na compreensão entre as grandes potências, com base no fundamento conservador de sua aliança majestosa e feliz."[96] A outra metade desta aliança era a Rússia. O ministro das Relações Exteriores de Nicolau I, Nesselrode, escreveu a seu filho logo depois das revoluções de 1830: "Estamos até mais preocupados que você com essa terrível loucura que se apossou dos homens e os levou a derrubar reinos..."[97] Foi uma ansiedade avassaladora quan-

---

94. Essa questão é salientada na crítica de Chabod a W. Kienast, *Die Anfänge des europaischen Staaten-systems im späteren Mittelalter: Rivista storica italiana*, série V, vol. 1, fasc. IV, 31 de dezembro de 1936, pp. 86-9.

95. Citado em Haas, *Belgium and the Balance of Power*, p. 157.

96. *Ibid.*, pp. 166-7.

97. *Ibid.*, p. 171.

to à ameaça da revolução que provocou uma espécie de urgência de resolver as questões problemáticas das relações internacionais: "enquanto vivermos, não haverá outro momento de tranqüilidade no mundo", acrescentou Nesselrode. "Conseqüentemente, vamos nos apressar em resolver o assunto da Bélgica, da Grécia e da Polônia. Talvez daqui a dois meses não haja mais tempo para isso."[98]

Em comparação, os interesses da Grã-Bretanha constantemente apontavam para o mecanismo mais neutro do Equilíbrio do Poder aplicado sem distinções religiosas ou ideológicas numa época em que todas as potências procuravam usar o mesmo princípio para encobrir atos menos desinteressados. Em 1823, quando eclodiu uma revolução na Espanha e os franceses, agora novamente sob o comando de um monarca da dinastia Bourbon, intervieram para esmagá-la, o governo britânico, sob o comando de George Canning, defendeu o sistema estabelecido no Congresso de Viena como "uma aliança que nunca foi projetada para ser uma união para o governo do mundo, ou para a direção dos assuntos internos de outros Estados"[99]. Posteriormente Canning reforçou essa declaração com a observação de que no passado ele havia afirmado que "a posição deste país no atual estado do mundo era de neutralidade, não apenas entre nações em conflito, mas também entre princípios em conflito; e que era somente por meio da neutralidade que poderíamos manter o equilíbrio, cuja preservação eu acreditava ser essencial à paz e à segurança do mundo". Canning fora alvo do ataque de liberais como William Wilberforce – que ele, com mordacidade, porém com fina percepção, descrevia como alguém que se "metia nos assuntos do mundo sem se deixar macular por suas contaminações"[100] – por não apoiar diretamente a Espanha contra a França. Não tinha,

98. *Ibid.*

99. Discurso à Câmara dos Comuns sobre "Negociations Relative to Spain", 28 de abril de 1823: *Speeches*, org. Therry, p. 63.

100. *Ibid.*, p. 64. Para o ataque de Wilberforce: Hansard, *The Parliamentary Debates*, vol. VIII (Londres, 1823), cols. 1361-4.

porém, a menor disposição para ceder, muitíssimo consciente como era do receio de que "a próxima guerra que eclodisse na Europa seria uma guerra não tanto de exércitos como de opiniões..."[101].

A Grã-Bretanha manteve-se assim a única potência verdadeiramente empenhada na indiferença neutra crítica à concepção do Equilíbrio do Poder – obviamente em virtude de seus interesses, e não como resultado de um solene compromisso com o bem sobre o mal. Além disso, somente certas potências tinham condições de se enquadrar como peças legítimas no sistema europeu de Estados. Mais de um século antes, Defoe havia reconhecido que "a Suécia ou a Moscóvia, a Hungria ou os turcos" estavam "na Europa". Eles não eram, porém, "a Parte governante da Europa..."[102]. Desde então, a Rússia se unira ao sistema para valer, e a Prússia era agora uma potência a ser levada em conta.

O sistema ainda estava confinado à Europa. Mas a perspectiva de maior expansão avultava no distante horizonte a oeste. Os britânicos vinham cada vez mais deixando em aberto a opção de uma revolução na América do Sul contra os espanhóis como um meio de restaurar o equilíbrio com a Espanha. Já em março de 1790, Francisco de Miranda, o desiludido precursor de Simon Bolívar, fez proposta semelhante a Pitt. Em retribuição ao apoio britânico, ele prometia "um vastíssimo Comércio a oferecer, com preferência dada à Inglaterra" e que "essas duas nações [a Inglaterra e a América do Sul como um todo] podem formar a união política mais respeitável e predominante do Mundo"[103]. Entretanto, Miranda haveria de sofrer uma profunda decepção. Mais tarde, ele manifestou ao embaixador russo o ódio que sentia por Pitt como "um monstro que não parece ter outro guia além dos conselhos do *Príncipe* de Maquiavel"[104]. No

---

101. Discurso, 12 de dezembro de 1826, *Foundations*, doc. 7.

102. Citado em W. Roosen, *Daniel Defoe and Diplomacy* (Londres, 1986), p. 35.

103. W. Robertson, *The Life of Miranda*, vol. 1 (Chapel Hill, 1929), p. 101.

104. P. Bartenev, org., *Arkhiv khnyaza Vorontsova*, vol. xxx (Moscou, 1870-1883), p. 293.

entanto, com o surgimento na América Latina de um movimento mais atuante pela independência em relação aos espanhóis, em 1815 o líder rebelde Bolívar escreveu uma carta em que solicitava auxílio aos britânicos e ao fazê-lo estabeleceu um importante marco para a mudança. Essa parte do Novo Mundo – a Venezuela – oferecia riquezas imensas à indústria britânica:

> Não falarei de outras regiões que têm esperança de liberdade somente para acolher em seu seio os europeus continentais e, em questão de anos, fazer da América outra Europa, com a qual a Inglaterra, com o aumento de seu peso na balança política, rapidamente reduzirá o peso de seus inimigos que de modo indireto e inevitável viriam aqui recriar contra a Inglaterra o predomínio comercial e um aumento no poderio militar capaz de sustentar um gigante que abraçaria todas as partes do mundo.[105]

E em outra carta, a *sir* Richard Wellesley, duque de Wellington e libertador da Espanha de Napoleão, Bolívar referiu-se em tom solene ao "equilíbrio do universo e aos interesses da Grã-Bretanha" que "estão em perfeita harmonia com a salvação da América!"[106].

Foi Canning, um secretário de Relações Exteriores conservador porém desesperado, quem não teve escolha a não ser aceitar essas opiniões mais tarde quando a França pôs em risco o novo equilíbrio do poder ao invadir a Espanha. Ele necessitava com urgência de uma racionalização clara para evitar a dispendiosa opção da guerra e, ainda assim, um meio para conter a expansão do poderio francês:

> Já afirmei que, quando o exército francês entrou na Espanha, nós poderíamos, se desejássemos, ter resistido a essa medida ou ter demonstrado nosso repúdio a ela por meio de uma guerra. Mas não havia outros meios, além da guerra,

---

105. Simon Bolívar a Maxwell Hyslop, 19 de maio de 1815, S. Bolívar, *Obras Completas*, vol. 1, org. V. Lecuña (Havana, 1947), doc. 114.

106. Bolívar a Wellesley, 27 de maio de 1815, *ibid.*, doc. 117.

para restaurar o equilíbrio do Poder? – É o equilíbrio do poder um padrão fixo e inalterável? Não será um padrão em perpétua variação, à medida que a civilização progride e novas nações surgem, assumindo seu lugar entre comunidades políticas estabelecidas? Há um século e meio, o equilíbrio do poder devia ser sistematizado entre a França e a Espanha, os Países Baixos, a Áustria e a Inglaterra. Alguns anos depois, a Rússia assumiu alta posição na política européia. Novamente alguns anos mais tarde, a Prússia tornou-se não só uma monarquia sólida mas também predominante. Portanto, enquanto o equilíbrio do poder continuava em princípio o mesmo, os modos de sistematizá-lo tornaram-se mais variados e ampliados. Ampliaram-se proporcionalmente ao aumento do número de pesos que poderiam ser passados para um dos pratos ou para o outro.

... E se a posse da Espanha pudesse se tornar inócua nas mãos de rivais – inócua no que dissesse respeito a nós – e sem valor para quem a possuísse? Não se poderia obter compensação por descrédito, e a política de nossos antepassados não poderia ser corroborada por meios mais bem adaptados aos tempos atuais? Se a França ocupou a Espanha, era necessário – para evitar as conseqüências dessa ocupação – que armássemos um bloqueio a Cádiz? Não. Olhei para o outro lado – procurei material para compensação em outro hemisfério. Contemplando a Espanha, tal como nossos antepassados a conheceram, resolvi que, se a França ficasse com a Espanha, não seria a Espanha "com as Índias". Dei vida ao Novo Mundo para corrigir o equilíbrio do Velho...[107]

O que Canning teve o cuidado de não dizer em público não foi de menor importância para o futuro:

O outro motivo, talvez ainda mais forte, é minha apreensão da ambição e preponderância dos Estados Unidos da América. A política óbvia daquele Governo é a de associar-se a todas as potências da América numa liga transatlântica geral, sobre a qual ele exerceria o comando exclusivo. Desne-

107. Discurso sobre Portugal, Câmara dos Comuns, 12 de dezembro de 1826, K. Bourne (org.), *The Foreign Policy of Victorian England, 1830-1902* (Oxford, 1970), doc. 3.

cessário dizer como uma preponderância desse tipo pode ser inconveniente em tempos de paz, e como pode ser ameaçadora em caso de guerra.[108]

Canning, desse modo, falava em ampliar o sistema político no qual o Equilíbrio funcionava, mas somente por ter visto que a França estava atraindo os americanos para o sistema de forma permanente. Ao agir assim, ele estava um século à frente dos acontecimentos. E na prática não houve nenhum resultado, sendo um dos motivos principais o fato de não ser do interesse britânico agir.

Os americanos – pelo menos, os que assim se intitulavam – não estavam interessados na participação direta numa extensão do sistema europeu de Estados. Nada insultava mais os Estados Unidos que sugestões, provenientes da Europa, de que as normas daquele sistema fossem estendidas ao subcontinente norte-americano, especialmente porque o governo dos Estados Unidos estava embarcando num processo cada vez mais acelerado de expansão territorial; como o presidente James Polk (1795-1849) afirmou, "é em nome de nossa segurança tanto quanto de nossos interesses que a efetiva proteção de nossas leis seja estendida aos limites de todo o nosso território"[109]. Quando o Texas se separou do México, sua independência foi reconhecida pela Grã-Bretanha e pela França, países que concederam esse reconhecimento em 1837 somente sob a condição de que o Texas permanecesse independente. Em 1845, porém, o governo dos Estados Unidos anexou o Texas. Isso levou a exigências por parte da Europa de que os americanos se sujeitassem às mesmas normas de procedimento vigentes na Europa. O presidente Polk repudiou decididamente essas exigências:

---

108. Citado em H. Temperley, *The Foreign Policy of Canning, 1822-1827* (Londres, 1925), p. 553.

109. Primeira mensagem anual ao Congresso, 2 de dezembro de 1845, *A Compilation of the Messages and Papers of the Presidents 1789-1907*, org. J. Richardson (1908), p. 399.

> A rápida expansão de nossa colonização sobre nossos territórios até então não ocupados, o acréscimo de novos Estados à nossa Confederação, a disseminação de princípios de liberdade e nossa crescente grandeza como nação estão atraindo a atenção das potências da Europa, e ultimamente em algumas delas foi mencionada a doutrina de um "equilíbrio do poder" neste continente [norte-americano] para coibir nosso progresso. Os Estados Unidos, sinceramente desejosos de preservar boas relações com todas as nações, não podem permitir calados nenhuma interferência européia no continente norte-americano; e, caso haja qualquer tentativa de interferência desse tipo, estarão dispostos a resisti-la a qualquer preço...
>
> A inveja entre os diferentes soberanos da Europa, para que nenhum deles se tornasse poderoso demais para os outros, provocou neles o ansioso desejo de estabelecer o que denominam "equilíbrio do poder". Não se pode permitir que ele tenha qualquer aplicação no continente norte-americano, muito menos que se aplique aos Estados Unidos. Devemos sempre manter o princípio de que somente o povo deste continente tem o direito de decidir seu próprio destino. Caso qualquer parte desse povo, que constitua um Estado independente, se proponha a unir-se à nossa Confederação, essa será uma questão a ser determinada entre eles e nós sem nenhuma interposição estrangeira. Não podemos jamais consentir que potências européias interfiram para impedir uma união dessa natureza porque essa união poderia perturbar o "equilíbrio do poder" que elas desejam impor a este continente.[110]

Não que todos na Europa estivessem tão satisfeitos com o Equilíbrio do Poder. Até o século XIX, com a momentânea exceção de Burke, o conceito fora atacado na prática somente por aqueles Estados e estadistas que aspiravam ao império universal. Na Grã-Bretanha, o conceito expressava tão bem e de modo tão racional o interesse nacional que despertava pouca oposição. No entanto, com o surgimento de conceitos idealistas das relações internacionais na esteira da economia de livre mercado de Smith (ver pp. 233-43),

110. *Ibid.*, p. 398.

em vez de a guerra ser vista como o complemento natural do comércio, ganhou terreno a idéia de que o comércio não só exigia a paz, mas também criava a paz; e de que, pelo contrário, o Equilíbrio do Poder estava associado à guerra.

John Bright, representante de Birmingham no parlamento britânico, resumiu essa posição:

> Creio não estar muito equivocado ao declarar que a teoria do equilíbrio do poder está praticamente morta e enterrada. Não se pode compreender num pensamento o que significa esse equilíbrio do poder. Se pudesse ser apresentado um registro histórico de sua atuação – mas não é possível à humanidade enxergar no todo a lista na qual estão registrados os sofrimentos acarretados pela teoria do equilíbrio do poder neste país. Ele se avulta diante de mim quando penso nele, como um fantasma horrendo que ao longo de cento e setenta anos, enquanto foi cultuado neste país, sobrecarregou a nação com dívidas e impostos, sacrificou a vida de centenas de milhares de ingleses, desolou o lar de milhões de famílias e nos deixou, como grande resultado dos extravagantes dispêndios que causou, num extremo da escala social, uma dupla aristocracia; e, no outro, muito mais que uma duplicação da miséria.[111]

De modo semelhante, o parlamentar Richard Cobden disse: "O equilíbrio do poder é uma quimera! Não se trata de uma fraude, um erro, uma impostura – é um nada incompreensível, indefinido e indescritível..."[112] Em tudo isso, havia muita pose, uma boa dose de emoção e ainda mais de retórica, mas pouca de reflexão. O que se encontrava por trás do aspecto mais agressivo da política contra a qual eram direcionados esses ataques bombásticos eram os interesses comerciais que esses radicais equivocadamente presumiam contribuir para a paz. De que outro modo veio à luz o império britânico? Apesar de todos os seus altos princípios a respeito da conservação de um equilíbrio no continente eu-

---

111. 18 de janeiro de 1865, *The Foreign Policy*, doc. 82.

112. Citado em M. Anderson, *The Rise of Modern Diplomacy, 1450-1919* (Londres, 1993), p. 190.

ropeu, os britânicos nunca tiveram a intenção de criar um equilíbrio no ultramar, onde seus interesses eram protegidos e ampliados por meio de uma série incessante de avanços navais e militares.

A França, desde o declínio do império espanhol, era na maior parte das vezes o alvo relutante do Equilíbrio do Poder em ação. Não era, portanto, grande admiradora do princípio; e, com o surgimento de uma alternativa, a da autodeterminação nacional – *nationalités* – na Europa pós-napoleônica, os franceses procuraram identificar-se com o nacionalismo em ressurgimento por todo o continente, que em geral deixou até mesmo a Grã-Bretanha, e certamente a Áustria e a Rússia, numa incômoda defensiva. Como escreveu um comentador francês, "o sistema político ideal não deve ser o de equilibrar o poder de modo que imobilize um Estado contrário à lei, mas, sim, o de organizar a humanidade segundo o princípio da nacionalidade e estabelecer a paz como condição ao desenvolvimento da humanidade"[113].

Ao agir desse modo, o governo francês inadvertidamente auxiliou forças que acabariam por revelar ser sua própria ruína. O tipo de autodeterminação nacional que os franceses apoiavam consistia essencialmente na criação de confederações, não de novos Estados unitários pautados pelo modelo francês. Foi com base nisso que, em 1858-1859, Napoleão III apoiou a unificação do norte da Itália proposta pelo conde de Cavour. Suas motivações eram, porém, mais complicadas. A unificação permitia que ele tomasse Nice e a Sabóia, o que em muito enfureceu os britânicos. A França estava tão concentrada na redução do poderio da Áustria, o qual na realidade estava em declínio, que deixou de atentar para o poderio da Prússia sob o comando de Bismarck, que estava em ascensão. Depois que a Áustria se uniu à Prússia contra a Dinamarca em 1864, a Prússia voltou-se contra a Áustria. Os franceses, porém, estavam tão ansiosos por expulsar os austríacos do Vêneto, e devolver a região aos ita-

113. F. Laurent, *Études sur L'Histoire de l'Humanité: Les Nationalités* (Paris, 1865), p. 48.

lianos, que continuaram a considerar a Prússia mais como aliada que como adversária em potencial. A impressão de satisfação estava bem expressa num documento do Quai d'Orsay. A indiferença da França diante do comportamento da Prússia deveria, desse modo, ser "prova concreta de nossa boa vontade" para com a Alemanha, como se isso tivesse a menor importância para Bismarck. "Libertas de recordações perturbadoras de um passado que pesava sobre a França, as políticas dos ministérios europeus estão adotando uma nova direção. A Alemanha, sem mais nenhuma dúvida de que deixaremos passar suas divisões sem procurar tirar proveito delas [*qui sait à n'en plus douter que nous laissions passer ses divisions sans chercher à en tirer profit*], não pode mais nutrir nenhuma inveja a nosso respeito. Os preconceitos estão se dissipando; as nações estão se aproximando mais; e a cada dia tem-se uma melhor apreciação de que o sistema de solidariedade econômica, em vigor desde 1860, não foram meras palavras vazias."[114]

Contudo, nem todos os franceses ou estadistas da França estavam tão confiantes. Um perspicaz comentador francês, Louis Reybaud, atribuía à influência predominante do livre-cambismo o abandono por parte dos britânicos de sua acalentada dedicação ao Equilíbrio do Poder. De acordo com essa perspectiva, os críticos do Equilíbrio do Poder em Londres tinham finalmente saído vitoriosos, embora postumamente. Reybaud descrevia a relutância de Londres em atuar com vigor quando a França ajudou na desagregação do poderio austríaco na Itália:

> Recentemente a Inglaterra apresentou um espetáculo ao qual a Europa não estava nem um pouco acostumada. Viram-na prestar auxílio, com arma na mão, numa guerra travada no continente por duas potências de primeira ordem, trocando comunicados enquanto elas trocavam fogo de arti-

114. "Note pour l'exposé de la situation. – Nord. – Affaires d'Allemagne", 27 de dezembro de 1866: *Les Origines Diplomatiques de la Guerre de 1870-1871*, vol. XIII (Paris, 1922), doc. 3977.

lharia. Ela permitiu que as duas efetuassem a destruição de Estados, alguns agradáveis, outros repugnantes, sem interferir a não ser com consentimento oficial ou protestos em vão. Dos dois lados do Canal da Mancha, esse comportamento despertou alguma surpresa, até mesmo culpa. Eram flagrantes o esquecimento e o abandono das tradições; alguns chegaram a falar em declínio. Essa não era mais, dizia-se, a política dos Pitts e Castlereaghs, aquela que inspirara e elevara os espíritos em combates longos e dolorosos. Essa política de outra era de modo algum se coadunava com aquelas concessões que abrem espaço para acomodar as dificuldades em vez de enfrentá-las; de modo algum ela teria dado vez ao tipo de inércia que aspira à esperteza mas resulta em fraqueza [*vise à l'habilité et côtoie la faiblesse*); teria sido melhor agir com resolução mais firme, com mais determinação de triunfar. Foi isso o que disseram os críticos mais severos.

De onde veio tudo isso? Da escola de Manchester, afirmaram os críticos. "As contas de um grande Estado não são organizadas como o estoque de uma fábrica, onde cada objeto é valorizado somente no que diz respeito a seu custo e ao que produz", prosseguiu Reybaud, desempenhando apenas na superfície o papel do observador imparcial. Quando os homens da escola de Manchester se haviam reunido vinte anos antes para combater as leis de importação e exportação de cereais [*Corn Laws*], "eles bem sabiam que o sucesso de sua reforma afetaria profundamente a política do país. Essa crise ocorreu, e eles insistem em acreditar que ela é saudável". Eles alegavam que os interesses nos quais se fiavam eram "simplesmente o instrumento do pensamento moral e cristão. No desenvolvimento do comércio, vêem acima de tudo a mais próxima união das nações. Um intercâmbio mais freqüente deve levar a um melhor comportamento; quanto mais as nações se conhecerem umas às outras, menor será sua tendência a se desentender e romper relações. Nesse trabalho de conciliação, nem as classes dominantes nem os governos têm o espírito certo: eles põem em risco a paz e os interesses da comunidade; era, portanto, à comunidade que esses autores se dirigiam ao invocar resistência ao gosto pela aventura familiar às classes dominantes e aos governos"[115].

Advertências em nível mais alto vieram do ex-ministro das Relações Exteriores e primeiro-ministro Adolphe Thiers, após a guerra Austro-Prussiana para tomar da Dinamarca a região de Schleswig-Holstein, em 1864. Repentinamente, a França – ou pelo menos um de seus estadistas mais expressivos e veementes – descobriu as virtudes do Equilíbrio do Poder. Thiers também redescobriu o que até então estava praticamente esquecido desde 1648, ou seja, "o antigo princípio europeu de que a Alemanha deveria ser composta de Estados independentes", um princípio que, ele alegava, era "um dos grandes princípios do direito internacional europeu"[116]. Para reforçar sua argumentação, Thiers também invocou o espectro da Alemanha não apenas reunificada sob o comando das armas da Prússia mas também associada à Itália unificada. O processo que descreveu era inicialmente o de objetivos interligados porém separados. "A unificação italiana (motivo pelo qual sempre o censurei [Napoleão III]), a unificação italiana inevitavelmente levaria à unificação alemã, exatamente como eu indiquei na época, pelos estágios demonstrei a ele [*avec les degrés que je lui assignais*], tendo início dessa vez com a reunificação direta de certo número de alemães, e indiretamente de todo o resto, sob o domínio da Prússia. A unificação italiana e a alemã estavam fadadas a dar uma à outra um auxílio que transporia os Alpes; e hoje presencio a realização do exato fenômeno que declarei ser irrefreável menos de dois anos atrás."[117] Thiers tocou o alarme. Em suas palavras, essa era "uma revolução" que a França tinha direito de impedir já que estava diretamente ameaçada: "assistiremos à recriação de um império

---

115. L. Reybaud, "Économistes Contemporains: Richard Cobden et L'École de Manchester", *Revue des Deux-Mondes*, vol. 27, 15 de maio de 1860, pp. 257-9.

116. Discurso, 3 de maio de 1866, *Discours Parlementaires de M. Thiers*, org. M. Calmon, vol. X (Paris, 1881), p. 646.

117. *Ibid.*, p. 618.

alemão, o império de Carlos V que anteriormente tinha sua sede em Viena e agora estaria centralizado em Berlim, muito próximo de nossas fronteiras, exercendo pressão sobre elas, bloqueando-as; e, para completar a analogia, esse império de Carlos V, de, como nos séculos XV e XVI, recorrer à Espanha para ajuda, iria buscar apoio na Itália!"[118]. Aplicando um matiz patriótico e convenientemente unilateral sobre dois séculos de história, Thiers passou a alegar que a França, "por dois séculos, desde aquele dia magnífico em Marignan em 1515 até os tempos de Villaviciosa e Alamanza em 1707 e 1710, lutou para dividir a coroa de Carlos V, jogando metade na direção de Madri, e metade na direção de Viena...". Teria a França se esforçado tanto "para destruir esse colosso" só para vê-lo ser reconstruído debaixo de seu próprio nariz[119]?

A Grã-Bretanha, sob o comando de Gladstone, estava inclinada ao desdém consciente. O sentimento predominante era que os britânicos não tinham nada a temer do continente, que mais cedo ou mais tarde seguiria o exemplo das ilhas e adotaria o livre-câmbio, a prosperidade e a paz. O liberalismo utópico triunfara. Nada poderia afastar o primeiro-ministro da neutralidade distante e altiva. Ademais, Londres ainda considerava que Paris, se não era uma ameaça, não chegava a ser amiga dos interesses britânicos. Napoleão III não estava agora pagando por seu próprio oportunismo? Era totalmente errado que pelo menos alguns na França reconhecessem agora as virtudes do Equilíbrio do Poder? Como que para confirmar os temores britânicos dos franceses, quando a Prússia finalmente decidiu dar o passo final para a reunificação da Alemanha, Napoleão deixou de lado a prudência e declarou guerra. A Grã-Bretanha permaneceu neutra. Entretanto, o ex-primeiro-ministro Benjamin Disraeli, da bancada da oposição, fez um apelo exigindo ação urgente, como fizera Thiers, a Cassandra francesa. (É incrí-

118. *Ibid.*
119. *Ibid.*, p. 620.

vel como o afastamento do poder pode esclarecer a mente.) Com a iminência da guerra, Disraeli, percebendo "o fervilhar de enormes ambições na Europa", sugeriu que se fizesse um acordo com a Rússia para dissuadir a França de atacar a Prússia para impedir a unificação[120].

Com excesso de confiança na vitória, os franceses sofreram rápida derrota diante da violenta investida prussiana. Gladstone não teve piedade em seu rancoroso desprezo. Reconheceu prontamente que "esses acontecimentos abalaram... cada fibra da compacta estrutura da Europa Continental. Não há um Estado de porte cuja posição e perspectivas não tenham sido fundamentalmente modificadas entre os dias 5 de agosto e 5 de setembro. Quanto a alguns Estados, foram realmente mais do que modificados. Na segunda data, a França perdera a supremacia militar que possuía na primeira e portara orgulhosamente por duzentos e cinqüenta anos". E mais: "A força dominante do sistema europeu transferiu-se de um ponto para outro; o centro de gravidade se deslocou." No entanto, a estarrecedora falta de discernimento que Gladstone condenava livremente em Napoleão III não era nada em comparação com a sua própria. Ele não percebeu nada do verdadeiro impacto sobre o Equilíbrio do Poder na Europa. Em vez disso, concentrou sua atenção no lado positivo. A derrocada final da "estrela nociva do napoleonismo" foi "motivo de felicitações para a Europa". Ele concluiu que a derrota traria moderação à França, transformando-a "na líder de uma política pacífica no continente da Europa".

A perspectiva panglossiana de Gladstone não parava por aí. "De modo geral, parece razoável nutrir esperanças de que o caráter prático de nossos primos teutônicos, associado ao enorme acúmulo de suas misérias nacionais, irá ajudá-los a se acomodar a uma disposição de espírito de paz e boa vontade. Contudo, quer isso aconteça, quer não, é vã

---

120. Discurso à Câmara, 1º de agosto de 1870, *Hansard's Parliamentary Debates*, 3ª série, vol. CCIII (Londres, 1870), cols. 1288 e 1292.

a crença de que eles tenham diante de si uma carreira de conquista universal ou de supremacia absoluta, e de que a família européia não tenha força suficiente para corrigir as excentricidades de seus membros transgressores e insubordinados." Caracteristicamente, Gladstone atribuía demasiada importância "àquela influência grandiosa pertencente à opinião geral e fixa nutrida pelo homem civilizado, que felizmente nos nossos tempos nenhum Estado ou nação, por maior que seja seu poderio, tem condições de desconsiderar". Fazendo eco a Floro, o compendiador, e seus sucessores universalistas liberais (ver adiante, p. 219), Gladstone opinou que, com todos os países da Europa "e com as grandes multidões de pessoas em cada um deles, mantemos constantes relações de intercâmbio tanto pessoal como comercial, que crescem a cada ano; e como felizmente não temos nenhum conflito de interesses, real ou imaginado, nem espaço para paixões nocivas permitidas por nossa pacífica rivalidade, não há nada que impeça o desenvolvimento automático da concórdia". Gladstone de fato procurava "fundar um império moral com base na confiança entre as nações, e não em seus temores, paixões ou antipatias"[121].

Essa insólita interpretação equivocada da situação criada pela derrota francesa não era de modo algum compartilhada por todos. Disraeli encarava a questão com grande clareza e profunda capacidade de previsão:

> Não se trata de uma guerra comum, como a guerra entre a Prússia e a Áustria, ou como a guerra italiana na qual a França se engajou alguns anos atrás; tampouco é semelhante à guerra da Criméia. Essa guerra representa a revolução alemã, um acontecimento político mais importante que a Revolução Francesa do século passado. Não estou dizendo que seja tão ou mais importante que a Revolução Francesa em termos sociais. As conseqüências sociais que ela possa ter estão no futuro. Não existe mais nem um único princípio para a

121. "Germany, France, and England", *Edinburgh Review*, vol. CXXXII, outubro de 1870, pp. 554-93.

> gestão de relações exteriores que fosse aceito por todos os Estados como norteamento até seis meses atrás. Não há uma tradição diplomática que não tenha sido erradicada. O que se tem é um mundo novo, novas influências em ação, objetos e perigos novos e desconhecidos com os quais lidar, no momento envoltos naquela obscuridade inerente ao que é novidade nessas relações. Costumávamos ter debates nesta Câmara sobre o Equilíbrio do Poder. Lorde Palmerston, homem eminentemente prático, arrumou a carga na nau do Estado e moldou sua política de modo que se preservasse um equilíbrio na Europa... Mas o que realmente acabou acontecendo? O Equilíbrio do Poder foi totalmente destruído...[122]

Mais tarde, Disraeli identificou essa "revolução alemã" como "uma grande revolução em todas as nossas relações diplomáticas", na qual "os princípios e tradições referentes a relações exteriores" se tornaram "obsoletos"[123].

Pelo menos em parte, a indiferença britânica pela derrota francesa diante da Prússia refletia as prioridades imperialistas de Londres. E, à medida que as potências européias embarcavam em mais uma extensão de sua expansão além dos limites já atingidos, os britânicos, tendo pago para ver o blefe dos franceses em Sadowa, passaram a aproveitar o que restou do continente africano, em grande parte sem enfrentar oposição. Como no século anterior, com a expansão pela América do Norte, o Equilíbrio do Poder, se aplicado como um princípio de moderação das relações internacionais, não se destinava a excluir a possibilidade de um império universal no ultramar. O único obstáculo ao avanço do poderio e do capital britânico no sul da África vinha dos descendentes de colonizadores holandeses, os bôeres. Com a virada do século, forças britânicas atacaram o Transvaal, iniciando uma guerra que não fez nada pela imagem de Londres no exterior. Um comentário de Paris levantava o cerne da questão:

---

122. *Ibid.*
123. Discurso à Câmara, 24 de fevereiro de 1871, *ibid.*, col. 840.

> Uma França diferente da dos nossos tempos não teria permanecido impassível permitindo o que está se passando no sul da África; e, se tivesse concluído que não estava disposta a impedir a ação ou mesmo que era incapaz de fazê-lo, ela deveria pelo menos ter tomado precauções e ter recebido garantias contra a perturbação que isso provocará no equilíbrio da África; porque de agora em diante não existe apenas um equilíbrio europeu, há também um equilíbrio africano e um equilíbrio asiático.[124]

Mas por acaso estava se conservando algum Equilíbrio do Poder? Com recordações de 1871 ainda frescas, o mesmo comentador teceu amargas considerações: "Por que deveria a Europa intervir em benefício do equilíbrio africano, quando não interveio para manter o próprio equilíbrio europeu?"[125] A questão era, porém, que a Grã-Bretanha encontraria dificuldade para convencer qualquer um de que um Equilíbrio do Poder deveria ser mantido na Europa mas não no ultramar, considerando-se a enorme extensão dos domínios de seu império e seu insaciável apetite por ainda mais.

Após a derrota dos franceses em Sedan, a ascensão da Alemanha na Europa ofuscou todo o debate sobre política exterior em Paris. Por muito tempo, os franceses tinham considerado o Equilíbrio do Poder um instrumento voltado diretamente contra seus interesses e segurança. Agora eles o reinterpretavam e o adotavam como um princípio sacrossanto que estava em perfeita harmonia com os eternos interesses da mãe pátria. Não há nada como a perda do poder para sensibilizar um Estado ao valor do poder. Por esse motivo, se não por nenhum outro, as autoridades francesas encararam com profundo ceticismo a assinatura da convenção de Haia, em 1899. A arbitragem internacional tinha seu aspecto positivo, escreveu uma importante autoridade francesa anônima em 1905, já que ela poderia tornar as guerras

---

124. Francis Charmes, "Chronique de la Quinzaine", 31 de outubro de 1899, *Revue des Deux-Mondes*, LXIXe Année, vol. 156, 1899, p. 240.

125. *Ibid.*, 14 de novembro de 1899, *ibid.*, p. 479.

menos freqüentes e menos destrutivas, mas na realidade ela não tratava do problema fundamental. As guerras não eram, ou pelo menos não eram mais, o resultado das ambições de governantes. "Para a Europa, passou o tempo das guerras de conquista. No entanto, o contínuo contato dessas grandes sociedades humanas chamadas nações gera entre elas interesses opostos, rivalidades, diferenças, lutas que facilmente se agravam transformando-se em guerras."[126] O que era o direito internacional, afinal? A autoridade descreve então o que mais tarde passou a ser conhecido como a "teoria pura do direito" (ver adiante, p. 316). A distribuição de Estados dentro do sistema europeu de Estados "provocou acima de tudo guerras, e, em conseqüência delas, a situação referente a cada Estado se modifica. Os princípios que derivam dessas ações, ou que lhes servem de base, constituem o 'direito' que é invocado mais tarde como a norma reguladora das diferenças que surgem entre Estados em tempos de paz. Contudo, esse direito em si não é algum tipo de princípio abstrato, fixo, que antecede ou norteia os acordos concluídos entre Estados. Ele deriva deles, é conseqüência deles e somente constitui a fórmula do equilíbrio de poder, ditada pela guerra, as forças que se encontram em conflito. É preciso portanto admitir, se não que a força faz o direito, ao menos que ela o precede e que o direito emana dela". O direito era relativo à época: "Enquanto os tratados e acertos vigentes correspondem às realidades do poder e ao respectivo valor dos Estados, eles são respeitados, e reina a paz."

Na Grã-Bretanha, Disraeli tinha interpretado o Equilíbrio do Poder como sinônimo da estrutura do sistema europeu de Estados. Para ele, "todo o mecanismo dos Estados" tinha sido "desarticulado"[127]. Em Londres, o Ministério das Relações Exteriores erguia agora o Equilíbrio como um estan-

---

126. Anônimo, "L'Équilibre Politique et la Diplomatie", *Revue des Deux-Mondes*, LXXVe Année, vol. 30, 1º de dezembro de 1905.

127. Discurso à Câmara, 9 de fevereiro de 1871, *Hansard's*, vol. CCIV, col. 93.

darte sob o qual seria possível reunir forças para impedir um avanço alemão. Num memorando secreto de 1907, o primeiro-secretário, Eyre Crowe, desenvolveu em pormenores a defesa de uma aliança com a França contra a Alemanha:

> A história demonstra que o perigo que ameaça a independência dessa ou daquela nação geralmente se origina, pelo menos em parte, da momentânea supremacia de um Estado vizinho que tem ao mesmo tempo poderio militar, eficiência econômica e ambição de ampliar suas fronteiras ou espalhar sua influência, sendo esse perigo diretamente proporcional ao nível de seu poderio e eficiência, bem como à espontaneidade ou "inevitabilidade" de suas ambições. O único freio ao abuso do predomínio político derivado de uma posição dessas sempre consistiu na oposição de um rival igualmente ameaçador, ou de uma associação de diversos países que formem uma liga de defesa. O equilíbrio estabelecido por um agrupamento de forças dessa natureza é conhecido tecnicamente como equilíbrio do poder, e já se tornou quase um lugar-comum histórico identificar a política secular da Inglaterra com a manutenção desse equilíbrio, jogando seu peso ora num prato da balança ora no outro, mas sempre do lado contrário ao da ditadura política do Estado ou grupo de Estados mais forte em determinada época.
>
> Se essa visão da política britânica estiver correta, a oposição à qual a Inglaterra deve inevitavelmente ser levada em relação a qualquer país que aspire a uma ditadura semelhante assume quase a forma de uma lei da natureza...[128]

A implementação dessa política custou ao país uma perda devastadora de vidas humanas e recursos de capital. Esgotara-se a assombrosa autoconfiança dos séculos XVIII e XIX. A impressão no pós-guerra era a de que qualquer equilíbrio era difícil de manter, por estar fundado em alicerces tão vulneráveis. O ex-diplomata Harold Nicolson captou com precisão esse estado de espírito numa metáfora atipicamente rebuscada:

---

128. 1º de janeiro de 1907, *The Foreign Policy*, doc. 144.

> Importante e precária é a relação entre pressão e resistência que constitui o Equilíbrio do Poder. O arco da paz não se mantém firme por meio de nenhum encaixe de ferro; os monólitos dos quais ele se compõe não são unidos por nenhuma argamassa. Impressionantes em sua aparente solidez, essas massas de granito sustentam-se umas encostadas nas outras, com a pressão dando resistência à pressão oculta. Contudo, um enxame de abelhas de verão sobre a arquitrave causará um deslocamento de um milímetro, fará com que esses monólitos se agitem uns contra os outros, inaudíveis, invisíveis. Uma noite, um punhado de pó cairá da construção abobadada como chuva fina; os morcegos guincharão e darão voltas no ar em súbito pânico. Nem os frágeis dedos do homem poderão deter a violência e o ribombar da destruição.[129]

No entanto, a incapacidade para sustentar o Equilíbrio do Poder de 1933 a 1939 quase custou à Grã-Bretanha sua independência. De um modo ou de outro, o Equilíbrio do Poder como prescrição para políticas satisfazia nitidamente as exigências impostas à Grã-Bretanha no sistema internacional. Como forma de explicação da atuação do Estado, porém, ela obviamente captava apenas um lado do espectro. O desejo pelo império universal encontrava-se em outra parte.

Seria errado considerar o Equilíbrio do Poder como o único determinante da política, mesmo na Grã-Bretanha. Imperativos comerciais, que desde o início do século XX estavam suficientemente saciados para tornar o país a suprema potência do *status quo,* anteriormente levaram a Grã-Bretanha a buscar um império universal no ultramar. Esses imperativos também encontraram forma no debate público da época. As Razões de Estado vieram à tona na literatura do início da Europa moderna, acompanhando o surgimento do Estado-nação incipiente. Textos sobre o Equilíbrio do Poder na Europa foram publicados para evitar a absorção do Estado soberano no seio de um império universal. A muito apregoada e desvirtuada noção da Balança Comer-

---

129. H. Nicolson, *Public Faces: A Novel* (Londres e Nova York, 1932), p. 99.

cial surgiu de modo semelhante para proteger os interesses do Estado por meios econômicos; mas, como outras filosofias da segurança, ela se tornou por sua vez a justificativa para o expansionismo, e isso em escala global. Em 1763, o autor italiano Francesco Algarotti julgou que "o comércio está agora dando ensejo a guerras e a bases para tratados de paz, e talvez seja o meio mais válido para conquistar o domínio, ou o contrapeso mais poderoso para sustentar o equilíbrio da Europa..."[130]. O comércio se tornava cada vez mais um determinante do peso na balança. O Equilíbrio do Poder veio assim a depender da Balança Comercial.

---

130. F. Algarotti, "Saggio sopra il commercio", *Saggi* (Pisa, 1763), org. G. da Pozzo (Bari, 1963), pp. 442-3.

Capítulo 3

A balança comercial

A Balança Comercial, nunca é demais repetir, é na Realidade o Equilíbrio do Poder.

– MALACHY POSTLETHWAYT[1]

Pode-se afirmar que os estadistas sempre reconheceram a riqueza como pré-requisito para o poder. Também pode ser verdade que não é preciso ser do ramo, pois o mero senso comum nos diz que é assim que as coisas são. Quando visitou Uganda em março de 1998, o presidente dos Estados Unidos Bill Clinton conheceu alunos da escola primária de Kisowera. Uma menina de onze anos, Annie Nakayemba, observou que esse era o presidente do mundo. "Ele é mais importante que meu presidente porque tem um exército maior e mais dinheiro."[2] Entretanto, nem sempre a validade da intuição de Annie foi reconhecida por todos.

Dizia-se também que, nos tempos da Roma antiga, Muciano, lugar-tenente do imperador Vespasiano, recolhia "quantias imensas" aos cofres públicos e "sempre declarava que o dinheiro era o sustentáculo da soberania..."[3]. Mas, como já foi dito a respeito das Razões de Estado, o comércio nem de longe tinha para o mundo clássico a mesma importância política que veio a adquirir na Europa moderna. Onde estão, por exemplo, os grandes textos sobre economia das bibliotecas de Atenas ou Roma? Platão dispensou o comércio da sua *República* por razões morais. Xenofonte a

1. M. Postlethwayt, *Great-Britain's True System* (Londres, 1757), p. 234.
2. *Financial Times*, 25 de março de 1998.
3. *Dio's Roman History*, vol. 8 (Londres, 1961), p. 261.

certa altura insiste em que a iniciativa privada seja incentivada, mas em outro trecho duvida que ela seja uma coisa boa. Claramente, não havia nenhum consenso quanto a esse ponto[4].

Pelo século XV, os venezianos – conhecidos como *signori delle coste* (Senhores do Litoral) – embasaram seu poderio no desenvolvimento do comércio. Ao passo que as guerras entre a Roma antiga e Cartago tinham por objeto o domínio da Europa, entre Veneza e Gênova elas visavam o controle sobre o comércio com a Ásia[5]. A sentença de Muciano tornou-se assim um lugar-comum na Itália medieval, embora de modo algum representasse uma opinião unânime. Maquiavel, por exemplo, não se impressionou nem um pouco: "... não é o ouro, como brada a opinião pública, que é o sustentáculo da guerra, mas os bons soldados: porque não há ouro em quantidade suficiente para conseguir bons soldados, mas bons soldados são mais que suficientes para conseguir ouro"[6].

Guicciardini, diplomata experiente e historiador renomado, divergiu com veemência da interpretação incorreta desse sábio conselho. "Quem quer que tenha sido o autor da frase 'o dinheiro é o sustentáculo da guerra'... não quis dizer que o dinheiro sozinho bastaria para travar guerra, nem que o dinheiro seria mais necessário que os soldados, porque essa seria não somente uma opinião tola, mas também totalmente ridícula; o que a frase quer dizer é que quem quer que empreenda a guerra tem uma enorme necessidade de dinheiro e que, sem dinheiro, seria impossível sustentar uma guerra, porque não só é necessário pagar aos soldados, mas também estar provido de armas, suprimentos, espiões, munições e todos os meios empregados na guerra... é muito mais fácil encontrar soldados com dinhei-

---

4. F. Algarotti, "Saggi sopra il commercio", *Saggi* (Pisa, 1763), org. G. da Pozzo (Bari, 1963), pp. 437-8.

5. *Ibid.*, p. 439.

6. Tomo 2 dos Discursos: N. Machiavelli, *Il Principe e Discorsi*, org. S. Bertelli (Milão, 1960), p. 304.

ro que encontrar dinheiro com soldados."[7] Entretanto, nem mesmo os admiradores de Guicciardini estiveram sempre tão dispostos a aceitar seu conselho quanto a essas questões. Eles se agarravam à sua afirmação de que a posse de riquezas gerava outro risco, o de um perigoso contentamento. Bacon relembrou a seu soberano, o rei Jaime I, o comentário de Guicciardini de que a prosperidade do "Estado mais sábio da *Europa*, o Senado de *Veneza*", os havia "tornado cheios de segurança, propensos a relevar os perigos"[8]. Além disso, Bacon em geral considerava que havia um "exagero no peso atribuído à fortuna ou à riqueza na avaliação da grandeza"[9]. Ele de fato considerava justificado o ceticismo de Maquiavel. Os exércitos franceses invasores não eram "carentes e mal supridos"?[10] Ademais, "o próprio texto de *Muciano*, do qual se originou essa opinião [de que o dinheiro era o sustentáculo da guerra], é citado incorretamente, pois sua frase foi *Pecuniae sunt nervi belli civilis*, o que é verdade, pois não podem existir Guerras civis entre pessoas de coragem diferente, e também porque nelas os homens costumam ser tanto comprados quanto derrotados. "Porém", conclui Bacon, "no caso de Guerras entre nações, é difícil que se encontrem grandes Monarquias no mundo que não tenham seus fundamentos na miséria e em fontes dignas de desprezo..."[11]; "a maioria dos grandes Reinos do Mundo brotou da dificuldade e da escassez de meios, como as plantas mais resistentes brotaram dos solos mais áridos"[12].

No entanto, a maioria refletia mais sobre as vantagens que sobre as desvantagens de uma maior riqueza. Até mesmo Bacon foi forçado a admitir que, havendo coragem, é

---

7. "Considerazioni sui 'Discorsi' del Machiavelli", *Opere di Guicciardini*, vol. 1, p. 661.

8. Carta de 31 de julho de 1617, *Letters, Memoirs*, p. 56.

9. "Of the true greatness...", *ibid.*, p. 204.

10. *Ibid.*, p. 205.

11. *Ibid.*, pp. 205-6.

12. *Ibid.*, p. 210.

melhor ter dinheiro para fazer a guerra que não ter, mas que "o dinheiro esteja naquelas mãos em que haja provavelmente maior poupança e acúmulo, e não naquelas mãos em que há geralmente mais despesa e consumo"[13]. Os holandeses eram o exemplo de maior sucesso. "Nada é de maior importância para aumentar o poder de um Estado e conquistar para ele mais habitantes e riquezas de todos os tipos que a iniciativa de seu povo e a quantidade de ofícios que ele exerça"; "o poder de um Estado é hoje avaliado tanto por suas riquezas em dinheiro como por suas dimensões". Assim escreveu o veneziano Giovanni Botero, autor de *Della Ragion di Stato*[14]. O primeiro equivalente econômico das Razões de Estado foi a noção da Balança Comercial, também rotulada de mercantilismo e, mais tarde, de protecionismo[15].

Antes de avançar, é preciso ter em mente que no início da Idade Moderna – decerto até Adam Smith e David Ricardo – não existia nenhuma ciência coerente da economia. Como observou *sir* Francis Brewster em 1695:

---

13. *Ibid.*, p. 211.

14. G. Botero, *The Reason of State* (Londres, 1956), pp. 134 e 150-1.

15. Há muito o texto clássico fundamental é E. Hecksher, *Mercantilism* (1934; reedição, Nova York, 1983); mas, a despeito de toda a sua inquestionável autoridade, seu tratamento do assunto é limitado e frio. Para dois competentes ataques a Hecksher: D. Coleman, "Eli Hecksher and the Idea of Mercantilism", *Scandinavian Economic History Review*, vol. V, n.º 1, 1957, pp. 3-25; e L. Herlitz, "The Concept of Mercantilism", *ibid.*, vol. XII, n.º 2, 1964, pp. 101-20. Para textos publicados muito antes que o de Hecksher que associam a economia à política, ver E. von Heyking, *Zur Geschichte der Handelsbilanz-theorie* (Berlim, 1880), G. Schmoller, *The Mercantile System and its Historical Significance* (Londres, 1896), e W. Cunningham, *The Growth of English Industry and Commerce* (Cambridge, 1907, 1910). Para uma excelente resenha da literatura inicial em inglês, Br. Suviranta, *The Theory of the Balance of Trade in England: A Study in Mercantilism*, Suomalaisen Tideackatemian Toimituksia, Annales (Helsinque, 1923). Também, W. Minchinton, org., *Mercantilism: System or Expediency?* (Lexington, Mass., 1969); D. Coleman, *Revisions in Mercantilism* (Nova York, 1969); e, mais recentemente, uma perspectiva de economistas: R. Ekelund e R. Tollison, *Politicized Economies: Monarchy, Monopoly, and Mercantilism* (College Station, Texas, 1997). Para uma aplicabilidade atual: R. Gilpin, *The Political Economy of International Relations* (Princeton, 1987).

> Não conheço nenhum outro tema sobre o qual se tenha escrito mais, e que tenha recebido tratamento mais precário, que o das Relações Comerciais; nem é de surpreender, já que a desgraça desse mistério consiste em não estar nas mãos dos filósofos, ou de homens instruídos nas Ciências Humanas; mas nas daqueles cuja educação se deu mais nos *Cantore* que nas escolas. E, quando homens com mentes e estudos mais refinados se dedicam ao tema, geralmente alçam vôos muito acima do autêntico significado e natureza do comércio, enquanto outros que são mais versados no assunto simplesmente o encobrem e o deturpam com incoerência e barafunda.[16]

As idéias que de fato surgiram eram derivadas diretamente da prática, e práticas tais como o protecionismo comercial não eram estranhas ao governo. Em 1603 Gerrard de Malynes (*c.* 1586-1641) relembrou que o rei Eduardo III da Inglaterra "tomava enorme cuidado para que as mercadorias estrangeiras nunca excedessem as mercadorias de seu país, com a consciência de que, se pagasse mais por elas do que o valor auferido pelas suas mercadorias, a diferença deveria ser coberta e saldada com o tesouro ou dinheiro do reino"[17]. O termo "Balança Comercial" foi publicado pela primeira vez pelo comerciante inglês Edward Misselden (*c.* 1608-1654) em 1623:

> Pois, como um par de pratos ou balança é uma invenção para nos mostrar o peso de objetos, por meio do qual podemos discernir o que é pesado do que é leve, e como um objeto difere de outro na escala do peso: do mesmo modo, essa *Balança Comercial* é uma excelente invenção política para nos mostrar a diferença de peso no *Comércio* de um Reino com outro: ou seja, se as mercadorias nacionais exportadas, e todas as mercadorias estrangeiras importadas, estão equilibradas ou se umas superam as outras na *Balança do Comércio*.

16. *Essays on Trade and Navigation* (Londres, 1695), p. i.

17. G. de Malynes, *Englands View, in the Unmasking of Two Paradoxes: With a replication unto the answer of Maister Iohn Bodine* (Londres, 1603), p. 70.

> Se as mercadorias nacionais pesam mais e excedem em valor as mercadorias estrangeiras importadas, é uma regra sem exceção que, nesse caso, o Reino enriqueça e prospere em bens e capital: porque o excedente daí resultante deve necessariamente entrar, como tesouro.[18]

Enquanto a doutrina de *laissez-faire* significava libertar a economia da interferência governamental, a sustentação da Balança Comercial exigia a intervenção direta para proteger a economia nacional da concorrência de rivais estrangeiros. Já se gastou muita tinta no esforço de diferençar o mercantilismo do protecionismo, sendo o argumento mais importante o de que os mercantilistas acreditavam em acumular ouro em barra pelo seu próprio valor, em comparação com os protecionistas industriais do final da Idade Moderna, que se preocupavam principalmente em proteger o desenvolvimento da indústria nacional. Essa descrição retrata fielmente uma boa parte do pensamento mercantilista, mas de modo algum o engloba na totalidade. De fato, os mais importantes teóricos do mercantilismo do século XVII tinham exatamente os mesmos objetivos que os protecionistas do século XIX.

O mercantilismo veio de modo natural do Estado-nação incipiente, embora, como aconteceu com o raciocínio político, o processo de articular as idéias subjacentes a ele estivesse muito atrasado em relação à prática. Foi a França que deu à luz a elaboração da defesa da proteção econômica. Por ironia, foi a França que deu à luz a enunciação do princípio do livre-câmbio, e foi este último o que surgiu antes. Em sua *Response à M. de Malestroit*, Jean Bodin apresentou a argumentação a favor do livre-câmbio no contex-

18. E. M. Merchant, *The Circle of Commerce. Or The Ballance of Trade, in defence of free Trade: To Malynes Little Fish & his Great Whale, & poized against them in the Scale. Wherein also, Exchanges in generall are considered: & therein the whole Trade of this Kingdome with forraine Countries, is digested into a Ballance of Trade, for the benefite of the Publique. Necessary for the present and future times* (Londres, 1623), p. 116.

to de uma análise do impacto que a importação de ouro do Novo Mundo exercia sobre o nível dos preços no Velho Mundo, que era nitidamente inflacionário. Escreveu ele: "... o fluxo do comércio... deve ser desimpedido e livre para garantir a prosperidade e grandeza de um reino [*le cours de la trafique... doibt estre franche et libre, pour la richesse et grandeur d'un royaume*]"[19]. Também acreditava, e essa era uma opinião derivada em última análise do compendiador romano Lúcio Floro (ver logo adiante), de que o comércio garantia a amizade de outros Estados, e o seu é o primeiro registro escrito dessa idéia na história moderna[20].

Bodin estava muito à frente do seu tempo, sendo de início muito mais liberal em sua reação aos acontecimentos do que seus contemporâneos na França. Esses acontecimentos eram as devastadoras guerras de religião que arrasaram o país e ameaçaram a própria existência do Estado. Quando escreveu sua *Response*, as guerras de religião ainda não tinham atingido seu apogeu aterrador. Três ondas (1569-1570, 1572-1573 e 1574-1576) sucederam-se uma à outra com brutal ferocidade. Isso teve seu efeito. Na época em que Bodin publicou os *Six livres*, em 1576, não restava mais nenhum traço de seu liberalismo. Longe de considerar o comércio como o remédio para as relações entre os Estados, ele recomendava a guerra como um meio de unir a nação agora gravemente dividida. Desse modo, a tendência

---

19. *Les Paradoxes du Sergneur de Malestroict, conseiller du roy, & Maistre ordinaire de ses comptes, sur le faict des Monnoyes, presentez a Sa Maieste, au mois de Mars, M. D. LXIV, Avec la response de M. Jean Bodin in ausdicts paradoxes* (Paris, 1568), reeditado em Paris, 1932, numa edição organizada por Hauser da Sorbonne, com o título de *La Response de Jean Bodin à M. de Malestroit 1568*, p. 35.

20. "... *deverions nous tousjours trafiquer, vendre, achepter, echanger, prester, voire plustost donner une partie de nos biens aux etrangers, et mesmes a noz voisins, quand ce ne seroit pour communiquer et entretenir une bonne amitie entre eux et nous*" – *ibid.*, p. 33. Também aplicou essa noção à sociedade nacional: "*ce que Dieu semble avoir fait, pour entre-tenir tous les sujets de sa republique en amitie, ou pour lemoins empechere qu'ils ne se facent longtemps la guerre, ayans tousjours afaire les uns des autres*". – *Ibid.*, p. 34.

belicosa e centralizadora tornou-se mais pronunciada no pensamento econômico e político francês na esteira das guerras de religião, em especial porque a fraqueza da França em relação a seus vizinhos pesava contra ela na luta selvagem pela sobrevivência e na concorrência que constituíam as relações internacionais naquele período. E assim desapareceu qualquer tendência a seguir os preceitos iniciais de Bodin acerca do comércio.

Eram essas as circunstâncias nas quais surgiu o primeiro registro de uma doutrina coerente sobre o mercantilismo na França pela pena de Barthélemy de Laffemas (1545-1611), que se tornou o *contrôleur général du commerce* no reinado de Henrique IV. Laffemas argumentava: "É muito necessário impedir a entrada desses produtos [estrangeiros] para que os bons e leais mercadores possam de agora em diante se ocupar em negociar mercadorias e produtos para lucro da França."[21] Esse era um complemento econômico natural à reivindicação de Bodin por um governo fortemente centralizado no período subseqüente às catastróficas guerras religiosas, que praticamente destruíram a França como reino unitário. Também refletia o extraordinário crescimento no comércio europeu, que acelerou o desenvolvimento da manufatura primitiva e com isso acentuou a rivalidade comercial existente entre as potências mais importantes. O sucessor imediato de Bodin foi Antoine de Montchrétien (1575/6-1621) cuja obra xenofóbica *Traicte de l'oeconomie politique,* publicada em 1615, tinha por base o legado de seu antecessor: "Que Vossas Majestades façam a experiência de proibir a importação de mui-

21. Citado em C. Cole, *Colbert and a Century of French Mercantilism,* vol. 1 (Nova York, 1939), p. 31. A afirmação que se faz em geral é que o verdadeiro introdutor do mercantilismo no pensamento econômico foi Antonio Serra de Cosenza, autor do *Breve trattato delle cause che possono far abbondare li regni d'oro et d'argento dove non sono miniere* (Nápoles, 1613). Contudo, esse volume passou despercebido pelos contemporâneos e somente chegou à atenção do público quando foi reeditado em 1780 por Galiani: *Enciclopedia italiana di scienze, lettere ed arti* (Roma, 1936-1944), p. 454.

tos artigos que são confeccionados pela habilidade dos homens, e não permitir que nenhum produto ou matéria-prima seja exportado deste reino, e terão a satisfação de ver que seu Estado tem todos os recursos, naturais e adquiridos, de que necessita para prosperar e viver bem."[22] Não muitos anos mais tarde, Montchrétien foi morto como huguenote, e sua obra praticamente desapareceu das bibliotecas de Paris[23]; mas o legado permaneceu nos corredores do poder.

Essas idéias não deixaram de ser contestadas. Entretanto, não foi por acaso que a defesa mais forte e mais coerente da proteção da indústria tenha se originado no seio de um Estado que enfrentava tanto dificuldades econômicas após uma guerra civil como a forte concorrência estrangeira; tampouco deveria surpreender que a argumentação em prol da liberação do comércio isentando-o de taxas alfandegárias destinadas a proteger a economia nacional se originasse àquela altura daqueles Estados que estavam eles próprios fazendo todo o estrago. No início do século XVII, *sir* Thomas Overbury observou a respeito dos holandeses, que "a maior parte de sua receita e de sua força depende do comércio, mistério de Estado no qual os holandeses são hoje em dia os mais versados"[24]. Embora não fosse de modo algum um economista político, Grócio começou onde Bodin tinha parado e adotou com aprovação o argumento de Lúcio Floro, que defendia o livre-câmbio por sua suposta contribuição para a paz internacional: "Segundo Floro", es-

---

22. *Ibid.*, p. 95.

23. Fomos informados de que seu livro foi classificado como reservado na Bibliothèque Nationale e que a única outra biblioteca em Paris que tinha um exemplar era a Mazarine em época posterior: Th. Funck-Brentano, "La Diplomatie et l'Économie Politique", *Revue d'Histoire Diplomatique*, n.º 1, 1887, p. 237.

24. *Sir Thomas Overbury's Observations in his Travels, upon the State of the Seventeen Provinces, as they Stood, Anno Domini 1609; the Treaty of Peace Being then on Foot* (publicado em 1626). Reproduzido em *Harleian Miscellany*, vol. 8, p. 363.

creveu Grócio, *"elimine-se o comércio e estará desfeito o laço que mantém unida a Humanidade."*[25]

Os autores ingleses não associavam o comércio à política dessa forma idealista. Foi somente na segunda metade do século XVIII que ressurgiu uma ligação explícita dessa natureza; e só depois das Guerras Napoleônicas ela se incorporou na Grã-Bretanha a toda uma filosofia política. No entanto, já em 1645, havia quem se queixasse de que "essas imunidades que foram garantidas na fase inicial do comércio para estimular as pessoas a ampliá-lo ou aperfeiçoá-lo não são tão adequadas a estes tempos, em que o comércio atingiu tamanho estágio de perfeição..."[26]. Àquela altura, a Inglaterra já se beneficiava com a Guerra dos Trinta Anos[27]. A situação foi bem descrita por *sir* Thomas Culpepper:

> os holandeses àquela altura estavam ocupadíssimos com sua guerra contra a Espanha, que (embora bastante próspera) representava algum obstáculo a seu crescimento no comércio; a Alemanha estava tão acossada e atormentada que não conseguia nem comerciar, nem lavrar; a Suécia era mero instrumento dos interesses da França; somente nós (sentados à sombra de nossas vinhas) tínhamos condição de dar a todos eles grandes vantagens, pois todos os mercados do mundo estavam repletos de nosso crescimento, enquanto era escasso o deles...[28]

---

25. H. Grotius, *The Rights of War & Peace in Three Books. Wherein Are Explained, The Law of Nature & Nations, and the Principal Points Relating to Government* (tradução para o inglês publicada por Barbeyrac, Londres, 1737). O texto de Floro dizia: *"... sublatisque commerciis, rupto foedere generis humani..."* – Lucius Annaeus Florus, *Epitome of Roman History*, organização e tradução de E. Forster (Cambridge, Mass., 1984), p. 190.

26. Citado em J. Viner, "English theories of foreign trade before Adam Smith", *Journal of Political Economy*, vol. 38, agosto de 1930, n.º 4, p. 417.

27. A queda brutal das receitas de exportação no início da década de 1620 parece não ter-se prolongado até a década de 1640. Para a melhor exposição: J. Gould, "The Trade Depression of the Early 1620's", *The Economic History Review*, vol. VII, n.º 1, Segunda Série, 1954, pp. 81-90.

28. *A Discourse Showing the Many Advantages by the Abatement of Usuary*: citado em R. Conquest, "The State and Commercial Expansion: England in the Years 1642-1688", *Journal of European Economic History*, vol. 14, n.º 1, janeiro-abril de 1985, p. 157.

Quando foram assinados os tratados de Vestefália, porém, e a paz retornou ao subcontinente europeu, o ressurgimento dos tradicionais rivais da Inglaterra no comércio levou a uma conscientização aguçada da importância de fatores econômicos no poder mundial e a um vigoroso debate sobre até onde o Estado deveria interferir.

O ressurgimento na França deveu-se em grande parte ao novo ministro de Luís XIV, Jean-Baptiste Colbert (1619-1683), que assumiu o pleno poder em 1661. Sem ser um pensador original, Colbert mesmo assim se dedicou aos princípios mercantilistas com um rigor e energia jamais vistos até então. Deu ênfase à atividade produtiva como meio para a prosperidade, como caminho para o poder. "As companhias comerciais são exércitos do Rei, e a indústria francesa, sua reserva", teria dito Colbert[29]. Ele resumiu a nova filosofia econômica num célebre aforismo que capta o espírito das relações internacionais nos séculos XVII e XVIII e distingue nitidamente o protecionista do livre-cambista em termos de política: "Devo acrescentar que o comércio causa um perpétuo conflito na paz e na guerra entre as nações da Europa, conflito que será vencido pelo melhor."[30]

Apenas dois anos depois de chegar ao poder, Colbert redigiu uma condenadora denúncia sobre a incapacidade da França para manter uma Balança Comercial positiva. Até 1620, argumentava ele, a Inglaterra e a Holanda não produziam seus próprios tecidos; elas mandavam o tecido cru para ser processado na França. Daquela época em diante, em decorrência da guerra, da falta de iniciativa e de muitos outros fatores, a França ficara para trás. "De tal modo que

---

29. Citado em P. Boissonnade, *Colbert: Le Triomphe de l'Étatisme. La Fondation de la Suprématie Industrielle de la France. La Dictature du Travail (1661-1683)* (Paris, 1932), p. 6.

30. "Dissertation sur la question: quelle des deux alliances de France ou de Hollande peut estre plus avantageuse a l'Angleterre". Março de 1669: *Lettres, Instructions et Mémoires de Colbert. Publies d'après les ordres de l'empereur sur la proposition de son excellence M. Magne, Ministre Secrétaire d'état des Finances*, vol. 6, org. P. Clement (Paris, 1869), doc. 33, p. 266.

antes o povo ganhava muito com os produtos (nenhum dinheiro saía do país em conseqüência dessa atividade e, pelo contrário, muito dinheiro entrava), e atualmente o povo nada ganha (muito de dinheiro sai do reino, e absolutamente nenhum entra)."[31] Colbert não só lançou uma série de companhias e regulamentações destinadas a promover a atividade produtiva e o comércio, como também exerceu forte pressão para que se criasse uma poderosa marinha mercante para conquistar o comércio em outros continentes. A oposição discutiu que uma grande potência como a França não deveria sujar as mãos com esse tipo de negócio: "Estados poderosos nunca se dedicaram ao comércio... tanto que esse tipo de iniciativa se tornou característico dos Estados fracos..."[32] A resposta de Colbert apresentou o exemplo dos venezianos, que tinham dominado o comércio com o Oriente até 1480, quando foram abertas rotas alternativas pelas viagens de descobrimento. Depois vinham os holandeses, que tinham assumido o papel predominante, enquanto a França estava enredada na guerra civil e nas guerras religiosas e a Espanha, obcecada pela monarquia universal, concentrava sua atenção na Europa. O que a França precisava fazer era seguir o exemplo dos holandeses.

A idéia fixa de equiparar-se às outras potências importantes e, na realidade, de superá-las impeliu Colbert a buscar todos os meios concebíveis de vantagem, quaisquer que fossem sua proveniência. Ilustra essa atitude uma carta a seu irmão, embaixador em Londres, datada de 20 de março de 1669:

> por... ser um tema da mais alta importância que sempre concerne a todas as questões na Inglaterra, procure sempre direcionar seus esforços para se concentrar e penetrar em tudo o que esclareça o que é bom e vantajoso para o comércio,

---

31. "Discours sur les manufactures du royaume", 1663, *Lettres et Mémoires*, vol. 2, parte 1 (Paris, 1863), pp. cclvii-cclviii.

32. "Mémoire sur le commerce", 3 de agosto de 1664, *ibid.*, p. cclxvi.

> bem como nas razões para seu crescimento e seu declínio. É absolutamente certo que a ganância extrema e a atitude tirânica com que os holandeses comerciam geram grande motivo de queixas contra eles por parte dos ingleses e de todas as nações da Europa.

Colbert em seguida deu instruções ao irmão para verificar o nível de demanda de diversas mercadorias e ainda acrescentou o aviso de que era "muito importante tratar desse tipo de assunto em grande segredo, principalmente porque, pelos nossos esforços, estamos aprendendo com os estrangeiros aquilo que seria muito conveniente que eles não percebessem. Creio que você sabe muito bem que questões dessa natureza são importantes para os reinos"[33].

Quanto aos holandeses, Colbert não foi de modo algum o primeiro a introduzir a noção de poder no mundo do comércio. "É um aforismo aceito entre os holandeses o de que a condição de prosperidade da Inglaterra constituiu uma diminuição da glória da Holanda; e também o de que o comércio e a reputação da força estão inseparavelmente ligados..."[34] Colbert levou a lição adiante, até a noção do Equilíbrio do Poder. A respeito dos holandeses, ele escreveu:

> usam... todos os meios, todo o seu poderio e toda a sua iniciativa para manter apenas em suas mãos o comércio do mundo inteiro e para privar deste todas as outras nações. Com o quê, estabelecem a máxima principal de seu governo, sabendo perfeitamente que, enquanto forem os senhores do comércio, suas forças terrestres e navais crescerão continuamente e lhes conferirão tanto poder que eles poderiam se tornar os árbitros da paz e da guerra na Europa e fixar os limites, que lhes conviessem, à justiça e a todos os planos dos reis.[35]

---

33. Para Colbert de Croissy, Ambassadeur en Angleterre, 20 de março de 1669, *Lettres et Mémoires*, vol. 2, parte 2, doc. 37.
34. *A Justification...*, *Harleian Miscellany*, p. 129.
35. "Dissertation...", *Lettres et Mémoires*, vol. 6, p. 264.

O comércio, em outras palavras, era o poder e o meio para o domínio político da Europa. Colbert defendeu então um equilíbrio:

> As máximas políticas dos maiores príncipes sempre disseram que nunca poderia ser vantajoso para um príncipe fraco aliar-se voluntariamente a um príncipe que fosse muito mais poderoso que ele, para que esse poderio não o dominasse e destruísse, como aconteceu tantas vezes; mas que o mesmo sentido de cautela exige que os príncipes fracos sempre trabalhem para manter um equilíbrio uniforme, aliando-se à potência mais próxima para impedir uma demasiada expansão [*accroisement*] da outra.
>
> Aplicando as mesmas máximas ao tema em questão: no comércio, os holandeses são os mais poderosos que existem ou que já existiram no mundo, os ingleses são mais fracos, e os franceses infinitamente mais fracos; logo, a prudência determina que nenhum desses dois Estados se alie aos holandeses, para evitar que seu comércio, ao invés de se beneficiar, seja sobrepujado e totalmente destruído; e a mesma prudência exige que os dois Estados se unam por seu interesse em empenhar toda a sua iniciativa numa guerra secreta contra o comércio dos holandeses...[36]

Dificilmente seria possível conceber provas mais convincentes e o quanto a supremacia econômica se tornara conscientemente vital para o poder mundial e o quanto sua aquisição era encarada puramente como jogo de soma zero. Colbert, na realidade, revelou-se tão bem-sucedido que dentro de não muito tempo os ingleses se voltavam para a França em busca de um modelo de desenvolvimento. De fato, esse foi, nas palavras do marquês de Condorcet, "um período em que o maquiavelismo mercantil era para os políticos da Europa quase uma nova forma de conhecimento [*science*] em que eles se distinguiam no autodidatismo e nas descobertas"[37].

---

36. *Ibid.*, p. 266.
37. *Oeuvres complètes de Condorcet*, vol. IV (Paris, 1804), p. 210.

Primeiro, veio o reconhecimento de que a Inglaterra estava ficando para trás. *Sir* William Temple, como emissário enviado a Haia, adquiriu inestimáveis informações de primeira mão sobre as condições que favoreceram a ascensão dos Países Baixos à liderança como potência mercantil. Temple ressaltou o surgimento de Veneza, da Lombardia, e então de Antuérpia e Lisboa como os sucessivos centros de comércio dentro da Europa e entre a Europa e o Oriente. "Contudo, todo esse tempo", salientou, "as outras nações mais importantes da Europa pouco se preocupavam com o assunto; sua ocupação era a guerra..."[38] "Em suma", prosseguiu ele "os reinos e principados estavam no mundo como os nobres e cavalheiros num país; as cidades e Estados livres, como os mercadores e comerciantes. Estes últimos, de início menosprezados pelos outros; os outros, servidos e reverenciados por eles; até que, pelos vários cursos dos acontecimentos no mundo, alguns deles vieram a enriquecer e tornar-se poderosos por sua diligência e parcimônia; e alguns dos outros empobreceram pela guerra e pelo luxo: o que fez com que os comerciantes começassem a assumir essas características e a se apresentar como cavalheiros; e que os cavalheiros começassem a se interessar pelo comércio."[39]

Tudo isso mudou com a Paz de Vestefália. "Pois, desde a Paz de *Munster*, que restaurou a Tranqüilidade da Cristandade em 1648, não só a *Suécia* e a *Dinamarca*, mas também a *França* e a *Inglaterra* ocuparam com maior atenção do que nunca antes os pensamentos e conselhos de seus vários governos, bem como os humores de seu povo, com questões de comércio."[40] A explicação era óbvia. Em reconhecimento da necessidade de avaliar o Equilíbrio do Poder – especialmente tendo em vista a espetacular ascensão e o declínio da Espanha, e agora a igualmente meteórica as-

38. Temple, *Observations...*, *Works*, vol. 1, p. 68.
39. *Ibid.*
40. *Ibid.*, p. 67.

censão e queda da Holanda –, os Estados tinham se tornado cada vez mais conscientes do papel do componente econômico. Como notou Temple, "Sendo a decadência e dissolução de organismos civis, bem como de organismos naturais, geralmente resultante de acidentes e golpes externos, bem como de perturbações ou enfermidades internas, parece igualmente necessário que qualquer Governo conheça e reflita sobre as constituições, forças e conjunturas entre seus Estados vizinhos, além das facções, humores e interesses de seus próprios súditos: pois todo poder não é mais que relativo; nem pode Reino algum ter uma medida justa de sua segurança por suas próprias riquezas ou força em casa, sem avaliar ao mesmo tempo quais invasões podem ser temidas e quais defesas esperadas de inimigos ou aliados fora de suas fronteiras." Assim, escreveu ele, "o comércio tornou-se o desígnio de todas as nações da Europa"[41].

Essa não foi a razão menos importante pela qual Temple publicou uma avaliação das causas da supremacia e decadência holandesa em suas *Observações sobre as Províncias Unidas dos Países Baixos*, em 1672. Nelas, ele salientava o fato de que os holandeses tinham pouquíssimas vantagens naturais para uma economia próspera e que, na realidade, suas próprias desvantagens, como uma grande população apinhada num pequeno espaço vulnerável à inundação pelo mar, levaram o povo à engenhosidade e ao comércio com o mundo lá fora como únicos meios de alcançar a prosperidade. Com o resto da Europa enredado na Guerra dos Trinta Anos, e com a Inglaterra perturbada pela guerra civil, os holandeses tinham aproveitado a oportunidade para dominar o comércio. Entretanto, com a paz e o retorno dos rivais ao mercado, a Holanda caiu tão rapidamente quanto como subira.

---

41. *A Survey of the Constitutions and Interests of the Empire, Sweden, Denmark, Spain, Holland, France and Flanders; with their Relation to England, in the Year 1671* – Temple, *Works*, vol. 1 (Miscellanea, Parte I), p. 83.

Os assuntos do interesse de Temple foram tratados por outros também envolvidos nas questões de Estado. O autor de *Some Considerations about the Commission for Trade* [Algumas considerações sobre a Comissão do Comércio], desde então identificado como Benjamin Worsley, consultor do governo, apresentou uma argumentação vigorosa:

> O comércio... tendo bem compreendido por nossos vizinhos e tendo se tornado tanto de seu interesse que eles agora lhe dedicam uma parte muito vigilante de sua atenção e governo, tal situação parece afastar de nós toda e qualquer escolha e nos impor uma necessidade agora inevitável: ou assumimos a liderança dessa importante e universal questão de Estado tornando-nos senhores do comércio ou no mínimo mantendo uma igualdade quanto a ele; ou devemos nos contentar em ser liderados por ele e humilhados sob o poderio daqueles que tenham capacidade de dirigi-lo e governá-lo.[42]

Com as exportações ainda em relativo declínio, Charles D'Avenant, duas décadas mais tarde, expressou opiniões de força semelhante. Ele argumentou em termos de Razões de Estado. O comércio era o segredo do poder político.

> Pois a guerra está bem diferente do que era na época de nossos antepassados, quando, numa expedição apressada e em batalha campal, a questão era decidida pela coragem, mas agora toda a arte da guerra está de certo modo reduzida ao dinheiro. E, nos nossos dias, a maior garantia de sucesso e conquista é a do príncipe que melhor conseguir encontrar dinheiro para alimentar, vestir e remunerar seu exército, e não daquele que tenha as tropas mais valentes.
>
> ... Pois o lucro decorrente do comércio não é a vantagem que o comerciante obtém para si, mas o que a nação inteira aufere líquido e certo na balança na troca com outros países de suas mercadorias e produtos.
>
> De tal modo que, se conseguirmos proteger nosso comércio a um ponto que nos permita sair lucrando no equilí-

42. Citado em Conquest, "The State...", p. 155.

brio geral, a despesa e a duração da guerra não nos afetarão tanto assim...[43]

D'Avenant deixou claro que a França era um modelo a ser seguido:

> Uma nação que por todos os seus negócios entra no equilíbrio geral aumenta visivelmente em força e poderio, como os reinos do Norte fizeram desde a guerra, e como a Inglaterra e a Holanda faziam antes; e um país que, por seus negócios, acaba perdendo no fechamento das contas visivelmente se enfraquece e entra em declínio, como a Espanha nestes últimos sessenta anos; e, nesses assuntos, os que não foram instruídos para trabalhar no comércio são juízes tão competentes quanto absolutamente qualquer mercador; pois é ao profundo discernimento dos ministros de Estado, Richelieu e Colbert, e não aos mercadores, que a França deve a prosperidade que seu comércio encontra ultimamente, e foi sua sabedoria, mais que a diligência de seus mercadores, que lançou os fundamentos dessa prosperidade.[44]

D'Avenant pode ser descrito como defensor de uma proteção muito limitada. Era contrário aos "metalistas", que também foram severamente criticados por livre-cambistas como *sir* Dudley North (1641-1691) e Nicholas Barbon (1640-1698).

Em 1691, North escreveu um eloqüente panfleto, *Discourses upon Trade* [Discursos sobre o comércio], repleto de frases que prenunciam os textos de Adam Smith e dos fisiocratas (ver p. 234). Atacou sem rodeios a noção da Balança Comercial, apresentando, entre outros, o argumento de

---

43. "An Essay upon Ways and Means", 1695, *The Political and Commercial Works of that celebrated Writer Charles d'Avenant, Ll.D. Relating to the Trade and Revenue of England, The Plantation Trade, The East-India Trade, And African Trade. Collected and revised by Sir Charles Whitworth, Members of Parliament*, vol. 1 (Londres, 1771), pp. 16-7.

44. "Discourses on the Public Revenues, and on the Trade of England. Which more immediately treat of the Foreign Traffic of this Kingdom. Pt. 2" (sem data), *ibid.*, pp. 386-7.

que "sempre que os homens deliberam sobre o bem público, como pela promoção do comércio, tema do interesse de todos, geralmente eles consideram que seu próprio interesse imediato é a medida comum do que é bom e do que é mau". E o empenho de North para liberar o comércio, como afirmado, deve ter parecido estranho e deslocado no mundo da guerra comercial de Colbert: "Ora, pode parecer estranho ouvir dizer", escreveu ele, prevendo o arquejo revelador da surpresa, "que o mundo inteiro, no que diz respeito ao comércio, não passa de uma nação ou de um povo, e nesse ponto as nações são como pessoas." E acrescentou que "a perda da relação comercial com uma nação não se reduz a esse fato encarado isoladamente, mas que, assim, um tanto do comércio do mundo é rescindido e perdido, pois tudo está entrelaçado"[45].

Cinco anos mais tarde, Barbon publicou um ataque lúcido e vigoroso contra o metalismo em particular e o protecionismo em geral. Sua argumentação contra a noção da Balança Comercial repousava quase inteiramente em motivos de praticabilidade. Na sua opinião, era quase impossível efetuar um cálculo preciso da balança comercial, mesmo a partir de documentos alfandegários, em grande parte porque aqueles itens que atualmente chamamos de "invisíveis" (serviços bancários, seguros e fretes) não eram sujeitos a registros centrais. Duas das máximas de Barbon pareceram verdades essenciais a seus sucessores franceses e indubitavelmente a Adam Smith: "Pois uma nação, enquanto nação, jamais comercia. São somente os habitantes e súditos de cada nação que comerciam..."[46] "Pois todos os mercadores vivem de seus Negócios; e, se eles enriquecem, a nação prospera."[47]

---

45. *Discourses upon Trade; Principally Directed to the Cases of the Interest, Coynage, Clipping, Increase of Money* (Londres, 1691), Prefácio.

46. N. Barbon, *A Discourse Concerning Coining the New Money Lighter. In Answer to Mr Lock's Considerations about Raising the Value of Money* (Londres, 1696), p. 36.

47. *Ibid.*, p. 4.

A Barbon seguiu-se o comerciante John Cary em *An Essay on the State of England, In Relation to its Trade, its Poor, and its Taxes, for Carrying on the Present War Against FRANCE* [Um ensaio sobre o Estado da Inglaterra, em relação a seu Comércio, seus Pobres e seus Impostos, por travar a presente guerra contra a FRANÇA], publicado em 1695. Nesse texto, Cary expõe sua argumentação a favor do livre-câmbio no contexto de um exame das tarifas impostas ao fumo importado da América. "Não creio", escreveu ele, "que novos impostos cobrados do importador venham tanto a beneficiar a receita de Vossa Majestade quanto a desestimular o comerciante; seria melhor eliminar os já existentes e, em vez deles, levantar uma soma muito maior sobre o consumidor..."[48] Ele considerava "estranho que uma nação cuja riqueza depende da atividade produtiva, e cujo interesse consiste em sobrepujar todas as outras... sobrecarregue-se com impostos [importações ou exportações]"[49]. Por sua vez, Cary foi sucedido por Defoe, que, através de seu jornal *Mercator*, protestou em 1713 contra os que se opunham a um tratado comercial com a França agora que a Guerra da Sucessão Espanhola fora vencida. "Não é fácil descobrir como o comércio veio a se enredar com lutas e disputas entre nações; e que isso ocorra entre nós é a grande desgraça e catástrofe desta nação", protestou o *Mercator*. Defoe, levantando o princípio das "Razões de comércio", chegou até mesmo a fazer objeção ao bloqueio econômico em tempos de guerra. "Proibir o comércio com uma nação porque divergimos quanto a questões de Estado e interesses políticos é o maior absurdo pelo qual uma nação pode ser responsabilizada."[50] Essa era a doutrina que se acreditava ter sido cunhada por um comerciante em conversa com Colbert: *laissez-nous faire*[51]. Nem

48. John Cary, *An Essay on the State of England, in Relation to its Trade, its Poor and its Taxes, For carrying on the Present War Against FRANCE* (Bristol, 1695), prefácio dirigido ao Rei.

49. *Ibid.*, pp. 23-4.

50. *Mercator: or Commerce Retrieved: Being Considerations on the State of the British Trade, &c.*, 23-25 de julho de 1713.

51. D. Stewart, *Biographical Memoirs, of Adam Smith, LL.D of William Robertson, D. D. and of Thomas Reid, D. D.* (Edimburgo), p. 142.

Barbon nem Cary se manifestaram explicitamente a favor do livre-câmbio. No entanto, o ataque ao metalismo – "O ouro e a prata não passam de mercadorias; e um tipo de mercadoria é tão bom quanto outro desde que seja do mesmo valor"[52] – e às práticas mercantilistas em geral – "não há nada tão prejudicial ao comércio da Inglaterra quanto as inúmeras leis de proibição de mercadorias ou a aplicação de um imposto excessivo, que equivale a uma proibição"[53] – deixa pouca dúvida quanto ao posicionamento de Barbon no debate.

Nada poderia estar mais distante do pensamento de Colbert ou mais próximo do espírito de Adam Smith, um século mais tarde. Essa ainda era, porém, a opinião da minoria. Um perspicaz observador estrangeiro, em 1763, apontou as Leis da Navegação, que exigiam que todos os produtos britânicos fossem transportados por naus britânicas, e as Leis dos Cereais, que protegiam a produção britânica de grãos, como base para o "imenso poderio por meio do qual eles [os britânicos] agora empreendem guerras ofensivas nos quatro cantos do mundo, e em todos os quatro saíram e continuam saindo vitoriosos"[54]. A maior parte do século XVIII foi na realidade dedicada a uma série de guerras travadas principalmente, se não totalmente, contra os franceses por motivos comerciais: em especial a Guerra dos Sete Anos (1756-1762). Na justificativa britânica, Colbert era o modelo, e os franceses, a ameaça. Citando Colbert, em sua pesquisa sobre "as *Causas secretas* dos *atuais infortúnios* desta nação", Postlethwayt comentou: "Assim o comércio consiste em trazer riquezas, os tesouros das Índias, e esses deverão ser empregados na criação de exércitos e marinhas, para tomar posse do mundo... A conquista é o objetivo dos franceses. O comércio recebe atenção apenas na qualidade de instrumento."[55] A vitória britânica na Guerra

52. Barbon, *A Discourse*, p. 40.

53. *Ibid.*, p. 42.

54. Algarotti, "Saggio...", p. 441.

55. M. Postlethwayt, *Britain's Commercial Interest Explained and Improved; In a Series of Dissertations on Several Important Branches of her Trade and Police:*

dos Sete Anos garantiu o controle sobre a América do Norte. Nos debates sobre o tratado de paz na Câmara dos Comuns no final de 1762, foi consenso que "o objetivo original da guerra era a segurança de nossas colônias no continente..."[56] Os partidários do governo "demonstraram o enorme aumento de população naquelas colônias no prazo de alguns anos. Mostraram que seu comércio com a metrópole tinha aumentado uniformemente com a população. Que, livres agora de serem molestados por inimigos e da concorrência de rivais, sem limites em suas posses, e pessoalmente seguros, pelo próprio desenrolar de sua natural propagação, nossos agricultores americanos em curtíssimo tempo proporcionariam uma demanda para nossas manufaturas tão grande quanto a fornecida por toda a mão-de-obra da Grã-Bretanha. Que, portanto, não havia motivo para temer aquela insuficiência de comércio que seus adversários insinuavam, já que a América do Norte sozinha supriria as deficiências de nosso comércio em todas as outras partes do mundo. Eles discorreram sobre a grande variedade de climas que o país continha, e as vastas razões para comerciar que decorreriam desse fato. Que o valor de nossas conquistas, desse modo, não deveria ser calculado pela produção atual, mas por seu provável aumento. Nem deveria o valor de país algum ser comprovado exclusivamente por suas vantagens comerciais...". Na época, parlamentares falaram com orgulho da Grã-Bretanha como "uma nação guerreira, poderosa e estupenda"[57]. A vitória permitiu a plena implementação de medidas protecionistas ao benefício comercial da Grã-Bretanha (e em detrimento da população das colônias). Como descreveu Edmund Burke,

---

containing A Candid Enquiry into the secret Causes of the present Misfortunes of the Nation. With Proposals for their Remedy. Also The Great Advantages which would accrue to this Kingdom from a Union with Ireland, vol. 2 (Londres, 1757), pp. 360-1.

56. 9 de dezembro de 1762: *Parliamentary History of England*, vol. XV (Londres, 1813), col. 1271.

57. *Ibid.*, col. 1272.

"era evidente que essas colônias tinham sido fundadas em subserviência ao comércio da Grã-Bretanha. A partir desse princípio, todo o sistema de nossas leis relativas a elas tornou-se um sistema de restrições. Foi estabelecido um duplo monopólio por parte da metrópole: 1. um monopólio de todas as suas importações, que deverão ser exclusivamente provenientes da Grã-Bretanha; 2. um monopólio de todas as suas exportações, que não deverão ser direcionadas para outro lugar que não seja a Grã-Bretanha, desde que possam servir a algum objetivo aqui. Com base na mesma idéia, foi decidido que elas deveriam nos mandar todos os seus produtos em estado bruto, e em seu primeiro estágio; e que deverão receber tudo de nós no último estágio de manufatura"[58].

A ironia é que a França que produziu Colbert, a expressão máxima das idéias protecionistas, veio a produzir sua exata antítese no século que se seguiu. Outra ironia, numa era de guerras perpétuas entre Londres e Paris, em razão do comércio, foi que os fisiocratas franceses se inspiraram em escritores ingleses para desenvolver seu conceito de livre-câmbio, uma dívida de gratidão abertamente reconhecida[59]. Os mais notáveis entre os fisiocratas foram François Quesnay (1694-1774), Anne-Robert Turgot (1727-1781) e Victor de Riqueti, marquês de Mirabeau (1715-1789). A França, em seguida aos triunfos de Luís XIV, tornou-se uma potência muito mais agressiva em termos econômicos, especialmente após o ocaso do predomínio naval holandês. Quesnay em especial avançou um pouco mais que Barbon e negou a aplicação do princípio da nacionalidade ao comércio e aos comerciantes. "O empresário é um estrangeiro apátrida", escreveu ele. Referiu-se com espontaneidade aos "pretensos empresários *nacionais*"[60] e, uma década de-

58. *The Works of the Right Honourable Edmund Burke*, vol. 1, p. 371.

59. Ver o agradecimento de Turgot em seu louvor a Vincent de Gourney: *Oeuvres de Turgot*, vol. 3 (Paris, 1808), citado em Stewart, *Biographical Memoirs*, p. 139.

60. Quesnay, *Du Commerce* (Paris, 1766): citado em Silberner, *La Guerre*, p. 197.

pois, escreveu sobre "a república universal dos negócios espalhados por países diferentes... pequenas nações dedicadas exclusivamente aos negócios que constituem meras partes dessa imensa república e podem ser consideradas capitais ou, se preferirem, guichês..."[61]. De modo semelhante, Mirabeau escreveu que o empresário deve encarar "o mundo como sua pátria"[62].

O sistema europeu de Estados cada vez mais secular e particularista tinha se originado do *corpus christianum* abrangente e unitário em tese. O pensamento político voltava-se mais para o particular que para o universal; e os horizontes se estreitavam em vez de se ampliar. Em comparação, o pensamento econômico tomava a direção oposta. Do arcabouço do particularismo – o do mercantilismo – surgiu uma nova economia política, que foi acertadamente descrita como cosmopolita em perspectiva e objetivo, prenunciada pelos fisiocratas e levada à Grã-Bretanha por importantes figuras do iluminismo escocês, sendo os mais notáveis David Hume (1711-1776) e Adam Smith (1723-1790). Como o historiador italiano Fanfani observou com relação aos fisiocratas e aos líderes do iluminismo escocês: "Os dois grupos movimentam-se no mesmo nível, mas em direções diferentes."[63] Os fisiocratas, naturalmente, tomaram emprestado da tradição mais liberal na Grã-Bretanha. Contudo, como Leslie Stephen salientou, faltava coerência aos próprios autores que pertenciam a essa tradição: "Pois num momento eles atingem uma elevação a partir da qual podem contemplar o planeta como um todo; e no instante seguinte sua visão é limitada ao horizonte visível de uma vitrine inglesa."[64]

61. "Analyse du Tableau économique", em F. Quesnay, *Oeuvres économiques et philosophiques*, org. A. Oncken (Paris, 1888), pp. 326-7.

62. Mirabeau, *Les Économiques* (Amsterdam, 1769), *ibid.*, p. 214.

63. A. Fanfani, *Storia delle dottrine economiche: Il naturalismo* (2ª edição, Milão, 1946), p. 143.

64. L. Stephen, *History of English Thought in the Eighteenth Century*, vol. 2 (edição de 1962), p. 253.

Hume tomou a noção da Balança Comercial e, em vez de usá-la para justificar políticas protecionistas, afirmou que, como a água, a balança encontraria naturalmente seu próprio nível se lhe fosse permitido mover-se sem impedimento. Como seu amigo e sucessor Smith, ele expressou inconscientemente um interesse nacional britânico, o da única verdadeira potência industrial que podia superar todas as outras em seus próprios mercados, como se fosse um interesse universal em prol do livre-câmbio. E, como no caso de Smith, a ligação entre os dois interesses torna-se mais aparente quando se descobre uma exceção à regra de ouro de que devemos fazer aos outros o que desejamos que nos façam. Hume atacou o predomínio de práticas protecionistas e mercantilistas por toda a Europa, na Grã-Bretanha inclusive, embora tipicamente refletisse interesses nacionais britânicos ao admitir a imposição de tarifas especiais – por exemplo, sobre o linho alemão –, o que incentivaria a produção nacional "e com isso multiplicaria nossa população e indústria"[65].

A posição vantajosa da nova economia política delineada por Smith em *An Inquiry into the Nature & Causes of the Wealth of Nations* [Investigação sobre a natureza & as causas da riqueza das nações] era tanto individualista como universal. O nível que ela eliminou quase por completo foi o do Estado-nação, com pouquíssimas exceções. Os mercantilistas focalizavam o poder do Estado em relação ao de outros Estados. Smith, por sua vez, estava interessado somente nas origens da riqueza, não em sua utilidade nas relações internacionais. Essa é a diferença crucial entre o mercantilista e o livre-cambista[66]. A perspectiva de Smith era essen-

---

65. D. Hume, "Of the Balance of Trade", em *Essays and Treatises on Several Subjects*, vol. 4 (Londres, 1754), pp. 73-86.

66. Esse ponto é exposto com a máxima clareza pelo reformador tributário e historiador da economia de Cambridge, William Cunningham, *The Growth of English Industry and Commerce in Modern Times* (Cambridge, 1882), p. 434. Edições subseqüentes cobrem uma área maior que a edição original, mas não alteram de modo algum a interpretação.

cialmente a do proprietário individual, e havia um nítido laivo moralista nos conselhos aparentemente pragmáticos oferecidos às potências constituídas. "Conceder o monopólio do mercado nacional à produção da indústria local, em qualquer arte ou fabricação em particular, consiste, até certo ponto, em orientar indivíduos sobre como deveriam aplicar seu capital e, em quase todos os casos, deve ser uma regulamentação inútil ou prejudicial."[67]

Smith tinha propósitos políticos e morais claros. E, a menos que se capte o tremendo impacto da Guerra dos Sete Anos travada exclusivamente pela vantagem comercial, será difícil avaliar até que ponto suas opiniões eram radicais. Sua interpretação das leis do comportamento econômico, para o bem ou para o mal, derivava diretamente de seus ideais. Seu amigo e biógrafo Dugald Stewart notou a "conexão entre seu sistema de política comercial e as especulações de seus primeiros anos, nas quais ele deixava mais manifesto seu propósito de promover o desenvolvimento e a felicidade humana"[68]. E Stewart observou o fato de que os comentários de Smith "referentes à inveja do comércio são expressos num tom de indignação que ele raramente assume em seus escritos políticos"[69]. Examinemos o ataque de Smith ao "sistema mercantil":

> os artifícios dissimulados de comerciantes mesquinhos são transformados em máximas políticas para a condução de um grande império. De acordo com máximas como essas,

---

67. A. Smith, *An Inquiry into the Nature & Causes of the Wealth of Nations* (Londres, 1776), p. 36.

68. D. Stewart, *Biographical Memoirs*, p. 87. Para mais a respeito do que o historiador alemão Oncken chamou de "Des Adam Smith Problem" (*Zeitschrift für Socialwissenschaft*, 1878), ver a introdução do livro de Smith de autoria de Edwin Cannan, que originalmente descobriu anotações das conferências de Smith que precederam a viagem à França para seu encontro com os fisiocratas: E. Cannan (org.), *An Inquiry into the Nature and Causes of the Wealth of Nations*, vol. 1 (Londres, 1904; reeditado em 1950), e para mais sobre o contexto: I. Hont e M. Ignatieff (orgs.), *Wealth and Virtue: The Shaping of Political Economy in the Scottish Enlightenment* (Cambridge, 1983).

69. *Ibid.*, p. 90.

> ensinou-se a nações que seu interesse consiste em arruinar todos os seus vizinhos. Cada nação foi forçada a encarar com um olhar invejoso a prosperidade de todas as nações com as quais comercia e a considerar o lucro delas seu próprio prejuízo.[70]

Fazendo eco a Floro, Grócio e aos fisiocratas, Smith escreveu: "O comércio, que naturalmente deveria ser entre as nações, como entre indivíduos, um elo de união e amizade, tornou-se a fonte mais fértil de discórdia e animosidade."[71] A guerra era, segundo essa opinião, uma conseqüência direta do protecionismo. A liberação do comércio salvaria o mundo das letais conseqüências da rivalidade entre Estados que tanto marcaram a vida européia no século XVIII e nos anteriores: "Se todas as nações seguissem o sistema liberal de livre exportação e livre importação, os diferentes Estados nos quais um grande continente estivesse dividido se assemelhariam às diferentes províncias de um poderoso império."[72] Era o renascimento da noção do império universal, noção baseada não numa religião unificadora, nem sob a hegemonia unificadora de uma única potência, mas sob o imparcial poder unificador do capital. Essa visão foi então ainda mais ampliada, no continente europeu, pelo grande popularizador de Smith, Jean-Baptiste Say, um colaborador de Mirabeau no *Courrier de Provence* e um dos industriais arruinados pelo Sistema Continental de Napoleão[73]. Na Grã-Bretanha, a defesa foi empreendida por David Ricardo, por liberais radicais como o jovem Palmerston e, talvez mais os bem lembrados, por Cobden e Bright. Naturalmente, essa abordagem "imparcial" por acaso se adequava aos interesses correntes da única importante potência produtiva do mundo: a Grã-Bretanha. O fato de Smith não ser inteiramente imune à influência das necessidades específicas do país transparece

70. Smith, *An Inquiry*, pp. 90-1.
71. *Ibid.*, p. 82.
72. *Ibid.*, p. 125.
73. Ver Fanfani, *Storia*, pp. 148-9.

de modo mais explícito. Pelo menos uma das duas únicas exceções que ele concederia à necessidade de livre-câmbio favorecia de modo nada estranho o interesse britânico: as exigências da defesa, que requeriam um monopólio do transporte de mercadorias no mar (as Leis da Navegação). Como admirador de Smith, o economista político francês Charles Genilh observou, em tom pouco caridoso, que "Essa maneira de encarar a lei [*sic*] de Navegação inglesa revela no autor um apego maior a seu país do que à verdade"[74].

Como Misselden, mas não como Smith ou Hume, Say tinha verdadeira experiência prática – era um pequeno industrial. Seu texto apresenta todas as características do iluminismo francês: um talento para a sistematização e uma extraordinária e sensata lucidez, produto no mínimo de uma mente observadora e afiada, mas com tendência a um excesso de simplificação no que dizia respeito a questões teóricas. Suas alegações sobre a nova ciência da "economia política" não eram modestas; afirmava com ousadia "verdades que podem ter utilidade em todos os tempos e em todos os países"[75]. Sua propensão inerente era a de interpretar o tema das ciências morais (sociais) em termos positivistas: em sua opinião, nas ciências morais, havia fatos estabelecidos, como nas ciências naturais[76]. Para isso, ele necessariamente pretendia excluir a política da economia política. "A política em si – a ciência de organizar sociedades – há muito tempo é confundida com a economia política, que nos ensina como a riqueza é criada, distribuída e consumida. A riqueza é, porém, essencialmente independente da organização política."[77] Segundo essa perspectiva, a forma de governo não fazia diferença. Entretanto, ele enfraqueceu sua

74. C. Genilh, *An inquiry into the Various Systems of Political Economy; their Advantages and Disadvantages, and the Theory Most Favourable to the Increase of National Wealth* (Nova York, 1812), p. 279.

75. Jean-Baptiste Say, *Traité d'Économie Politique ou Simple Exposition de la manière dont se forment, se distribuent et se consomment les richesses*, vol. 1 (4.ª edição, 1819), p. v.

76. *Ibid.*, p. xxv.

77. *Ibid.*, p. ix.

própria posição ao usar a economia política como explicação para as relações internacionais. Preferências tarifárias, afirmou ele, causavam guerras[78]. Argumentava que não era "do interesse das nações lutar entre si..." e, com a mesma falta de provas, ia ainda mais adiante: "Todas as nações são amigas por natureza; e dois governos que travem guerra não são tanto inimigos de seus adversários como inimigos de seus próprios súditos."[79] O historiador da economia, favorável ao protecionismo, William Cunningham mais tarde descreveu Smith como quem "isolou a ciência econômica da política"[80]. Não era a pura verdade. O que Smith realmente fez foi inverter o relacionamento entre as duas. Enquanto, para o mercantilista, as exigências políticas sempre antecediam a necessidade econômica, para Smith a necessidade econômica não apenas antecedia como também determinava os resultados políticos. A economia de Smith era, portanto, não "positiva" mas tão "normativa" quanto a dos economistas políticos que o precederam.

A prescrição política andava de mãos dadas com uma determinação de avaliar questões econômicas anteriores exclusivamente em termos de valores econômicos. Say afirmou que o comércio criava uma dependência de igualdade entre as economias, fossem elas exportadoras de matérias-primas, fossem essencialmente industriais. Essa posição estava em total conflito com a assumida por Montesquieu (1689-1755), que alegava que a Polônia, país agrícola, tinha apenas cereais a exportar. Não eram os países que tinham necessidade de alguma coisa que perdiam com o comércio, escreveu Montesquieu, mas aqueles "que têm necessidade de tudo. Não é o povo que é auto-suficiente, mas aquele que não tem nada é que encontra vantagem em não comerciar com ninguém"[81]. Quase se poderia estar escutando Raúl

78. *Ibid.*, p. 228.

79. Vol. 2, pp. 299-300.

80. Cunningham, *The Growth*, p. 440.

81. Montesquieu, *De l'Esprit des lois*, vol. 2 (tomo 20, capítulo 23), org. P. Derathé (Paris, edição de 1973), p. 18. [Trad. bras. *O espírito das leis*, São Paulo, Martins Fontes, 3ª ed., 2005.]

Prebisch na Conferência das Nações Unidas para o Comércio e o Desenvolvimento (ver adiante, pp. 359-62).

O pressuposto geral do mercantilista era o de que o comércio era como um jogo de soma zero: o prejuízo de alguém era necessariamente o lucro de outro e vice-versa; era impossível que todos ganhassem ao mesmo tempo. Essa atitude resultou numa restrição absurda ao comércio e foi até certo ponto responsável pelas guerras da segunda metade do século XVII e da maior parte do século XVIII. O novo pressuposto dos livre-cambistas era que o comércio irrestrito beneficiaria (não necessariamente de modo igual) a todos em termos econômicos. Alegavam que, com isso, ele traria a paz entre sociedades concorrentes, a partir da hipótese de que essa concorrência fosse, em algum sentido fundamental, uma conseqüência artificial do protecionismo e uma condição que seria encerrada com o advento do livre-câmbio. Assim, na medida em que o Estado era levado em consideração, era com referência à sua extinção final. Isso constituía de fato um novo desafio à supremacia da *raison d'état* e sua substituição pela *raison de commerce* de natureza supranacional, ou, como Defoe a denominou, "Razões de Comércio". O resultado final seria a hegemonia do mercado.

Era perfeitamente natural que fosse na Grã-Bretanha e na linha de atuação britânica que o livre-câmbio exercesse primeiro seu impacto. A Revolução Industrial havia gerado sua supremacia econômica em relação ao resto do mundo. Nem mesmo a tributação esmagadora durante a Guerra dos Sete Anos e as Guerras Napoleônicas tinha conseguido deter os índices de crescimento sem precedentes, por ínfimos que fossem segundo os padrões dos tempos atuais. Era inevitável que o desenvolvimento econômico fosse visto como uma panacéia para todos os males e, junto a ele, a expansão do império. Sem nenhuma sutileza, John Stuart Mill, em seus *Principles of Political Economy with Some of Their Applications to Social Philosophy* [Princípios de economia política com algumas de suas aplicações à filosofia social], reivindicou para o comércio o papel de civilizador do mundo. "O comércio é agora o que a guerra foi no passado", afirmou "a principal fonte... de contato." E acrescentou: "pode-se dizer sem exagero que a enorme extensão e o rápido aumento do comércio internacional – as principais garantias da paz do mundo – são a grande e permanente certeza do progresso ininterrupto das idéias, das instituições e do caráter da espécie humana"[82].

Essas alegações pretensiosas agora penetravam nas altas esferas do Estado. David Ricardo, o brilhante financista que se tornou economista, publicou *On the Principles of Political Economy and Taxation* [Princípios de economia política e tributação] em 1817, dois anos antes de entrar para a Câmara dos Comuns, onde liderou uma batalha prolongada contra o protecionismo agrícola. O texto, que gerou a lei da vantagem comparativa, afirmava o seguinte:

> Sob um sistema de comércio perfeitamente livre, cada país naturalmente destina seu capital e mão-de-obra à atividade que lhe seja mais benéfica. Essa busca da vantagem individual está admiravelmente vinculada ao bem universal do conjunto. Ao estimular a independência, recompensar a engenhosidade e empregar do modo mais eficaz os poderes peculiares concedidos pela natureza, ele distribui o trabalho mais eficaz e economicamente; enquanto, com o aumento da massa geral da produção, propaga o benefício geral e une pelo laço comum do interesse e do intercâmbio a sociedade universal por todo o mundo civilizado.[83]

O jovem e liberal visconde Palmerston fora enviado a Edimburgo para estudar as idéias de Smith e, no debate da Câmara dos Comuns sobre a abolição das Leis dos Cereais em 1842, muito depois do falecimento de Ricardo, proferiu um discurso digno de Floro, Grócio e Smith:

> há razões maiores pelas quais essa doutrina [da auto-suficiência econômica] deveria ser repudiada por esta Câmara.

---

82. J. S. Mill, *Principles of Political Economy with Some of Their Applications to Social Philosophy*, org. J. Robson (Toronto, 1965), p. 594.

83. D. Ricardo, *On the Principles of Political Economy and Taxation* (Londres, 1817), p. 156.

> Por que a terra em que vivemos é dividida em regiões e climas? Por que, pergunto eu, países diferentes oferecem produtos diferentes a povos com necessidades diferentes? Por que eles são cortados por rios caudalosos – as estradas naturais das nações? Por que as terras mais distantes umas das outras são aproximadas a ponto de quase entrar em contato pelo próprio oceano que parece dividi-las? É, senhor, para que o homem dependa do homem. É para que a troca de mercadorias seja acompanhada da expansão e difusão do conhecimento – do intercâmbio de mútuos benefícios que gerem mútua simpatia – com a multiplicação e confirmação de relações de amizade. Para que o comércio possa avançar livremente, conduzindo a civilização com uma das mãos e a paz com a outra, para tornar a humanidade mais feliz, mais sábia, melhor. Senhor, essa é a disposição da Providência – é o decreto daquela força que criou e ordenou o universo; mas, com uma insensatez arrogante e presunçosa, os que lidam com impostos restritivos a desafiam abertamente, tolhendo as energias inatas do homem e impondo sua mesquinha legislação em vez das grandes leis permanentes da natureza.[84]

Essa foi, porém, uma reivindicação bastante modesta comparada com as apresentadas em prol do livre-câmbio pelo dono de fábrica e parlamentar vitoriano Richard Cobden: "O Livre-Câmbio é a diplomacia de Deus, e não existe nenhum outro meio seguro para unir pessoas em laços de paz."[85] Não havia limites em seu entusiasmo pelos benefícios políticos derivados dessa linha de ação. Como declarou em 1846,

> Acredito que, das vantagens decorrentes do sucesso desse princípio, a física será a menos significativa para a humanidade. Olho mais longe; vejo no princípio do Livre-câmbio aquilo que atuará no mundo moral como o princípio da

---

84. 16 de fevereiro de 1642: *Hansard's Parliamentary Debates*: 3ª série, vol. LX (Londres, 1842), cols. 618-9.

85. Citado em *The Foreign Policy of Victorian England*, p. 85.

> gravitação no universo – aproximando os homens, descartando o antagonismo de raça, credo e idioma, para nos unir nos laços da paz eterna. Olhei ainda mais longe. Especulei, e provavelmente sonhei, sobre o futuro remoto – isso mesmo, daqui a mil anos –, especulei sobre qual poderia ser o efeito do triunfo desse princípio. Acredito que o efeito será o de mudar a aparência do mundo, de tal modo que se apresente um sistema de governo totalmente distinto do que o que agora predomina. Acredito que o desejo e a motivação para a existência de impérios vastos e poderosos, para exércitos gigantescos e enormes forças navais – para aqueles materiais que são usados para a destruição da vida e a devastação dos frutos do trabalho – acabarão desaparecendo; acredito que coisas assim deixarão de ser necessárias, ou de ser usadas, quando o homem se tornar uma família e trocar livremente os frutos de seu trabalho com seu próximo. Acredito que, se nos fosse permitido reaparecer neste cenário terreno, veríamos, num período muito distante, o sistema de governo deste mundo transformado em algo semelhante ao sistema municipal; e acredito que o filósofo especulativo de daqui a mil anos identificará a maior revolução que um dia ocorreu na história universal a partir da vitória do princípio que nos reunimos aqui para defender...[86]

A crítica ao livre-câmbio que se seguiu a Smith veio de vários setores. Talvez a fonte mais improvável tenha sido o ex-libertário, o socialista utópico Johann Fichte (1762-1814). Em *Der geschlossene Handelsstaat* [O Estado comercial fechado], publicado em 1800, ele procurou proteger o indivíduo e o Estado dos efeitos prejudiciais da concorrência irrestrita, que arruinava a ambos. A opinião de Fichte sobre como os Estados se comportavam no comércio condizia com as próprias práticas tão evidentes na Europa do século XVIII e que foram atacadas com tanto vigor por Smith: um mundo mercantilista em que o comércio era visto em termos de soma zero, onde a preponderância de uma nação

---

86. 15 de janeiro de 1846, *ibid.*, doc. 38.

era desafiada e enfraquecida por outra[87]. Na visão de Fichte – que prenunciou a visão de Lênin sobre o *imperialismo: o estágio mais elevado do capitalismo,* mais de um século depois –, "o interesse comercial gerador de conflitos costuma ser a verdadeira causa da guerra mesmo que outro pretexto seja apresentado"[88]. E Fichte tinha plena consciência de que as coisas iriam piorar, com "uma guerra interminável de todos contra todos no comércio internacional, semelhante à guerra entre vendedores e compradores; e essas guerras ficariam mais violentas, mais injustas e mais perigosas em suas conseqüências" à medida que a população do mundo fosse aumentando[89]. Por acreditar que o comércio era naturalmente desigual em vez de tender ao equilíbrio, como acreditavam Smith e David Ricardo, e por considerar que essas desigualdades provocavam a guerra, era lógico que Fichte entendesse que a melhor forma de evitar o conflito era "que o Estado se fechasse totalmente, isolando-se de todo o comércio com países estrangeiros..."[90]. O que ele visualizava, portanto, era um Estado que protegia sua própria indústria e, na realidade, também protegia os outros dela. O impacto de sua argumentação certamente não deixou de ter seu efeito sobre seus compatriotas, certamente à medida que ele foi se tornando mais identificado com o nacionalismo alemão. As guerras revolucionárias francesas aguçaram suas percepções e tornaram mais urgente sua mensagem. Suas célebres *Reden an die Deutsche Nation* [Discursos à nação alemã] foram proferidas durante o inverno de 1807-1808 na Academia em Berlim "enquanto um marechal francês governava a cidade, enquanto regimentos com bandas tocando passavam por lá, enquanto havia es-

---

87. Fichte, *Der geschlossene Handelsstaat* (Tübingen, 1800), em *Johan Gottlieb Fichte's sammtliche Werke*, vol. 3 (Berlim, 1845), pp. 467-8.

88. *Ibid.*

89. *Ibid.*, pp. 457-8.

90. *Ibid.*, p. 476.

piões espalhados pela platéia..."[91]. Nelas Fichte argumentava: "Reconheçamos afinal que, embora as fantásticas teorias sobre o comércio internacional e a produção para o mundo possam ser úteis ao estrangeiro e estejam associadas às armas com as quais ele sempre nos invadiu, elas não têm nenhuma aplicação para os alemães; e que, após a unidade entre nós, a independência interna e a auto-suficiência comercial são o segundo caminho para nossa salvação, e através delas para o bem-estar da Europa."[92] Fichte não tinha nenhuma ilusão de que suas propostas constituíssem uma opção imediata para qualquer Estado específico, mesmo para a Alemanha de sua época. Contudo, ocorre invariavelmente que, uma vez postas no papel, tais idéias adquirem vida própria e, quando implementadas, apresentam pouca relação direta com a intenção original de seu autor.

Os que se encontravam mais perto do centro dos acontecimentos eram naturalmente mais moderados e, pelo menos a curto prazo, mais influentes. Jacques Necker (1732-1804), ministro de Luís XVI e mais tarde da convenção revolucionária na França, estava assim enraizado de modo mais característico nas realidades presentes. "Indubitavelmente", reconheceu Necker, "se todas as nações, através de um tratado comum, desejassem revogar todas as tarifas e direitos sobre a entrada de mercadorias, a França não deveria se recusar; pois é provável que ela saia ganhando com esses acordos." No entanto, isso era uma quimera: "as potências que perderiam com essa liberdade não a adotariam de modo algum, e as que lucrariam com ela a desejariam em vão. E mais, se uma nação desejasse apresentar a idéia dando o exemplo, ela estaria sendo tão insensata quanto um indivíduo que, na esperança de estabelecer uma comuna, permitisse a partilha de sua herança com todos os seus vi-

---

91. De um artigo de jornal de 19 de setembro de 1822. Citado em H. Engelbrecht, *Johann Gottlieb Fichte: A Study of his Political Writings with Special Reference to his Nationalism* (Nova York, 1933), p. 125.

92. Citado em *ibid.*, p. 120.

zinhos". E acrescentou: "Pode-se facilmente pintar um belo quadro da fraternidade das nações; podem-se considerar bárbaras as leis preventivas que separam os diferentes Estados da Europa, através das quais cada um gere seus recursos naturais para criar a prosperidade; mas descobrir ao mesmo tempo que as chamas da guerra se acendem sem hesitação na disputa por alguma ilha deserta é formar uma associação absurda das idéias mais contraditórias."[93]

Essa não foi uma reação atípica por parte de um ex-funcionário público de alto escalão a esquemas utópicos. Entretanto, a primeira reação coerente contra a nova doutrina surgiu nos Estados Unidos. Não foi por acaso. Era a nova república que, tendo obtido da Grã-Bretanha a independência política, procurava agora industrializar-se, especialmente para fazer oposição à feroz concorrência econômica britânica. Ao passo que um escocês, como na realidade qualquer inglês, poderia embutir em seu modelo econômico o fácil pressuposto de que todas as economias estavam concorrendo num campo imparcial, era extremamente improvável que qualquer americano escolhesse essa perspectiva. Embora em princípio empenhados com o livre-câmbio, os líderes do movimento pela independência divergiam quanto ao ponto até o qual o seguiriam na prática. James Madison reconhecia que "o interesse nem sempre se regula de acordo com o melhor propósito. Daí a conveniência e sagacidade da interferência de regulamentações comerciais, de conceder subsídios e impor restrições"[94]. Ademais, George Washington fez questão de usar traje de tecido de fabricação local em sua posse, em 1789[95]. Não muito tempo depois, em 1791, Alexander Hamilton escrevia em

93. "De l'Administration des Finances de la France" (Paris, 1784): *Oeuvres complètes de M. Necker, publiées* par M. le Baron de Sael, son petit-fils. Vol. 4 (Paris, 1821), p. 559.

94. Citado em F. List, *Werke*, vol. 2: *Grundlinien einer politischen ökonomie und andere beitrage der Amerikanischen Zeit 1825-1832,* org. W. Notz (Berlim, 1931), p. 183.

95. *Ibid.*, p. 184.

seu célebre "Relatório sobre o tema das manufaturas": "os Estados Unidos não podem fazer intercâmbio com a Europa em termos de igualdade, e a falta de reciprocidade iria torná-los vítima de um sistema que os induziria a confinar seus horizontes à agricultura e a se abster das manufaturas. Da parte dos Estados Unidos, uma necessidade constante e crescente das mercadorias da Europa e, em troca, uma demanda apenas parcial e ocasional de suas próprias mercadorias poderiam tão-somente expô-los a um estado de empobrecimento, comparado com a opulência à qual suas vantagens naturais e políticas permitem que eles aspirem"[96]. Hamilton não estava exagerando. Exilado nos Estados Unidos em 1793, o antigo e futuro ministro das Relações Exteriores da França Talleyrand dedicou-se aos negócios como meio de vida. Comentou que as importações eram fornecidas "de modo tão abrangente pela Inglaterra que há motivos para duvidar se a Inglaterra gozava de um privilégio mais exclusivo na época do protecionismo mais acirrado diante das colônias que eram então suas do que o que ela goza atualmente em relação aos Estados Unidos independentes". Talleyrand, pelo conhecimento adquirido na prática, atribuiu essa situação ao poderio avassalador dos mercados industriais e financeiros britânicos que, com base num ressarcimento anual, permitiam vendas a preços baixos e com abundância de crédito, o que proporcionava uma perfeita interação da distribuição, dívida e circulação[97].

Os acontecimentos contribuíram para corroborar as opiniões de Hamilton. As guerras revolucionárias na Europa isolaram o continente do comércio britânico quando Napoleão impôs o decreto de Berlim de 21 de novembro de 1806, o que resultou na retaliação britânica em 1807 (decre-

---

96. "The Report on the Subject of Manufactures", 5 de dezembro de 1791: *The Papers of Alexander Hamilton*, vol. X, org. H. Syrett *et al.* (Nova York, 1966), p. 263.

97. "Les États-Unis et l'Angleterre en 1795: Lettre de M. De Talleyrand": *Revue d'Histoire Diplomatique*, 1889, Ano 3, pp. 71-2. A carta foi enviada a lorde Lansdowne.

tos reais – *Orders in Council*) e outras medidas por parte da França (o decreto de Milão) para isolar a economia britânica. A insensatez da retaliação britânica foi alvo de duros ataques por parte de Henry Brougham na Câmara dos Comuns e, entre outros, por parte de artigos publicados pela *Edinburgh Review* no país vizinho. Como a França dependia pouquíssimo do comércio exterior e, portanto, as ameaças a ela eram vazias de substância, foram somente a Grã-Bretanha e a frota neutra que sofreram. O maior preço foi pago, porém, pelas vendas de produtos britânicos aos Estados Unidos. Já em 1812, a *Edinburgh Review* ressaltava "como nossa prosperidade comercial depende intimamente de nosso intercâmbio com aquele país, e o quanto suas necessidades devem depender do nosso funcionamento..."[98].

Em conseqüência da miopia britânica, foi permitido pela primeira vez aos americanos agir realmente por conta própria. Foi nessas condições que Hezekiah Niles de Baltimore (um dos três portos mais importantes do país) começou a publicar *The Weekly Register*. Quando era "ainda garoto", Niles "ficou impressionado com a opinião de que a república jamais poderia atingir seu legítimo poder de fazer o bem ou punir o mal enquanto dependesse de qualquer outro país para produtos siderúrgicos, artigos de vestuário etc., dificilmente menos necessários que os alimentos..."[99]. A primeira edição, impregnada desse princípio, foi lançada em 7 de setembro de 1811, depois de Napoleão ter rescindido todas as medidas que afetavam o comércio dos Estados Unidos, mas com os britânicos ainda confiscando a frota mercante americana e convocando marinheiros americanos para a marinha britânica. Logo eclodiu a guerra entre a Grã-Bretanha e os Estados Unidos. Na véspera da guerra, Niles inaugurou seu jornal, que logo se tornaria uma voz respeitada em muitas questões, sobretudo a questão do pro-

---

98. Uma resenha de *The Speech of Henry Brougham Esq. M.P. in the House of Commons, on Tuesday the 16th of June 1812, upon the present State of Commerce and Manufactures* (Londres, 1812), *Edinburgh Review*, p. 241.

99. *Niles' Weekly Register*, vol. XXVI, n.º 659, 1.º de maio de 1824.

tecionismo industrial, com a comunicação de que Niles publicaria o relatório de Hamilton. E acrescentou: "O presente é um período que conduz naturalmente ao estabelecimento da indústria. Por termos sido privados de nosso comércio habitual pelos procedimentos arbitrários e ilegais das nações beligerantes da Europa... é imperiosa a exigência de que o povo americano cuide de seus próprios interesses... O preconceito que existia contra as fábricas foi desfeito ou está se desfazendo pela influência da experiência, o critério mais seguro para todas as coisas."[100] Houve pouca necessidade de defender medidas especiais para auxiliar a atividade produtiva até que os beligerantes cessassem as hostilidades, cujo efeito concreto seria liberar produtos britânicos que inundariam os mercados americanos. Em 27 de janeiro de 1816 Niles publicou um editorial sobre "O interesse industrial". Afirmava que os Estados Unidos estavam chegando a "uma crise da mais alta importância". A atual sessão do Congresso determinaria "se nossas indústrias deverão prosseguir e crescer, ampliando-se para atender às necessidades gerais do país, ou deixar-se reduzir a nada, sacrificando-se a uma filosofia oportunista – uma filosofia que leva em conta o momento presente e não dá a menor atenção ao futuro". E prosseguiu:

> A prática de toda nação esclarecida, e em especial da Grã-Bretanha (na qual, embora haja muito a condenar, há também muito a aprovar), cujos recursos confundem os cálculos dos homens criteriosos e espantam o mundo, sempre foi a de dar preferência decidida, ativa e inequívoca ao produto do trabalho de seu próprio povo.

Era essa "prática universal das nações" que Niles recomendava ao Congresso dos Estados Unidos:

---

100. *The Weekly Register Containing Political, Historical, Geographical, Scientifical, Astronomical, Statistical, and Biographical Documents, Essays, and Facts; together with Notices of the Arts and Manufactures, and a Record of the Events of the Times*, vol. 1, nº 1, 7 de setembro de 1811.

> Uma variedade de circunstâncias – os decretos reais britânicos e os decretos franceses –, as restrições ao comércio que impusemos a nós mesmos – e, finalmente, a recente guerra [com a Grã-Bretanha, 1812-1815], deram nova direção à riqueza e à indústria nos Estados Unidos. Fábricas surgiram como que por mágica... Esses estabelecimentos fizeram um fantástico progresso no sentido da proteção, mas ainda não chegaram a um grau de força a ponto de chegar a concorrer, em pé de igualdade, com as instituições mais ricas e mais antigas da Europa. Eles devem ser protegidos e auxiliados pelo governo durante certo tempo... os industriais dos Estados Unidos estão para o governo exatamente como um bebê está para sua mãe...

Niles, além do mais, não acreditava simplesmente que o protecionismo industrial fosse um curso politicamente neutro a seguir. Como Colbert, ele também partia do pressuposto de que o comércio era uma forma de guerra, se bem que uma guerra imposta por outros; e é preciso que se diga que ele não estava inteiramente equivocado nesse pressuposto.

> A Inglaterra, sem dúvida, fará tudo o que puder, lícita ou ilicitamente, de toda e qualquer forma, para destruir nossos estabelecimentos industriais e arruinar todos os que neles tiverem empregado seu capital. Resta saber até que ponto um congresso dos Estados Unidos irá auxiliá-la na realização desse desejo – um objetivo mais importante para ela do que a derrota do odiado e temido *Napoleão Bonaparte*.[101]

O Congresso, que atendia aos interesses da frota mercante e dos proprietários de terras, estava mais receptivo à necessidade de atividade industrial do que nunca antes; ainda assim, a atividade industrial por definição representava uma proporção muito pequena da renda nacional e, portanto, sua representação era proporcionalmente menor

---

101. *The Weekly Register*, vol. IX, nº 22, 27 de janeiro de 1816.

que a de interesses rivais cujos lucros provinham do comércio com a Grã-Bretanha. Niles vociferava para que o equilíbrio fosse corrigido e, em 2 de março de 1816, apresentou mais um importante artigo, no espírito de Colbert, sobre "Uma política para o futuro":

> Já se passou mais de um ano desde que encerramos com glória uma luta armada contra a Grã-Bretanha. Uma nova disputa já teve início com a mesma nação, no campo das artes relacionadas à agricultura, ao comércio e às manufaturas. A posição de superioridade alcançada com tanta lisura no resultado honroso e feliz do primeiro conflito somente pode ser mantida pela atividade, vigilância e perseverança neste último. Se o objetivo de um conflito era reduzir-nos a uma "submissão incondicional" – "deixar nosso país incapacitado por cinqüenta anos" –, o efeito do outro não será menos calamitoso ao fazer com que se abata sobre nós um estado de dependência e penúria, se como cegos rejeitarmos os ditames da razão e do senso comum, que se baseiam na experiência das nações.

Aqui Niles encontrou um novo setor que merecia proteção: a construção naval. Anteriormente a frota mercante tinha sofrido principalmente com a perda do comércio britânico e, por isso, se colocava no campo oposto ao dos interesses industriais. Com a recuperação desse comércio, porém, vieram a predominar naus americanas em vez de britânicas. Niles – fazendo eco a John Evelyn e prenunciando Alfred Mahan (ver adiante, pp. 282-3) – manifestou-se em defesa dos interesses navais tanto como dos comerciais:

> O fracasso desse setor de produção seria motivo de sofrimento para todos, e ele certamente fracassará se a Europa continuar em paz. Para a *Grã-Bretanha* destruí-lo é de enorme importância, por ter ele propiciado e fornecido os meios para humilhar seu orgulho naval, além de ter espantado os espectros que cercavam sua suposta invencibilidade no oceano – o que quebrou o encantamento de sua superioridade e criou uma nova era nas questões marítimas.

Na opinião de Niles, não havia "enfaticamente 'nenhuma amizade no comércio'". Quaisquer que fossem as causas da Grande Guerra, com a paz, a Grã-Bretanha estava agora livre "para governar, tanto nas regiões congeladas do Norte, como para controlar os destinos de milhões dentro dos limites de suas conquistas". E como a Grã-Bretanha tinha vencido a guerra contra a França? "A bolsa, nas mãos do *Castlereagh* da França, venceu mais batalhas do que a espada nas mãos de seus *Wellingtons*." O poder da marinha e o poder da bolsa estavam, na opinião de Niles, estreitamente interligados. E o que um nobre britânico diria a um americano? "*Vocês estendem velas demais.*"[102]

A visão que Niles tinha das realizações, objetivos e interesses da Grã-Bretanha, em 1816, não estava equivocada. Mal se passaria um mês desde que *The Weekly Register* detonara seu canhão do outro lado do Atlântico, o parlamentar liberal Henry Brougham discursou à Comissão parlamentar sobre o Estado Angustiante da Agricultura. Brougham resumiu competentemente a nova supremacia econômica conquistada com a guerra em tons que quase sugeriam surpresa pelo que se conseguira, mas com alguma ansiedade por temer a perda:

> O início das hostilidades em 1793 produziu a estagnação do comércio e da produção que costuma acompanhar uma transição da paz para a guerra, mas essas dificuldades foram de duração inusitadamente curta, e o brilhante sucesso de nossas armas no mar, a conquista de algumas das colônias do inimigo, a revolta de outras e o estado precário de seus recursos mercantis locais decorrente da confusão interna, tudo isso logo reduziu seu comércio em grau extraordinário, aumentando o nosso próprio quase na mesma proporção. Como suas conquistas ou influência se estendiam por outras nações detentoras de estabelecimentos comerciais ou coloniais, essas por sua vez ficaram expostas à nossa hostilidade marítima e perderam seu comércio e suas colônias agrícolas; de tal modo que, em pouquíssimo tempo,

102. *Ibid.*, vol. X, n.º 1, 2 de março de 1816.

> este país obteve um monopólio mercantil e colonial totalmente sem precedentes até mesmo nas mais bem-sucedidas de suas guerras anteriores.[103]

O "resultado final do sistema militar e continental de Bonaparte" foi, portanto, "o aperfeiçoamento total de nosso monopólio comercial e industrial, pela destruição de praticamente todos os outros comércios e indústrias pacíficas..."[104]. Quando, na primavera de 1814, o mercado continental se abriu na Europa, "eclodiu uma febre pela exportação de mercadorias de todos os tipos" acompanhada de uma onda de especulação financeira sem precedentes, que consumiu as economias até mesmo de criados domésticos, que mal poderiam arcar com esse prejuízo[105]. O mesmo ocorreu com as exportações para os Estados Unidos – 18 milhões de libras em apenas um ano – e aqui Brougham e Niles convergiam na sua opinião desse comércio como um jogo de soma zero: "valia muito a pena incorrer em prejuízo na primeira exportação", salientou Brougham, "para, com o excesso de oferta, sufocar no berço as indústrias incipientes nos Estados Unidos, cujo surgimento tinha sido forçado pela guerra em oposição ao curso natural dos acontecimentos"[106].

Mathew Carey nasceu na Irlanda em 1760 e emigrou para os Estados Unidos quando rapaz. Teve, portanto, experiência direta de duas sociedades atingidas por produtos britânicos de baixo preço em detrimento da indústria local. Carey era acima de tudo um publicista incansável, convicto de que tinha uma missão, e, embora se desse bem com Niles, seu ego e sua verbosidade lhe conferiram, entre os que lutavam pela mesma causa, a reputação de ser um tanto maçante. Em 21 de agosto de 1819 e em reação à estagnação que se abatia sobre a economia, cidadãos da Filadélfia "simpatizantes dos produtos manufaturados americanos" reu-

---

103. 9 de abril de 1816: Hansard, *The Parliamentary Debates*, vol. XXXIII, 1816, cols. 1087-8.

104. *Ibid.*, col. 1091.

105. *Ibid.*, col. 1098.

106. *Ibid.*, col. 1099.

niram-se para fundar uma sociedade com o objetivo de promover a indústria americana. Carey conseguiu apenas obter uma vaga no comitê de correspondência[107]. Entretanto, no prazo de três meses, ele era o presidente do conselho das fábricas da sociedade[108]. Seguiram-se a Sociedade da Filadélfia pela Promoção da Indústria Nacional [Philadelphia Society for the Promotion of National Industry] e uma Sociedade da Pensilvânia pela Proteção da Indústria Nacional [Pennsylvania Society for the Protection of Domestic Industry][109]. Em 1820, ele publicou *The New Olive Branch, or an attempt to establish an identity of interest between Agriculture, Manufactures, and Commerce, and to prove, that a large portion of the manufacturing industry of this nation has been sacrificed to commerce; and that commerce has suffered by this policy nearly as much as manufactures* [O novo ramo de oliveira, ou uma tentativa de estabelecer uma identidade de interesses entre a agricultura, a atividade produtiva e o comércio, e de provar que uma grande parte da indústria deste país foi sacrificada ao comércio; e que o comércio sofreu com essa política quase tanto quanto a produção]. O texto atacava o governo dos Estados Unidos por abolir impostos sobre importações que tinham "empobrecido e arruinado" o país[110]. "*A guerra protegeu a indústria nacional*", afirmou Carey. "Ela vicejou e prosperou sob sua salvaguarda, que a paz destruiu *de modo arrasador*."[111]

Havia pouco ou nada n'*O novo ramo de oliveira* que não tivesse sido dito melhor (e mais sucintamente) por Niles. Seu impacto momentâneo foi um sintoma da época. E, depois do rebuliço inicial, Carey descobriu que "a animação ia

107. *The Weekly Register*, vol. XVII, n.º 1, 4 de setembro de 1819.

108. *Ibid.*, 20 de novembro de 1819.

109. K. Rowe, *Mathew Carey: A Study in American Economic Development* (Baltimore, 1933), p. 48.

110. M. Carey, *The New Olive Branch, or an attempt to establish an identity of interest between Agriculture, Manufactures, and Commerce, and to prove, that a large portion of the manufacturing industry of this nation has been sacrificed to commerce; and that commerce has suffered by this policy nearly as much as manufactures* (Filadélfia, 1820), p. 45.

111. *Ibid.*, p. 141.

se dissipando na Filadélfia e em Nova York, como por todos os outros cantos da União"[112]. Ele "empreendeu ano após ano repetidas tentativas de instigar as partes interessadas", formando, "em várias ocasiões, três ou quatro sociedades, mas elas geralmente se extinguiam no prazo de alguns meses"[113].

Uma formulação mais importante e original, embora mais moderada, de algumas das idéias expressas primeiramente por Niles apareceu em *The Elements of Political Economy* [Os elementos da economia política], obra publicada em Baltimore – cidade natal de Niles – por Daniel Raymond, um advogado no exercício da profissão, em 1823. O livro, de dois volumes, é muito repetitivo mas, pelo menos, é de uma clareza cristalina. Na opinião de Raymond, o pressuposto de Smith de que os interesses do indivíduo eram necessariamente idênticos aos interesses da nação não poderia ser "mais infundado... em princípio, ou mais abominável em suas conseqüências..."[114]. Para Raymond, "a questão de saber se a importação de produtos deveria ser proibida, ou a tarifa elevada, não depende de modo algum do fato de as mercadorias poderem ser adquiridas pelo consumidor em países estrangeiros por preço mais baixo que em seu próprio país. Comprar produtos onde eles sejam encontrados a preços mais baratos pode ser a melhor filosofia para alguns indivíduos, enquanto comprá-los onde eles saem mais caro pode ser a melhor política para a nação"[115]. "Se o exercício das vocações comuns não esgota o pleno potencial de emprego de um país", prosseguiu Raymond, "não é melhor que ele empregue seu tempo desocupado na fabricação de tecidos de algodão e de lã, do que em não fazer nada? E isto não representará uma economia do equivalente ao valor da manufatura dos tecidos em países estrangeiros?"[116] Raymond

---

112. M. Carey, *Signs of the Times* (Filadélfia, 1832), p. 3.

113. *Ibid.*

114. D. Raymond, *The Elements of Political Economy*, vol. 2 (2ª edição, Baltimore, 1823), p. 215.

115. *Ibid.*, pp. 228-9.

116. *Ibid.*, p. 229.

prenunciou Keynes e o Roosevelt do *New Deal*. Era "dever do legislador encontrar emprego para todas as pessoas; e, se não conseguir encontrar emprego na agricultura e no comércio, deverá fazer com que se dediquem à atividade industrial. É seu dever cuidar especialmente para que nenhuma outra nação interfira na sua indústria. Ele não deve permitir que metade de uma nação permaneça ociosa e faminta para que a outra metade possa comprar mercadorias onde elas sejam mais baratas"[117]. "Cada homem deve ter liberdade para se dedicar à atividade que lhe aprouver", escreveu Raymond, "mas não lhe deve ser permitido prestigiar e apoiar a indústria de estrangeiros, quando seus próprios concidadãos carecem disso."[118] A filosofia de Raymond sem dúvida produziu um efeito, mas não tão decisivamente a ponto de garantir que, quando Carey convenceu uma universidade a instituir uma cadeira para ele, houvesse alguém que se dispusesse a doar fundos suficientes para torná-la viável. Foi também o que ocorreu com Friedrich List.

Na Filadélfia de Carey, de 1825 a 1832, Friedrich List começou a formular suas idéias sobre o protecionismo industrial para a indústria incipiente. List chegara exilado da Alemanha em busca de fortuna na Pensilvânia, onde se concentrava o maior número de imigrantes alemães na América do Norte. Lá, adquiriu uma fazenda, mas enfrentou dificuldades. Dentro de um ano após sua chegada, fundou-se a Sociedade pelo Encorajamento às Indústrias e às Artes Mecânicas, não sob a presidência de Carey, mas da elite do sistema na Filadélfia: William Tilghman, presidente do Supremo Tribunal da Pensilvânia, com Charles Ingersoll, procurador-geral da comarca do leste da Pensilvânia, como suplente[119]. Como antes, Carey foi nomeado apenas secretário correspondente e considerou que o movimento que acreditava ter fundado (mas ao qual não conseguira imprimir ati-

117. *Ibid.*, pp. 230-1.
118. *Ibid.*, p. 231.
119. List, *Werke*, p. 353.

vidade permanente) fora seqüestrado por "homens chegados na última hora" que o tratavam "com uma indignidade" com a qual ele "não teria tratado um bom limpador de chaminés ou um gari..."[120]. Também importante era seu ressentimento diante do prestígio que a sociedade concedia a List, que – sem ter tido sucesso na agricultura e em busca de rápida ascensão – aplicava lógica, ordem e precisão acadêmica a idéias que Carey disseminava com prolixidade cheia de divagações. O ataque ao livre-câmbio por parte de Hamilton, Niles e Carey nunca tinha chegado a uma generalização a partir da limitada experiência americana para atingir a condição de teoria universal. Foi List quem deu esse outro passo decisivo, o que foi uma ironia, porque, tendo formulado sua abordagem de modo que atendesse às condições americanas, ele então descobriu que não conseguia encontrar um posto acadêmico permanente de onde pudesse pregar sua doutrina, e precisou retornar à Alemanha, com isso reformulando suas idéias para uma platéia mais geral.

Tanto Smith como List, talvez o primeiro menos consciente, estavam reagindo às exigências econômicas de suas próprias comunidades. Por ter se industrializado primeiro, era do interesse da Grã-Bretanha abrir todos os mercados estrangeiros (enquanto, se possível, mantinha fechada parte de seu próprio mercado). Londres poderia facilmente assumir a liderança na concorrência pela venda de produtos manufaturados. List, por outro lado, vinha da Alemanha, que ainda lutava para concorrer com as importações britânicas, como os inexperientes Estados Unidos, ainda sem possuir uma base industrial significativa ou suficientemente desenvolvida. A argumentação de List era uma conseqüência lógica dessas circunstâncias de sujeição e exagerava em seu eco a Niles e Colbert. Até pouco tempo antes, ele havia sido um "discípulo muito fiel de Smith e Say" e um "ferrenho defensor" do livre-câmbio[121]. Mas ele então pre-

120. *Ibid.*, p. 358.

121. Em certo momento, ele afirmou que a conversão se teria dado em 1815: Carta, 15 de julho de 1827: "Outlines of American Political Economy in

senciou os efeitos destrutivos para a indústria alemã do término do bloqueio continental após a derrota de Napoleão e sua súbita exposição a importações baratas provenientes da Grã-Bretanha[122]. List teve acesso a *The Weekly Register* enquanto ainda estava na Alemanha e já em 1819, exatamente na época em que precisava de uma explicação coerente para os problemas econômicos que o cercavam[123]. Quando suas idéias foram afinal formuladas – e não apareceu nada de sua autoria a respeito do protecionismo antes de sua chegada aos Estados Unidos –, elas foram colocadas ao lado dos contundentes ataques de Niles ao livre-cambismo e já demonstravam a percepção do perigo representado pelas indústrias britânicas.

Não era necessariamente do interesse de todos os Estados, independentemente de seu grau de industrialização, abrir seus mercados para bens provenientes do estrangeiro. O interesse nacional era promover o poderio econômico (portanto, o industrial) diante de outros Estados. Com o objetivo de dar tempo para que a industrialização tivesse êxito, a indústria incipiente teria de ser protegida. E, mesmo depois que o protecionismo tivesse obtido sucesso nessa meta mínima, talvez ele ainda fosse necessário dali em diante se as razões de Estado assim o exigissem.

List defendia a primazia da política sobre a economia; a economia como a continuação da política por outros meios. Sua experiência da Filadélfia ressaltou ainda mais para ele o predomínio da economia britânica: "o mundo jamais tinha presenciado uma supremacia como a

---

a Series of Letters addressed by Frederick List Esq. to Charles J. Ingersoll" (Filadélfia, 1827) em M. Hirst, *Life of Friedrich List and Selections from his Writings* (Londres, 1909), pp. 172-3. Em outra ocasião, em seu discurso de 3 de novembro, disse que dúvidas referentes a Smith não lhe ocorreram antes de 1817, List, *Werke*, p. 159. Pode bem ser que tenha se convertido ao chegar à Pensilvânia e ver uma boa oportunidade para se juntar a um movimento de sucesso.

122. *Ibid.*

123. *Ibid.*, p. 355.

que vigora atualmente"[124]. Indubitavelmente essa supremacia era de enorme benefício para o mundo como um todo. "Mas, por esse motivo, nós também deveríamos desejar que ela construa um domínio universal sobre as ruínas das outras nacionalidades? Nada, a não ser um cosmopolitismo insondável ou a mentalidade tacanha de um pequeno comerciante, pode dar uma resposta positiva a essa pergunta."[125]

List seguia o roteiro de Necker:

> Na medida... em que o princípio de uma confederação universal de nações é razoável, nesse mesmo grau uma nação agiria de modo contrário à razão se, prevendo as enormes vantagens decorrentes de tal união e de um estado de paz universal e perpétua, ela regulasse os princípios de sua política nacional como se essa confederação universal de nações já existisse. Perguntamos se qualquer pessoa lúcida não consideraria insano um governo que, em vista dos benefícios e da viabilidade de um estado de paz perpétua e universal, se propusesse a licenciar suas tropas, destruir sua frota naval e demolir suas fortalezas. No entanto, um governo desses não estaria em princípio fazendo nada de diferente daquilo que a escola popular exige dos governos quando, em razão das vantagens que seria possível auferir do livre-câmbio geral, ela insiste em que sejam abandonadas as vantagens propiciadas pelo protecionismo.[126]

Liberar o comércio entre desiguais significava uma distribuição desigual de vantagens. Os Estados incluíam "gigantes e anões, corpos bem formados e inválidos, nações civilizadas, parcialmente civilizadas e bárbaras..."[127]. A principal diferença era entre economias industrializadas e agrícolas. "A escola popular [livre-câmbio] deixa transparecer

---

124. F. List, *The National System of Political Economy* (Londres, 1885), p. 365.

125. *Ibid.*

126. *Ibid.*, p. 181.

127. *Ibid.*, p. 175.

uma total incompreensão sobre a natureza das condições econômicas nacionais se acredita que essas nações podem promover e fomentar a civilização, a prosperidade e especialmente seu progresso social, de modo igualmente adequado pela troca de produtos agrícolas por bens manufaturados como pela implantação de uma força industrial própria."[128] Ao escrever sobre o clássico de Smith, List afirmou: "Sem levar em consideração o diferente estado do poder, a constituição, as necessidades e a cultura das diversas nações, seu livro é um mero tratado sobre a questão de como se comportaria a economia dos indivíduos e da humanidade se a espécie humana não fosse separada em nações, mas unida por uma lei geral e por uma igual cultura da mente."[129] No entanto, "nas condições vigentes do mundo, o resultado de um livre-câmbio geral não seria uma república universal, mas, pelo contrário, uma sujeição universal das nações menos adiantadas à supremacia da potência predominante em termos industriais, comerciais e navais"[130].

Os livre-cambistas concentravam a atenção no indivíduo mais que no Estado ou na sociedade. Para List, era falsa a noção de que a sociedade seria uma mera coleção de indivíduos. "É do interesse de indivíduos levar em consideração as necessidades de séculos futuros e se preocupar quanto à natureza das nações e do Estado?"[131] Se não se levasse em conta o desenvolvimento econômico preexistente, a hipótese de que o livre-câmbio entre indivíduos seria a melhor solução levaria a uma conclusão extraordinária: "de acordo com essa doutrina, as nações selvagens deveriam ser as mais produtivas e mais prósperas do mundo, pois em nenhum outro lugar é permitida maior liberdade ao indivíduo que no estado selvagem, em nenhum outro lugar a atuação do poder do Estado é menos perceptível"[132]. O fato

128. *Ibid.*, p. 179.
129. Carta, 10 de julho de 1827, Hirst, *Life*, p. 153.
130. List, *The National System*, p. 126.
131. *Ibid.*, p. 165.
132. *Ibid.*, p. 172.

era que existiam Estados-nação e, "na medida em que outras nações subordinam os interesses da espécie humana como um todo a seus interesses nacionais, é uma insensatez falar em livre concorrência entre os indivíduos de várias nações"[133]. List seguia Colbert: "A guerra não passa de um duelo entre nações, e as restrições ao livre-câmbio não passam de uma guerra entre o poderio industrial de nações diferentes. Mas o que o senhor pensaria de um ministro da guerra que, por seguir a doutrina dos Amigos [os quacres], se recusasse a construir fortalezas e belonaves e a prover as academias militares porque a humanidade seria mais feliz se não houvesse guerra neste mundo?"[134] Os primeiros industrializadores tinham usado o protecionismo para estabelecer sua supremacia nacional. "A história está aí para provar que regulamentações protecionistas tiveram origem nos esforços naturais das nações para alcançar sua prosperidade, independência e poder, ou em conseqüência de guerras e da agressiva regulamentação comercial de nações predominantemente industriais."[135]

Os primeiros defensores da república universal do comércio foram, naturalmente, os fisiocratas, que despertavam em List nada a não ser um desdém declarado. "Seguindo o exemplo dos filósofos de sua própria época e país, que, diante da total desorganização da condição nacional da França, procuram consolar-se no campo mais amplo da filantropia e do cosmopolitismo (bem à maneira de um pai de família que, em desespero pela dissolução do lar, vai procurar apoio no botequim), também os fisiocratas se agarraram à idéia cosmopolita do livre-câmbio universal, como uma panacéia por meio da qual todos os males reinantes poderiam ser curados."[136] Ao considerar como objeto de seu estudo a humanidade em geral em vez da economia nacio-

133. *Ibid.*
134. Carta, 10 de julho de 1827, Hirst, *Life*, p. 154.
135. List, *The National System*, pp. 180-1.
136. *Ibid.*, p. 344.

nal, os livre-cambistas "supuseram já existir um estado de coisas que ainda está por vir"[137].

Além disso, afirmava List, não era seguro pressupor que interesses comerciais individuais se harmonizassem com interesses econômicos nacionais específicos. "Essa insistência em ceder os interesses da indústria e da agricultura às exigências do comércio, sem reservas, é uma conseqüência natural daquela teoria que por toda parte apenas leva em consideração os valores atuais, mas em momento algum as forças que os produzem, e encara o mundo inteiro como nada mais que uma *indivisível república de comerciantes*. A escola não compreende que o comerciante pode estar realizando seu objetivo (ou seja, lucro pelo intercâmbio) à custa dos agricultores e industriais, à custa das forças produtivas da nação e, na realidade, de sua própria independência."[138]

Ao contrastar a "economia nacional" com a "economia cosmopolita", List também reafirmou a interligação entre a economia e a política. Que valor teria o mercado aberto de Smith sem o poder nacional? O mundo de List era, portanto, mais característico do pensamento de Hobbes do que o mundo fisiocrata, grociano ou smithiano em que se desenvolvia a harmonia sob a influência da expansão do comércio: "a riqueza nacional é aumentada e garantida pelo poder nacional, da mesma forma que o poder nacional é aumentado e garantido pela riqueza nacional. Logo, seus princípios fundamentais são não apenas econômicos, mas também políticos. Os indivíduos podem ser muito ricos; mas, se a nação não possuir nenhum poder para protegê-los, eles poderão perder num dia a fortuna que acumularam em gerações, além de seus direitos, liberdade e independência"[139]. "Smith e Say aconselham-nos a comprar mais barato aquilo que podemos fabricar, pois só vêem o ganho material na

137. *Ibid.*, p. 126.
138. *Ibid.*, p. 259.
139. Carta, 12 de julho de 1827, Hirst, *Life*, p. 162.

troca de matéria por matéria. Mas para que lado cairá a balança se colocarmos o grão da matéria num prato e a perda do poder no outro?"[140]

A confirmação de List sobre a atitude interesseira dos defensores do livre-câmbio foi compartilhada por Karl Marx (1818-1883). Marx concordava com os livre-cambistas quanto à transformação das relações internacionais que o progresso econômico geraria. Marx e eles compartilhavam uma forma de explicação essencialmente econômica. O ponto em que discordavam era como esse progresso transformaria essas relações. "Será que toda a organização interna das nações", perguntou ele a Pavel Annenkov, "e suas relações internacionais nada mais são que a expressão de uma determinada divisão do trabalho? E elas não deverão mudar na medida em que muda a divisão do trabalho?"[141] Assim, enquanto os livre-cambistas entendiam que o crescimento da liberdade do mercado uniria o mundo em paz por causa da crescente interdependência dos produtores, Marx considerava que o livre-câmbio exacerbava as tensões entre o trabalho assalariado e o capital numa escala internacional. Além disso, ele percebia que o livre-câmbio exacerbava as relações entre as economias industrializadas e os produtores de matérias-primas, condenados, pela lei da vantagem comparativa, a trocar mercadorias brutas por produtos manufaturados.

Para Marx, o destino da sociedade e das relações internacionais haveria de ser determinado pela classe. Falando sobre o livre-câmbio em Bruxelas em janeiro de 1848, ele reconheceu o valor do protecionismo, que serviu como instrumento da burguesia em ascensão contra o feudalismo e o *ancien régime*, um meio para concentrar o poder do capital e criar a liberdade do comércio dentro de uma sociedade. Àquela altura, porém, o protecionismo havia se tornado

---

140. Carta, 27 de julho de 1827, *ibid.*, p. 235.

141. Marx a Annenkov, 28 de dezembro de 1846, Karl Marx, Friedrich Engels, *Collected Works*, vol. 38 (Londres, 1982), p. 98.

uma força "conservadora". Contudo, as reivindicações pelo livre comércio eram reivindicações por uma maior liberdade para o capital; e, por mais favoráveis que fossem as condições nas quais um bem era trocado por outro, sempre existiria uma classe de exploradores e uma classe de explorados enquanto fosse mantida a relação entre o capital e o trabalho assalariado. Longe de reduzir-se, o antagonismo entre a mão-de-obra e o capital tornar-se-ia mais acentuado. Transfira-se esse livre-câmbio de dentro do Estado para a escala universal, e "cada um dos fenômenos destrutivos que a concorrência irrefreada gera dentro de qualquer nação será reproduzido em proporções mais gigantescas no mercado mundial"[142]. Desse modo, Marx apoiava o livre-câmbio porque ele apressava "a Revolução Social"[143].

Da mesma forma que Smith expressou os interesses da potência industrial dominante, também List expressou os interesses de economias subordinadas porém aspirantes de forma que ecoasse pouco mais de um século depois quando o Terceiro Mundo se livrou do domínio político do Ocidente, mas não do domínio econômico. Considerando-se que, por definição, a maioria dos Estados se assemelhava à Alemanha mais que à Grã-Bretanha, as idéias de List inevitavelmente acabaram tendo seu impacto. É digno de nota que a grande força propulsora de autoridade na industrialização russa, o ministro da Fazenda Sergei Witte, decidiu apresentar as idéias de List ao público russo. Witte organizou um panfleto onde resumia essas idéias no final da década de 1880, antes de assumir o poder[144]. A obra de List foi então traduzida e publicada numa edição russa, em 1891. Witte era também um admirador declarado de Bismarck, que havia posto em prática, por meio de uma série de tributos, exatamente o que List recomendara. "Quando List

142. Reunião pública, 9 de janeiro de 1848, *ibid.*, p. 464.

143. *Ibid.*, p. 465.

144. Graf' S. Yu. Vitte, *Po povodu Natsionalizma. Nasional'naya Ekonomiya i Fridrikh' List'* (2.ª edição, São Petersburgo, 1912), p. 3.

escreveu sua obra", afirmou Witte, "a Alemanha estava na mesma posição de dependência econômica diante da Inglaterra em que nós agora estamos diante da Alemanha..."[145] Não era preciso dizer muito mais que isso.

Por ironia, embora quem tivesse trazido essas idéias para a Rússia fosse Witte, foi Lênin quem as levou à sua conclusão lógica, de um modo que nenhum defensor da proteção à indústria até então – nem mesmo Colbert – poderia ter vislumbrado. Na primeira lista de medidas econômicas preparada por Lênin, menos de um mês após tomar o poder em 1917, o "monopólio estatal do comércio exterior" não era de modo algum o último item[146]. O decreto apropriado foi elaborado em semanas[147]. Seu objetivo foi explicitado por Lênin quando sofreu ataques de dentro do próprio regime. Era impossível, escreveu ele em março de 1922, continuar a recuar diante do monopólio estatal do comércio exterior: "De outro modo, os estrangeiros comprarão e exportarão tudo o que temos de valor."[148] Subseqüentemente, o sistema foi totalmente engessado por Stálin, que criou uma versão abastardada do *geschlossene Handelsstaat* de Fichte, que terminou somente com o colapso do regime comunista em 1992.

As doutrinas da Balança Comercial salientavam uma faceta do Equilíbrio do Poder da qual é fácil descuidar. Outro fator facilmente desconsiderado era o da geografia, fosse como limitação, fosse como propiciadora da expansão.

---

145. *Ibid.*, p. 69.

146. "Nabrisok programmy ekonomicheskikh meropriyatii", *c.* 10 de dezembro de 1917, V. Lenin, *Polnoe sobranie sochinenii*, vol. 35 (5.ª edição, Moscou, 1962), p. 124.

147. "K proektu dekreta o provedenii v zhizn' natsionalizatsii bankov i o neobkhodimykh v svyazi s etim merakh", *c.* 27 de dezembro de 1917, *ibid.*, p. 429.

148. Carta a L. Kamenev, 3 de março de 1922, *ibid.*, vol. 44 (Moscou, 1964), p. 427.

Capítulo 4

A geopolítica

Não se pode fazer nada a respeito da geografia.

– STÁLIN[1]

O termo "geopolítica" sempre teve uma elasticidade de significado muito maior que a do Equilíbrio do Poder. É impressionante, por exemplo, que o ex-estadista Henry Kissinger faça referência ao fato de possuir "um melhor conhecimento... do lado conceitual da geopolítica" do que o presidente Nixon[2]. Entretanto, embora use o termo mais de dez vezes em suas memórias, em parte alguma ele define o que exatamente quer dizer com ele[3]. Nesse sentido, ele não é atípico. Houve, porém, como no caso do Equilíbrio do Po-

---

1. Em negociação com os finlandeses, outubro de 1939: President Paasikivis Minnen, *Moskva och Finland 1939-1940* (Estocolmo, 1958), p. 40.

2. H. Kissinger, *Years of Renewal* (Londres, 1999), p. 47.

3. Essa atitude parece ser habitual, e é por esse motivo que Kissinger não tem seu lugar neste volume. Num perfil tipicamente perspicaz incluído em sua resenha sobre a carreira e as obras de Kissinger até a época em que escrevia (1975), o falecido Philip Windsor ressalta a "fraqueza" de Kissinger "como teórico". Windsor considera Kissinger "um conservador que não se deu ao trabalho de expor sua filosofia nem sua história; e cujos conceitos de poder e de ordem realmente não levaram muito adiante nem o estudo nem a prática das relações internacionais. Em tom profético, Windsor conclui que as memórias de Kissinger "serão lidas com fascínio por milhões quando ele se aposentar. Espera-se que ele também encontre tempo e energia para escrever a obra abrangente e sistemática que elucide sua filosofia e organize suas idéias num conjunto". P. Windsor, "Henry Kissinger's scholarly contribution", *British Journal of International Studies*, abril de 1975, pp. 33 e 37. Sob esse aspecto crucial, o estudo provisório de Kissinger sobre a diplomacia, apesar de sua vigorosa defesa de valores anti-wilsonianos, dificilmente responde à crítica de Windsor seja como história, seja como filosofia.

der, um núcleo a respeito do qual todos concordaram: a influência da geografia na determinação da política externa. Fora desse ponto, reside a discordância. Da crença na importância da geografia surgem duas linhas distintas de pensamento. Uma considera o fator da geografia como parte do complexo das Razões de Estado, fundamentalmente uma extensão do Equilíbrio do Poder, que inclui as restrições ao exercício do poder ditadas pelo fator do espaço; a outra linha, em sua essência, considera que a própria geografia determina a natureza do Estado, ditando assim a trajetória da política externa independentemente do exercício da razão. Enquanto a primeira tende a sufocar as limitações impostas pelo espaço, a segunda racionaliza o processo implacável da expansão do Estado como um fato natural. Assim, não foi por acaso que a primeira surgiu sobretudo das reflexões dos britânicos no apogeu do império, enquanto a segunda se originou no norte da Europa central num momento em que o império germânico se esforçava com violência por escapar ao confinamento à *Mittel-Europa*.

Durante séculos os limites conhecidos do mundo civilizado, centrado no Mediterrâneo, restringiam qualquer sentido do fator da geografia na condução das relações internacionais. Os primeiros sinais de mudança acompanharam as grandes descobertas do final do século XV, quando a noção de uma Balança Comercial também veio à luz pela primeira vez. A abertura do Atlântico para o Novo Mundo e a dependência em relação a este em razão do ouro, vulnerável à ação predatória de outras potências, gerou uma súbita conscientização do fator do espaço nos cálculos estratégicos. "Olhe, senhor, para as Índias, que é de onde vem o dinheiro, e com ele também a substância desta monarquia...", escreveu o perspicaz ex-secretário de Estado de Filipe II, da Espanha, Antonio Pérez. Pérez percebeu rapidamente a enorme importância dessas mudanças para a futura condução das relações internacionais[4]. "A experiência

4. O manuscrito original, em Salamanca, data de 1602: *Norte de Principes, virreyes, presidentes, consejeros, y governadores, y advertencias politicas sobre*

pessoal e a lição universal ensinam", observava ele, "que o Príncipe que for o senhor dos mares será o monarca da terra, por ser distribuidor absoluto das coisas pelas quais a pessoa vive e se mantém, as quais, através da navegação, passam de algumas regiões e de algumas nações para outras, e com as quais é possível fazer com que uma única cidade domine o mundo inteiro..."[5] A maior inimiga da Espanha, a Inglaterra, testemunhou uma observação semelhante. Francis Bacon afirmou que "se realmente examinarmos a grandeza da Espanha, ela consiste principalmente em seu tesouro; e esse seu tesouro, nas suas *Índias;* e suas *Índias* (tanto uma como a outra) são apenas um acesso a produtos obtidos por via marítima; de modo que esse eixo no qual se apóia sua grandeza logo será partido ao meio por qualquer um que seja mais forte que eles no mar"[6].

A colonização de terras distantes realçava, desse modo, a importância das comunicações através dos mares. Apenas alguns anos depois de Pérez ter escrito aquelas palavras, o polêmico *Mare Liberum* de Grócio foi publicado, aparentemente sem sua permissão expressa. Tratou-se de um marco crítico pois expunha a defesa da liberdade dos mares de uma maneira que qualquer holandês, ao deparar-se com o protecionismo português e espanhol, poderia entender[7]. Surgia assim uma esfera totalmente nova e muito maior para os cálculos. Contudo, essa visão não alterou em termos imediatos nem materiais a perspectiva fundamentalmente eurocêntrica na condução da política externa, que se

---

lo publico y particular de una Monarquia Importantisimas a los tales: Fundadas en materia y razon de Estado, y Govierno. Escritas por Antonio Perez, Secretario de Estado que fue de Rey Catholico Don Phelipe, segundo de este nombre. Para el uso de duque de Lerma, gran Privado del Senor Rey Don Phelipe tercero (Madri, 1788), p. 146.

5. *Ibid.*, p. 147.

6. "Notes of a Speech, Concerning a War with Spaine", *Letters, Memoirs,* p. 230.

7. C. Roelofsen, "Grotius and the International Politics of the Seventeenth Century", *Hugo Grotius and International Relations*, org. H. Bull *et al.* (Oxford, edição de 1992), pp. 106-7.

reafirmou com as guerras dos Trinta Anos, dos Sete Anos (que foi somente em parte uma guerra anglo-francesa pela posse da América do Norte), da Sucessão Espanhola e Napoleônica. Ela levou alguns séculos para vir à tona. A explicação e a solução para conflitos desse tipo permaneceram por muito tempo perfeitamente encaixadas na idéia do Equilíbrio do Poder.

Como conceito, o Equilíbrio do Poder serviu para limitar a ameaça que qualquer Estado ou grupo de Estados pudesse apresentar ao resto do sistema europeu de Estados. Quer dizer, ele reconhecia um interesse acima do Estado, embora somente com um objetivo claramente definido. A geopolítica como visão de mundo não só ampliava a abrangência dos cálculos em termos de distância, mas também estendia efetivamente o terreno das necessidades do Estado e reduzia ainda mais, quando não eliminava totalmente, outras exigências rivais. Com Kant, o Estado tornou-se uma entidade jurídica. Com Hegel, foi elevado a uma abstração lógica. Importantes progenitores da geopolítica antropomórfica – remontando inconscientemente a Marsílio de Pádua – agora transformavam o Estado num organismo com vida e necessidades próprias. Essa era, porém, a ponta menos realista de um novo espectro do pensamento a respeito das relações internacionais que, em sua essência e em busca da utilidade, procurava contextualizar o comportamento do Estado em termos da dinâmica e das restrições geográficas.

Antes do final do século XIX, apesar de todas as reflexões sobre a natureza e condução das relações internacionais ao longo dos quinhentos anos anteriores, ainda não havia nenhuma teoria coerente e abrangente que explicasse o comportamento dos Estados. O Equilíbrio do Poder estava associado a uma maior estabilidade e imunidade com relação às guerras de grande escala, pelo menos até 1914. Ele ainda se apoiava numa noção de mutualidade, pelo menos entre as grandes potências, expressa em termos semelhantes à "civilização cristã" e fortemente reforçada por temores gerados pela Revolução Francesa e pelas guerras que se seguiram. Na Europa, o Equilíbrio foi perturbado mas não abandonado com a unificação de cima para baixo da Itália e da Alemanha, tendo esta última sido realizada com a sangrenta reconquista de território confiscado pela França durante o prolongado desmembramento do Santo Império Romano. No entanto, como conceito que explicara com sucesso boa parte das relações dentro do sistema europeu de Estados por tanto tempo quanto a memória conseguia alcançar, o Equilíbrio do Poder não parecia mais adequado para uma compreensão de por que e como, nas últimas décadas do século XIX, a conquista de obscuras ilhas no Pacífico ou de trechos mais inexplorados da África parecia ter precedência nas relações internacionais em relação aos assuntos mais vitais do subcontinente europeu.

Não era a primeira nem a última vez nos registros da História que forças fora do alcance do controle consciente do homem pareciam estar determinando os acontecimentos. O famoso oficial alemão que se tornou intelectual Karl Haushofer (ver pp. 293-5) comentou posteriormente: "Mais para o final do século XIX, a impressão geral era a de que os recursos técnicos e científicos da época que tinham se desenvolvido e se expandido a uma velocidade vertiginosa tinham em grande parte ultrapassado a arte da Política, não só na Europa, mas no mundo inteiro."[8] A geopolítica apareceu, desse modo, bem no final do século, quando esse processo atingiu seu ápice, como uma abordagem abrangente para a explicação das relações internacionais que, na ausência de algo mais convincente e apesar de sua pobreza conceitual, chegou a dominar os debates realistas ainda por alguns anos. O conceito veio à tona numa época de rápida expansão imperial "como uma tentativa revolucionária de medir e controlar" aquelas forças expansionistas[9].

---

8. K. Haushofer, *De la géopolitique*, org. J. Klein, (Paris, 1986), p. 98.

9. R. Strausz-Hupe, *Geopolitics: The Struggle for Space and Power* (Nova York, 1942), p. viii.

O surgimento da geopolítica também refletiu a transição de um sistema exclusivamente europeu de Estados para um sistema internacional, processo que teve início com a independência da América espanhola e acabou se completando somente com a Segunda Guerra Mundial, que então presenciou o descarte da geopolítica como modo de explicação e sua incorporação ao estudo das relações internacionais por seus próprios méritos. Nesse sentido, a geopolítica foi uma espécie de crisálida que incubou o tema das relações internacionais em sua fase de gestação mais recente.

Em épocas mais remotas, não é fácil encontrar provas da conscientização do peso bruto das forças naturais nos textos de estadistas ou panfletistas, talvez em parte por se tratar de algo tão intrínseco à vida que nem merecia nenhuma menção. Francis Bacon tratou a questão em suas reflexões sobre "a verdadeira grandeza do Reino da Grã-Bretanha" como a "situação natural e adequada da região ou lugar". Definiu-a da seguinte forma:

> Não me refiro a nada que por superstição esteja relacionado à sorte ou destino fatal de qualquer lugar, nem a nada que se refira filosoficamente à sua configuração no Globo superior... surge, porém, uma divisão tripla da adequação de uma região para ser uma grande monarquia. Em primeiro lugar, que seja de difícil acesso. Em segundo, que não se encontre sediada em nenhum canto remoto, mas comodamente no meio de muitas regiões. E, em terceiro, que seja marítima, ou ao menos que possua rios grandes e navegáveis; e não se encontre encerrada ou no interior.[10]

O entusiasmo de Bacon era evidentemente pouco mais que uma questão de ufanismo para bons ingleses. Outra rara referência veio de alguém que nunca relutou em afirmar o óbvio nas relações internacionais: um admirador de Montesquieu, Antoine Pecquet, cujo livro, *The Spirit of Political Maxims* [O espírito das máximas políticas], alegava ser

10. *Letters, Memoirs*, p. 214.

uma continuação d'*O espírito das leis* de Montesquieu. Nele pode-se encontrar uma seção que pelo menos aborda os efeitos da geografia sobre a política externa. "Sendo quase invariáveis as condições conferidas pela natureza", escreveu Pecquet, "o relacionamento entre interesses recíprocos que possam resultar delas deve ser o mesmo; e talvez, de todos os relacionamentos, esse seja aquele em que seria possível basear com maior clareza máximas políticas previsíveis [*des maximes certaines de politique*], e a melhor indicação dos princípios de alianças que pareçam estar em harmonia com esse relacionamento específico."[11] Portanto, na ocasião em que Napoleão Bonaparte escreveu ao rei da Prússia, em 10 de novembro de 1804, com uma cáustica avaliação das exigências visionárias do czar Alexandre I no sistema europeu, ele estava simplesmente reiterando um lugar-comum, pelo menos na França: "sem dúvida", salientou Bonaparte, "um dia essa potência [a Rússia] há de se conscientizar de que, se desejar interferir nos assuntos da Europa, precisará adotar uma abordagem racional e coerente [*un système raisonné et suivi*] e abandonar princípios emanados da mera fantasia e paixão, porque a política de todas as potências é uma questão de geografia"[12].

Considerava-se, portanto, que as limitações impostas pela natureza estavam intimamente ligadas com as limitações da razão no ato de determinar a condução da política externa. Entretanto, a consciência russa da geografia sempre tinha desempenhado seu papel na política externa. Por esse motivo, a conquista por Pedro, o Grande, da saída para o Báltico, que conduziu à importantíssima fundação de São Petersburgo e à perpétua busca, daquele momento em diante, de portos de águas temperadas. Nesse sentido, uma potência sem acesso ao mar não poderia deixar de estar sempre consciente das limitações da geografia. Contudo, mais

11. Pecquet, *L'Esprit des Maximes Politiques pour servir de suite à l'Esprit des Lois du Président de Montesquieu* (Paris, 1758), p. 178.

12. *Correspondance de Napoleon 1*er, publiée par ordre de l'Empereur Napoleon III, vol. X (Paris, 1862), doc. 8170.

uma vez, esse era mais um pressuposto do que um item a ser debatido, independentemente do fato de ser extremamente restrito o espaço para debate na Rússia daquela época. Mais tarde, o importante adepto do eslavismo Nikolai Danilevskii, em sua conhecida polêmica *Rossiya i Evropa*, fez referência à reclamação de que o imenso peso da Rússia dominava a Europa como "*landkartnoe davlenie*" (em tradução literal, "pressão do mapa geográfico"), só para rejeitar a idéia por ser equivocada. Para ele, a Rússia era mais vítima que opressora. A geografia deixava a Rússia vulnerável em vez de fazer dela uma ameaça[13]. Ainda não estava em ampla circulação o termo "geopolítica".

Essa questão ressalta a principal diferença entre os que viam a geografia como uma limitação imposta à liberdade de ação de um Estado e os que a encaravam como o determinante absoluto de seu comportamento. Era claro que Napoleão considerava a geografia um obstáculo às ambições de Alexandre e uma óbvia limitação que ele deveria ter incorporado à sua política externa. O espaço não constituía, porém, um problema tão sério quanto se tornou quando o mundo fora da Europa se fechou à expansão futura. Mais para o final do século XIX, o término da conquista de territórios que se iniciara com as grandes descobertas do século XV transformou o mundo extra-europeu num sistema fechado, deslocando as crescentes tensões de impérios ultramarinos rivais para a mecânica de delicado equilíbrio do sistema europeu. O que piorou a situação foi que a unificação da Alemanha se efetuou, dentro da Europa, necessariamente em detrimento da França, cujo papel histórico fora o de manter o Santo Império Romano fragmentado, portanto debilitado; e que, com o domínio do mundo no ultramar pela Grã-Bretanha e com os territórios coloniais não mais abertos à expansão, o império alemão somente poderia

---

13. N. Danilevskii, *Rossiya i Evropa: vzglyad' na kul'turnyya i politicheskiya otnosheniya* (5.ª edição, São Petersburgo, 1895), p. 20. O termo russo *landkarta* veio direto do alemão, *Landkarte*, e estava em uso desde 1744.

conseguir aumento de território – para recursos, mercados e povoamento – através de guerras na Europa. O fato de sua busca de expansão ter ocorrido dessa maneira, e não através de alternativas pacíficas de expansão industrial e comercial, deveu-se em parte à forma de governo, muito ao protecionismo, mas também até certo ponto à disposição mental gerada por pensadores geopolíticos.

A fonte dessas idéias brotava de canais distintos: em primeiro lugar, concepções orgânicas do Estado, enraizadas no passado distante; e, em segundo lugar, um interesse mais recente e prático de definir as fronteiras da expansão imperial. A idéia do Estado como um organismo que se desenvolvia, amadurecia, entrava em decadência e morria era uma espécie de truísmo desde a época medieval. Maquiavel escreveu: "como todos os outros seres naturais que nascem e crescem rapidamente, os Estados que apresentam rápido crescimento não podem desenvolver o suficiente suas raízes, troncos e galhos, e serão destruídos pelas primeiras rajadas frias da adversidade"[14]. Tratava-se, afinal, de uma analogia fácil e óbvia. No entanto, os filósofos políticos desde Hobbes tinham considerado o Estado uma criação artificial gerada pelo homem para proporcionar uma sociedade civil segura. Disso, a Prússia talvez fosse um dos melhores exemplos. O Leviatã e seus sucessores em tese ganharam vida por contrato. Nada havia de orgânico no Estado; era uma entidade abstrata. Como Rousseau salientara, "Pode-se matar o Estado sem matar um único de seus habitantes."[15] Além do mais, como vimos, a tradição de Grócio nas relações internacionais preparou o terreno para a definição do Estado como entidade jurídica, uma característica atribuída por Kant, e uma característica que se harmonizava bem com a explicação contratual para as origens do Estado.

---

14. Machiavelli, *The Prince*, orgs. Skinner e Price (Cambridge, 1988), p. 23.

15. "Notes pour le Contrat Social", *Oeuvres*, vol. 1, p. 422.

Nos Estados-nação relativamente satisfeitos, como a Grã-Bretanha e a França, os intelectuais não tinham nenhuma necessidade de explorar a condição de Estado e podiam, portanto, dar-se ao luxo de encará-lo mecanisticamente como um meio funcional para atingir os objetivos maiores da segurança e da prosperidade; muitos alemães, por sua vez, divididos e empobrecidos desde a Guerra dos Trinta Anos, procuravam necessariamente controlar as energias de seus compatriotas por meio de um apelo às emoções. Nessas condições, a imagem do contrato dificilmente seria um clarim que mobilizasse a opinião das massas. Sem dúvida, foi por esse motivo que, quando na Europa do pós-Iluminismo os filósofos alemães começaram a adotar a noção, corriqueira na corte mas até então desconhecida do público, do Estado como um organismo, a idéia surgiu como uma revelação ofuscante aos olhos das pessoas com consciência política, infelizes com a árida imagem da teoria do contrato.

Na época do romantismo e sob o impacto da invasão e ocupação napoleônicas, Adam Müller publicou *Die Elemente der Staatskunst* em 1809. A obra ressaltava que a natureza orgânica do Estado era revelada na guerra, que, afirmava ele, era tão natural quanto a paz, e na concorrência com outros Estados: *lebendige Bewegung*[16]. No final do século, essa idéia já tinha atingido seu apogeu com as obras de Heinrich Ahrens[17] e com "Der Staat als Organismus" [O Estado como um organismo] de Friedrich Ratzel[18]. Foi Ratzel quem cunhou o termo geografia política, e foi Ratzel quem usou o termo de Malthus "espaço vital" para descrever o espaço exigido para o desenvolvimento do Estado-nação[19]. A principal queixa que

16. Ver F. Coker, *Organismic Theories of the State: Nineteenth Century Interpretations of the State as Organism or as Person* (Nova York, 1910).

17. *Naturrecht oder Philosophie des Rechtes und des Staats auf dem Grunde des ethischen Zusammenhangens von Recht und Cultur* (6.ª edição, 1870-1871).

18. *Die Grenzboten*, vol. 55, n.º 52, 1896.

19. Ver, por exemplo, F. Ratzel, "Der Lebensraum: eine biogeographische Studie", *Festgaben fur Albert Schäffle* (Tübingen, 1901), pp. 103-89.

ele procurou remediar, e que tinha algum terreno em comum com a teoria do contrato, era que "a maioria dos sociólogos estuda o homem como se ele fosse formado no ar, sem vínculos com o chão"[20]. Mas, além de repetir a analogia do Estado como um organismo, sua obra principal apenas sublinhava a própria questão exposta por Napoleão, ou seja, que a geografia restringia o comportamento do Estado. Outros autores alemães de pensamento mais liberal admitiam que o Estado não era "de modo algum um instrumento sem vida, uma máquina morta"[21], tampouco era um aglomerado de partes atomizadas, enquanto ao mesmo tempo sustentavam que era um organismo mais "moral" que "natural"[22].

Fosse como fosse, a teoria orgânica do Estado tinha criado raízes na Alemanha. E encontrou aí um solo fértil, que ao mesmo tempo propiciou o ressurgimento de uma vigorosa doutrina de Razões de Estado, com ênfase na importância crucial do poder. Foi ali, na Alemanha, após o fracasso das revoluções de 1848, que o especialista em relações internacionais Ludwig von Rochau (1810-1873), de um conservadorismo cada vez maior, publicou seus *Grundsätze der Realpolitik angewendet aus die staatlichen Zustände Deutschlands* em 1853. Foi nessa obra que cunhou o termo *Realpolitik*. A verdadeira essência do livro resume-se nos seguintes termos:

> O organismo político da sociedade humana, o Estado, origina-se e subsiste em virtude de uma lei natural que o homem, com ou sem consciência ou vontade, põe em prática... O imperativo da Natureza do qual depende a existência dos Estados é cumprido no Estado histórico por meio do antagonismo de forças diversas; com uma infinita variação em sua condição, dimensão e realizações, de acordo com o espaço e o tempo. O estudo das forças que moldam, sustentam e trans-

---

20. F. Ratzel, "Le Sol, la Société et l'État", *L'Année Sociologique 1898-1899*, 1.ª parte, p. 1.
21. J. Bluntschli, *The Theory of the State* (Oxford, 1885), p. 18.
22. *Ibid.*, pp. 72-3.

> formam o Estado é o ponto de partida de todo conhecimento político. O primeiro passo para o entendimento leva à conclusão de que, na vida política, a lei do mais forte desempenha uma função semelhante à da lei da gravidade no mundo material.[23]

Como Maquiavel, porém, Von Rochau concentrou-se quase totalmente na efetiva reconstrução interna. Foi isso sem dúvida que concedeu uma segunda chance a Maquiavel na Alemanha, como na própria Itália, em meados do século XIX, numa época de ressurgimento do nacionalismo e de investigação sobre a condição de Estado. Acton descreve assim o fenômeno:

> O movimento nacional que unificou, primeiro a Itália e depois a Alemanha, abriu uma nova era para Maquiavel. Ele havia caído sob o peso da censura por apoiar o despotismo; e os homens que determinaram a trajetória da monarquia absoluta no século XVII eram conhecidos por todos como *novi politici et Machiavellistae*... No entanto, o objetivo imediato com o qual italianos e alemães realizaram a grande mudança na constituição da Europa era a unidade, e não a liberdade. Eles não criaram garantias, mas forças. Havia chegado o tempo de Maquiavel.[24]

Foi assim que, às vésperas da unificação italiana, em 1859, o estado da Toscana promulgou um decreto que determinava a publicação da obra completa de Maquiavel por conta do Estado. E os principais pensadores alemães não se sentiam menos agradecidos.

Dentro da estrutura maquiavelista, porém, a noção do Estado como organismo e a relevância do espaço constituíam um fenômeno particularmente alemão. A ênfase atribuída por Ratzel à importância da geografia não encon-

---

23. *Grundsätze der Realpolitik angewendet aus die staatlichen Zustände Deutschlands* (Stuttgart, 1853), p. 1.

24. "Introduction to Burd's Edition of Il Principe by Machiavelli", *Selected Writings of Lord Acton*, pp. 89-90.

trou, entretanto, forte ressonância na Grã-Bretanha. Aqui, numa sociedade mais prosaica e mais "conservadora", o interesse era rigidamente prático, e não quase místico e romântico, como fora na Alemanha. A idéia de uma falta de espaço – ou *Lebensraum* – tinha sido ressaltada pela primeira vez por Thomas Malthus (1766-1834), cujo ensaio sobre o assunto foi publicado em 1798, talvez não por acaso "num período de muitas guerras..."[25]. Malthus nasceu em 17 de fevereiro de 1766, em Dorking, Surrey. Tendo estudado em Cambridge, foi eleito *fellow* do Jesus College. Seu objetivo declarado era "investigar os efeitos de uma grande causa unida intimamente com a própria natureza do homem... a tendência constante em todas as formas de vida animada a multiplicar-se além da nutrição preparada para ela"[26]. "O homem", ressaltou ele, "está necessariamente confinado pelo espaço."[27] À altura em que publicou suas edições posteriores, a mensagem parecia ainda mais insistente: "A guerra, o principal freio à população de nações selvagens", tinha "sem dúvida se abrandado, mesmo levando em conta as infelizes contendas revolucionárias recentes..."[28] Os perigos da superpopulação pareciam, portanto, mais ameaçadores do que nunca, especialmente tendo em vista que o resto do século se caracterizara pela ausência de graves conflitos na Europa.

Essa concepção deu subsídios à obra de Charles Darwin (1809-1882), notadamente *On the Origins of Species by Means of Natural Selection, or Preservation of Favoured Races in the Struggle for Life* [Sobre a origem das espécies por meio da seleção natural, ou a conservação de raças favorecidas na luta pela vida], bem como à obsessão do sociólogo e jornalista Herbert Spencer pela sobrevivência do mais apto. É

---

25. Prefácio à 5ª edição, de 1817: *An Essay on the Principle of Population; or A View of its Past and Present Efforts on Human Happiness; with an inquiry into our prospects respecting the future removal or mitigation of the evils which it occasions* (6ª edição, 1826), p. xi.

26. *Ibid.*, p. 2.

27. *Ibid.*, p. 7.

28. *Ibid.*, p. 534.

notável que Darwin, como Hobbes, e na realidade como diversos autores no campo da biologia e da geologia, extraísse uma importante metáfora das relações internacionais. Darwin pensou em usar o termo "Guerra da natureza" como título de uma seção sobre a luta pela existência no "grande livro" do qual a *Origem* era apenas uma prefiguração apressada[29]. Ele começou essa seção com as palavras "toda a natureza está em guerra..."[30]. E a própria *Origem* é pontuada por referências: "batalhas dentro de batalhas", "guerras entre um inseto e outro", "uma espécie obtendo a vitória sobre outra", "a enorme e complexa batalha da vida" e a "guerra da natureza"[31].

Houve recentemente quem procurasse resgatar Darwin de seus admiradores mais militaristas por meio da ênfase exclusiva num único aspecto de sua definição da luta pela existência: a dependência de uma espécie em relação a outra[32]. Entretanto, na mesmíssima parte do texto, Darwin descreve essa dependência de duas formas: a primeira como o auxílio que uma forma de vida proporciona a outra, e a segunda como a dependência de uma ave que se alimenta de um inseto. Tecnicamente esta última poderia ser classificada como dependência, mas é óbvio que não se trata da dependência que o inseto procura no seu ambiente! Os que tentam alterar a mensagem de Darwin para que ela dê sustentação a um mundo benévolo e pacífico também não perceberam que ele usa o termo "luta" de três formas distintas: a luta entre indivíduos de uma espécie que garante a evolução das qualidades mais favoráveis à sobrevivência – o cerne de sua teoria; a luta entre as espécies e o ambiente;

---

29. *Charles Darwin's Natural Selection being the second part of his big specie book written from 1856 to 1858*, org. R. Stauffer (Cambridge, 1975), p. 172.

30. *Ibid.*

31. Enumerados no pioneiro artigo de B. Gale sobre "Darwin and the Concept of a Struggle for Existence: A Study of the Extrascientific Origins of Scientific Ideas", *Isis*, setembro de 1972, vol. 63, n.º 218, pp. 323-4.

32. Principalmente G. Beer, *Darwin's Plots: Evolutionary Narrative in Darwin, George Eliot and Nineteen Century Fiction* (Londres, 1983); mas também P. Crook, *Darwinism, War and History* (Cambridge, 1994).

e a luta entre uma espécie e outra[33]. A verdadeira dependência não estava, de modo algum, no cerne do sistema. De fato, é quase certo que isso o perturbasse. Darwin tinha a impressão de que seu coração discordava da sua cabeça. "Nada é mais fácil que admitir em palavras a veracidade da luta universal pela vida", escreveu ele com alguma angústia, "ou mais difícil, pelo menos foi o que me pareceu, que ter sempre em mente essa conclusão."[34]

Seja como for, foi o conteúdo principal da mensagem de Darwin, e não as ressalvas parciais, que exerceu o maior impacto sobre o pensamento político. O próprio Ratzel tinha se formado em zoologia e estava mergulhado na tradição darwiniana. Textos sobre o mundo natural, que tomavam empréstimos da esfera do conflito político internacional, voltavam desse modo a alimentar tentativas de explicação da identidade e do comportamento dos Estados. Eles contribuíram para uma atmosfera intelectual na qual essas metáforas orgânicas adquiriram vida própria. Se a nação estava organicamente vinculada ao solo e sua população aumentava em termos exponenciais, enquanto as novas terras descerradas pelas descobertas agora estavam sendo fechadas a novas entradas, de modo que as conquistas de uma potência somente poderiam ser obtidas através de perdas para a potência rival, não era inevitável o conflito na forma da guerra?

Outra linha – de um realismo muito mais típico – originou-se na intensificação da rivalidade imperialista que varreu os territórios "vazios" do planeta, aquilo que mais tarde viria a ser chamado de Terceiro Mundo. A conscientização do sentido de espaço acrescentou-se à conscientização da vulnerabilidade da garantia de comunicação por todo aquele espaço, que era principalmente por mar. É espantoso que, de modo bastante semelhante à descoberta

---

33. P. Bowler, "Malthus, Darwin, and the Concept of Struggle", *Journal of the History of Ideas*, vol. 37, n.º 4, 1976, pp. 632-3.

34. C. Darwin, *On the Origin of Species by Means of Natural Selection, or Preservation of Favoured Races in the Struggle for Life* (Londres, 1859), p. 62.

simultânea, porém independente, da evolução através da seleção natural por parte tanto de Charles Darwin como de Alfred Wallace[35], o *Regius Professor* de História Moderna em Cambridge *sir* John Seeley (1834-1895) e o capitão reformado da Marinha dos Estados Unidos Alfred Mahan (1840-1914) chegaram, exatamente na mesma época, a conclusões semelhantes a respeito da relação entre a guerra e a expansão do comércio e do império.

"Ela resumia tão bem a orientação geral do meu livro sobre história naval que imediatamente o enviei aos editores", escreveu Mahan a respeito da publicação da palestra de Seeley à Aldershot Military Society em 24 de abril de 1889[36]. Mas Mahan certamente estava exagerando. A semelhança central era a conclusão de Seeley de que, "depois que a nação começou a se dedicar ao comércio, a Inglaterra travava guerras com maior freqüência e em escala maior do que nunca antes..."[37]. Isso era especialmente perceptível no que tangia ao período posterior a 1689. "A verdade é que a guerra e o comércio andaram de mãos dadas ao longo de todo esse período; era porque nos dedicávamos ao comércio que entrávamos em guerra; as guerras eram travadas pelo interesse das classes mercantis, e os motivos para as guerras encontravam-se principalmente ali onde estava o comércio, ou seja, no Novo Mundo."[38] Assim, a guerra decorria do império e não de conflitos na Europa. Seeley nunca tentou compreender o desenvolvimento do poderio naval britânico, que constituía o foco da atenção de Mahan, mas esses pressupostos estavam subjacentes à tese de Mahan. Se a Grã-Bretanha tinha construído um império de sucesso lutando por ele nos mares, por que os Estados Unidos não deveriam agir do mesmo modo? "Quando fui con-

35. *Charles Darwin's*, p. 1.

36. *Alfred Thayer Mahan: The Man and his Letters*, org. R. Seager (Annapolis, 1977), p. 199; J. Seeley, "War and the British Empire", *Journal of the Military Service Institution of the United States*, setembro de 1889, pp. 488-500.

37. *Ibid.*, p. 488.

38. *Ibid.*, p. 492.

vidado para dar uma aula sobre história naval em nossa Escola de Guerra", relatou Mahan em correspondência, "fiz de imediato a mim mesmo a seguinte pergunta: 'Como posso tornar a experiência de grandes navios de madeira, com suas armas primitivas, útil para a situação naval atual?' A primeira resposta foi: 'Mostrando a tremenda influência que o poderio naval, sob a forma que fosse, exerceu sobre o curso da História'..."[39]

Mahan foi antes de mais nada um defensor da expansão naval dos Estados Unidos; todo esse raciocínio estava em função daquele objetivo primordial. Portanto, embora *The Influence of Sea Power upon History 1660-1783* [A influência do poderio marítimo sobre a História 1660-1783], que ele publicou em 1890, fosse à primeira vista um livro de História, na intenção a obra tinha decididamente o caráter de recomendação e um tom hobbesiano. "A história do poderio marítimo", escreveu ele nas páginas iniciais, "é em grande parte, mas de modo algum exclusivamente, uma narrativa de contendas entre nações, de rivalidades mútuas, de violência que com freqüência culminou em guerra." Mahan também estava reagindo conscientemente às "condições e sinais destes tempos e às atividades extraterritoriais em que Estados estrangeiros embarcavam tão generalizada e impacientemente..."[40]. Contudo, as molas propulsoras dessa luta nervosa permaneciam ocultas. "É estranho", escreveu ele, "observar os movimentos inconscientes, sem resistência, das nações, e ao mesmo tempo ler as características esmagadoras, ou por acaso ser lançado à posição dos líderes, quando no máximo eles direcionam ao menor mal forças às quais não se pode oferecer mais resistência permanente do que a que se pode oferecer à gravitação."[41]

---

39. Mahan a William Henderson, 5 de maio de 1890, *Letters and Papers of Alfred Thayer Mahan*, orgs. R. Seager e D. Maguire, vol. 2 (Annapolis, 1975), p. 9.

40. "The Future in Relation to American Naval Power", junho de 1895, Mahan, *The Interests of America in Sea Power, Present and Future* (1897; edição de 1970, Nova York), p. 139.

41. "A Twentieth-Century Outlook", maio de 1897, *ibid.*, p. 227.

A expansão da Europa, em seu apogeu, realçou o fato de que o domínio dos mares era o segredo do poder. É, porém, significativo que a conclusão de Mahan fosse pouco mais que uma reiteração de uma máxima cunhada por John Evelyn em sua obra *Navigation and Commerce, their Original and Progress* [A navegação e o comércio, suas origens e progresso], publicada em 1674, da qual Mahan decerto tinha conhecimento: "... quem quer que domine o oceano domina o comércio do mundo; e quem quer que domine o comércio do mundo domina as riquezas do mundo; e quem quer que seja o dono dessas riquezas domina o próprio mundo..."[42]. "Vamos partir da verdade fundamental, confirmada pela História", argumentou Mahan, "de que o domínio dos mares, e especialmente ao longo das importantes rotas traçadas pelo interesse nacional ou pelo comércio nacional, é o principal entre os elementos meramente materiais que constituem o poder e a prosperidade das nações. Isso ocorre porque o mar é o maior meio de circulação do mundo. Daí segue necessariamente o princípio de que, para complementar esse domínio, é imperioso tomar posse, quando isso puder ser feito licitamente, daquelas posições marítimas que contribuem para garantir o domínio."[43] Para tanto, o isolacionismo natural do povo americano representava um obstáculo. Dentro da economia, o foco predominante na proteção alfandegária sintetizava essa perturbadora introspecção. "Dentro do país", afirmou ele, "o mercado interno está garantido, mas lá fora, em plagas distantes, encontram-se os mercados do mundo, que podem ser invadidos e dominados somente por uma vigorosa concorrência, que o hábito de confiar na proteção por leis não propicia."[44]

Mahan surgia, portanto, do outro lado do Atlântico anunciando a ascensão dos Estados Unidos como potência

---

42. J. Evelyn, *Navigation and Commerce, their Original and Progress* (Londres, 1674), p. 15.

43. "Hawaii and Our Future Sea Power", março de 1893, Mahan, *The Interests*, p. 52.

44. *Ibid.*, p. 4.

mundial. Da história da Real Marinha britânica, ele tirou as lições que a Marinha dos Estados Unidos deveria aprender para conseguir atingir uma esfera de ação semelhante. Entretanto, a Grã-Bretanha era agora uma potência quase saciada, de impressionantes proporções imperiais. Sua preocupação predominante era como manter todas as suas colônias e como lidar com o atrito claustrofóbico resultante do fechamento das fronteiras do mundo, o que prenunciava o perigo da guerra. A situação foi descrita com talento por Halford Mackinder (1861-1947). Ele nasceu em Gainsborough, Lincolnshire, em 15 de fevereiro de 1861, e uma de suas lembranças mais remotas foi a de ter sido vergastado por desenhar mapas durante a aula de latim. A geografia, embora em moda na Alemanha, "era na ocasião quase totalmente ignorada nas universidades e escolas da Grã-Bretanha"[45]. Especialista em Ciências Naturais em Christ Church, Oxford, foi, com apenas vinte e seis anos de idade, sem dúvida em razão de suas lendárias palestras como missionário dessa matéria relativamente nova, nomeado para o novo posto de professor de Geografia da universidade. Contudo, a matéria era encarada com profunda suspeita em círculos liberais. A vida em Oxford, assim, revelou-se incoveniente. Uma das objeções levantadas era "que o estudo de mapas pelos jovens estimulava modos estratégicos, isto é, modos imperialistas e militaristas de pensar"[46]. O politicamente correto não é de todo uma inovação recente.

Assim, foi a Royal Geographical Society, em 1904, que acolheu a palestra de Mackinder intitulada "O pivô geográfico da história"[47]. O trabalho resultou de "muitos anos de observação e reflexão" e foi sugerido pela experiência da guerra britânica na África do Sul contra os bôeres e pela

---

45. E. W. Gilbert, "The Right Honourable Sir Halford J. Mackinder, P. C., 1861-1947", *Geographical Journal*, vol. CX, n.º 1-3, julho-dezembro de 1947, p. 94.

46. Mackinder citado por Gilbert, loc. cit.

47. H. Mackinder, "Geographical Pivot of History", *Geographical Journal*, vol. XXIII, n.º 4, abril de 1904.

guerra russa na Manchúria[48]. Sua descrição do progresso das relações internacionais ao longo dos séculos foi esquemática e precisa. Os quatrocentos anos anteriores tinham sido uma era de explorações e de expansão. Na cristandade, ameaças de fora e a necessidade de resistência por parte das comunidades tinham levado à criação de Estados-nação. Na opinião de Mackinder, "a civilização européia é, num sentido muito verdadeiro, o resultado da luta secular contra uma invasão asiática"[49]. A derrota e expulsão dos mouros da Espanha, a garantia da segurança da Europa contra invasões otomanas e os grandes descobrimentos, com a subseqüente colonização do mundo distante do litoral europeu, tinham proporcionado uma nova estabilidade através do alívio das pressões que vinham se acumulando no interior fechado do sistema europeu de Estados. "Toda explosão de forças sociais, em vez de se dissipar num âmbito próximo, de espaços desconhecidos e caos selvagem, há de reverberar com intensidade do outro lado do planeta, e os elementos fracos no organismo político e econômico do mundo serão destroçados por esse motivo. Há uma enorme diferença de efeito entre a queda de uma granada numa trincheira e sua queda em meio aos espaços fechados e rígidas estruturas de um grande prédio ou navio."[50] Em outra passagem, Mackinder usou uma metáfora igualmente perspicaz, que traz fortes reminiscências de Bolingbroke: "agora temos um circuito fechado – uma máquina completa e equilibrada em todas as suas partes. Se tocar numa delas, você influenciará todas"[51].

Embora Mackinder concordasse com Napoleão em sua afirmação de que "é o homem e não a natureza quem

---

48. Mackinder, "The Round World and the Winning of the Peace", *Foreign Affairs*, vol. 21, n.º 4, julho de 1943, p. 596.

49. Mackinder, "The Geographical...", pp. 422-3.

50. *Ibid.*, p. 422.

51. Mackinder, "The Great Trade Routes (Their Connection with the Organization of Industry, Commerce and Finance)", 13 de dezembro de 1899, *The Institute of Bankers Journal*, vol. XXI, parte V, maio de 1900, p. 271.

toma a iniciativa, mas em grande parte é a natureza que controla"[52], sua convincente caracterização da evolução do sistema europeu de Estados sugeria que a mudança na natureza daquele sistema antes do início do século XX trazia consigo um grave aumento do perigo de guerras catastróficas. No entanto, Mackinder não enxergou completamente as implicações de sua própria descoberta. Sua obsessão com o "perigo amarelo" e com o papel da Rússia como o Estado fundamental no "coração do mundo" [*Heartland*] na "Ilha Mundial" da Eurásia, como uma barreira contra a Ásia, distraiu sua atenção das verdades basilares. Coube então ao economista liberal e antiimperialista John Hobson e ao marxista Lênin extrair conclusões mais abrangentes do que as que Mackinder estava disposto a tirar; e, pela direita, a Haushofer e a Hitler. Entretanto, nem tudo o que Mackinder disse recebeu aclamação geral, mesmo por parte da direita. O pesquisador em All Souls e jornalista Leo Amery, que em pouco tempo se tornaria um célebre porta-voz do império britânico e o principal intelectual do partido conservador, considerou a palestra de Mackinder uma fonte de estímulo a outros pensamentos, um dos quais praticamente derrubava por completo a mensagem de Mackinder. "Aonde eu estava querendo chegar é ao seguinte", disse Amery na ocasião, "que no futuro – que pode estar próximo, ou pode estar algo distante – tanto o mar como as ferrovias serão suplementadas pelo ar como meio de locomoção; e quando chegarmos a esse ponto (como estamos falando de períodos vastos, creio que me seja permitido lançar o olhar um pouco adiante) – quando chegarmos a esse ponto, grande parte dessa distribuição geográfica deverá perder importância, e as potências de sucesso serão aquelas que tiverem a maior base industrial. Não fará diferença se elas estiverem no centro de um continente ou numa ilha; os povos que dispuserem de poderio industrial, bem como do poderio da invenção e da ciência, terão condições de

52. Mackinder, "The Geographical...", p. 422.

derrotar todos os outros. Deixo essa idéia como uma sugestão final."[53] Desse modo, Amery previu o poder do desenvolvimento da tecnologia militar no sentido de reduzir as limitações impostas pela geografia.

Mackinder, porém, não era desprovido de discernimento, e, em retrospectiva, certas afirmações suas parecem misteriosamente proféticas. Tanto antes como depois da Primeira Guerra Mundial, ele reagiu à mensagem de supremacia naval de Mahan com a afirmação oposta, a da superioridade do poderio terrestre. A partir do "coração do mundo, importantes rotas marítimas como, por exemplo, o Canal de Suez poderiam ser ameaçadas, e os percursos essenciais poderiam ser interceptados principalmente por países como a Alemanha e a Rússia, "cada uma com um poderoso ímpeto histórico". O "coração do mundo" era, portanto, de importância crítica: "A natureza ali oferece todos os pré-requisitos para o domínio definitivo do mundo; cabe ao homem impedir esse êxito, com sua capacidade de previsão e com a exigência de sólidas garantias."[54] O pressuposto era um sistema internacional propenso a contínuos conflitos de uma ordem ou de outra, e a explicação subjacente era de natureza geográfica ou econômica. "As grandes guerras da história" –, escreveu ele em 1919, "pois tivemos uma guerra mundial aproximadamente de cem em cem anos durante os últimos quatro séculos – são resultantes, direta ou indiretamente, do desenvolvimento desigual das nações, e esse desenvolvimento desigual não se deve totalmente à maior energia e maior capacidade de algumas nações em comparação com outras; em grande parte, ele resulta da distribuição desigual da fertilidade e de oportunidades estratégicas sobre a face da Terra. Em outras palavras, na natureza não há nada que se possa chamar de igualdade de oportunidades para as nações."[55] Da história e da estratégia, Mackinder

53. Aparte, *ibid.*, p. 441.

54. Mackinder, *Democratic Ideals and Reality: A Study in the Politics of Reconstruction* (Londres, 1919), p. 221.

55. *Ibid.*, p. 2.

passou com exatamente a mesma facilidade para questões de economia, como numa série de palestras que ele proferiu ao Institute of Bankers, nas quais advertia que, agora que as descobertas geográficas estavam encerradas, ocorreria "a dispersão e uniformização da atividade industrial e comercial por todo o mundo"[56].

Também políticos foram atraídos ao debate na Grã-Bretanha. O próprio Mackinder candidatou-se ao parlamento. Na virada do século, o futuro ministro das Relações Exteriores, George Curzon, retornou da Índia, onde na qualidade de vice-rei tinha satisfeito sua antiga fascinação pelo problema de estabelecer fronteiras seguras para o império britânico na Ásia. Em Oxford, proferiu uma palestra fascinante, com base nas suas experiências. Como vice-rei e mais tarde no ministério da Índia, Curzon estava perfeitamente alerta para o crescimento da própria pressão à qual Mackinder aludira. Ele afirmou que, conseqüentemente, esse foi "um período de enorme ansiedade, quando a principal fonte de preocupação diplomática, e às vezes de perigo internacional, tinha sido a determinação das Fronteiras do Império na Ásia Central, em todas as regiões da África e na América do Sul"[57]. Voltou então a atenção para o problema específico das fronteiras. Seguindo conscientemente o pensamento de Mackinder, Curzon referiu-se a "guerras decorrentes da expansão de Estados e reinos, levadas a um ponto em que, à medida que o planeta habitável se reduz, os interesses e ambições de um Estado colidem de modo violento e irreconciliável com os interesses e ambições de outro Estado"[58]. Num trecho que muito nos faz lembrar Malthus e Mackinder, ele argumentou que "com o rápido crescimento da população e com a necessidade econômica de novos mercados compradores, a expansão, no caso das grandes potências, tornou-se uma ne-

---

56. Mackinder, "The Great Trade...", p. 271.
57. Curzon, *Frontiers* (Oxford, 1907), p. 2.
58. *Ibid.*, p. 5.

cessidade ainda mais premente. À medida que são preenchidos os espaços vazios na Terra, a concorrência pelo que sobrar é temporariamente mais acirrada"[59]. Contudo, como Mackinder, Curzon – embora não fosse de modo algum um liberal – deixou de chegar à conclusão mais óbvia: a de uma guerra de grandes proporções. Em lugar disso, previu um fim da competição e uma situação mais acomodada, governada pela norma da lei – um sentido muito vitoriano e, na realidade, muito liberal da inevitabilidade do progresso através da transformação pacífica, controlada: um testemunho convincente do predomínio da ideologia liberal na virada do século.

A palestra de Curzon é interessante por sua descrição das soluções adotadas para lidar com as disputas referentes a território fronteiriço alvo de impérios rivais provenientes de direções contrárias. Entre tais expedientes, citou ele os protetorados, que ampliavam o controle político ou estratégico em vez do controle administrativo direto e facilitavam a defesa contra ataques externos e contra ataques à propriedade no interior da região. Na época, os protetorados iam se transformando "por graus imperceptíveis no que hoje é o conceito diplomático conhecido popularmente como Esferas de Influência". Isto implicava "um estágio em que nenhuma potência externa a não ser uma única podia se afirmar no território assim descrito, mas em que o nível de responsabilidade assumida por esta última podia variar enormemente de acordo com as necessidades ou tentações do caso"[60]. Uma forma de expansão fundia-se naturalmente com outra: "De todas as formas ou ficções diplomáticas que foram... descritas, pode-se observar que a tendência uniforme é que a forma mais fraca se cristalize na mais rígida. Esferas de interesse costumam tornar-se esferas de influência; arrendamentos temporários tornam-se eternos; esferas de influência transformam-se

59. *Ibid.*, pp. 7-8.
60. *Ibid.*, p. 42.

em protetorados; e os protetorados são os precursores da anexação total."[61]

Enquanto isso, a escola alemã de geopolítica desenvolvia uma existência separada a partir da mistura desse e de outros elementos num preparado misterioso e poderoso: a revitalização romântica da noção do Estado como um organismo em vez de uma entidade jurídica; a tradição da geografia política de Ratzel, que dava ênfase à dimensão espacial; as preocupações de Malthus com a superpopulação e as lutas que se esperava que dela surgissem; o desenvolvimento da biologia evolucionista darwiniana que levava a metáfora a outros patamares científicos; e a assimilação dos textos de Mahan e Mackinder. Algumas dessas idéias foram então vistas por outro ângulo nos escritos de um cientista político sueco, bastante monótono, porém cuidadoso, Rudolf Kjellén (1864-1922).

Obrigado a entender a geografia como parte de suas funções ao assumir a Cadeira de Ciência Política na Universidade de Gotemburgo em 1899, Kjellén dedicou-se a extensas leituras e começou então a unir as duas matérias[62]. A síntese resultou numa série de palestras, proferidas em 1908, que constituíram a base de um livro com o título simples, porém encantador, de *Staten som Lifsform* – "O Estado como forma de vida" –, publicado em 1916[63]. Àquela altura, ele já havia cunhado o termo "geopolítica"[64]. No entanto, *Staten som Lifsform* dedicava apenas o segundo capítulo – *Staten some rike (geopolitik)* – diretamente ao assunto. O livro trata também do Estado como povo (*etnopolitik*), do Estado como economia (*econompolitik*), do Estado como sociedade (*sociopolitik*) e do Estado como governo (*regementspolitik*).

---

61. *Ibid.*, p. 47.

62. E. Thermaenius, "Geopolitics and Political Geography", *Baltic and Scandinavian Countries*, vol. IV, n.º 2 (9), maio de 1938, p. 166.

63. Prefácio, R. Kjellén, *Staten som Lifsform* (Estocolmo, 1916).

64. Kjellén, "Studier ofver Sveriges politiska granser", *Ymer*, vol. 19, 1899, pp. 283-331; também, Kjellén, *Inledning till Sveriges geografi* (Gotemburgo, 1900).

"A geopolítica", escreveu Kjellén, "é o estudo do Estado como um organismo geográfico..."[65] Recorrendo aos escritos de Ratzel, de quem praticamente roubara o título para seu livro, Kjellén salientou que o Estado estava enraizado no solo. "O território é o corpo do Estado"[66], escreveu. "O Estado não tem como se mexer"[67] – daí a importância da geografia. Sendo um organismo, o Estado também era perecível, como o Império Romano, o reino dos incas e a Andaluzia mourisca[68]. Ele explicava:

> O Estado como fato empírico não é apenas uma entidade jurídica, uma constituição e um sistema administrativo... Acima de tudo, não é completo, não é estático... Tem uma vida... Como um indivíduo, ele se encontra numa luta pela existência que absorve grande parte de sua força e cria um atrito incessante, mais forte ou mais fraco, com o que o circunda[69].

Desse modo, o verdadeiro teste da sobrevivência do organismo era a guerra. "A natureza orgânica de um país nunca se sobressai com tanta clareza como na guerra." E, decerto refletindo no momento em que escrevia (1915-1916) sobre a tremenda devastação da Primeira Guerra Mundial, Kjellén acrescentou: "A guerra moderna tem por objetivo destruir a vontade do adversário; o meio mais radical para atingir esse objetivo consiste em tomar o país inteiro, pois isso equivale a privá-lo do direito de dispor de seu próprio corpo."[70]

Dificilmente Kjellén seria considerado o mais estimulante dos escritores. Ele encarava sua obra principalmente

---

65. Kjellén, *Staten*, p. 39.

66. *Ibid.*, p. 63.

67. *Ibid.*, p. 44.

68. "Staters och nationers forganglighett": R. Kjellén, *Politiska Essayer. Studier ill Dagskronikan (1907-1913): Internationell Politik och Geopolitik* (Estocolmo, 1914), p. 3.

69. *Staten*, p. 63.

70. *Ibid.*, p. 51.

como uma forma de morfografia política – classificando a terminologia política como um botânico identifica as plantas, mas nunca se elevando muito acima desse patamar para um nível mais conceitual. Suas obras, ainda assim, exerceram profundo impacto na direita alemã, especialmente porque forneciam uma idéia central que atendia a necessidades desesperadas. Foi Haushofer quem reuniu Ratzel, Kjellén e Mackinder numa síntese para promover os esforços alemães para desrespeitar o acordo de Versalhes de 1919. Leo Amery, mais uma vez observando com ironia e sem envolvimento, considerou "engraçado" que, através de Haushofer e Rudolf Hess, *Democratic Ideals and Reality* [A realidade e os ideais democráticos], de Mackinder, que deixara de ler quando fora lançado, em 1918, "tenha exercido grande influência sobre Hitler em *Mein Kampf*!"[71].

Haushofer nasceu em Munique em 27 de agosto de 1869, na classe dos profissionais liberais. Entrou para a carreira militar e foi como coronel na frente de combate no verão de 1916 que leu uma tradução de *Staten som Lifsform*, de Kjellén, livro que imediatamente identificou com a luta atual "por nossa própria vida e por nossa existência"[72]. Em maio de 1917, ele já se lançara ao estudo do tema[73]. E, depois de completar com grande rapidez uma tese sobre o império japonês, no verão de 1919 ele foi nomeado para o Instituto de Geografia da Universidade de Munique. Apenas alguns meses antes, tinha conhecido o jovem Rudolf Hess. Mais recentemente, Rudiger Hess relembrou que "para meu pai essas conversas foram o primeiro passo que levou de um pensamento político instintivo para um pensamento político consciente"[74]. A preocupação de Haushofer, como a da maioria dos alemães depois de 1919, era o

71. Registro de diário em 1943: *The Empire at Bay – The Leo Amery Diaries 1929-1945* (Londres, 1988), p. 874.

72. Citado na introdução de Hans-Adolf Jacobsen para K. Haushofer, *De la géopolitique* (Paris, 1986), p. 52.

73. *Ibid.*, p. 53.

74. *Ibid.*, p. 63.

desmembramento do país: as "pedras caídas da muralha"[75]. Os Estados da Europa Oriental, como a Checoslováquia, não eram verdadeiros Estados-nação, o que significava que eram organismos "incompletos"[76]. As idéias da geopolítica eram desse modo levadas a exercer pressão por uma política externa que corrigisse esses erros. Haushofer considerava ser seu objetivo, entre outros, o de ensinar a seus compatriotas a *Raumsinn* ou *Raumauffassung*: a consciência do espaço[77]. Em 1924, fundou o periódico *Zeitschrift für Geopolitik*. Escrevendo no contexto limitado da revisão pacífica das fronteiras da Alemanha no pós-guerra, solicitada pelos líderes da República de Weimar, ele definiu assim o tema: "A geopolítica é uma das armas mais poderosas na luta por uma distribuição mais justa de espaços vitais do leste, uma distribuição baseada mais na capacidade de trabalho e nas realizações culturais de povos que na colonização imposta pela força."[78] De modo semelhante, em outra óbvia referência ao problema alemão: "Uma grande nação tem de irromper de um espaço extraordinariamente apertado, apinhado de gente, sem ar puro, um espaço vital estreitado e mutilado ao longo do último milênio... a menos que todo o leste seja aberto para a livre migração das pessoas melhores e mais capazes ou ainda se os espaços vitais ainda desocupados forem redistribuídos de acordo com realizações anteriores e com a capacidade de criar."[79] Para que isso se tornasse a ideologia de todo um regime dedicado à conquista externa, à colonização e ao genocídio, tudo o que se precisava acrescentar era uma ditadura sob o co-

---

75. Citado em J. Paterson, "German geopolitics reassessed", *Political Geography Quarterly*, vol. 6, n.º 2, abril de 1987, p. 110.

76. Haushofer a Hans-Otto Roth, 24 de junho de 1935: Haushofer, *De la géopolitique*, p. 240.

77. "German geopolitics...", p. 109.

78. Citado em G. Kiss, "Political Geography into Geopolitics: Recent Trends in Germany", *Geographical Review*, vol. XXXII, outubro de 1942, n.º 4, p. 642.

79. *Ibid.*, p. 643.

mando de um homem que se impregnara dessas idéias com as reflexões acadêmicas de Haushofer.

As idéias de Seeley, Mahan, Mackinder, Kjellén e Haushofer foram por sua vez se infiltrando no estudo acadêmico das relações internacionais na América do Norte exatamente quando os Estados Unidos começavam a surgir como potência mundial. Elas encontraram expressão nos textos dos que procuravam acelerar o processo. Após a Primeira Guerra Mundial, tendo dado sua contribuição crucial à vitória contra a Alemanha, o governo dos Estados Unidos se afastara radicalmente do sistema europeu de Estados. Jamais se afastara, porém, dos negócios com o Extremo Oriente, nem mesmo com a América Latina. Os proponentes de uma geopolítica nos Estados Unidos desejavam projetar seu país de volta ao centro do sistema internacional. Foi em Yale que esse processo começou. Nicholas Spykman (1893-1943), um americano de origem holandesa, iniciou a campanha em dois artigos publicados pela *American Political Science Review* no princípio de 1938, quando a crise européia estava atingindo seu ápice.

Nascido em Amsterdam em 13 de outubro de 1893, Spykman trabalhou como jornalista *freelance*, de início no Oriente Médio (1913-1919) e depois no Extremo Oriente (1919-1920) antes de chegar à Califórnia, onde se matriculou na universidade e se formou em um ano. Depois de obter um doutorado apenas dois anos mais tarde, lecionou por pouco tempo antes de se transferir em 1925 para Yale, onde em três anos já galgara a posição de professor catedrático. O que trouxe ao estudo das relações internacionais, a partir do mundo dos acontecimentos reais que cobrira para a imprensa durante a guerra, foi uma aguçada percepção da inevitabilidade do conflito baseado em determinantes geográficas. Essa mensagem não era mais popular nos Estados Unidos daquela época do que havia sido na Oxford do tempo de Mackinder. "A geografia de orientação política estava associada à estratégia", observou outro intelectual em Columbia. "A estratégia estava associada à prática da guerra. Era aconselhado aos professores de matérias internacionais que se concentrassem na paz, e não na guerra."[80]

Em 1934, Yale criou no curso de pós-graduação um departamento separado para Relações Internacionais, cujo catedrático era Spykman. Ao mesmo tempo, ele solicitou e recebeu recursos da Rockefeller Foundation para fundar, como divisão de pesquisas do departamento, um Instituto de Estudos Internacionais, que foi criado em 1935. Em seu relatório sobre o Instituto, Spykman descreveu a abordagem que iria adotar. Concentraria a atenção na política externa dos Estados Unidos em vez de em instituições internacionais; e, quando relacionou os capítulos que pretendia escrever, a geografia vinha em primeiro lugar[81]. Mas ainda não predominava. As propostas para o Instituto em geral continham a costumeira ladainha da época – a Liga das Nações, sanções morais, as perspectivas de um governo internacional etc. Portanto, ou Spykman teve o cuidado de ocultar suas verdadeiras intenções ou, o que era mais provável, a importância crucial da geografia ainda não lhe havia ocorrido. Foi somente a partir de 1938 que a geografia surgiu como elemento dominante. Os primeiros resultados apareceram naquele ano na *American Political Science Review*. Citando Napoleão, Spykman procurou estabelecer a geografia como o fator "mais significativo" na condução das relações internacionais. Ao mesmo tempo, entretanto, ele divergia dos "organicistas" e tinha mais em comum com Mackinder e Mahan ao encarar a geografia como um elemento "condicionante" em vez de "determinante". A localização era o ponto principal. Ela possibilitava o isolacionismo aos Estados Unidos, em contraste com países sem saída para o mar, como os da Europa Oriental. Seu destino era tentar abrir caminho à força até o mar (a posse polone-

---

80. H. Sprout, "Geopolitical Hypotheses in Technological Perspective", *World Politics*, n.º 2, janeiro de 1963, p. 190. Sprout tinha ensinado em Stanford em 1929-1930, antes de se transferir para Columbia.

81. Yale Institute of International Studies Report for the Year 1935-1936: *Rockefeller Foundation Archives*, RG1.1 Série 200, Caixa 417, Pasta 4952.

sa de Danzig, por exemplo, embora tivesse sido uma doação da *Entente* mais que uma ação unilateral) ou ser dividido pelos vizinhos.

Todos os fatores geográficos tinham sua influência sobre as relações exteriores – o espaço, a topografia, o clima – e, embora os avanços da tecnologia tivessem reduzido seu impacto sob muitos aspectos, seu papel ainda tinha importância crítica[82]. Tudo isso era anódino em comparação com o que a escola alemã dissera. Contudo, dois artigos subseqüentes, escritos em conjunto com a assistente de pesquisa Abbie Rollins e publicados em 1939, eram mais explícitos, pelo menos no que dizia respeito ao pressuposto fundamental de Spykman quanto às relações internacionais, que remontava a Maquiavel. "Desde que as circunstâncias sejam as mesmas", expunha o primeiro artigo, "todos os Estados têm a tendência a se expandir."[83] A busca por "fronteiras naturais" constituía um foco para esse tipo de expansão. E aparece também uma nítida referência hobbesiana àquele "armistício temporário chamado paz"[84]. Além disso, o sistema internacional era mais uma vez, como em Botero e Bolingbroke, retratado na linguagem das ciências naturais, nesse caso, porém, na linguagem da física, e não na da mecânica:

> Mudanças nas fronteiras, que são as manifestações físicas da dinâmica da expansão, não são, porém, os únicos nem os primeiros indícios de uma mudança no equilíbrio de forças. O terreno da política internacional é como um campo de forças, comparável a um campo magnético. Em algum dado momento, há certas potências maiores que atuam nesse campo como pólos. Uma mudança na intensidade relativa dos pólos ou o surgimento de novos pólos irá alterar o

---

82. "Geography and Foreign Policy 2", *American Political Science Review*, n.º 2, abril de 1938, pp. 213-36.

83. N. Spykman e A. Rollins, "Geographical Objectives in Foreign Policy, I", *ibid.*, vol. 33, n.º 3, junho de 1939, p. 394.

84. *Ibid.*, p. 395.

> campo e deslocar as linhas de força. Uma reorientação e realinhamentos das potências menores nesse campo pode ser o primeiro efeito de uma mudança no equilíbrio de forças entre as potências maiores.[85]

Esses artigos formaram a base para o livro *America's Strategy in World Politics* [Estratégia dos Estados Unidos na política mundial], que foi terminado antes do final de outubro de 1941 e estava em prova de granel em 8 de dezembro, o dia seguinte ao do bombardeio japonês a Pearl Harbor[86]. É de fato impressionante que àquela altura apenas vinte páginas precisassem ser alteradas. Spykman tinha planejado um estudo paralelo sobre a política de segurança britânica de uma perspectiva geográfica e um segundo estudo sobre os Estados Unidos, mas sobrevieram problemas de saúde, que o tinham levado a renunciar à direção do Instituto de Yale em 1939 e lhe tiraram a vida em 26 de junho de 1943.

America's Strategy in World Politics foi um livro oportuno e polêmico. Ele insistia na necessidade de que os Estados Unidos permanecessem engajados tanto na Europa como no Extremo Oriente. Partindo da noção de Mackinder de uma Ilha Mundial, Spykman argumentava que continuaria sendo do interesse dos Estados Unidos impedir que ela fosse dominada por qualquer potência isolada. Mahan tinha estruturado sua defesa do poderio naval global dos Estados Unidos com base na experiência britânica. Spykman agora elaborava sua defesa de uma política americana de manutenção do Equilíbrio do Poder no mundo com base em sua interpretação da história da política externa britânica. Acima de tudo, ansiava por livrar os Estados Unidos de ilusões wilsonianas. "Nações que renunciam à luta pelo poder e deliberadamente escolhem a impotência deixarão de influenciar as relações internacionais seja para

---

85. *Ibid.*

86. Frederick Dunn (Yale) a Joseph Willits (Rockefeller Foundation), 16 de março de 1942: *Rockefeller Foundation Archives*, RG 1. I Série 200, Caixa 416, Pasta 4945. Dunn assumiu o posto de diretor do Instituto depois de Spykman.

o bem, seja para o mal", salientou ele. Em seguida, a revista *Life* publicou um longo artigo sensacionalista sobre o tema da geopolítica no qual atacava Spykman de uma perspectiva wilsoniana: "Essa política acompanha, em escala maior, a histórica política da Grã-Bretanha para com o continente da Europa. É uma política cruel de poder. Ela pressupõe que as guerras sejam inevitáveis e procura certificar-se de que os Estados Unidos determinem o equilíbrio do poder."[87] Spykman sentiu-se magoado. "Meu interesse por um equilíbrio do poder", respondeu, "não é inspirado por uma mera preocupação com nossa posição de força, mas também por minha convicção de que somente num sistema de potências mais ou menos em equilíbrio é viável a segurança coletiva. Somente nessas condições pode a ação comum criar um poder superior em nome da comunidade internacional. Se não houver possibilidade de equilibrar as forças, não haverá possibilidade de resistência; e, quanto menor a força necessária para impedir a agressão, maior será a probabilidade de que os Estados cumpram suas garantias."[88] Apesar de falar firme, Spykman encontrava-se assim na parte moderada do espectro da geopolítica; e, entre outros, abriu o caminho para uma síntese dos conceitos tradicionais do realismo que levaram no final do século XX a uma tentativa de explicação do antiqüíssimo problema dos conflitos internacionais. A advertência de Mackinder e Spykman para os perigos da preponderância de uma única potência na massa continental eurásica despertou inevitavelmente uma reação emocional em alguns setores. Quanto a esse ponto, é salutar ressaltar como a maioria estava cega para o que reservava um futuro não muito remoto. Um leitor, Philip Nordell, escreveu para queixar-se de que "alguns pensarão que devemos nos acautelar com a Rússia. Com base nessa pura

---

87. J. Thorndike, "Geopolitics: The Lurid Career of a Scientific System which a Briton Invented, the Germans Used and Americans Need to Study", *Life*, 21 de dezembro de 1942.

88. Carta, *ibid.*, 11 de janeiro de 1943.

tolice, já ouvi uma pessoa aparentemente normal anunciar em tom de presságio que, como a Rússia controla o 'coração do mundo', ela é uma ameaça para o mundo inteiro"[89].

O interesse generalizado pela geopolítica, embora limitado a uma minoria sob ataque no Ocidente, continuava a crescer nos Estados Unidos, tanto é que Mackinder foi convidado a relançar suas idéias em *Foreign Affairs*, periódico do influente Conselho de Relações Exteriores, pouco antes de também ele falecer no verão de 1943. Em resposta a críticos que recentemente vinham repetindo as reservas apresentadas originalmente por Amery quanto ao provável impacto do poderio aéreo na condução da guerra, Mackinder insistiu que seu conceito de "coração do mundo" [*Heartland*] – essencialmente a Eurásia e mais tarde a União Soviética – continuava tão válido como sempre. As conclusões que ele extraiu desse conceito central, aplicadas às condições da época, não eram menos proféticas do que suas observações anteriores, e não eram menos ofensivas àqueles leitores de *Life* que faziam mais objeção a Spykman: "Levando-se tudo em consideração, é inevitável a conclusão de que, se a União Soviética sair dessa guerra tendo conquistado a Alemanha, ela deverá ser a maior potência terrestre do planeta. E mais, ela será a potência na posição de defesa mais forte em termos estratégicos. O "coração do mundo" é a maior fortaleza natural da Terra. Pela primeira vez na história, essa fortaleza terá uma guarnição adequada tanto em números quanto em qualidade."[90] Ele não considerava o poderio aéreo de importância vital, e nisso foi provado que tinha razão, por um levantamento do uso do poderio aéreo realizado no final da guerra. A bomba atômica ainda estava por vir, mas, mesmo quando veio, Stálin continuou a acreditar que o Ocidente poderia ter condições de bombardear Moscou mas não conseguiria ganhar uma guerra contra a União Soviética a menos que conseguisse ocupar

89. *Ibid.*
90. Mackinder, "The Round World...", p. 601.

o território soviético, e isso exigiria tropas numerosas. Mackinder encerrou seu artigo com a reflexão de que, depois que a Alemanha e o Japão amadurecessem como economias, a Índia e a China ascenderiam à prosperidade. Mas em tudo seria exigido um equilíbrio. Voltando ao passado em busca do Equilíbrio do Poder, ele tinha esperanças de um "planeta equilibrado, de seres humanos. E feliz, porque equilibrado e, portanto, livre"[91].

Por otimistas que fossem os escritos de Mackinder no mundo democrático, a visão alternativa lançada pela geopolítica na Europa Central dá o que pensar. Talvez ainda mais que as noções de Razões de Estado e Equilíbrio do Poder, as implicações da geopolítica alemã salientam o inter-relacionamento íntimo (e para nós embaraçoso) entre o raciocínio realista aparentemente inócuo, abstrato e assumidamente impessoal e as necessidades operacionais, direcionadas pela política, de potências empenhadas em justificar tanto quanto esclarecer seu comportamento no sistema internacional. Que essas noções fossem então familiares a estudantes de relações internacionais em anos subseqüentes àqueles que lhes tinham dado origem, e em circunstâncias extremamente diferentes daquelas que as precipitaram, é um fato que levanta questões incômodas e importantes a respeito da tradição realista.

Não foi por acaso que a geopolítica conseguiu renascer no exato momento e lugar em que os Estados Unidos vinham à luz como possível superpotência; e, embora o termo tenha praticamente desaparecido, as idéias a ele associadas persistiram e se disseminaram sob aparências diferentes nos anos que se seguiram, em várias escolas de relações internacionais, de uma costa do país a outra. Spykman estava à frente de seu tempo ao prever o papel que os Estados Unidos iriam desempenhar; e, como no caso de Mahan antes dele, não foi a mera capacidade de previsão, mas a ambição por seu país, que o levou a publicar sua obra. Não

91. *Ibid.*, p. 602.

se deve jamais supor que a dedicação intelectual impossibilite a defesa de causas, nem que a defesa de causas prejudique totalmente o trabalho intelectual, especialmente num campo tão atual e polêmico como as relações internacionais. No entanto, a evolução das Relações Internacionais como disciplina independente, principalmente nos Estados Unidos, deveu-se menos à incorporação da geopolítica que a outras correntes intelectuais que atravessaram o Atlântico, levadas pelo ciclone da guerra que envolveu o Velho Mundo.

Capítulo 5

Da Realpolitik *ao neo-realismo*

> É curioso ver que nossos dirigentes políticos, que costumam acreditar que agem por puro instinto e sem nenhuma teoria ou filosofia, foram iludidos por uma filosofia bem definida de relações internacionais, filosofia que, por sinal, prevaleceu neste país até recentemente...
>
> – ARNOLD WOLFERS[1]

A expressão "Razões de Estado" já tinha praticamente desaparecido de obras sobre relações internacionais no final do século XVIII. Ausente mas não esquecida, ela ainda assim servia de sustentação para as noções gêmeas do Equilíbrio do Poder e da Balança Comercial que estruturaram a condução das relações internacionais nas décadas que se seguiram. Já em meados do século XIX, porém, ela efetivamente ressurgiu com um novo rótulo – alemão, dessa vez: a *Realpolitik*. Foi a partir do coração da Europa Central que a tradição realista nas relações internacionais encontrou um jeito de entrar nos Estados Unidos quase cem anos mais tarde: importada na bagagem mental de refugiados lançados de modo inesperado e sem convite às praias de um Novo Mundo desinformado, enquanto o Velho Mundo mergulhava numa nova barbárie. Os Estados Unidos tinham procurado escapar da herança contaminada do realismo europeu. O moralista William Sumner, na virada do século, captou esse sentimento bem enraizado quando observou: "Os fundadores da República... não pretendiam ter nenhuma grande arte de governar, nem 'alta política', nem "equilíbrio do poder', nem 'razões de Estado', que tanto tinham

1. "The Pattern of the Post-War World", Palestra ao National War College, 10 de setembro de 1947, *Wolfers Papers* 634, Série 2, Caixa 18, Pasta 230 (Yale).

custado à espécie humana."[2] Dizer que o realismo, portanto, não era totalmente bem-vindo nos Estados Unidos é fazer uma descrição atenuada da situação. Contudo, como e por que a *Realpolitik* aparecera de repente na Europa Central e prevalecido com tanta rapidez?

Teria sido possível imaginar que a Revolução Francesa e suas guerras de conquista seriam um momento decisivo para a condução das relações internacionais na Europa, que os princípios do republicanismo e da autodeterminação nacional manteriam uma autoridade incontestada no campo liberal e que as preferências impostas de cima pelas potências absolutistas seriam descartadas para sempre. Em vez disso, a ironia é que as Razões de Estado ressurgiram sob o disfarce do novo conceito de *Realpolitik*. A Revolução Francesa fora efetuada sob a bandeira do Iluminismo: valores racionais, universais, como o caminho para a liberdade, para a libertação além dos limites do Estado. No entanto, a expansão da revolução pela baioneta francesa, ao cruzar as antigas fronteiras da Europa, efetivamente desencadeou uma violenta reação não apenas entre os legitimistas, que clamavam pela contra-revolução em nome do *ancien régime*, mas também, acabando por ter um efeito mais duradouro, entre os que inesperadamente desmascararam o universalismo dos franceses como um disfarce para o egoísmo nacional e procuraram criar um Estado-nação para defender seus próprios interesses particularistas contra os da França expansionista. Essa reação foi mais evidente nos estados alemães, onde o apoio à revolução foi de início forte, mas depois ruiu quando Napoleão invadiu e tentou esmagar a identidade nacional. Essas foram as condições férteis nas quais a idéia de Razões de Estado ressurgiu. Seu expositor mais eminente foi Leopold von Ranke (1795-1886); seu praticante mais famoso, Otto von Bismarck (1815-1898). O historiador Ranke jamais formulou alguma doutrina, mas as idéias que Von Rochau e mais tarde Von

2. W. Sumner, "The Fallacy of Territorial Extension", 1896, *War and Other Essays* (New Haven, 1919), pp. 291-2.

Treitschke expressaram podiam ser encontradas nas reflexões históricas de Ranke.

Ranke reagiu ferozmente contra o cosmopolitismo hegemônico do Iluminismo, que associava às invasões napoleônicas ameaçadoras da individualidade do Estado e à disseminação de idéias que minavam a idéia de uma identidade separada do Estado. Após a derrota de Napoleão, surgiram entre os liberais idéias universalistas de uma comunidade européia. Como que em fila, os reacionários *anciens régimes* da Áustria e da Rússia também ocultaram a verdadeira condição de Estado, nesse caso com a organização da Santa Aliança para sustentar o *status quo* imperial, independentemente da identidade nacional. Estava na hora, insistia Ranke, de cada Estado voltar à trajetória nacional que fora tirada do rumo pelas guerras revolucionárias[3].

O termo *Realpolitik* surgiu, como vimos, numa obstinada rejeição ao idealismo liberal, pelas mãos de Von Rochau em sua obra *Grundsätze der Realpolitik angewendet aus die staatlichen Zustände Deutschlands*, em 1853. Foi ali que Rochau, talvez sob o impacto das duras lições aprendidas com a amarga experiência da busca pela reunificação alemã, realçou a importância de entender "que a lei dos fortes [*das Gesetze der Stärke*] na vida política desempenha uma função semelhante à lei da gravidade no mundo físico"[4]. Somente através do correto entendimento e uso do poder, a unificação nacional poderia ser alcançada. O termo foi adotado com entusiasmo pelo influente Heinrich von Treitschke (1834-1896), que escreveu uma biografia do fundador da Itália unificada, o conde de Cavour, para mostrar ao público alemão "como a *Realpolitik* é brilhante"[5] e, com isso, determinou um renascimento consciente das Razões de Estado.

---

3. "Politisches Gespräch" (1836): Ranke, *Sämmtliche Werke: "Zur Geschichte Deutschlands und Frankreichs im neunzehnten Jahrhundert"* (Leipzig, 1887), p. 329.

4. *Grundsätze der Realpolitik*, p. 1.

5. Carta a Salomon Hirzel, 28/11 65, org. M. Cornicelius, *Heinrich von Treitschkes Briefe* (Leipzig, 1913), pp. 437-8.

Foi dessa linhagem variada que surgiu uma figura empenhada em ligar o tumultuado presente à grande tradição realista européia, pela tentativa de apresentar uma justificativa completa da formação da Alemanha como Estado-nação. Tratava-se de Friedrich Meinecke. Nascido em 30 de outubro de 1862, em Magdeburgo, na Saxônia prussiana, Meinecke muito cedo obteve sucesso acadêmico, tornando-se editor do prestigioso periódico *Historische Zeitschrift*, junto com Treitschke, em 1895. Seu memorável livro, *Weltbürgertum und Nationalstaat*, seguiu o exemplo de Ranke, Von Rochau e Von Treitschke ao voltar as costas ao cosmopolitismo do Iluminismo. Só por agir desse modo, afirmava Meinecke, a Alemanha alcançou finalmente a condição de Estado[6]. A rejeição a valores universalistas situados acima e fora do alcance do Estado preparou o caminho para o ressurgimento das Razões de Estado no ponto mais alto dos valores da sociedade. Assim, a vigorosa continuação de Meinecke, *Die Idee der Staatsräson in der Neueren Geschichte* (1924), fornecia a base histórica para o ressurgimento das Razões de Estado na Alemanha. Ainda assim curiosamente o autor relutava em definir o próprio conceito cuja linhagem ele traçou tão meticulosamente ao longo dos séculos precedentes[7]. Alguns críticos também atacaram outra característica, nesse caso comum a "uma grande parte da chamada teoria política. Essa dificuldade", como notou Carl Friedrich, de Harvard, fazendo eco a Kant, "está enraizada na constante confusão de conceitos políticos e jurídicos, uma confusão que é gerada pelo desejo de panfletários políticos de obscurecer a distinção lógica fundamental entre categorias de existência e categorias de essência, entre o que é e o que deveria ser"[8]. Apesar de tudo isso, em 1924, Meinecke conseguiu reconduzir as Razões de Estado ao

6. Ver F. Meinecke, *Cosmopolitanism and the National State* (Princeton, 1970); originalmente *Weltbürgertum und Nationalstaat* (Munique, 1907).

7. Assinalado pelo crítico Carl Friedrich, de Harvard: resenha em *American Political Science Review*, novembro de 1931, vol. XXV, n.º 4, pp. 1064-9.

8. *Ibid.*, p. 1067.

centro das atenções. A importância de Meinecke estendeu-se muito além do impacto imediato de suas duas obras principais. Todos os realistas importantes que se seguiram, conscientemente ou não, construíram seus edifícios sobre os alicerces que ele preparou: o holandês Spykman, o inglês Carr, o alemão Morgenthau, o suíço Wolfers e os americanos Tucker e Waltz. Essas idéias, reiteradas e reformuladas por Meinecke, foram absorvidas tão profundamente a ponto de quase se tornarem lugar-comum; decerto, abaixo da consciência da necessidade de atribuição explícita.

O impacto mais forte de Meinecke foi sobre o mundo de língua inglesa, por uma série de razões. Em primeiro lugar, esses eram os homens menos familiarizados com a tradição das Razões de Estado, que em sua quase totalidade, sem dúvida nos últimos tempos, tinha origem no continente europeu; e as idéias políticas alemãs deixavam de portar a marca da mais pura integridade à medida que se aproximava a Segunda Guerra Mundial. Em segundo lugar, e com maior importância, a reação inicial das classes médias anglo-americanas às catastróficas perdas humanas decorrentes da Primeira Guerra Mundial tinha sido a de abraçar soluções utópicas e liberais para o problema dos conflitos internacionais. A Liga das Nações haveria de se tornar o foco dessas aspirações. A arbitragem, a segurança e o desarmamento eram as respostas da Liga; dando-se ênfase (com a notável, e na época surpreendente, exceção da França) à arbitragem e ao desarmamento. A segurança coletiva, embora prevista no Acordo, costumava ser negligenciada por esses idealistas por trazer consigo a ameaça e o uso da força. O universalismo que se reafirmou após a Primeira Guerra Mundial tinha um tendência oculta fortemente pacifista. No entanto, quando esses ideais desmoronaram, a mensagem de Meinecke pareceu fazer muito mais sentido.

Os Estados Unidos tinham optado por não fazer parte da Liga das Nações quando, em 1920, o Senado se recusou a ratificar os compromissos assumidos por Wilson. Ainda assim, os pressupostos utópicos que assolavam a classe média na Grã-Bretanha tinham seus equivalentes nos Estados Unidos, em especial porque se harmonizavam com o pensamento wilsoniano local e com o isolacionismo histórico. Um adepto natural dessa extensão das premissas liberais foi o jovem Edward Hallett Carr (1892-1982). Nascido na Grã-Bretanha vitoriana, porém liberal, Carr muito cedo adquiriu grande parte dos instrumentos intelectuais disponíveis no período. A economia do *laissez-faire*, a crença arraigada em que o livre-cambismo promovia a harmonia entre os Estados, a autodeterminação nacional, a aversão ao poderio militar ou, pelo menos, a suposição de que a corrida armamentista causava a guerra, tudo isso se combinou na sua cabeça para que ele encarasse a transição de uma guerra devastadora para uma paz há muito desejada como uma reversão natural ao que havia de melhor na antiga ordem. Como muitos outros liberais e socialistas, ele via na Liga das Nações o clímax natural e mais humanitário da tradição do comum acordo entre as principais potências da Europa: um meio de evitar a guerra. As únicas dúvidas de Carr – como as do economista e também liberal John Maynard Keynes – estavam relacionadas às vingativas condições para a paz impostas aos alemães em 1919. Alguns dos melhores cínicos foram um dia grandes idealistas que depois passaram por alguma profunda decepção. Carr enquadra-se nessa descrição. Os ideais de uma ordem internacional estável e humana, baseada em princípios liberais, foram destroçados. Em primeiro lugar, os novos pequenos Estados-nação da Europa Oriental (sua área de especialização) começaram a comportar-se muito pior até mesmo do que as grandes potências. Em segundo, as condições opressivas impostas à Alemanha em Paris ofendiam a consciência liberal. Em terceiro, a eclosão da Grande Depressão em 1929 destruiu a sustentação intelectual do livre-cambismo. Em paralelo a essas reflexões, o mergulho de Carr no mundo desconhecido, porém sedutor, da cultura russa deixou-o sensibilizado à relatividade de valores, que, quando se incorporou a uma mente já há muito destituída dos pilares estabilizadores da religião, o deixou perigosamente agnóstico[9].

Carr fora convocado para trabalhar no Ministério das Relações Exteriores em 1916 e ali aprendeu as "necessidades do poder". Para ele, portanto, Meinecke não fez mais que reforçar lições aprendidas com a experiência. O processo de atrito que corroeu suas crenças liberais essenciais nunca se completou, porém. A indignação perante o cruel tratamento dos alemães, sentimento que compartilhava com todos os liberais e socialistas, com o tempo cresceu ao invés de diminuir. Dessa forma, a ascensão de Hitler ao poder em 1933 pareceu a Carr a conseqüência lógica do Tratado de Versalhes; e, dentro do Departamento Central do Ministério das Relações Exteriores da Grã-Bretanha, que lidava com a Alemanha, ele defendeu o argumento em prol do apaziguamento para com o regime nazista até onde fosse permissível. Foi somente quando insistiu além desse ponto que sua permanência no posto se tornou impraticável. Transferiu-se, então, para o mundo acadêmico, exatamente para uma cadeira especial de Relações Internacionais na Universidade de Gales, em Aberystwyth, em 1936. Foi com essa liberdade recém-encontrada e a partir dessa torre de marfim recém-conquistada que ele pretendia defender a causa do apaziguamento.

O subproduto mais importante desse processo foi o texto que ele produziu para um curso sobre política internacional, que intitulou "Utopia and Reality" [Utopia e realidade], mas que acabou sendo publicado com o título anômalo de *The Twenty Years' Crisis* [Vinte anos de crise] bem no início da guerra em 1939. A motivação inicial – pregar o apaziguamento – imediatamente se revelou supérflua; mas, ao longo da explanação de sua posição, Carr desenvolveu "uma análise de tendências fundamentais na política internacional"[10], a

9. Para mais detalhes: J. Haslam, *The Vices of Integrity: E. H. Carr 1892-1982* (Londres/Nova York, 1999).

10. Carr a Harold Macmillan, 31 de maio de 1939, *Macmillan Company Archives*.

primeira teoria realista coerente das relações internacionais publicada até então; e isso ele fez com base principalmente na experiência pessoal, na educação clássica e na vasta leitura sobre o pensamento político.

Vinte anos de crise, nas palavras de Carr, foi escrito para corrigir "a falha gritante e perigosa de praticamente todo o pensamento, tanto acadêmico como popular, sobre a política internacional nos países de língua inglesa entre 1919 e 1939 – o descaso quase total para com o fator do poder"[11]. Carr conscientemente se considerava uma espécie de Maquiavel do século XX, que fazia pelas relações internacionais o que o italiano fizera pela política em geral. Em agosto de 1930, expressou sua aprovação à contribuição de Maquiavel para transformar o estudo da política numa ciência, descartando de modo ríspido "os vagos ideais do altruísmo e humanitarismo que os homens reverenciavam só da boca para fora"[12]. "O ponto de partida de Maquiavel", salientou em 1939, "é uma revolta contra o utopismo do pensamento político contemporâneo."[13] "Os realistas do Renascimento empreenderam o primeiro ataque resoluto contra a supremacia da ética e propuseram uma visão da política que tornava a ética um instrumento da política, ficando a autoridade do Estado no lugar da autoridade da Igreja como árbitro da moralidade."[14] Ele argumentou:

> O aspecto teleológico da ciência da política internacional esteve patente desde o início. Ele cresceu com a terrível e desastrosa guerra; e o objetivo principal que dominou e inspirou os pioneiros da nova ciência era o de prevenir a reaparição dessa enfermidade do corpo político internacional.[15]

---

11. Prefácio à segunda edição, 15 de novembro de 1945.

12. Crítica de um livro sobre Maquiavel: *Fortnightly Review*, agosto de 1930.

13. *The Twenty Years' Crisis 1919-1939: An Introduction to the Study of International Relations* (Londres, 1939), p. 81.

14. *Ibid.*, p. 31.

15. *Ibid.*, p. 11.

Afirmou que a "análise dura e implacável da realidade é o que distingue a ciência"[16].

Os paralelos entre Carr e Maquiavel são surpreendentes, mesmo quando divergem. Ambos serviram ao Estado em funções diplomáticas. Ambos deixaram o posto decepcionados. Ambos possuíam mentes sensíveis que reagiam emocionalmente a mudanças na situação internacional e à presumida incompetência de quem estava no poder. Ambos eram realistas que, apesar disso, ainda traziam no íntimo um forte traço idealista: Maquiavel pela libertação da Itália; Carr pela solução pacífica das diferenças européias, dando à Alemanha o que se presumia ser-lhe devido. Embora a identificação termine por aí, as semelhanças entre eles são indubitavelmente maiores que as diferenças. E o grau de identidade que Carr sentia foi intensificado por sua leitura do tratado de Meinecke sobre o maquiavelismo, publicado uma década antes.

O livro de Carr gira em torno da distinção entre utopia e realidade; e, quanto a esse ponto, ele teve uma dívida intelectual para com Reinhold Niebuhr, que recentemente desnudara as desagradáveis realidades da sociedade nacional em *Moral Man and Immoral Society* [O homem moral e a sociedade imoral]. Carr estende a distinção àquela existente entre a teoria e a prática, o intelectual e o burocrata. Segundo essa perspectiva, o intelectual tinha uma tendência para a esquerda, "com a mesma naturalidade com que o burocrata, o homem da prática, acabava gravitando para a direita"[17]. Carr falava isso por experiência própria. Outra influência está evidente nas restrições referentes à autonomia teórica do pensamento intelectual – a influência de Karl Mannheim. Os intelectuais, escreveu ele, "gostavam de se considerar líderes cujas teorias forneciam a força motivadora aos chamados homens de ação"; porém, seu pensamento era na realidade "condicionado por forças externas a eles mesmos"[18].

16. *Ibid.*, p. 13.
17. *Ibid.*, p. 26.
18. *Ibid.*, p. 39.

A sociologia do conhecimento de Mannheim, derivada em última análise de *German Ideology* [A ideologia alemã] de Marx, proporcionou a Carr o instrumento ideal com que solapar o idealismo liberal: "era essencialmente utópica a visão de que a democracia liberal do século XIX era baseada, não num equilíbrio de forças peculiar ao desenvolvimento econômico do período e aos países em questão, mas em certos princípios teóricos que tinham apenas de ser aplicados em outros contextos para produzir resultados semelhantes"[19]. A aplicação dessa teoria ao acordo de paz de 1919 resultou na criação em toda a Europa de estruturas políticas formuladas na Grã-Bretanha do século XIX mas com raízes em condições materiais que não apresentavam nenhuma relação com as condições originais. Daí a conclusão tirada por Carr de que "as democracias liberais espalhadas por todo o mundo pelo acordo de paz de 1919 foram produtos de uma teoria abstrata, não fixaram raízes no solo e murcharam rapidamente até morrer"[20].

Enquanto Carr atribuía importância considerável a fatores econômicos, Maquiavel desdenhava o poder do dinheiro. O utopismo que Carr descreveu pressupunha uma harmonia natural de interesses, como vimos desde o tempo de Floro e Grócio. Mas esse utopismo, prosseguiu Carr, presumia "que toda nação tem um interesse idêntico pela paz, e que qualquer nação que deseje perturbar a paz é, portanto, irracional e imoral"[21]. É nesse ponto que seu ataque à atitude interesseira do liberalismo anglo-americano convergia com a defesa do apaziguamento. E é nesse ponto que Carr afirmou a posição central dos interesses nas relações internacionais. A Grã-Bretanha queria a paz; a Alemanha parecia querer a guerra. "O interesse comum pela paz mascara o fato de que algumas nações desejam manter o *status quo* sem ter de lutar, e outras desejam mudar o *sta-*

19. *Ibid.*, p. 37. [Trad. bras., São Paulo, Martins Fontes, 2ª ed., 1998.]
20. *Ibid.*, pp. 37-8.
21. *Ibid.*, p. 67.

tus quo sem ter de lutar."[22] O equivalente econômico dessa divisão era a tensão entre os que defendiam o livre-cambismo e os que promoviam o protecionismo. Carr aqui recorreu à experiência. Como membro da delegação britânica na Liga das Nações em Genebra durante a Depressão, ele ouviu o ministro das Relações Exteriores iugoslavo atacar o egoísmo dos países industrializados que se disfarçava na exigência pelo livre-cambismo. Ao elaborar seu livro, Carr sem dúvida já tinha também recorrido a List, mas provavelmente apenas para examinar mais de perto a exposição lógica desse ponto de vista, que tinha encontrado pela primeira vez em Genebra. "A velha escola de economistas, a escola das 'coisas-que-se-acertam-sozinhas', alegava que, se nada fosse feito e se se permitisse que os acontecimentos seguissem seu curso econômico natural, o equilíbrio econômico se desenvolveria por si mesmo... Mas como esse equilíbrio se desenvolveria? À custa dos mais fracos."[23]

Esse ataque à supremacia do pensamento liberal causa impacto até hoje, quando a defesa da Alemanha parece não só anacrônica, mas perigosamente ilusória. Ninguém analisara de modo tão sistemático a condução das relações internacionais com um realismo tão assustador, e, sob esse aspecto, o epitáfio que Carr fez para Maquiavel vale da mesma forma para ele mesmo:

> O ponto em que Maquiavel é... mais original e mais moderno é sua tentativa de tratar a política como uma ciência eticamente neutra, e não como um ramo da ética. Há um elemento de eficiência técnica na política, um elemento tão independente de considerações morais quanto as qualidades de poderosos explosivos... A grandeza de Maquiavel está em ter ele visto uma parte, embora não o todo, da verdade sobre a política com uma acuidade incomparável.[24]

---

22. *Ibid.*, p. 68.
23. *Ibid.*, p. 74.
24. "Is Machiavelli a Modern?", *Spectator*, 28 de junho de 1940.

Carr não estava sozinho ao reagir a ilusões utópicas por meio da publicação de ataques detalhados. Do outro lado do Atlântico, Spykman tinha tomado a iniciativa (ver pp. 294-9). Contudo, foi o imigrante judeu-alemão Hans Morgenthau (1904-1980) quem exerceu o impacto mais forte. Henry Kissinger, acadêmico e estadista, lembrou que Morgenthau "tornou o estudo das relações internacionais contemporâneas uma disciplina importante. Todos nós que ensinamos a matéria depois dele, por mais que divergíssemos uns dos outros, tivemos de começar a partir de suas reflexões. Nem todos concordavam com ele, mas ninguém poderia deixá-lo de lado"[25]. E aqui a influência de Meinecke e da tradição à qual recorreu está muito mais evidente do que em Carr, embora o próprio impacto de Carr sobre Morgenthau não fosse insignificante – na realidade, deve-se ressaltar que o livro de Carr foi um dos dez livros essenciais citados por Morgenthau entre os que mais influenciaram a vida das pessoas[26].

Nascido em Coburgo, Baviera, na Alemanha, em 17 de fevereiro de 1904, filho de médico, Morgenthau começou estudando filosofia no centro de pensamento marxista, então na moda, a Universidade de Frankfurt, mas considerou-o surpreendentemente fora do contato com as realidades da época. Preferiu então estudar direito, formando-se na Universidade de Munique e prestando o exame da ordem dos advogados em 1927[27]. Como salienta seu biógrafo, àquela altura seu intelecto era influenciado principalmente pela "honestidade de Nietzsche, pela objetividade de Weber, pe-

---

25. H. Kissinger, "A gentle analyst of power. Hans Morgenthau", *New Republic*, vol. 183, n.º 5 e 6, 2 e 9 de agosto de 1980.

26. C. Frei, *Hans J. Morgenthau: Eine intellektuelle Biographie* (Berna, 1994), p. 117.

27. Para detalhes sobre seus anos de estudante universitário: H. Morgenthau, "Fragment of an Intellectual Autobiography", K. Thompson e R. Myers (orgs.), *A Tribute to Hans Morgenthau* (Washington, DC, 1977). E para os anos passados na Alemanha, ver J. Honig, "Totalitarianism and Realism: Hans Morgenthau's German Years", *Security Studies*, vol. 5, n.º 2, inverno de 1995, pp. 283-313.

los postulados empiristas de Maquiavel"[28], contrastando com o que Morgenthau chamava de "reflexões moralistas dos alemães"[29]. Ele assumiu a posição sustentada com firmeza por Carr (e mais tarde por R. W. Tucker) de que a moralidade do indivíduo não estava em nada relacionada com o comportamento do Estado[30]. E com efeito, no verão de 1927, começou a reunir material para uma obra sobre Maquiavel. Foi nessa época que Morgenthau leu *Die Idee der Staatsräson*, publicado três anos antes, só para se dar conta de que Meinecke tinha cumprido a missão em seu lugar[31].

Morgenthau voltou a Frankfurt para fazer um doutorado. Ao mesmo tempo, dedicou-se à prática da advocacia, especializando-se em direito trabalhista e trabalhando como auxiliar de ensino para Hugo Sinzheimer, o fundador do direito trabalhista progressista. Considerava, porém, que os advogados tinham uma perspectiva muito estreita (mais tarde, "advogado" se tornou para Morgenthau um termo depreciativo)[32]. Ademais, seu interesse por idéias não tinha de modo algum desaparecido. Ele estava determinado a reintroduzir a política no direito através de seu estudo de direito internacional. E foi por volta dessa época que Morgenthau atraiu a atenção do então proeminente crítico de direita do liberalismo, Carl Schmitt, que, num ensaio pioneiro que em retrospectiva parece difícil de apreciar, em 1928 definiu a política nos termos do dualismo amigo-inimigo[33]. Tratava-se de *Der Begriff des Politischen*. Morgen-

28. C. Frei, *Hans J. Morgenthau*, p. 128.

29. Registro em diário, 9 de maio de 1927, *ibid.*

30. Carta com data de 7 de outubro de 1931, *ibid.*; também carta de 28 de outubro de 1934, *ibid.*

31. *Ibid.*

32. Equivocadamente, ele costumava menosprezar Robert W. Tucker chamando-o de "advogado".

33. Ver C. Schmitt, *The Concept of the Political* (Nova Jersey, 1976). Para um contexto maior da obra de Schmitt: a introdução de E. Kennedy de C. Schmitt, *The Crisis of Parliamentary Democracy* (Cambridge, Mass., 1985); e P. Noack, *Carl Schmitt: Eine Biographie* (Berlim, 1993). Para um exame abrangente da alegada influência de Schmitt sobre a extrema esquerda bem como sua

thau, sob a nítida influência de Schmitt, recebeu deste último um inesperado comentário elogioso sobre sua tese de doutorado (a respeito desse assunto, outras informações mais adiante) e foi chamado para uma visita ao catedrático em Berlim. Schmitt, porém, logo decepcionou o rapaz um tanto irritadiço, encenando a reunião à maneira de uma "produção de relações públicas"[34]. Como se não bastasse essa decepção, Schmitt então plagiou uma das principais idéias de Morgenthau na segunda edição de *Der Begriff*. Morgenthau, cujas perspectivas no meio acadêmico poderiam ter sido rapidamente beneficiadas pelo reconhecimento público por parte de Schmitt de uma dívida intelectual, reagiu com ressentimento justificado[35]. Vale notar, portanto, que o ponto de vista de Morgenthau a respeito da política tinha sido formado antes que a obra mais importante de Schmitt viesse à luz e, na verdade, também antes que ele tivesse posto os olhos em Meinecke.

Entretanto, nem tudo estava perdido. Morgenthau estava determinado a provar que o direito internacional era inevitavelmente de ordem política. Parecia portanto perfeitamente lógico que Morgenthau tomasse emprestado o famoso estribilho de Schmitt e intitulasse sua tese "The International Judicial Function and the Concept of Politics" [A função judiciária internacional e o conceito de política] – para grande desgosto de seus orientadores, que insistiam na eliminação do termo "política" do título[36]. "Já tendo aprendido que o direito internacional constituía um tipo particularmente fraco de direito, eu agora descobria que a prin-

---

mais bem conhecida influência sobre a direita, além da introdução de Kennedy, ver E. Parise, *Carl Schmitt: La difficile critica del liberalismo* (Nápoles, 1995).

34. Frei, *Hans J. Morgenthau*, p. 170.

35. Schmitt, *Der Begriff des Politischen*, (Munique, 1932), pp. 27 e 38, Frei, *Hans J. Morgenthau*, p. 170.

36. O título que acabou surgindo foi *Die internationale Rechtsfluge, ihr Wesen und ihre Grenzen* [O direito internacional do ar – sua essência e suas limitações], publicado em 1929.

cipal origem dessa fraqueza vem das intromissões da política internacional. Dessa descoberta faltava apenas um passo para a conclusão de que o que realmente importava nas relações entre nações não era o direito internacional, mas a política internacional."[37] Esse passo, entretanto, ainda estava por ser dado. Ao completar sua formação, Morgenthau tornou-se presidente interino do tribunal da justiça do trabalho em Frankfurt, em 1931, mas, cada vez mais consciente da dimensão política do sistema judiciário e extremamente constrangido com o aumento do anti-semitismo na Alemanha às vésperas da ascensão de Hitler ao poder, ele se transferiu em 1932 para um posto mal remunerado e que se revelou sem perspectivas, na pós-graduação do Instituto de Estudos Internacionais em Genebra, onde o grande Hans Kelsen tinha se estabelecido.

Foi ali que Morgenthau se tornou professor de Direito Público Alemão, mas também ensinou Política Internacional, Direito Internacional, Governo Europeu e Teoria Política[38]. Embora decepcionante, esse período revelou-se frutífero, encerrando-se em 1935 e resultando na publicação de *La Réalité des Normes en particulier des normes du droit international*[39], uma obra kelseniana até a medula. E ela não é menos interessante por Morgenthau desde o início se recusar a seguir o modelo consagrado de se curvar às autoridades do campo. "No que nos diz respeito, não acreditamos na utilidade acadêmica de um método que, para dar um exemplo, consiste em reproduzir incessantemente, em cada novo estudo dedicado às ligações entre o direito internacional e o direito nacional, todas as teorias que tenham sido desenvolvidas sobre o problema, citando até mesmo trechos inteiros dessas obras conhecidas por todos os estudiosos e às quais todos podem ter acesso. Esse método, que corresponde a fazer de nove livros um décimo, para citar

---

37. *Ibid.*, p. 9.
38. *Hans Morgenthau Papers* (Library of Congress), Caixa 66.
39. Paris, 1934.

Schopenhauer, sem dúvida comprova imensa aplicação, mas nos parece bastante desprovido de originalidade."[40] Independente ao máximo, ele se dispôs, no entanto, a reconhecer tudo o que devia a Kelsen, que daí em diante passou a ser seu principal árbitro para "a propensão a uma verdadeira erudição sobre fenômenos normativos e, em especial, jurídicos"[41]. Com efeito, Morgenthau no prefácio de seu livro lamentou profundamente o fato de que a obra pioneira de Kelsen – a mais profunda e sistemática no estudo das normas – permanecia *ein Zwischenfall ohne Folgen* ("um incidente sem conseqüências")[42].

Kelsen adotara como ponto de partida a aplicação do pensamento kantiano ao campo do direito. Kant tinha traçado uma nítida distinção entre os domínios da realidade e da ética (o que é e o que deveria ser). Kelsen recorreu à independência da esfera normativa para tirar conseqüências sistemáticas para o estudo do direito. E é no contexto desse debate que Morgenthau emitiu pela primeira vez sua opinião sobre a distinção fundamental entre as ciências sociais e as naturais:

> A lei natural da gravitação é válida... quer o homem o deseje, quer não. O mesmo ocorreria, segundo Grócio, com respeito à lei natural, existisse ou não Deus para sancionar sua validade. As leis naturais são sempre e necessariamente válidas.
>
> ... A real validade das normas do direito, da ética ou da moralidade está, pelo contrário, inseparavelmente associada à existência de comunidades humanas. Não é de modo algum por seu teor ser justo ou por elas derivarem diretamente da natureza das coisas e dos homens que as normas são válidas, mas unicamente porque a vontade humana – a vontade normativa – determina [*s'incorpore*] o teor dessas nor-

40. H. Morgenthau, *La Réalité des Normes en particulier des normes du droit international* (Paris, 1934), p. vii.

41. *Ibid.*, p. xi.

42. *Ibid.*, p. 1.

> mas para conferir-lhes existência... Esse tipo de validade é portanto relativo, pois sua existência depende da inconstante vontade dos homens.[43]

Por alguns anos, ele não voltaria a esse tema. Como Carr, Morgenthau não tinha paciência com tolos. Estava sempre consciente da *"volonté de puissance"* (vontade de poder)[44], em todos os estágios de sua carreira, mesmo no que dizia respeito à pesquisa e à produção escrita. Seria, porém, um erro considerá-lo inteiramente inflexível. Sua determinação de criar uma carreira de sucesso a partir do estudo da política mundial era um impulso implacável que o forçou a aceitar condições bastante humildes, se não humilhantes, nesse trajeto. Depois que se tornou professor de Direito em Madri, em 1935, o que no mundo latino como no mundo germânico abrange a política, sobreveio a guerra civil espanhola. Morgenthau, que havia se misturado com a elite republicana, não fez nenhum esforço para ir embora – de início, segundo um amigo íntimo, ele "subestimou a profundidade e a força da revolta popular desencadeada pelo golpe de Franco –, um movimento popular espontâneo que naquela época não se encaixava muito bem no seu conceito de política de poder"[45]. Finalmente, como a situação ia de mal a pior, em 1937 ele tomou a melhor decisão que se lhe oferecia: emigrar para os Estados Unidos, onde ocupou por dois anos o modesto cargo de professor auxiliar de governo no Brooklyn College e experimentou a reputação, entre estudantes ativistas judeus comunistas, de ser protofascista por causa da opinião neutra e fria que tinha a respeito da política, encarando-a como *Realpolitik*[46]. Também Kelsen mudou-se para os Estados Unidos, mas para o nível mais elevado de Berkeley, na Califórnia, e para

---

43. *Ibid.*, pp. 38-9.
44. *Ibid.*, pp. viii-ix.
45. G. Eckstein, "Hans Morgenthau: A Personal Memoir", *Social Research*, inverno de 1981, vol. 48, n.º 4, p. 648. Eckstein auxiliou-o em 1931.
46. *Ibid.*, p. 649.

um posto de professor titular. Ele teceu comentários favoráveis sobre esse rapaz difícil porém talentoso que parecia fazer o máximo para não parecer um *protégé*. Escreveu que Morgenthau era "um intelectual muito qualificado, diligente e consciencioso". Kelsen leu o rascunho de *La Réalité* e ficou impressionado com o fato de a obra não ser a mera reiteração do conhecimento existente, mas um trabalho "muito independente" com "idéias absolutamente originais"[47]. O respeito era recíproco. Anos mais tarde, depois da séria experiência da Guerra do Vietnã, Morgenthau dedicou um livro de ensaios a Kelsen, "que nos ensinou pelo exemplo a dizer a verdade ao poder[48]". Não sabemos praticamente nada sobre o que ocorreu em termos de academia no Brooklyn College, além de que ele ensinou muito, dando aulas de Governo Comparado, Direito Internacional e Teoria Política. Dali se transferiu para a Universidade do Kansas, em Kansas City, como professor auxiliar, onde também se credenciou na ordem dos advogados. Foi contratado pelo reitor, o ambicioso e implacável Clarence Decker, que tinha acabado de acrescentar uma faculdade de Direito ao *campus*. Decker queria que Morgenthau desse aula de relações internacionais junto com Direito, mas ofereceu a nomeação por apenas um ano e o obrigou a repetir seu curso de direito trabalhista para a turma da noite[49].

Deram-lhe para trabalhar um local que anteriormente fora um banheiro úmido. Deve ter sido mortificante. *Vinte anos de crise*, de Carr, já tinha sido publicado e expressava, em parte, muito da hostilidade represada de Morgenthau diante da ingenuidade liberal nas relações internacionais. As "dificuldades extraordinárias com que tenho de lidar aqui"[50] foram se acumulando. Em janeiro de 1940, ele bus-

---

47. Referências para uma bolsa, com data de 15 de fevereiro de 1934: *Morgenthau Papers*, Caixa 33.

48. H. Morgenthau, *Truth and Power* (Nova York, 1970).

49. *Morgenthau Papers*, Caixa 88.

50. Morgenthau a Conklin (American Philosophical Society), 9 de junho de 1941, *ibid.*, Caixa 4.

cou o apoio financeiro da American Philosophical Society. Seu objetivo declarado era escrever "acerca dos fundamentos filosóficos da política externa do período posterior à guerra mundial", num livro com o título provisório de *Liberalism and Foreign Politics* [Liberalismo e política externa]. Em outubro, o dinheiro estava disponível e ele informou à Society que pretendia liberar-se de "todo o trabalho de rotina associado à pesquisa", bem como de suas funções "como membro do corpo docente da Universidade de Kansas City" (incluindo as aulas noturnas)[51]. Infelizmente para ele, a Society estipulava não ser permitida a substituição da atividade de ensino; e a universidade não se dispunha a liberá-lo de suas tarefas fosse como fosse[52]. Quatro anos se passaram, e ele ainda era apenas um professor auxiliar. Embora para todos os efeitos Morgenthau fosse efetivo, Decker – profundamente aborrecido com sua atitude independente – deu-lhe um inesperado aviso de demissão. O recurso à justiça apenas retardou as providências. Ele se afastou em 1943 e finalmente se demitiu em novembro de 1944[53].

Foi nessas condições deprimentes que a bolsa da Society permitiu a Morgenthau voltar-se para os aspectos fundamentais e desenvolver sua própria abordagem característica das relações internacionais, da qual grande parte acabou sendo publicada em *Scientific Man versus Power Politics* [O homem científico *versus* a política do poder]; sendo que o restante serviu de base para a composição de *A política entre as nações*. "A política externa", admitiu ele no início do estudo, em 1940, "faz parte da cultura como um todo e reflete sua teoria e prática. Portanto, é somente através da análise da filosofia geral de uma determinada época que é possível compreender a política externa dessa época específica." Esse princípio se aplicava à política externa no pe-

---

51. Morgenthau à American Philosophical Society, 19 de outubro de 1940, *ibid.*

52. American Philosophical Society a Morgenthau, 26 de outubro de 1940: *ibid.*

53. *Morgenthau Papers*, Caixa 88.

ríodo entre as guerras, cujos elementos principais derivavam da "filosofia racionalista dos séculos XVII e XVIII, bem como da filosofia política do liberalismo". Ele concluiu que o "fracasso dessa política externa deve-se principalmente à incompreensão da experiência nacional com o liberalismo... As idéias do liberalismo tinham sucesso no campo nacional sob determinadas condições históricas. Ao generalizar essas idéias e considerá-las verdades universais, a política externa liberal as aplicou ao cenário internacional onde em grande parte estão ausentes as condições às quais o liberalismo deve suas vitórias no campo nacional". Isso também prejudicou a "própria sobrevivência do liberalismo na política interna"[54]. Um ano depois, Morgenthau alegava que "é a concepção moderna da razão, sua relação com as forças irracionais do mal e suas funções no mundo social que, em última análise, é responsável pela desorientação geral, bem como pelos fracassos específicos do liberalismo nas relações exteriores"[55]. Numa recapitulação memorável, ele atacou o racionalismo, o alicerce do pensamento liberal, por chegar a três conclusões: "primeiro, que o certo em termos racionais e o bom em termos éticos são idênticos; segundo, que a ação certa em termos racionais é necessariamente a que alcança o sucesso; terceiro, que a educação conduz o homem ao que é certo em termos racionais, portanto à ação boa e bem-sucedida". Essas conclusões "não chegavam a entender a natureza do homem; a natureza do mundo, sobretudo do mundo social; nem finalmente a natureza da própria razão".

Isso levou Morgenthau a criticar a analogia entre as ciências naturais e as ciências sociais (tão impregnada na mente dos semelhantes a Charles Merriam, o grande empresário da ciência política em Chicago, que procurava realizar com as ciências sociais o que tinha sido realizado pelas

54. Relatório do Comitê de Pesquisa, Bolsa n.º 467 (1940), *The American Philosophical Society Year Book 1941* (Filadélfia, 1942).

55. *Ibid.*, p. 212.

ciências naturais, de modo igual e sem nenhuma concepção que englobasse as diferenças entre os objetos examinados)[56]. Esse racionalismo marginalizava o mal como "uma mera qualidade negativa, que pode apenas ser concebido como falta de razão e não é passível de determinação positiva baseada em suas próprias qualidades intrínsecas. Não passa de uma perturbação acidental da ordem do mundo, que sem dúvida há de ser superada por um desenvolvimento gradual na direção do bem". Esse quadro não apresentava "nenhuma semelhança com a realidade". Morgenthau procurava remontar à era pré-liberal, anterior ao Iluminismo. "A razão", escreveu ele, "é como uma luz que por sua própria força interior não pode ir a parte alguma[57]. Ela precisa ser carregada para se mover. E é levada pelas forças irracionais do interesse e da emoção aonde essas forças querem, independentemente daquilo que a lógica interna da razão abstrata exigiria. Ademais, sua trajetória é determinada pela intensidade de forças hostis, que, como a paixão, o desejo do poder e emoções semelhantes, são um elemento permanente da existência humana." Desse modo, Morgenthau voltava ao pensamento de Hobbes e Espinosa, embora sem fazer referência explícita a eles. Suas conclusões foram óbvias. "Como o triunfo da razão depende da intensidade relativa de forças irracionais opostas, a reforma social deve aspirar à criação de um equilíbrio do poder, favorável à razão, entre as forças irracionais que competem pelo controle dos atos humanos."[58] Como Kissinger ressaltou, "Por ser ele mesmo [Morgenthau] dominado pelas paixões, não confiava na paixão como reguladora da conduta."[59] Desse modo, Morgenthau estava perfeitamente enquadrado na tradição das Razões de Estado.

---

56. Ver D. Ross, *The Origins of American Social Science* (Cambridge, 1991), pp. 395-7; também K. Thompson, *Schools of Thought in International Relations: Interpreters, Issues, and Morality* (Londres, 1996), pp. 21-5.

57. Ele deve ter querido dizer "lâmpada" em vez de "luz", que naturalmente se movimenta por si mesma.

58. Relatório, pp. 212-3.

59. *New Republic*, 1980.

A reação imediata de Morgenthau à ameaça de demissão foi despachar uma carta para todas as instituições de ensino superior no país que dispusessem de um departamento de ciência política. As respostas foram uma mistura de rejeições perplexas e corteses afirmações de que seu currículo seria reservado para alguma oportunidade futura. Entre outros, ele escreveu para Quincy Wright, da Universidade de Chicago, cujo *Study of War* [Estudo da guerra] o havia tornado o especialista em relações internacionais mais conhecido no país, com exceção talvez de Spykman. A resposta de Wright em agosto de 1943 foi do tipo educado, "se surgisse uma oportunidade...", e Morgenthau tinha motivos para acreditar que o departamento de ciência política em Chicago, dominado pelo cientificismo de Merriam e pela abordagem mais idealista de Wright, naturalmente não era um abrigo acolhedor. Estava equivocado, porém. Em pouco tempo, Wright escreveu oferecendo a Morgenthau uma posição como professor adjunto convidado para os dois primeiros trimestres do ano acadêmico de 1943-1944, a partir de setembro, o que ocuparia Morgenthau até que ele fosse para o Instituto de Yale onde cumpriria o restante do ano acadêmico, a partir de março de 1944. A morte prematura de Spykman tinha aberto essa oportunidade temporária[60]. Na época em que Morgenthau viajou para Yale, a sorte já estava lançada; ele estava sendo cogitado para uma posição efetiva em Chicago, o que se concretizou naquele mês de novembro.

O trabalho realizado sob o patrocínio da American Philosophical Society preparou o terreno para duas publicações importantes: a primeira, *Scientific Man* [O homem científico], um ataque ao cientificismo no estudo da política, não tinha perdido nada de sua irrefutabilidade e pertinência, especialmente por ter sido escrita no centro do cientificismo, em Chicago; a segunda, *Politics among Nations* [A política entre as nações], que resumia as aulas dadas na

60. *Morgenthau Papers*, Caixa 66.

Universidade de Chicago a partir de 1943, com base no "único registro escrito dessas aulas", compilado por um aluno no inverno de 1946[61]. Morgenthau dava aulas improvisadas a partir de anotações taquigráficas que poderiam facilmente passar por caracteres chineses. Como foram transcritas, essas aulas – "Política Internacional" (Ciência Política 261) – ainda estão disponíveis, e é instrutivo compará-las com o livro que acabou resultando delas. Mesmo que o livro divague e às vezes chegue a ser confuso, com definições múltiplas e contraditórias que inevitavelmente foram atacadas com um pouco de crueldade e certo prazer pelos críticos (sobretudo em relação a conceitos como o do Equilíbrio do Poder), as aulas em si são um verdadeiro *tour de force*: uma contribuição aguçada, vigorosa, perfeitamente harmônica, abrangente e ao mesmo tempo altamente compacta e coerente como teoria. Como no livro, o cerne da tese é a imanência do poder. A quarta aula, como foi registrada em 9 de janeiro de 1946, inclui o seguinte:

> Parece-me que a história mostra definitivamente que a luta pelo poder e o desejo pelo poder, como a força motivacional dominante na mente de estadistas e nações, esteve presente por toda parte e em todos os tempos, independentemente do sistema político, da forma de governo etc. Parece-me, portanto, do ponto de vista realista, que a luta pelo poder é a própria essência das relações internacionais.[62]

O ponto crucial das aulas e do livro resultante está na afirmação acima e em seu corolário, apresentado na sétima aula, em 16 de janeiro:

> O desejo pelo poder entre todas as nações leva a uma configuração básica nas relações internacionais que está intrinsecamente entremeada na própria estrutura da política

---

61. H. Morgenthau, *Politics among Nations* (1.ª edição, Nova York, 1948), Prefácio.

62. "Lectures – International Politics": *Morgenthau Papers*, Caixa 77.

internacional, e que é o equilíbrio do poder... o equilíbrio do poder é o único princípio organizador que existe.[63]

O mal foi feito pela editora Knopf. No verão de 1945, Morgenthau enviou-lhes um resumo de *International Politics* [Política internacional]. Infelizmente, seu principal consultor nesse campo – não identificado – considerou o resumo por demais abstrato e não apreciou o tom, a ênfase dada ao poder: "O capítulo II sobre o Equilíbrio do Poder se baseia numa concepção desse tema que não seria compartilhada por muitos, talvez pela maioria, dos professores de relações internacionais."[64] Na realidade, era exatamente por esse motivo que Morgenthau escreveu o livro, de modo que era bastante improvável que ele fizesse concessões quanto a um ponto tão decisivo. "Como desde o início de minha carreira acadêmica me opus aos erros e fraquezas da abordagem tradicional do campo da política internacional, não pretendo escrever um livro didático que perpetue essas deficiências", respondeu ele bruscamente em 7 de agosto de 1945[65]. A Knopf queria diluir a mensagem. Dizia desejar um "livro mais básico e mais fiel aos fatos" por medo de perder vendas para os professores de relações internacionais cujos preconceitos eram atacados pelo texto de Morgenthau[66]. Mudaram então o título, devido a objeções apresentadas por Frederick Schuman, cuja obra *International Politics* [Política internacional] também fora publicada pela Knopf[67]. A tarefa de reescrever o texto então fugiu ao controle, para grande irritação do editor. "Quando me comprometi a escrever o livro para vocês num prazo relativamente curto", explicou Morgenthau numa carta em dezembro de 1946, "achei que seria um trabalho relativamente fácil, que

63. *Ibid.*

64. Allen Wilbur a Morgenthau, 2 de agosto de 1945, *Morgenthau Papers*, Caixa 121.

65. *Ibid.*

66. Roger Shugg a Morgenthau, 10 de agosto de 1945, *ibid.*

67. Shugg a Morgenthau, 19 de junho de 1946, *ibid.*

consistiria principalmente em transpor o texto das aulas para um formato publicável. Quando comecei a me dedicar a esse trabalho, me vi pesquisando sobre cada ponto que havia mencionado em minhas aulas..."[68] Enquanto insistia sem parar na rápida conclusão do livro, a editora também não deixava de insistir em que o texto fosse mais didático. O resultado infeliz foi uma obra que não só é extensa e prolixa, mas também apressada nos estágios finais. Os comentários dos leitores complicaram ainda mais a situação, pois o editor exigiu um texto mais diluído e com mais concessões[69]. Mais uma vez, Morgenthau resistiu: "O público deve preocupar-se com o fato de que a nova situação requer um esforço intelectual novo, e esse livro oferece o que é necessário."[70]

A pesquisa adicional que acrescentou peso ao livro foi uma cortesia de um aluno de pós-graduação de Morgenthau, o jovem Kenneth Thompson, cheio de entusiasmo e energia, que chegou a Chicago somente alguns meses depois do início do trabalho no livro[71]. Thompson, vindo de Des Moines, Iowa, tendo passado por St. Olaf's College, em Minnesota, e pelo serviço militar de 1943 a 1946, veio estudar no departamento por causa de sua reputação de superioridade na ciência política. Morgenthau logo lhe deu acolhida, considerando-o "o pensador mais brilhante e mais profundo" de todos os alunos que conhecera[72].

Mais tarde, Morgenthau descreveu *A política entre as nações*, que rapidamente se tornou um *best-seller*, como o resumo de "uma experiência intelectual de vinte anos... uma experiência de reflexões solitárias e aparentemente inúteis sobre a natureza da política internacional e sobre os modos pelos quais uma concepção falha da política externa, posta em prática pelas democracias ocidentais, levou

---

68. Morgenthau a Shugg, 11 de dezembro de 1946, *ibid.*

69. Shugg a Morgenthau, 25 de maio de 1947, *ibid.*

70. Morgenthau a Shugg, 6 de junho de 1947, *ibid.*

71. Morgenthau, *Politics*, Prefácio.

72. Morgenthau a Crane Brinton, 22 de dezembro de 1949, *Morgenthau Papers*, Caixa 56.

inevitavelmente à ameaça e à presença real do totalitarismo e da guerra. Quando esse livro foi originalmente escrito, essa concepção falha e perniciosa da política externa ainda predominava. Esse livro foi de fato, e não poderia ter sido nada além de, um ataque frontal àquela concepção"[73]. Em seu estilo próprio, inimitavelmente egocêntrico, Morgenthau desconsiderou inteiramente a contribuição anterior de Carr. Tratava-se também de uma alegação desnecessária, porque *A política entre as nações* fazia uma contribuição que Carr não poderia fazer, por não ser americano, e que não faria, por não lhe agradar o papel que os Estados Unidos tinham assumido ao firmar posição contra a União Soviética no período de 1945-1947. Em certo sentido, Morgenthau traduziu uma parte complicada da mensagem de Carr numa época e numa linguagem que os americanos não só conseguiam mas precisavam entender. Ele também acrescentou muito à mensagem e isso totalmente em seus próprios termos. Arthur Schlesinger Jr. relembra aquela época: "os vastos oceanos tinham protegido a república por muito tempo da lógica da *Realpolitik*. Os americanos estavam acostumados a encarar seus atos no exterior como expressões de uma virtude moral desinteressada"[74]. O estudo das relações internacionais, observa ele, estava "em certa desordem" naquela época: era "legalista no tom e idealista nos objetivos, pois se organizava em torno do anseio por um mundo melhor. Indivíduos notáveis – Nicholas J. Spykman, Walter Lippmann, Edward Mead Earle, Frederick J. Schuman – insistiam na prioridade do poder na estrutura internacional, mas suas idéias sombrias não tinham impregnado as correntes dominantes da análise acadêmica"[75].

Morgenthau abria seu livro com uma eloqüente declaração a respeito da posição dos Estados Unidos no mundo

---

73. Morgenthau, *Politics among Nations* (2.ª edição, Nova York, 1954), p. vii.

74. Arthur Schlesinger Jr., "In Memoriam, Hans Joachim Morgenthau", em G. Schwab, org., *United States Foreign Policy at the Crossroads* (Westport, Ct., 1982), p. xi.

75. *Ibid.*, p. x.

e da percepção americana, alteradas para sempre pela Segunda Guerra Mundial. Outrora auto-suficiente, "o país posta-se agora fora das muralhas de sua cidadela continental, contemplando todo o conjunto do mundo político como amigo ou inimigo. Tornou-se perigoso e vulnerável, temido e temeroso". "O sistema de Estados múltiplos do passado... transformou-se em dois blocos hostis, inflexíveis, que em termos de moralidade compõem dois mundos", prosseguia ele. E concluía: "Como nesta situação mundial os Estados Unidos mantêm uma posição de potência predominante e, por isso, de responsabilidade suprema, o entendimento das forças que moldam a política internacional e dos fatores que determinam seu curso tornou-se para os Estados Unidos mais que uma ocupação intelectual interessante. Tornou-se uma necessidade vital."[76]

Da mesma forma que Carr escrevera *Vinte anos de crise* para reparar a quase completa desconsideração britânica pelo fator do poder nas relações internacionais, Morgenthau fez o mesmo no contexto americano. Ele iniciava, portanto, o primeiro capítulo afirmando sem rodeios que "o poder é sempre o objetivo imediato" dos que conduzem a política externa. "Embora esse fato seja geralmente reconhecido na prática das relações exteriores, ele costuma ser negado nos pronunciamentos de intelectuais, de especialistas em relações internacionais e até mesmo de estadistas."[77] Desde 1815, o exercício do poder era encarado por muitos como um fenômeno meramente temporário; e sob esse aspecto a peculiaridade dos Estados Unidos entrava em jogo: "a concepção geral que o século XIX formara sobre a natureza das relações exteriores associou-se a elementos específicos na experiência americana para gerar a crença de que o envolvimento na política do poder não era inevitável, mas apenas um acidente histórico; e que as nações tinham escolha entre a política do poder e outros tipos de política ex-

76. *Ibid.*, p. 8

77. *Ibid.*, p. 13.

terna que não estivessem contaminados pelo desejo pelo poder"[78].

Embora reconhecesse formalmente o papel da ideologia em suas duas obras principais, *A política entre as nações* e *In Defense of the National Interest* [Em defesa do interesse nacional][79], Morgenthau reduziu os objetivos de todos os Estados em todos os tempos e sob todas as circunstâncias à busca do poder. Com isso, ele se afastava significativamente dos pressupostos apresentados à American Philosophical Society no início da década e, em última análise, se afastava também da crítica metodológica de *O homem científico.* Referências ao "equívoco popular de equiparar as políticas externas de um estadista a suas simpatias filosóficas ou políticas" entravam em total contradição com seu programa original[80]. Ele afirmava que a "força motriz" no mundo era "a aspiração das nações soberanas pelo poder"[81]. Isso incluía sua avaliação da Guerra Fria não como "uma luta entre o bem e o mal, a verdade e a falsidade, mas do poder contra o poder"[82]. Escreveu a respeito de "leis de ferro" que regiam as relações internacionais, como em sua frase "a lei de ferro... de que as obrigações legais devem ceder ao interesse nacional..."[83]. Condenava a "concepção equivocada... de que os homens teriam uma escolha entre a política do poder e sua conseqüência necessária, o equilíbrio do poder, de um lado, e um tipo melhor, diferente, de relações internacionais do outro lado... que uma política externa baseada no equilíbrio do poder é uma entre diversas políticas externas possíveis..."[84]. Contudo, Morgenthau nunca definiu o interesse nacional nem qualificou essa intangível busca pelo poder. A combinação de definições ambíguas com

78. *Ibid.*, p. 20.

79. *In Defense of the National Interest: A Critical Study of American Foreign Policy* (Nova York, 1951).

80. *Politics* (2.ª edição, 1954), p. 7.

81. Morgenthau, *Politics* (1.ª edição, 1948), p. 89.

82. Morgenthau, *In Defense*, p. 219.

83. *Ibid.*, p. 144.

84. Morgenthau, *Politics* (2.ª edição), p. 155.

um rígido determinismo foi então agravada por uma tentativa de censurar o governo americano por não seguir as leis de ferro e por exercer escolhas que em seu esquema do mundo não existiam e não poderiam existir.

Enquanto Carr era no fundo indiferente à imagem na qual fora encaixado como renitente defensor da *Machtpolitik* (Política do Poder), principalmente porque reconhecia que a imagem não era de todo correta (como afirmara ser o caso com Maquiavel), Morgenthau mostrava-se extremamente sensível ao ser rotulado como um adepto superficial do poder. De fato, o amigo Arthur Schlesinger Jr. lembra-se dele como alguém de "profundo senso moral"[85]. E Stanley Hoffmann, que, como um liberal fervoroso, poderia supostamente detectar seus semelhantes, descreveu-o como "um idealista disfarçado, um liberal meio conservador revoltado com outros liberais imprudentes"[86]. O ataque implacável e pouco generoso do próprio Morgenthau contra Carr por sua obsessão pelo poder, que não era completamente justificado por causa da tendência nitidamente utopista de Carr – tendência notavelmente manifesta em seu programa de reforma nacional esboçado durante a guerra – era na realidade uma tentativa de se livrar da posição em que seu livro e sua reputação o haviam inesperadamente deixado. Havia de fato – sem dúvida, em textos publicados – menos *virtù* (para usar a definição enganosa de Morgenthau) evidente em Morgenthau do que em Carr; e o que exatamente Morgenthau achava que Maquiavel queria de fato dizer com o termo *virtù* é um enigma, já que para Maquiavel, em última análise, a palavra significava mais "força" que "virtude moral". Lentamente mas com segurança, Morgenthau mudou de posição ao longo das duas décadas seguintes, acabando por aparecer já praticamente no lado oposto do universalismo no final da década de 1960, como observou na época

85. Schlesinger, em Schwab, *United States*, p. xii.

86. S. Hoffmann, "Notes on the Limits of 'Realism'", *Social Research*, inverno de 1981, vol. 48, n.º 4, p. 657.

seu seguidor fiel, porém não desprovido de capacidade crítica, Kenneth Thompson. Morgenthau pode ter acreditado que a coerência era o bicho-papão de mentes inferiores, mas, fosse o resultado de um constrangimento pessoal diante da fama, fosse por certa lassidão mental, a obra publicada sem dúvida revela algumas contradições enigmáticas.

É uma ironia notável que um leitor de originais para a Knopf tivesse se queixado da *A política entre as nações*, alegando que Morgenthau tratava o poder como "algo isolado dos fins buscados por meio dele". Ele não fazia idéia de que somente alguns anos mais tarde Morgenthau criticaria Carr pela mesma falha, se é que era uma falha[87]. O fato é revelador. Mostra que Morgenthau nunca teve plena consciência das implicações mais profundas das idéias que expressara com tanta emoção e energia e tão minuciosamente. Enquanto Carr via a imanência do poder como o ponto-chave para o afastamento intelectual em relação às ideologias predominantes e como único caminho para uma compreensão mais científica da política, Morgenthau se sentia profundamente perturbado pela idéia, da mesma forma que pelas críticas que sua imagem de "realista" atraía. Considerava Carr superficial sob esse aspecto; e não se conformava com a idéia de que outros pudessem ter a mesma opinião sobre ele mesmo. Assim, mal *A política entre as nações* se encontrou nas mãos do público, Morgenthau começou a dizer aos concidadãos que o poder não bastava.

Não obstante, a obra de Morgenthau exerceu forte impacto sobre toda uma geração de jovens estudantes americanos de relações internacionais. A mensagem foi reforçada pelos escritos de George Kennan (1904-), um diplomata erudito e sovietólogo autodidata, da comunidade de dirigentes políticos do alto escalão. Como Carr, Kennan era uma mente sensível, atingida pelas duras realidades do poder. Essa revelação encontra expressão eloqüente na sua

---

87. Shugg a Morgenthau, 21 de fevereiro de 1947, *Morgenthau Papers*, Caixa 121.

própria obra inicial. Mas Kennan nunca tentou escrever teoria. Não era preciso. Morgenthau tinha realizado a tarefa por ele. Examinando a trajetória da política externa americana desde a virada do século, Kennan aproveitava toda oportunidade para condenar "a abordagem legalista-moralista da política internacional", que na sua opinião caracterizava o comportamento da Casa Branca[88]. Ao comentar as notas diplomáticas emitidas pelos Estados Unidos em 1899 com a exigência de uma "Porta Aberta" para a China, ele escreveu: "não encontramos até agora nenhuma vontade maior de admitir a validade e legitimidade de aspirações e realidades do poder, de aceitá-las sem sentir a obrigação do julgamento moral, de considerá-las forças humanas existentes e inalteráveis, nem boas nem más, e de procurar seu ponto de máximo equilíbrio em lugar de sua reforma ou repressão"[89]. Em vez de "nos tornarmos escravos dos conceitos de moralidade e de direito internacional", ele desejava que os Estados Unidos limitassem "esses conceitos à função discreta, quase feminina, do pacífico agente civilizador do interesse nacional, função na qual esses conceitos encontram seu verdadeiro valor..."[90]. Kennan acolheu com prazer os textos de Mahan e lamentou profundamente que "esses esforços tivessem permanecido como que suspensos no ar no meio da história – um jorro isolado de atividade intelectual em comparação com um pano de fundo de presunção e torpor geral no pensamento americano sobre as relações exteriores"[91]. O próprio Kennan identificou-se totalmente com a posição assim formulada por Morgenthau, não apenas naquela época mas também hoje[92]: "Temos a tendência a subestimar a violência dos desajustes e insatisfações nacionais em outros pontos do mundo, se pensar-

---

88. G. Kennan, *American Diplomacy* (Chicago, 1951; edição revisada, 1984), p. 95.

89. *Ibid.*, p. 53.

90. *Ibid.*, pp. 53-4.

91. *Ibid.*, p. 6.

92. Em conversa com o autor, setembro de 1999.

mos que, aos olhos de outros, esses problemas sempre parecerão menos importantes que a apresentação da boa organização jurídica da vida internacional."[93]

As comparações entre Kennan e Carr ou mesmo entre Kennan e Maquiavel não são assim tão forçadas. Embora em anos mais recentes, de fora e a alguma distância do governo, enquanto esteve afastado do Instituto para Estudos Avançados em Princeton, a produção de Kennan tenha se tornado mais moralista – na verdade, moralista demais para o gosto austero de Carr[94] –, seus pensamentos "Sobre o governo e os governos" forneceram recentemente uma percepção fascinante da concepção intuitiva dessa ex-autoridade governamental sobre a imanência do poder, expressa de uma forma que tanto Maquiavel como Carr teriam compreendido de imediato e endossado sem hesitação. Kennan adota uma perspectiva árida, na verdade agostiniana, da política, que faz eco às preocupações maiores da Europa da baixa Idade Média: "o governo, embora digno de respeito, não deve ser idealizado. Ele simplesmente não é o canal pelo qual os mais nobres impulsos do homem hão de se realizar. Pelo contrário, em grande parte, sua tarefa consiste em certificar-se de que os ignóbeis sejam mantidos sob controle, sem permissão para ir longe demais"[95]. E prossegue: "De tempos em tempos, políticos ou estadistas podem se esforçar individualmente para usar o governo (ou fingir usá-lo) em prol da concretização do que parecem ser ideais gloriosos. Mas a verdade é que os usos para os quais eles afirmam estar aplicando o governo não são usos inerentes aos propósitos básicos deste."[96] Para Kennan, como para lorde Acton, o poder possuía uma qualidade própria que gerava a tentação que, portanto, ditava o comportamento por si mesma.

---

93. Kennan, *American Diplomacy*, p. 97.

94. Haslam, *The Vices of Integrity*, p. 248.

95. Kennan, *Around the Cragged Hill: A Personal and Political Philosophy* (Nova York, 1993), p. 54.

96. *Ibid.*

Isso também foi imediatamente compreendido pelos políticos, especialmente pelos mais tortuosos. Em conversa com Tito em maio de 1946, Stálin proferiu uma profunda verdade quando descreveu o primeiro-ministro checo Beneš como um "realista, quando lhe demonstravam força, mas... um idealista se sentisse que estava com a força"[97]. Ou seja, a mera posse do poder abre a mente para possíveis modos de agir que mal podiam ser concebidos antes. Kennan afirmou mais que isso, porém; da mesma forma que Acton. Referindo-se ao efeito do poder sobre os que entram para o governo, ele comenta: "duvido que eles, uma vez envolvidos na atividade, permaneçam totalmente incólumes diante da disciplina desvirtuadora que ele exerce"[98]. Eles fariam parte de um grupo governante e "será descoberto que esse grupo dará expressão a uma grande variedade de motivações, entre elas as ambições políticas individuais de seus vários integrantes, os interesses do grupo em si, os interesses do partido e, finalmente, sem dúvida, aqueles interesses nacionais que não entrem muito em conflito com nenhum outro desses incentivos mais prementes"[99]. Daí resultou que Kennan detectou duas vozes distintas nas relações exteriores: "por um lado, a voz dos interesses do país inteiro, na medida em que o regime os percebe e decide se submeter a eles; e, por outro lado, a voz de uma única facção política, profundamente preocupada em se beneficiar diante de qualquer concorrência política nacional que a enfrente e a ameace. Às vezes, essas duas vozes coincidem perfeitamente, mas isso não costuma acontecer. E não há motivo pelo qual deveriam coincidir"[100]. Nesse ponto, Kennan, envelhecendo e adquirindo uma triste sabedoria, faz eco ao experiente Pufendorf.

---

97. Dos arquivos de Tito: *fond kabinet Marsala Juhoslavije*, reproduzido no *website* do *Cold War International History Project*, p. 9 de 17.

98. Kennan, *Around the Cragged Hill*, p. 57.

99. *Ibid.*, p. 59.

100. *Ibid.*, pp. 60-1.

A investida mais abrangente e elegante contra o ressurgimento do pensamento sobre o Equilíbrio do Poder, um axioma essencial na linha de pensamento tanto de Kennan como de Morgenthau, foi lançada pelo jovem Ernst Haas, nascido na Alemanha, um social-democrata que sempre desprezou abertamente e censurou com crueldade o realismo[101]. O ataque assumiu a forma de uma tese de doutorado na Columbia University: *Belgium and the Balance of Power: A Critical Examination of some Balance of Power Theories in the Light of the Policy Motivations of the Major European States Toward Belgium, 1830-1839* [A Bélgica e o Equilíbrio do Poder: uma análise crítica de algumas teorias do Equilíbrio do Poder à luz das motivações políticas dos principais Estados europeus para com a Bélgica, 1830-1839], apresentada no final de 1952. O enfoque inicial da crítica era a idéia de "política do poder": o poder como fim e como meio[102]. Essa perspectiva foi escolhida principalmente porque "a idéia do poder e do uso do poder é essencial para uma abordagem daquele princípio altamente controvertido e extremamente enaltecido, o do equilíbrio do poder"[103]. Haas explicou essa ligação: "Considerando-se que aspirações de poder e necessidades de poder por si sós governam as relações entre Estados, o equilíbrio do poder surge como um dispositivo para introduzir alguma ordem num sistema de Estados que de outro modo seria caótico, um equilíbrio baseado, porém, nas próprias forças motivadoras da política do poder em si."[104] Passou então a relacionar sete significados diferentes da expressão "equilíbrio do poder", realçando o fato óbvio, demonstrado decisivamente por seu estudo de caso sobre a Bélgica, de que seu uso variava em situações diferentes por parte de potências diferentes. Era perfeitamente claro contra o que ele estava reagindo: "O equilíbrio do poder, du-

101. Haas ao autor, 28 de outubro de 1998.

102. E. Haas, *A Critical Examination of some Balance of Power Theories in the Light of the Policy Motivations of the Major European States toward Belgium, 1830-1839* (tese de doutorado, Columbia University, 1953), capítulo 2.

103. *Ibid.*, pp. 81-2.

104. *Ibid.*, p. 82.

rante os primeiros anos da Liga da Nações, era em geral considerado um conceito obsoleto, inútil se não pernicioso. Esse, porém, não é mais o caso. Desde 1940 ou 1941, o conceito passou por um renascimento súbito e espetacular, não só nas páginas de periódicos especializados e em discussões técnicas, mas até mesmo na imprensa diária."[105] "Não haveria", continuou ele, "nenhuma dificuldade acerca desse desdobramento se o termo estivesse livre de confusão filológica, semântica e teórica. Infelizmente ele não está."[106]

Haas não estava inteiramente correto em sua reclamação de que os proponentes do Equilíbrio do Poder eram todos culpados de pensar sem muito rigor. Uma abordagem muito mais provida de gradações, embora ainda fosse obviamente uma abordagem "realista", fora adotada pelo historiador de Cambridge Herbert Butterfield (1900-1979), que foi uma contradição tanto na vida privada como na pública, um dedicado pregador leigo, mas discípulo de Maquiavel. Ele deixou claro que, quando falava do Equilíbrio do Poder, estava se referindo apenas à "distribuição do poder". Como Carr, Morgenthau e Kennan, Butterfield era da firme opinião de que "é melhor tratar o poder em si como um objeto da ciência do que confiar, como uma questão de sentimentalismo, nas boas intenções de qualquer gigante"[107]. Como para Kennan, também para Butterfield, seguindo o preceito de Acton, o poder possuía uma qualidade própria que gerava a tentação e, portanto, ditava o comportamento. Foi aqui que Butterfield ressaltou que o comportamento defensivo ou agressivo por parte dos Estados é determinado menos pela intenção que pela situação:

> nem sempre é fácil dizer quando um determinado Estado deixa uma política originalmente defensiva e, por uma ne-

---

105. *Ibid.*, p. 499.

106. *Ibid.*, p. 500. O resumo pode ser lido em dois artigos publicados em *World Politics*: ver, por exemplo, "The Balance of Power: Prescription, Concept, or Propaganda?", *World Politics*, n.º 4, julho de 1953, pp. 442-77.

107. H. Butterfield, "The Scientific Versus the Moralist Approach in International Affairs", *International Affairs*, julho de 1951, p. 412.

> cessidade razoável de garantias, passa para uma expansão real. E como a Europa é crivada de áreas que são objeto de aspirações irredentistas, controvérsias étnicas e reivindicações nacionalistas, o Estado, que a qualquer momento se torna forte o suficiente para fazer valer o que considera ser seus direitos, poderá avançar bastante na expansão sem de modo algum se sentir um agressor. Parece que, sob certas condições, os Estados acabam surgindo como agressores mesmo que até aquele instante tenham se comportado bem; e de fato os Estados de pequeno porte costumam demonstrar todas as tendências que contribuem para a agressão e às vezes são mais descontrolados e irresponsáveis em suas ambições do que os Estados de maior porte.

Adiantando-se àqueles que mais tarde pretenderam demonstrar a crença kantiana de que uma verdadeira democracia não recorreria à guerra contra democracias, Butterfield argumentou que "democracias recém-constituídas e novas nações parecem ser especialmente propensas a irredentismos ou sonhos de expansão, ou ainda a projetos de conquista militar". Ele provou esse ponto apenas para reforçar sua mensagem geral quanto à precisão da "visão mais tradicional de que a agressão está de algum modo relacionada ao caráter do poder em si, e ao efeito que o poder exerce sobre os que o detêm, mais ou menos no sentido que Acton tinha em mente..."[108].

Como Carr e Kennan, Butterfield foi, por diferentes motivos, uma voz nos bastidores: Carr abandonou as relações internacionais pela história da União Soviética; Kennan deixou o governo quando os republicanos chegaram ao poder; e Butterfield permaneceu uma figura marginal no mundo da ciência política, para os americanos sem dúvida. Foi a figura de Morgenthau que prevaleceu nos Estados Unidos, ofuscando por muito tempo todos os outros. Uma personalidade digna de nota, que foi mais uma eminência parda no mundo acadêmico e, portanto, de perfil muito mais discreto, ele ainda assim teve ligações extraordinárias

108. *Ibid.*, p. 413.

com os que estavam no poder (não só nos Estados Unidos, mas também na Europa Ocidental em reerguimento). Tratava-se de Arnold Wolfers (1892-1968). A diferença entre Morgenthau e Wolfers pode ser comparada à diferença entre Maquiavel e Guicciardini. Morgenthau sempre pareceu ser a voz mais clara, menos inibida, e dos dois sempre foi inferior como historiador. Além disso, Maquiavel acabou por revelar seu grande ideal, do mesmo modo que Morgenthau, enquanto se procura em vão a utopia de Guicciardini e de Wolfers. Embora nunca tivesse praticado a política internacional, Wolfers tinha pelos que a praticavam uma forte empatia, cujo preço foi certa falta de coerência de visão. Kennan, por exemplo, que no fundo era mais um acadêmico absolutista do que um diplomata preocupado com minúcias, sempre considerou Morgenthau um dos maiores pensadores contemporâneos no campo das relações internacionais, enquanto, no que dizia respeito a Wolfers, fez o comentário sagaz de que parecia que o sujeito nunca tomava uma decisão[109].

Catedrático em Yale a partir de 1935, Wolfers era um dos protegidos de Spykman. Nascido em St. Gallen, na Suíça, em 14 de junho de 1892 (portanto, da mesma idade de Carr e nascido quase no mesmo dia), Wolfers formou-se em Direito em Zurique em 1917 e obteve um doutorado em Genebra em 1924[110]. Depois de se dedicar à advocacia assim que se formou, deu aulas de Ciência Política de 1924 a 1933 e então se tornou diretor da renomada Hochschule für Politik em Berlim. Foi a New Haven como professor convidado quando da ascensão de Hitler ao poder em 1933; e, quando os nazistas dominaram o país, aceitou de bom grado sua efetivação em Yale[111]. Desde o início, as aulas de Wolfers

109. Em conversa com o autor, setembro de 1999.

110. A tese era intitulada *Die Aufrichtung der Kapitalherrschaft in der abendlaendischen Geschichte.*

111. John van Sickle a Ernest Jaqua, Scripps College, Claremont, Califórnia, 23 de fevereiro de 1937: *Rockefeller Foundation Archives*, RG 1.1, Série 200, Caixa 416, Pasta 4943.

eram "realistas" no tom e não-teóricas na forma. Eram de alta qualidade e se distinguiam por uma profunda compreensão da visão da situação internacional a partir da perspectiva operacional da diplomacia, mas eram extraordinariamente desvinculadas do ponto de vista de qualquer potência individual. Uma ilustração especialmente surpreendente da qualidade imparcial e empática de seu pensamento é um trecho que redigiu quando prestou serviços como consultor ao Ministério da Guerra num ponto crucial no conflito, a batalha de Stalingrado. Stálin aparentava estar fazendo uma proposta ao sentimento nacionalista alemão com o objetivo de provocar uma divisão entre, de um lado, os militares e industriais e, do outro, os nazistas. Intitulado "Política soviética para com a Alemanha (conforme exposto no Manifesto do Comitê pela Alemanha Livre em Moscou)", o ensaio de Wolfers argumentava:

> É provável que os russos estejam muito preocupados com a futura orientação e afinidades dos alemães. Eles são muito prejudicados pelo fato de que, na cabeça da maioria das pessoas, a União Soviética ainda está identificada com a revolução mundial comunista. São poucos os países na Europa com cuja amizade eles podem contar. Se a Alemanha estiver muito fraca, forças antibolcheviques, por exemplo nos países católicos, poderão prevalecer na Europa. Se a Alemanha for hostil, ela poderá tornar-se parceira de uma frente antibolchevique de toda a Europa. Os Estados Unidos e a Grã-Bretanha mais cedo ou mais tarde poderiam se encontrar no mesmo campo. É, portanto, forte a tentação dos bolcheviques de cair nas boas graças dos alemães, oferecendo-se para salvá-los da catástrofe e dos perigos da rendição incondicional, da ocupação e do desarmamento unilateral.[112]

As qualidades que Wolfers exibiu com esse texto eram mais as do historiador ou político prudente e ponderado do

112. Com data de 1.º de setembro de 1943: *Wolfers Papers* (Yale), 164, Caixa 13, Pasta 157.

que as do teórico de poltrona, que trabalha com abstrações atemporais. Sua única obra teórica, que era em sua maior parte uma coletânea de ensaios (anteriormente aulas), só apareceu bem mais tarde, em 1962, muito depois de ele ter saído de Yale e ter assumido o comando do Centro de Pesquisa de Política Externa em Washington da Escola Johns Hopkins de Estudos Internacionais Avançados (SAIS).

O fato de não ter produzido um tratado teórico indica o cerne da abordagem de Wolfers para com as relações internacionais. Embora fosse um realista por inclinação, pelo menos até uma boa parte da década de 1950 ele ainda não era plenamente um realista por convicção. "A Política do Poder", disse ele aos alunos no outono de 1944, quando ainda restavam esperanças para o mundo do pós-guerra, "se há de ser fiel à realidade, não deveria deixar implícito que as relações internacionais não são nada além de uma luta pelo poder ou que todos os governos estão ou deveriam estar o tempo todo empenhados num esforço para obter mais poder para sua segurança. O fato é que muitos Estados estão satisfeitos com o poder que têm ou descuidam desse poder."[113] Assim, embora suas aulas em Yale seguissem uma trajetória semelhante à de Spykman – "Localização", "Mahan", "Teorias geopolíticas do poder" etc. –, elas eram proferidas com uma boa dose de ceticismo quanto à sua aplicabilidade geral. Wolfers era muito favorável à promoção da teoria das relações internacionais, mas esse dualismo latente em sua constituição intelectual simplesmente tornou impossível gerar um modelo de comportamento para o Estado com base num conjunto de premissas generalizadas. Num rascunho de "A busca pelo poder: Introdução metodológica", ele salientou:

> A tarefa de elaborar uma teoria da política internacional seria facilitada se fosse admissível partir do pressuposto sim-

113. "Foundations of National Power", Aula 4, "Power Politics and the Restraint of Power", *Wolfers Papers,* 634, Série 2, Caixa 17, n.º 207.

> ples e abrangente de que os Estados soberanos num sistema de múltiplos Estados se dedicam ao objetivo único de aumentar seu poder ao máximo de sua capacidade. No entanto, um pressuposto desses só constituiria uma hipótese valiosa se fosse realista.[114]

"As nações", acreditava Wolfers, "não são nem absolutamente cooperativas, nem absolutamente desprovidas de todo sentido de responsabilidade comum. Dificilmente pode se negar, porém, que no momento atual [outubro de 1947] a visão pessimista está mais próxima da representação do verdadeiro quadro das condições vigentes. O equilíbrio do poder é hoje um pré-requisito até mesmo de uma efetiva organização internacional."[115] E acrescentou: "Os governos, a menos que mantenham uma bem-aventurada ignorância quanto às intenções de seus países, participam quase instintivamente do processo global de equilíbrio que caracteriza o sistema de múltiplos Estados."[116]

O que conferiu à obra principal de Morgenthau seu impacto e permitiu a formação de uma teoria da política internacional – por inadequada que fosse – foi a determinação do poder como o objetivo dos Estados em suas relações uns com os outros. Wolfers, como seria previsível, sentia algum constrangimento com o foco que Morgenthau lançava sobre o poder como um fim em si mesmo. Em seu ensaio mais conhecido "The Pole of Power and the Pole of Indifference" [O pólo do poder e o pólo da indiferença], no qual contrastava as abordagens realista e idealista da política mundial, Wolfers sustentou que o "poder é um meio para outros fins e não um fim em si mesmo... Portanto, tratar a busca pelo poder, em termos positivos ou negativos, fora do contexto das finalidades e propósitos a que se espera que ela sirva, rouba-lhe qualquer significado inteligível e, por

114. *Wolfers Papers* 634, Série 2, Caixa 16, Pasta 194.
115. *Ibid.*, Caixa 17, Pasta 214.
116. *Ibid.*

sinal, também torna impossível avaliar sua adequação ou excesso. É como se um economista, ao desenvolver uma teoria econômica, se concentrasse na acumulação e no dispêndio de dinheiro. Ele não poderia deixar de pintar o quadro de um mundo de avarentos e esbanjadores, da mesma forma que o cientista político, no que concerne ao poder, consegue apenas ver um mundo de agentes políticos com uma fome insaciável de poder ou com uma hostilidade incondicional ao poder". Um quadro diferente surgiria, escreveu ele, "se fossem levados em consideração primeiro os valores e objetivos em prol dos quais as autoridades dirigentes buscam acumular ou exercem o poderio nacional, já que elas também podem procurar meios alternativos ou suplementares"[117]. Wolfers prosseguiu salientando que os Estados variavam no que buscavam e em como procuravam obtê-lo. Os Estados não eram "organizações de fim único, como hospitais, clubes de golfe ou bancos". Quando decidem entre exigências conflitantes da população nacional, "meios relativamente escassos precisam ser repartidos em ordem de preferência e através de um processo constante de avaliação, comparação e computação de valores. Tendo em vista que os dirigentes políticos, como todos os homens, procuram elevar o valor de acordo com padrões que sempre mudam, seriam previsíveis grandes variações em sua escolha se não houvesse algo que os forçasse a adequar-se"[118].

Wolfers classificou, então, os objetivos de política externa em três tipos: a expansão nacional, a preservação nacional e a abnegação nacional. Por incluir esta última e abrir espaço para agentes não-estatais, Wolfers distinguiu-se de Morgenthau e preparou um caminho para os universalistas. Por definição, os que defendem um maior realismo precisavam reconhecer a capacidade de seus oponentes idealistas para gerir questões de modo contrário. "Os realistas não fariam tanta questão – como fez o próprio Maquiavel –

---

117. *World Politics*, n.º 1, outubro de 1951, p. 48.
118. *Ibid.*, p. 49.

de convencer seu governo da 'necessidade' de entrar no jogo da política do poder com tanta constância quanto seus opositores, não fosse pelo medo de que esses governos agissem de outro modo."[119] Como antes, sua abordagem tinha mais nuanças que a do realista vulgar. O que se perdia no impacto era ganho em sutileza. No entanto, pelo mesmo raciocínio, o que se perdia em simplicidade também estava perdido para a teoria.

Para os que acreditavam que os Estados Unidos estavam despreparados para o poder mundial, e para os que da mesma forma acreditavam poder contribuir intelectualmente para essa preparação, a sedução de Washington era, e continua sendo, difícil de resistir – principalmente quando os influentes vêm bater à porta. A Escola para Estudos Internacionais Avançados (SAIS) fora estabelecida em 1944 por, entre outros, Paul Nitze, que mais tarde explicou: "Acreditávamos que os problemas que nos preocupavam derivavam em parte da velocidade com que a posição dos Estados Unidos no mundo estava se modificando e em parte do lamentável abismo que continuava a separar o mundo acadêmico do mundo da prática das relações internacionais, tanto comerciais como governamentais."[120] Em setembro de 1950, a SAIS foi incorporada à Johns Hopkins University, com centros de formação, não por acaso, em países classificados pela CIA como ameaçados pelo comunismo: Birmânia, Itália e Indonésia. Naquela época, Nitze recebera de Kennan o cargo de chefe de Planejamento de Políticas do State Department, o Ministério das Relações Exteriores dos Estados Unidos, onde elaborou o agressivo Memorando de Segurança Nacional NSC68, defendendo a repressão do comunismo por meios militares. Em 1953, seu objetivo original para a SAIS – ou seja, reunir os que exerciam o po-

119. *Ibid.*, p. 60.

120. Nitze para Dean Rusk, presidente da Rockefeller Foundation, 14 de dezembro de 1953: *Rockefeller Foundation Archives*, RF, RG 1.2, SAIS 200s, Caixa 526, Pasta 4502.

der e os que o estudavam –, que sempre foi frustrado por falta de recursos e exclusividade acadêmica, parecia mais longe de se concretizar do que nunca. Entretanto, sua vez chegou com a oportunidade de obtenção de recursos da Fundação Rockefeller. Ele propôs formalmente a criação de um centro anexo à SAIS e sugeriu que se chamasse para debates regulares quatro eminentes figuras de alto nível, duas do mundo acadêmico e duas envolvidas com a política, além de um número igual de assistentes de pesquisa. Os nomes sugeridos originalmente foram os de Erich Hula, Morgenthau e Wolfers, do lado acadêmico, e Charles Burton Marshall, Louis Halle e Robert Tufts do lado político[121]. Demorou algum tempo para o projeto dar frutos. Finalmente, em junho de 1957, Wolfers demonstrou sua vontade de sair de Yale, que enfrentava certo caos em razão de disputas sobre o futuro das relações internacionais na universidade, e de se mudar para Washington[122].

Foi assim que o Centro de Pesquisa de Política Externa de Washington acabou sendo estabelecido na SAIS no outono de 1957 sob a direção de Wolfers. Este viria a ser o foco do pensamento realista nas relações internacionais, como era intenção original de Nitze. Ali, Wolfers orquestrou cuidadosamente uma série de seminários que reuniu estudiosos e formuladores de políticas para focalizar temas essenciais tanto de princípio como de prática, questões teóricas em geral bem como questões de importância para a política externa dos Estados Unidos. Os primeiros frutos dos debates, acerca de negociações entre o Ocidente e o Oriente, foram publicados em 1958. Isso ocorreu na época em que a opinião pública no Ocidente e no Terceiro Mundo em ascensão fazia pressão pela cessação das hostilidades. Falava-se na criação de uma zona de proibição de instalações nucleares na Europa Central. O presidente Eisenhower

121. Propostas formais com data de 13 de outubro de 1953 apresentadas à Fundação Rockefeller, *ibid.*

122. Memorando de Kenneth Thompson, 4 de junho de 1957, *ibid.*

tinha iniciado conversações com os russos a respeito da proibição de testes nucleares e outras questões afins. O tom da exposição de Wolfers o enquadrava perfeitamente na clássica tradição realista européia. Ele considerava que os Estados eram inerentemente expansionistas e tinha uma firme crença no Equilíbrio do Poder. Contudo, como muitos naquela época e posteriormente, ele jamais conseguiu firmar uma opinião acerca de Moscou: aquilo era simplesmente a Rússia ou era um Estado revolucionário? Num momento, referia-se a ela como a primeira opção; em outro momento, como a segunda. À mesa-redonda, ele ressaltou que "a União Soviética é atualmente uma potência revolucionária no sistema entre Estados. Como esse impulso revolucionário pode ser enfrentado ou reduzido? A conveniência das negociações dependerá de se saber se a garantia de um lugar ao sol à União Soviética dissipará suas tendências revolucionárias ou estimulará sua agressividade, aguçando-lhe o apetite"[123]. Em outro trecho, principalmente no capítulo que escreveu em seguida à mesa-redonda, seu tom foi bem diferente. "Qualquer governo de uma Rússia poderosa, mesmo um governo não-comunista, sofreria a grave tentação de tirar vantagem de oportunidades favoráveis a uma expansão maior, pois não lhe faltariam motivos que justificassem tal expansão."[124] E escreveu sobre os Estados Unidos com a mesma neutralidade. Os Estados Unidos, como outras grandes potências de outros tempos, estavam "procurando manter um razoável equilíbrio do poder no mundo como um meio indispensável para preservar a paz"[125]. Wolfers mantinha certa distância daqueles que identificavam o conflito com a União Soviética como uma questão essencialmente ideológica. Criticava abertamente os que defendiam o desengajamento, em grande parte porque muitos dos que eram tão favoráveis a essa idéia – em especial

123. As atas da mesa-redonda estão incluídas na Parte II de *East-West Negotiations*, edição organizada por Wolfers (Washington DC, 1958), p. 10.

124. *Ibid.*, p. 15.

125. "Limits on Disengagement", *East-West Negotiations*, p. 13.

no Terceiro Mundo – de fato se beneficiavam da presença dos Estados Unidos em outros lugares. "Não deixa de ser irônico que alguns líderes de países não-alinhados insistam com os Estados Unidos para que se retirem da Eurásia, quando grande parte da liberdade de ação de que esses países usufruem e boa parte da vantajosa influência que possuem diante das grandes potências resultam da proximidade não de um mas de dois poderosos blocos rivais."[126] Rejeitava com firmeza qualquer idéia que sugerisse estarem os Estados Unidos e a União Soviética em posições semelhantes. Os russos tinham a vantagem geográfica. "Uma coisa é obter o controle da ilha da América do Norte; outra muito diferente é tornar-se o senhor de toda a Eurásia e de suas ilhas ao largo, com isso dominando o mundo!"[127] Se fosse necessário que houvesse qualquer tipo de confronto militar limitado, uma possibilidade que, por motivos de opinião pública, Wolfers não estava inclinado a excluir totalmente, ele deveria ser determinado pelas necessidades do Equilíbrio do Poder. "Afinal, o equilíbrio do poder é um objetivo exigente além de repressor. Adotado como guia, ele pode ajudar a discernir mudanças no atual *status quo* militar, em grande parte acidental, que não só seriam compatíveis com o equilíbrio entre o Oriente e o Ocidente, como também serviriam para estabelecer esse equilíbrio onde hoje está ausente."[128] Quando acadêmicos como Nitze questionaram a noção de que esse fosse um sistema de Equilíbrio do Poder por ser bipolar e não multipolar, sendo que a bipolaridade propiciava a rigidez, Wolfers contrapôs: "O sistema bipolar que existe hoje é relativamente instável, mas mesmo assim ainda é um sistema de equilíbrio do poder. O fato de ser bipolar não significa que seja inflexível: há certas regiões do mundo em que o poder se encontra em constante instabilidade."[129] E, num aparte de notável

126. *Ibid.*, p. 17.
127. *Ibid.*, p. 18.
128. *Ibid.*
129. *Ibid.*, Parte II, p. 12.

perspicácia, comentou: "Uma vez rompido o equilíbrio do poder, uma vez que uma nação específica conquiste uma posição predominante no sistema de Estados, ela será tentada a continuar a expandir seu poderio em relação aos outros Estados. Se os Estados Unidos derrubassem o atual equilíbrio bipolar, seus objetivos (por exemplo, o de eliminar a tirania) provavelmente também se tornariam ilimitados."[130]

A única exposição mais extensa de Wolfers sobre as relações internacionais, *Discord and Collaboration* [Discórdia e colaboração], foi dedicada à afetuosa memória de Spykman. "Ainda na deflagração da Segunda Guerra Mundial", escreveu ele, "qualquer insinuação de que os Estados Unidos estavam – ou deveriam estar – interessados no equilíbrio do poder no mundo era desagradável aos americanos, muitos dos quais consideravam a sugestão quase cínica."[131] No período que transcorrera desde a morte de Spykman, o estudo das relações internacionais ficou para trás em relação à ciência política, que geralmente procura um modo mais científico de explicação, uma abordagem cada vez mais distante de Wolfers, cujo enfoque matizado, formação em geopolítica e familiaridade com políticos – com o mundo das difíceis concessões mútuas – tornavam a elaboração de teorias não só antinatural, mas também impraticável. Isso explicava o motivo pelo qual ele abandonara Yale. Se a teoria abstrata estava condenada, sua conjunção com um universalismo idealista renovado ficava fora dos limites do razoável. Assim, Wolfers fez fortes críticas a Haas – que se tornaria um dos principais apóstolos da integração internacional funcional proposta por David Mitrany – por omitir totalmente o Equilíbrio do Poder em novos textos. Haas, insistiu Wolfers, "como alguns outros 'modernistas' na ciência política, está tão absorto com as árvores (grupos subnacionais e políticos individuais) que a floresta da distribuição do po-

130. *Ibid.*, p. 29.

131. A. Wolfers, *Discord and Collaboration: Essays on International Politics* (Baltimore, 1962), p. 117.

der e do conflito pelo poder entre Estados-nação desapareceu de seu campo visual"[132].

Embora seus cultores estivessem divididos, as Relações Internacionais permaneceram predominantemente uma "Ciência Social Americana"[133]. "No que tangia aos Estados Unidos", afirmou Raymond Aron (1905-1983) sobre a década de 1950, "eles tinham quase um monopólio do estudo das relações internacionais."[134] Após a contribuição seminal de Carr e apesar das reuniões de Butterfield em Cambridge, a Grã-Bretanha lutava para produzir um pensador dotado de algum nível de originalidade na tradição realista. Os dotados de alguma estatura que surgiam se distanciavam conscientemente dessa classificação. Como o ainda fervoroso internacionalista liberal Stanley Hoffmann notou, "não foi na Inglaterra que o esforço pioneiro de Carr deu frutos"[135]. O que chegou mais perto foi o australiano formado em Oxford, Hedley Bull, professor da cadeira Montague Burton de Relações Internacionais em Balliol College, Oxford, cuja postura, para seu próprio constrangimento, era mais moralista que realista no sentido estrito[136]. Não foi surpreendente o declínio no pensamento britânico, na medida em que o período da Guerra Fria foi uma era de supremacia sem precedentes dos Estados Unidos e de decadência britânica. Não que o talento não existisse. Embora intelectuais raramente reajam conscientemente a mudanças tão fundamentais no poderio de sua própria sociedade, a subconsciente sensibilidade ao seu ambiente de

132. *Ibid.*, nota de rodapé, pp. 118-9.

133. S. Hoffmann, "An American Social Science: International Relations", *Daedalus*, vol. 106, n.º 3, verão de 1977, pp. 41-60.

134. R. Aron, *Le Spectateur Engagé: Entretiens avec Jean-Louis Missika et Dominique Wolton* (Paris, 1981), p. 236.

135. Hoffmann, "An American...", p. 43. Hoffmann escrevendo sobre Hoffmann: "A Retrospective on World Politics", L. Miller e M. Smith (orgs.), *Ideas and Ideals: Essays on Politics in Honor of Stanley Hoffmann* (Boulder, 1993), pp. 3-18.

136. Para a avaliação mais solidária e penetrante por parte de um amigo: S. Hoffmann, "Hedley Bull and his contribution to international relations", *International Affairs*, vol. 62, n.º 2, primavera de 1986, pp. 179-95.

trabalho é difícil de ignorar. A filosofia da supremacia é muito diferente da filosofia da decadência. Com o declínio do *status* da Grã-Bretanha no mundo, veio o declínio no pensamento original a respeito do poder e das relações internacionais. Carr tipicamente resumiu a situação com a observação irônica de que no passado tivera sentido o interesse pelo poder, mas, agora que a Grã-Bretanha não era mais uma grande potência, ele não aprovava mais o modo pelo qual as potências agiam[137].

A França, embora apresentasse um declínio muito mais violento e acelerado de sua condição de império, também presenciou uma ascensão mais rápida em prestígio como Estado-nação reabilitado, com a altiva confirmação da consciência nacional após o golpe de Estado constitucional de De Gaulle em 1958. Esse aspecto, porém, não deve ser exagerado. Era mais imagem que realidade, como De Gaulle confessou melancolicamente quase uma década depois. "De fato", disse ele, "vocês acreditariam que estamos num palco onde venho criando ilusões desde 1940? Agora estou dando, ou tentando dar, à França a imagem de uma nação sólida, inabalável, resoluta, em expansão, enquanto ela é uma nação fora de forma [*avachie*], que só pensa no seu próprio conforto, que não quer ter nada a ver com a História, que não quer lutar, que não quer criar dificuldades para ninguém, não menos para os americanos que para os ingleses. Trata-se de uma ilusão permanente. Estou no palco do teatro e dou toda impressão de acreditar, faço com que outros acreditem, acredito que esteja acontecendo, que a França é um grande país, que a França é determinada, unificada [*rassemblée*], enquanto não é nada disso. A França está fora de forma."[138]

Junto a esse renascimento ilusório nas relações internacionais, surgiu uma incoerente doutrina do poder na política internacional, pensada por Raymond Aron. Aron ti-

137. Haslam, *The Vices of Integrity*, p. 250.

138. Como foi relatado a Jacques Focart, *Tous les soirs avec De Gaulle: Journal de l'Élysée – I 1965-1967* (Paris, 1977), p. 691.

nha de início saído da prestigiada École Normale Supérieure para tornar-se jornalista antes que a guerra interrompesse sua carreira. Daí em diante, deu aulas na Sorbonne mas continuou a escrever para a imprensa, principalmente, embora não exclusivamente, para *Le Figaro*. Seu primeiro trabalho acadêmico de substância foi um estudo da guerra. A partir desse trabalho e com base nele, Aron visitou os Estados Unidos a intervalos freqüentes desde o início da década de 1950, quando Harvard lhe teria oferecido um posto. De modo incomum para um francês da sua geração e de outras posteriores, ele nunca foi antiamericano. A fobia com que a França do pós-guerra encarava os Estados Unidos (estando entre os principais motivos a manutenção por parte de Roosevelt de relações com o regime de Vichy durante a guerra e a oposição dos Estados Unidos no pós-guerra à anexação francesa da região do Ruhr) gerou um obstáculo insuperável para a maioria dos gaullistas, se não para todos. Aron, porém, apresentou uma explicação diplomática – "Uma sociedade com a reputação de sucesso financeiro por excelência, como a dos Estados Unidos, costuma ser alvo de polêmicas apaixonadas"[139] –, o que era típico da sua largueza de visão. E ele incorporou muitos elementos das abordagens americanas sobre as relações internacionais, embora jamais considerasse correto reconhecer essa dívida (nem nenhuma dívida para com Carr) em sua obra principal sobre o tema, *Paix et Guerre entre les Nations*, publicada em inglês no ano de 1966, talvez porque divergisse fundamentalmente do próprio espírito dessas abordagens. Num de seus primeiros artigos, "En Quête d'une Philosophie de la Politique Étrangère", Aron mostrava um ceticismo descomunal. "A crítica feita pela escola realista é útil, até mesmo valiosa. Ela nos sugere que mantenhamos a cabeça fria, que vejamos o mundo como ele é e não imaginemos como gostaríamos que ele fosse, que nos protejamos das abstrações. Infelizmente", acrescentou ele, "quan-

139. Aron, *Le Spectateur...*, p. 236.

do deixam essas generalidades, razoáveis porém vagas, os realistas com demasiada freqüência cometem um erro quase tão grave quanto o dos idealistas: o de confundir a diplomacia tradicional, a da prática européia [*des cabinets européens*], com a diplomacia de todos os tempos."[140] Passou então a desafiar tanto Kennan quanto Morgenthau na suposição destes de que poderia haver um acordo com Moscou. "Será que é suficiente opor uma estratégia de revolução mundial ou de conquista mundial a uma diplomacia norteada pelo interesse nacional?"[141] Embora os "teóricos do interesse nacional" cumprissem um papel de utilidade ao impedir que as pessoas fossem arrebatadas pela "cega paixão da ideologia", Aron estava mais preocupado com a possibilidade de eles cometerem o erro fatal "de considerar como inerente à política internacional uma prática e uma teoria de tempos mais felizes, quando, dentro de uma civilização estável, a rivalidade entre Estados é limitada, nos meios empregados e nas conseqüências, por um código tácito do que é legítimo e do que não é. Quando esse código não existe, somos lançados de volta a um estado de natureza, no sentido extremo da expressão, no qual a sobrevivência e a liberdade são o que está em jogo no conflito, no qual as comunidades envolvidas empenham todos os seus recursos porque estão em guerra por seus bens e por sua própria existência. Em períodos de desordem semelhante, nenhuma grande potência limita seus objetivos ao interesse nacional, no sentido que um Mazarino ou um Bismarck dariam ao termo"[142]. Logo, o Ocidente precisava defender algum conceito de uma ordem internacional. Essa não era a única objeção de Aron. "O primado da política externa sem nenhuma ligação com a rivalidade partidária local – uma teoria do historiadores alemães do século XIX – não é

140. *Revue Française de Science Politique*, vol. III, n.º 1, janeiro-março de 1953, pp. 82-3.

141. *Ibid.*, p. 83.

142. *Ibid.*, p. 88.

mais válido quando o que está em jogo é o princípio constitutivo das unidades políticas."[143] Em termos de opções de políticas imediatas na Guerra Fria, Aron conseguia parecer mais rígido que qualquer realista de importância. Mas, no que dizia respeito a possibilidades de longo prazo, ele parecia mais um voluntarista que um determinista, um traço que compartilhava com Rousseau e Kant. Como ressaltou, "nós ainda não encontramos o verdadeiro realismo, o autêntico realismo, capaz de distinguir entre a prática histórica e os traços permanentes na política externa, igualmente capaz de não descuidar do fato de que a aspiração por valores é parte inalienável da realidade humana, individual e coletiva"[144].

É certo que Aron jamais aceitaria completamente as esperanças originais de Hoffmann pela extinção do Estado (ver adiante pp. 364-5), mas ele continuou a se distanciar abertamente da tradição realista nos Estados Unidos e na Grã-Bretanha: "a escola 'realista'... tende a hipostasiar os Estados [*sic*] e seus supostos interesses nacionais, atribuir a esses interesses uma espécie de obviedade ou permanência, e considerar que os acontecimentos não refletem nada além dos cálculos do poder e das soluções conciliatórias necessárias para atingir um equilíbrio"[145]. Ele atacou a interpretação racionalista de Morgenthau: "Será que, para produzir um esboço ou pintar um retrato de acordo com a essência do modelo, é suficiente levar em consideração apenas os elementos racionais?"[146] Seguindo a mesma linha de pensamento, ele também argumentou, com certo prazer cartesiano, contra o valor da teoria dos jogos, sobretudo a "indeterminação dos riscos e os limites do jogo. Para que haja um jogo no sentido estrito da palavra, para que seja

143. *Ibid.*, p. 87.

144. *Ibid.*

145. S. Hoffmann (org.), *Contemporary Theory in International Relations* (Nova Jersey, 1960), p. 200.

146. Aron, *Peace and War: A Theory of International Relations* (Londres, 1966), p. 3.

possível uma solução matemática que defina uma conduta racional, é preciso que haja um início e um fim, um número finito de movimentos para cada um dos jogadores, um resultado passível de avaliação cardinal ou ordinal para cada um dos jogadores"[147].

Conseqüentemente, e sem dúvida também em razão da obscuridade de sua obra-mestra – já que os talentos do ensaísta não se transferiram facilmente ao trabalho mais extenso –, Aron talvez seja até mesmo menos conhecido do que Butterfield ao público leitor americano. Um dos poucos realistas a nutrir vivo interesse pela obra de Aron foi Robert W. Tucker: reação típica de uma mente perturbada pelo insípido convencionalismo e que quase sentia prazer no desafio de um texto denso, ainda que discordante, desde que fosse temperado pela razão[148]. Tucker, nascido no sul da Califórnia em 25 de agosto de 1924, formou-se pela Academia Naval de Anápolis e foi estudar relações internacionais na University of California, Berkeley, onde, por acaso, foi incumbido de ciceronear Carr pelo *campus* quando de sua visita em 1949. Àquela altura, Tucker era aluno de direito internacional de Kelsen. A "teoria pura do direito" de Kelsen sustentava que, por "eliminar o dualismo entre a lei e a justiça bem como o dualismo entre o direito objetivo e o direito subjetivo, ela também abole o dualismo entre a lei e o Estado. Com isso, estabelece uma teoria do Estado como parte intrínseca da teoria do direito..."[149]. Tucker, desse modo, absorveu uma dose de filosofia política junto com o direito, como aluno de Kelsen. Sua primeira obra publicada

147. *Ibid.*, pp. 772-3.

148. Na SAIS, quando estava trabalhando em algum tema, Tucker adotava a técnica de convocar colegas e estudantes com opiniões totalmente contrárias às suas, a fim de elaborar melhor sua argumentação. Assim, toda a sua obra apresenta uma forma dialética de discussão. Nem todos apreciavam fazer o papel de advogado do diabo, mas, depois do trabalho como assistente de pesquisa, esse era sem dúvida o melhor meio para aprender os segredos do ofício.

149. H. Kelsen, *General Theory of Law and State* (Cambridge, Mass., 1949), p. xvi. [Trad. bras. *Teoria geral do direito e do Estado*, São Paulo, Martins Fontes, 4.ª ed., 2005.]

sobre relações internacionais foi entretanto um artigo sobre "A teoria do 'realismo' político do professor Morgenthau", que saiu em 1952[150]. Nesse artigo, os afiados talentos retóricos de Tucker, partindo da crítica de Wolfers de um ano antes, arrasaram com as incoerências lógicas de Morgenthau – para grande irritação deste. O alvo direto de Tucker era *Em defesa do interesse nacional* de Morgenthau[151], e ele atacou por ser "às vezes... sem sentido"[152] a tese de Morgenthau – em *A política entre as nações* – de que a conduta dos Estados sempre é determinada por um desejo por poder. Quando Morgenthau confundiu ainda mais a questão, ora afirmando que a Guerra Fria era um combate ideológico num nível moral e ora chamando-a de pura luta pelo poder, Tucker deleitou-se em expor rigorosamente essa contradição gritante. Seria, porém, um erro supor que Tucker àquela altura não fosse um realista. Pelo contrário, como realista convicto, ele se preocupava ainda mais em preservar a coerência da imagem do realista, e tanto melhor se fosse por meio de uma iconoclastia desafiadora.

De seu primeiro posto em San Francisco State College, esse tipo de produção escrita lançou Tucker para a Johns Hopkins University, que por ironia fora o lar intelectual de Woodrow Wilson, em Baltimore, na costa leste. Ali, ele passou um tempo considerável pesquisando as Razões de Estado somente para chegar à mais inflexível das conclusões, coerente com a noção da necessidade de Estado. Como explicou, numa crítica de *Paix et Guerre,* a obra prolixa e em última análise impenetrável de Raymond Aron, "nas ameaças de uso ou no emprego da força – aí incluída a força nuclear – o estadista age meramente como é forçado a agir. Insistir, porém, que essa ação levanta dilemas morais e consiste no objeto adequado do julgamento moral é o mesmo que não captar sua natureza e importância. É claro que

150. *American Political Science Review,* vol. XLVI, n.º 1, março de 1952, pp. 214-24.

151. Nova York, 1951.

152. "Professor Morgenthau's...", p. 216.

a ação pode ser considerada trágica, da mesma forma que a morte é considerada trágica. No entanto, nós não perguntamos se a morte em si apresenta dilemas morais para os homens, muito menos se ela é moral ou imoral, justa ou injusta. É tão sem sentido submeter a julgamento moral a morte quanto um terremoto, uma inundação ou qualquer catástrofe natural. Vem-se fazendo praticamente a mesma alegação a respeito da tentativa de submeter a julgamento moral as catástrofes que assinalaram as relações coletivas entre os homens no passado e podem ainda um dia acompanhar o fracasso de uma estratégia de dissuasão mútua"[153]. Houve quem pensasse que o advento da era termonuclear significaria o fim do uso da força entre as superpotências, que especular sobre as possibilidades de uma guerra nuclear era pensar o impensável. Na opinião de Tucker, a ameaça ou o uso da força era inevitável para a proteção dos interesses dos Estados. Desde 1950, escreveu ele, "Onde ocorreu a mudança, ela veio quase invariavelmente acompanhada da ameaça de uso, se não do uso concreto, da força. Onde a força não foi empregada nem houve séria ameaça em nome dos interesses questionados por outros, somente com enorme dificuldade esses interesses foram preservados, se é que o foram. À luz dessa experiência, chega às raias do absurdo sustentar, embora um número crescente de observadores insista nisso, que a força tenha perdido sua utilidade como instrumento da arte de governar."[154]

Esse texto foi escrito durante a Guerra do Vietnã, uma guerra à qual Tucker, junto com uma série de realistas, se opunha por considerá-la contrária ao interesse nacional. A obra mais importante que apareceu nesses anos foi em coautoria com Robert Osgood, ex-colega de Morgenthau, que apoiava vigorosamente a guerra. A colaboração dos dois tirava proveito de seus pontos fortes: Osgood, estudioso da estratégia; Tucker, mais um filósofo do direito, se não por

---

153. Tucker, "Peace and War", *World Politics*, janeiro de 1965, XVII, nº 2, p. 322.

154. *Ibid.*, p. 324.

vocação pelo menos por formação. O que eles também compartilhavam era a atração pela capacidade de influenciar a elaboração da política externa americana. Desse modo, o foco de sua obra tratava da política e dos dilemas morais por ela acarretados. É isso o que talvez seja tão característico e valioso no livro: a maioria dos realistas sai correndo quando é levantada a questão da ética ou da moral e se abaixa para se cobrir sob o manto da "necessidade" de Estado. O livro, *Force, Order, and Justice* [Força, Ordem e Justiça], que apareceu em 1967, transcendia suas profundas diferenças e lidava com os enigmas envolvidos no uso da força; e por isso pode-se dizer que ele se encaixa mais na categoria de filosofia da guerra do que na das relações internacionais em si. Uma parte discreta da obra trata direto da questão das Razões de Estado, sobre a qual Tucker passou um bom tempo refletindo durante a década de 1950, remontando até a época de Maquiavel. Rejeitou a interpretação mecanicista que subentendia uma necessidade de Estado independente da vontade ou da compunção moral. A necessidade na arte de governar era, insistia ele, "uma escolha", e "a necessidade imposta ao estadista é uma 'necessidade moral'"[155]. Além disso, embora o uso do termo geralmente sugerisse que o que deveria ser feito era óbvio e que as circunstâncias em particular não eram de grande importância, Tucker salientou a elasticidade essencial da noção, especialmente nos casos em que as grandes potências estivessem envolvidas, já que era mais raro que a mera sobrevivência fosse uma preocupação imediata para os Estados maiores que para os menores.

Por ironia, a contribuição marcante de Tucker para a teoria das relações internacionais no fundo dilatava a aplicação da necessidade de Estado até seus limites: sem dúvida além do princípio cautelar da prudência. Foi diretamente derivada de questões de política corrente, das quais ele

---

155. R. Osgood e R. Tucker, *Force, Order, and Justice* (Baltimore, 1967), p. 266.

sempre esteve excluído. Originalmente, ela não tinha absolutamente nenhuma intenção de ser uma contribuição para a teoria. Após a devastadora queda no moral americano em conseqüência da derrota no Vietnã, Tucker foi perturbado pela crise do petróleo de 1973-1974 e por dois movimentos do pensamento sobre as relações internacionais originados do extremo utopista da escala: primeiro, apelos por uma redistribuição da renda entre países desenvolvidos e subdesenvolvidos (o que foi chamado por universalistas liberais de Nova Ordem Econômica Internacional); e, em segundo, a defesa da crescente interdependência e integração dos Estados, resultante do aumento da importância de agentes não-estatais nas relações internacionais. Tucker foi o principal oponente do primeiro movimento e um crítico retardatário, porém penetrante, do segundo.

Tucker também procurou refutar algumas linhas de pensamento que geraram um consenso incipiente na esquerda e no Terceiro Mundo no início da década de 1970. Elas aspiravam a melhorar a posição econômica do Terceiro Mundo em seu comércio com o Ocidente no que poderia ser considerado um neomercantilismo. Também estruturavam sua argumentação fosse nos termos realistas da Balança Comercial, fosse no apelo muito mais emocional (para a esquerda) daquilo que o presidente Rafael Caldera da Venezuela costumava (incessantemente) chamar de Justiça Social Internacional.

A doutrina da Balança Comercial ampliada e promulgada por List tinha cumprido um longo percurso desde sua divulgação original. Witte a apresentara à Rússia czarista. Foi porém Lênin, com o monopólio estatal sobre o comércio exterior implementado em 1918, quem levou o protecionismo ao nível da auto-suficiência em produtos essenciais. Seu objetivo não era tanto o puramente econômico, de promover o recente desenvolvimento industrial – embora esse objetivo cada vez mais ganhasse realce sob o comando de Stálin –, quanto o de isolar o Estado proto-socialista da inconveniente invasão por parte do capital privado estrangeiro e das óbvias conseqüências políticas que adviriam disso. Também Hitler lançou uma redoma de proteção sobre a Alemanha nazista, mas essencialmente para manter o desenvolvimento ininterrupto de artigos militares livre dos efeitos de uma moeda não-conversível.

Foi no que os franceses vieram a chamar de Terceiro Mundo que o argumento da indústria incipiente fez valer a defesa da proteção. O principal teórico foi o economista argentino Raúl Prebisch. Como List, Prebisch começou a carreira acreditando "firmemente em teorias neoclássicas" da economia[156]. Como no caso de List, acontecimentos cataclísmicos no mundo efetuaram uma transformação intelectual completa. Para Prebisch foi a Grande Depressão de 1929 que gerou uma dúvida profunda em relação a essas crenças. A "segunda grande crise do capitalismo" em meados da década de 1970 reforçou sua atitude. Quando jovem, na Depressão, ele serviu de início como subsecretário de finanças e mais tarde como presidente do banco central. Como seus colegas no Primeiro Mundo, ele recomendava políticas deflacionárias ortodoxas para reduzir o déficit orçamentário. No entanto, defrontando-se com um grave desequilíbrio na balança de pagamentos das contas externas, ele aconselhou "uma resoluta política de industrialização e outros meios voltados para esse fim"[157]. Tornou-se um convertido ao protecionismo, "lançando ao mar" uma "parte considerável" de suas crenças anteriores[158].

Forçado a sair do posto em 1943, quando Juan Perón chegou ao poder, Prebisch finalmente encontrou tempo para preparar a fundamentação de suas idéias nascidas de suas experiências no centro da política. Desse modo, em 1949, quando Prebisch se mudou para o Chile para se encarregar da CEPAL (Comisión Económica para América

---

156. R. Prebisch, "Cinco etapas de mi pensamiento sobre el desarrollo", *El Trimestre Económico*, vol. L (2), abril-junho de 1983, n.º 198, p. 1077.

157. *Ibid.*

158. *Ibid.*, p. 1080.

Latina), suas idéias já tinham começado a se cristalizar e ele começou a escrever. O ensaio mais importante apareceu somente na forma mimeografada como "O desenvolvimento econômico da América Latina e seus principais problemas", e só foi publicado em inglês, em fevereiro de 1962. A argumentação da economia clássica era que, com a divisão do trabalho entre as nações, os produtores de produtos primários não tinham nenhuma necessidade de se industrializar, já que teriam participação automática nas vantagens do comércio e na distribuição do avanço tecnológico. A idéia era que os preços das mercadorias diminuiriam à medida que aumentasse a produtividade. Prebisch sustentou que não houve nenhuma distribuição semelhante de vantagens porque os aumentos na produtividade foram absorvidos pelos Estados industrializados. Argumentando com base em dados desde a década de 1870 até a de 1930, Prebisch escreveu: "enquanto os centros retiveram todo o benefício decorrente do desenvolvimento técnico de suas indústrias, os países periféricos transferiram para eles uma parte dos lucros de seu próprio progresso técnico"[159]. E, como um corolário, "tendo em vista que os preços não conseguem acompanhar a produtividade, a industrialização é a única forma pela qual os países da América Latina poderão obter plena vantagem do progresso técnico"[160].

Essa se tornou conhecida como a Tese de Prebisch-Singer, ou PS para resumir. Na mesma época em que Prebisch apresentou sua argumentação no Chile, Hans Singer publicou algo extraordinariamente semelhante nos Estados Unidos. Não se tratou de mera coincidência, na medida em que a ONU tinha começado a gerar estatísticas sobre os preços relativos de importações e exportações de países subdesenvolvidos. Esses dados, enquanto serviram para con-

---

159. R. Prebisch, "The Economic Development of Latin America and its Principal Problems", *Economic Bulletin for Latin America*, vol. VII, n.º 1, fevereiro de 1962, p. 5.

160. *Ibid.*, p. 7.

firmar as conclusões intuitivas de Prebisch, atuaram como um catalisador para o pensamento de Singer. A tese de Prebisch era totalmente baseada na balança comercial entre os Estados Unidos e a América Latina. O quadro de Singer cobria uma área maior. Nascido em 1910, Singer dedicou-se ao problema do desemprego em Cambridge, sob a orientação de Keynes; e, depois de um período voltado para o planejamento local no governo trabalhista de Attlee no pós-guerra, ele aceitou um posto nos Estados Unidos, onde por acaso seu envolvimento em planejamento local foi confundido com experiência em desenvolvimento macroeconômico[161]. No final de dezembro de 1949, Singer apresentou um trabalho à American Economic Association em Nova York. Intitulado "A distribuição de ganhos entre países investidores e devedores", o ensaio expunha a maioria das mesmas linhas de argumentação de Prebisch. A especialização dos países subdesenvolvidos na produção de matérias-primas era, dizia ele, infeliz, "(a) porque transferia a maior parte dos efeitos secundários ou cumulativos do investimento do país no qual o investimento se realizava para o país investidor; e (b) porque desviava os países subdesenvolvidos para tipos de atividade que lhes ofereciam menor espaço para o avanço técnico, considerando-se por si mesmas as economias interna e externa, e privava o curso de sua história econômica de um fator central de disseminação dinâmica que revolucionou a sociedade nos países industrializados". A terceira razão estava relacionada às condições do comércio: "É fato histórico que desde a década de setenta [1870] a tendência dos preços tem sido pesadamente contrária aos vendedores de alimentos e matérias-primas e favorável aos vendedores de artigos manufaturados."[162] Com base nesse fato, Singer defendeu uma radical

---

161. Seu próprio relato: *A Biographical Dictionary of Dissenting Economists*, orgs. P. Arestis e M. Sawyer (Hampshire/Vermont, 1992), pp. 528-9.

162. H. Singer, "The Distribution of Gains Between Investing and Borrowing Countries", *The American Economic Review*, vol. XL, maio de 1950, n.º 2 (Papers and Proceedings...), p. 477.

transformação na ordem econômica mundial: "os objetivos do investimento estrangeiro e do comércio exterior talvez devessem ser redefinidos para produzir graduais mudanças na estrutura de vantagens relativas e aptidões relativas dos diferentes países em vez de desenvolver um sistema comercial mundial com base em vantagens relativas existentes e na distribuição existente de aptidões"[163].

Defender essa argumentação da distância intelectual da Cepal em Santiago era uma coisa; sustentar a idéia dentro dos Estados Unidos na companhia de economistas neoclássicos, como Jacob Viner e Gottfried Haberler, era muito diferente. Quando Singer a apresentou em Harvard, sofreu fortes críticas por parte do *Establishment*[164]. E essas opiniões, embora mantidas por toda a década de 1950, tiveram pequeno impacto na política real, até o número de Estados subdesenvolvidos passar, de uma pequena minoria de países principalmente latino-americanos, além da Índia, Birmânia e Ceilão, para compor a maioria da Assembléia Geral da ONU. Esse mesmo processo levou Prebisch a chefiar a Conferência das Nações Unidas para o Comércio e o Desenvolvimento (UNCTAD) em 1963, o que permitiu que ele "revisasse e desenvolvesse" seu pensamento "de modo sistemático"[165]. "Os países em desenvolvimento", escreveu ele em 1964, "ainda estão sofrendo com as conseqüências da desintegração da economia mundial que acompanhou a enorme catástrofe da década de 1930. Eles não exportam bens industrializados, a não ser em quantidades ínfimas. E, como suas exportações de produtos primários crescem tão pouco e os preços relativos se deterioram, faltam-lhes os meios indispensáveis para garantir, em medida suficiente, as importações exigidas num ritmo satisfatório de desenvolvimento[166]. A partir dessa época, fez-se sentir cada vez com

163. *Ibid.*, p. 484.

164. *A Biographical...*, p. 528.

165. "Cinco etapas...", p. 1077.

166. 23 de março de 1964: Prebisch, *Nueva Política Comercial para el Desarrollo* (México-Buenos Aires, 1964), p. 125.

maior intensidade o argumento de que os países desenvolvidos tinham um dever de retificar um desequilíbrio que, em certo sentido, eles mesmos tinham, se não originado, ao menos o agravado.

Embora esses argumentos se enquadrassem perfeitamente na tradição realista, eles eram ressaltados pelas potências "não-desenvolvidas" da mesma forma pela qual Carr tinha se manifestado pelas economias equivalentes na década de 1930. Portanto, os argumentos de Prebisch encontraram aceitação natural entre os universalistas liberais nos Estados Unidos que normalmente não teriam dado apoio a nada que estivesse contaminado pelo realismo e sustentavam que o mundo estava se tornando mais interdependente, logo mais pacífico. A idéia de que as relações internacionais eram apenas uma fase passageira na história mundial, tão perceptível no período medieval, quando o Estado ainda era uma formação política experimental, pelo menos na cabeça dos que acreditavam no *corpus christianum* ou no Santo Império Romano como a estrutura normal da Europa, teve sua equivalente secular moderna no cosmopolitismo dos economistas do livre mercado. No século XX, a crença num governo mundial cresceu das mesmas raízes e vicejou após a devastadora guerra de 1914-1918, que pareceu demonstrar não só a culpabilidade moral do sistema de Estados, como também sua essência autodestrutiva. A crença num governo mundial, centrada na Liga das Nações, surgiu da experiência dos prejudicados no período entre as guerras, pelo menos no pensamento convencional. Em seu lugar, porém, e derivada da mesma premissa fundamentalmente liberal do livre mercado, surgiu a noção da integração funcional internacional (ou regional). Essa idéia despertou o interesse de jovens idealistas, que não apreciavam muito a crueza do modelo de Morgenthau e rejeitavam o foco da política externa voltado para o conflito dominante da época – a Guerra Fria. No entanto, na década de 1970, muitos desses idealistas já procuravam evitar a avaliação predominantemente realista da política mundial e, em vez de desafiá-la de frente – por óbvia fraqueza de argumentação, ou assolados pela dúvida –, procuraram solapá-la de dentro por atrito e enfraquecimento. Os mais resolutos procuravam abrigo dentro do sistema internacional, onde pudesse ser encontrada uma alternativa na qual a integração funcionasse: algo muito semelhante à construção de uma segunda Fundação, no famoso romance de Asimov, enquanto a Fundação original, agora um Império, era destinada ao colapso final na outra ponta do universo.

Um dos mais determinados e ao mesmo tempo um dos mais cautelosos funcionalistas da geração mais velha foi Haas, que rejeitava o idealismo de Mitrany, até então ineficaz, dando preferência ao acúmulo de detalhes sobre elementos de cooperação internacional principalmente de natureza técnica. Seu primeiro trabalho importante no pós-doutorado, sobre o surgimento da Comunidade Econômica Européia, prefigurou um desdobramento significativo na política do pós-guerra, embora não se possa dizer com certeza se esse desdobramento ocorreu exatamente pelas razões aduzidas por Haas. A ruptura com a abordagem de Mitrany não indicou nenhum abrandamento, pelo contrário. Em *Beyond the Nation-State: Functionalism and International Organization* [Para além do Estado-nação: o funcionalismo e a organização internacional], Haas declarou: "O mérito do funcionalismo é precisamente o de ter rompido com os clichês da teoria política realista. Sua falha reside em não ter sido suficientemente radical nessa ruptura."[167] As objeções ao realismo eram ideológicas: "A razão principal para o estudo... da integração regional... é normativa: as unidades e ações fornecem um laboratório vivo para a observação da criação pacífica de possíveis tipos novos de comunidades humanas com um nível altíssimo de organização e dos processos que podem levar a essas condições."[168]

167. E. Haas, *Beyond the Nation-State: Functionalism and International Organization* (Stanford, 1964), p. 24.

168. Conforme citado em R. Keohane e J. Nye, "International Interdependence and Integration", *Handbook of Political Science*, vol. 8, *International Politics*, orgs. F. Greenstein e N. Polsby (Reading, Mass., 1975), p. 367.

Sua crença era a de que "*haverá uma continuidade na tendência à supranacionalidade...*"[169]. Ademais, e esse é um ponto importante a salientar, ele via uma relação mais íntima entre a teoria das relações internacionais "e as outras ciências sociais"[170] como a alternativa para o realismo e como o melhor meio para realizar seu objetivo, daí a reaproximação com a sociologia e o empréstimo do funcionalismo para explicar o comportamento internacional.

Os que compartilhavam essas opiniões congregaram-se em torno do periódico *International Organization*, que proporcionava o principal foro para debate e ratificação. Havia, porém, diferenças. Enquanto Haas não dava absolutamente nenhuma atenção ao realismo em si, havia principiantes mais jovens que davam. Eles provinham do criadouro de Stanley Hoffmann, um austríaco de nascimento (1928-) e francês de formação, universalista liberal de espantosa erudição, cuja tese de doutorado previra com audácia a extinção do Estado. A tese em sua forma publicada trazia o título enganosamente despretensioso de *Organisations Internationales et Pouvoirs Politiques des États*[171]. A obra é extraordinariamente original sob diversos aspectos. Ela possui uma límpida lógica cartesiana digna de escritores do século XVIII, como Say. Evita a armadilha óbvia e costumeira de exaltar além do limite da credulidade razoável organizações internacionais contemporâneas ou preexistentes como modelos, em comparação com os quais a humanidade decadente demonstra uma precariedade desastrosa. Faz uma avaliação realista dos acontecimentos, mas em seguida, em vez de se estender, como se poderia ter previsto, na direção da lógica das Razões de Estado, dá uma forte guinada para atacar "a causa da doença: o Estado Moderno"[172], por três meios distintos: uma hábil cirurgia verbal à custa dos atributos formais do Estado; uma opinião gene-

---

169. Haas, *Beyond...*, p. 492.
170. *Ibid.*, p. 24.
171. Publicada em 1954 (Paris).
172. Hoffmann, *Organisations*, p. 417.

rosa sobre o efeito das instituições internacionais na circunscrição da liberdade de comportamento do Estado; e, em último lugar, a adoção de uma visão fabiana da vitória final da organização internacional à custa do próprio Estado. A soberania é descartada porque todos os Estados tiveram de ceder poderes e a soberania não pode ser mantida em pedaços. Essa é a objeção técnica, que mal deixa transparecer a subjacente objeção moral (liberal) que vem à tona de modo inesperado: "a função dessa palavra constitui um perigo incontestável para o desenvolvimento do direito internacional ou para o estabelecimento de uma ordem no ambiente internacional, já que ao mesmo tempo consolida o poder do Estado e o mito do Estado como pessoa, em detrimento do indivíduo"[173]. A noção de "independência" é derrubada pela mesma espada. Somente numa espécie qualquer de estado de natureza existia a verdadeira independência, quando não ocorria interação entre os Estados. "Enquanto e na medida em que as relações entre os Estados são estabelecidas [*se nouent*], esses poderes [pertinentes aos Estados] são modificados..."[174] Hoffmann faz objeção até mesmo a "poderes", salvo na forma legal restrita. No final, ele prefere "capacidades políticas" (*pouvoirs politiques*) – não surpreende que a escolha tenha recaído sobre um termo que não contém o menor sentido de legitimidade. Como ele confessou mais tarde, a tese associava "uma análise realista da atenção do Estado... a um apelo veemente pela superação da soberania"[175].

Desde aquela época, pôde-se observar uma necessária adaptação à dura realidade, que exigiu mais empréstimos seletivos do banco realista; mas Hoffmann não hesitava em afirmar seus valores. Ao atacar a "versão mais estreita" do realismo que destacava a posição central do poderio militar

---

173. *Ibid.*, p. 15.

174. *Ibid.*, p. 16.

175. L. Miller e M. Smith, orgs., *Ideas and Ideals: Essays on Politics in Honor of Stanley Hoffmann* (Boulder, 1993), p. 9.

nas relações internacionais, Hoffmann condenou o fato de que essa versão "se apoiava num pressuposto ético e viciosamente conduzia a esse pressuposto: a impossibilidade de superar esse jogo, ou melhor, de superar as técnicas tradicionais de moderação, das quais o equilíbrio do poder é o exemplo de maior sucesso. Não se trata apenas de ser esse postulado ou conclusão censurável moralmente, considerando-se o destino desse tipo de técnica no passado e as assustadoras injustiças e violações de direitos humanos que o jogo geralmente tolerou ou até mesmo estimulou; também é desnecessário aceitá-lo, já que o 'realismo', em qualquer versão, apenas demonstra que não pode haver nenhum salto que leve à utopia, nenhum modo de escapar da 'manipulação profissional das forças perenes' do universo político. Isso não prova, nem pode provar, que estejamos condenados a repetir o passado e que não exista nenhum território intermediário, por estreito que seja, entre a moderação limitada e frágil do passado e a impossível abolição do jogo"[176].

Como Hoffmann alegou, "estudo o poder para entender o inimigo, e não para melhorar minha capacidade para exercê-lo"[177]. Essa alegação era enganosa, por mais que indicasse altos princípios. A situação era mais complexa que isso. Na realidade, Hoffmann desejava usar extensamente o poder para outras finalidades, aí incluído o poderio militar. Tucker costumava queixar-se de que, ao mesmo tempo que Hoffmann tinha a tendência de se recusar a aceitar o uso da força nos casos em que os interesses do Estado estivessem ameaçados, ele era um agressivo defensor do emprego da força nos casos em que surgissem causas humanitárias (ver adiante, p. 410). Os jovens discípulos de Hoffmann eram menos tendentes a demarcar as diferenças que os separavam dos realistas – como Haas preferia – e mais propensos a admitir certas premissas realistas para fixar

176. Hoffmann, "Notes on the Limits of 'Realism'", pp. 658-9.
177. *Ibid*.

suas idéias com maior firmeza na ordem do dia. Eram, assim, mais dispostos a fazer concessões, embora em média suas opiniões e ideais sem dúvida e decididamente se inclinassem mais para a posição de Haas. Os dois jovens discípulos de Hoffmann e Haas eram Joseph Nye e Robert Keohane. Ambos tinham sido alunos de pós-graduação de Hoffmann em Harvard. Nye, um africanista, era grande adepto da escola da UNCTAD – pertencendo portanto ao campo de Prebisch-Singer. A integração africana revelou-se uma miragem, e Nye entediou-se com aquilo tudo. Mas será que alguma coisa poderia ser salva do naufrágio? Nye descreveu da seguinte forma sua transição para a aceitação das relações internacionais convencionais:

> Começou a dissolver-se a invisível congregação de estudiosos da integração que se havia formado em torno de Ernest Haas.
>
> Eu sentia, porém, que muitas das idéias da teoria da integração regional eram aplicáveis às dimensões mais amplas da interdependência econômica internacional que estavam ganhando proeminência.[178]

Uma versão mais amena do funcionalismo e da teoria da integração veio à tona desse modo na noção de Interdependência. Isso representou a influência de Hoffmann mais que a de Haas: o que Charles Burton Marshall, uma ex-autoridade um tanto calejada, resumiu num aparte sardônico, descartando "a teoria vigente de que, quando conseguem se conhecer bem, as pessoas passam a se gostar"[179].

Keohane começou como estudante de votações na Assembléia Geral da ONU, adepto firme, ainda que frívolo, do valor das organizações internacionais. Trabalhou para a

---

178. Depoimento de Nye em J. Kruzel e J. Rosenau, orgs., *Journeys through World Politics: Autobiographical Reflections of Thirty-four Academic Travellers* (Lexington, Mass., 1989), p. 203.

179. Mesa-redonda no Centro em Washington, *East-West Negotiations*, p. 35.

campanha de Eugene McCarthy para a presidência com um programa político de paz e depois para candidatos ao senado americano que se opunham à guerra em 1968-1970[180]. Como se recordou, "desde os anos que passei na pós-graduação, eu já criticava a escola do realismo político, então preponderante, que tinha sua representação mais eloqüente (e confusa) nas obras de Hans J. Morgenthau"[181]. Mais tarde ele reconheceu, para certa perplexidade do autor mencionado: "um exemplo especial para mim é Ernst Haas, da Universidade da Califórnia em Berkeley, de quem eu teria sido aluno se a mística de Harvard não me tivesse virado a cabeça"[182]. Em 1969, Keohane escreveu: "A 'planta da teoria da integração', como disse um autor, pode precisar ser podada, mas a vigorosa mudinha da teoria da organização internacional exige ser regada com novos conceitos para crescer rapidamente. Para tanto, devemos dedicar-lhe maior atenção e dar-lhe um lugar mais favorável no nosso jardim."[183] Tudo isso nos faz lembrar uma reunião para restauração da fé.

O que Keohane e Nye apresentaram foram as noções conciliatórias de interdependência (já em circulação e, o que era interessante, um termo usado por Hoffmann em sua tese quase duas décadas antes)[184] e de "Relações Transnacionais". Haas tinha procurado escapar do Estado-nação desenfreado dando ênfase à integração regional. A integração internacional ainda parecia uma esperança distante, até mesmo para os adeptos fiéis. Foi somente em meados da década de 1970 que Haas se aproximou da posição de que "as teorias de integração estão se tornando obsoletas porque não foram planejadas para lidar com os problemas mais importantes e prementes da programação global de

---

180. Keohane em *Journeys*, p. 407.

181. *Ibid.*

182. *Ibid.*, p. 414.

183. "Institutionalization in the UNGA", *International Organization*, vol. XXIII, n.º 4, outono de 1969, p. 896.

184. Hoffmann, *Organisations*, p. 418.

políticas e pesquisas"[185]. Em vez disso, deu-se ênfase às relações entre "agentes não-estatais". Após um jantar da diretoria da *International Organization*, celebrado em Boston em junho de 1968, não por acaso no auge dos protestos estudantis contra a guerra dos Estados Unidos no Vietnã, houve manifestações tanto de insatisfação com as abordagens correntes do tema quanto de interesse em evitar "o excesso de ênfase dada à organização intergovernamental"[186]. Keohane e Nye, os jovens revolucionários na diretoria, tomaram a iniciativa: "procuramos conciliar as percepções do realismo tradicional com a tradição liberal que se concentrava em instituições e interações econômicas"[187]. No entanto, essa era uma exposição dissimulada do que Nye e Keohane pretendiam. Hoffmann elogiou-os por serem os "*modernes*", que defendiam a causa contra uma "teoria da política internacional que define os Estados como os únicos atores no palco mundial, faz do poderio militar a moeda decisiva e encara a hierarquia do poderio militar como *a* hierarquia no sistema internacional"[188]. Seu objetivo declarado era salientar "a importância de agentes não-estatais, de coalizões transnacionais e transgovernamentais, de formas não militares de poder e de múltiplas hierarquias dependentes da 'área em questão' ou do regime internacional"[189]. Seu papel, de fato, não foi muito diferente do papel de Botero em sua contra-ofensiva contra Maquiavel: tomando como empréstimo a forma do realismo mas desnudando-a de toda a substância. Eles deixaram de lado aqueles ele-

185. E. Haas, *The Obsolescence of Regional Integration Theory* (Berkeley, 1975), p. 17. Os leitores deveriam, porém, tomar cuidado para, a partir desse título, não supor ocasionalmente que Haas considerasse que a teoria da integração regional não tinha mais nenhuma utilidade.

186. R. Keohane e J. Nye, orgs., *Transnational Relations and World Politics* (Cambridge, Mass., 1973), p. vii.

187. Nye, em *Journeys*, p. 204.

188. Hoffmann, "Notes on the Limits of 'Realism'", pp. 657-8. Essa parte do artigo de onde as citações foram tiradas era uma retrospectiva da década de 1970.

189. *Ibid.*, p. 658.

mentos das relações econômicas realçados pelos pensadores da Balança Comercial desde o século XVI, elementos que contribuíam para o conflito e voltariam a se erguer com a crise do petróleo em 1973-1974; e, em vez disso, agarraram-se cegamente àqueles elementos realçados por Floro, o compendiador, e mais tarde adotados por Bodin e Grócio, que se fixaram naqueles fatores da atividade mercantil que contribuíam para a paz.

A máscara foi caindo, porém, na medida em que o colapso da presença americana no Vietnã em 1975 estimulou a confiança na visão alternativa. Uma contribuição para uma coleção de estudos sobre a modernização comparativa deu a Keohane e Nye a oportunidade de afirmar abertamente: "Defrontada com uma crescente complexidade de agentes e questões, uma série de analistas começou a prestar mais atenção às relações transnacionais. Neste artigo, sustentamos que, quando as críticas dos modelos realistas da política mundial são levadas a sério, elas não só põem em questão as concepções dos 'sistemas internacionais' centradas nos Estados, como também lançam dúvida sobre as noções reinantes acerca das organizações internacionais. Se os pressupostos realistas forem abrandados, será possível visualizar papéis mais significativos para as organizações internacionais na política mundial."[190]

Sua crença comum de que o "paradigma realista não estava suficientemente equipado para lidar com essas novas questões"[191] foi mais tarde respondida efetivamente por Tucker – isto é, caso se pretenda apenas tentar compreender o problema e não também mudar o mundo, o que no caso de Nye e Keohane não se poderia fazer. Na coletânea que organizaram sobre *Transnational Relations and World Politics* [Relações transnacionais e política mundial], os dois

---

190. Keohane e Nye, "Transgovernmental Relations and International Organizations", em C. Black, org., *Comparative Modernization: A Reader* (Nova York e Londres, 1976), p. 411.

191. Nye em *Journeys*, p. 203.

não ousaram sugerir que agentes não-estatais fossem mais importantes que os Estados enquanto agentes. Contudo, os realistas eram unânimes em considerar que os agentes não-estatais tinham função totalmente periférica nas engrenagens das relações internacionais. Por uma deferência meramente formal para com o pensamento realista, Keohane e Nye estavam tentando elevar a condição dos agentes não-estatais ao nível de Estados dentro do sistema internacional. O tradicional enfoque (realista) nas relações entre Estados tinha levado, afirmavam eles, a um descaso para com as "interações entre sociedades" e os "agentes transnacionais". A nova abordagem "trata dos efeitos recíprocos entre as relações transnacionais no sistema entre Estados como algo de importância crucial para a compreensão da política mundial contemporânea", sustentavam eles[192]. A legitimidade acadêmica de todo esse exercício foi inadvertidamente solapada pela franca admissão de que essa empreitada era tão idealista quanto a realizada por funcionalistas como Haas, que eles nitidamente tinham esperanças de desbancar: "Os estudiosos de organização e direito internacional devem engajar-se no estudo das relações transnacionais não apenas com o objetivo de compreender a realidade, mas também para ajudar a transformar a realidade."[193] De fato, Keohane afirmava constantemente que o estudo das relações internacionais é "profundamente normativo"[194]. Essas normas ele definiu como "valores humanistas, cosmopolitas e ecológicos"[195].

O pressuposto de que os Estados ocupavam uma posição menos central que no passado, e de que uma interação mais próxima levaria a uma significativa diminuição dos conflitos era bastante válido (dentro de limites estritos) no que dizia respeito à Europa Ocidental, à medida que o mo-

---

192. *Transnational*, pp. x-xi.
193. *Ibid.*, p. xxix.
194. Keohane em *Journeys*, p. 403.
195. *Ibid.*, p. 414.

vimento por uma integração maior ganhava ímpeto, se bem que de modo vacilante. Contudo, a Europa Ocidental era um caso especial que exigia um esforço de fé para poder ser generalizado para outras regiões (e Nye não foi de modo algum o único a descobrir esse fato); e somente quem não tivesse nenhuma experiência da vida nessas regiões poderia sustentar com firmeza que a experiência da Europa Ocidental era imediatamente exportável a outros lugares: uma ilusão wilsoniana, talvez; tipicamente fora de contato com a realidade, ao mesmo tempo de um idealismo sedutor e de um etnocentrismo irritante.

Some-se a isso a derrota dos Estados Unidos na Guerra no Vietnã, disfarçada pelo presidente Nixon e seu *alter ego*, o secretário de Estado Henry Kissinger, como uma paz conciliatória, a conseqüência definitiva do fracasso da intervenção militar à qual se opuseram alguns dos principais realistas da época – Morgenthau, Tucker e Waltz. "Ser frustrado militarmente e acabar sendo derrotado por um Estado tão pequeno é humilhante; e nada que digamos pode negar isso", escreveu Tucker[196]. Desse modo, no início da década de 1970, já parecia que os liberais tinham ganhado a discussão nos dois lados da moeda, o econômico e o político. A natureza das relações internacionais tinha, na opinião deles, passado por uma significativa mudança para melhor.

Foi a crise do petróleo, precipitada pela deflagração da guerra no Oriente Médio em 6 de outubro de 1973, que anunciou uma era totalmente nova. Até mesmo antes do ataque do Egito a Israel, vinha se acumulando a pressão no sentido de um embargo ao petróleo destinado aos Estados Unidos. A Arábia Saudita era o Estado árabe mais alinhado com Washington. Em 31 de agosto daquele ano, o rei Faiçal avisou que a continuidade do apoio americano a Israel tornava "extremamente difícil" para a Arábia Saudita manter relações de amizade com os Estados Unidos e até mesmo

---

196. Tucker, "Vietnam: The Final Reckoning", *Commentary*, vol. 59, n.º 5, maio de 1975.

continuar a fornecer petróleo aos americanos[197]. Além disso, todos os países exportadores de petróleo estavam contemplando aumentos de preços para atender a necessidades cambiais numa época de inflação em rápido crescimento após a Guerra do Vietnã. Finalmente, depois de deflagrada a guerra, a Organização de Países Árabes Exportadores de Petróleo (Oapec) concordou em reduzir a produção de petróleo progressivamente em 5% por mês até a retirada total dos israelenses dos territórios que ocuparam durante a guerra de junho de 1967 e a restauração dos direitos dos palestinos. Certos Estados árabes ainda decidiram por um embargo total à venda de petróleo aos Estados Unidos. Em novembro, isso já somava um corte de 25% na produção, e outros integrantes do cartel internacional da Opep, como a Venezuela e o Irã, concordaram em não compensar a diferença por meio do aumento de exportações. Resultado: num período de alguns meses o preço do petróleo quadruplicou. Seguiu-se, em 1974, a crise constitucional do caso Watergate. Em janeiro de 1975, o presidente Ford, ao fazer seu pronunciamento anual sobre o estado da União, ressaltou que "milhões de americanos estão desempregados. A recessão e a inflação estão corroendo o dinheiro de outros milhões. Os preços estão altos demais, e as vendas estagnadas demais"[198]. A perturbação econômica originada numa guerra inflacionária no Vietnã tinha se transformado numa crise de grandes proporções em conseqüência do embargo do petróleo. De início, Kissinger, o secretário de Estado de Nixon, tinha avisado aos árabes que, se o embargo continuasse "desarrazoada e indefinidadamente", os Estados Unidos teriam de "considerar quais contramedidas poderiam tomar"[199]. Essas eram, entretanto, ameaças vazias. Na prática, os americanos estavam desanimados.

Ao passo que o Vietnã do Norte não representara ameaça para nenhum interesse crucial dos Estados Unidos, con-

---

197. *Keesing's Contemporary Archives (KCA)*, 1973, p. 26194.
198. *KCA*, 1975, p. 26934.
199. 21 de novembro de 1973, *ibid.*, p. 26294.

forme definiram alguns realistas – Morgenthau, Tucker e Waltz –, para Tucker a ameaça ao abastecimento de petróleo do Ocidente sem dúvida satisfazia esse critério. A reação liberal média, por outro lado, afirmava que o embargo demonstrava de modo conclusivo a necessidade de uma interdependência mais íntima, bem como o direito do mundo menos desenvolvido de conquistar seu quinhão da prosperidade do mundo desenvolvido: uma interessante associação de universalismo liberal à custa do Estado (i.e., os Estados do mundo desenvolvido) com a defesa do aperfeiçoamento do poder do Estado (dos países subdesenvolvidos), além de ser uma contradição nunca resolvida. O governo americano parecia impotente diante desse desafio sem precedentes. Tucker enfureceu-se e enveredou por uma série de artigos no *Commentary*, um proeminente e respeitado porta-voz da comunidade judaico-americana, que não era famosa por sua empatia para com o mundo árabe, apresentando uma argumentação em defesa da ameaça ou do uso da força para corrigir o problema. "Em vez de deixar em aberto a opção da intervenção armada", escreveu ele, no primeiro e mais conhecido desses artigos em janeiro de 1975, "o governo americano praticamente excluiu essa possibilidade."[200] Tucker continuou: "Por uma espécie de convenção implícita, até mesmo fazer a pergunta parece indicar que simplesmente se está fora de contato com as realidades do mundo atual e que se é um reacionário retrógrado ou, para os mais sofisticados, um imperialista frustrado. É porém duvidoso que a mesma pergunta, levantada em circunstâncias comparáveis, tivesse tido a mesma acolhida há quinze ou até mesmo há dez anos." Para Tucker o que estava em jogo eram "interesses vitais", e decerto valia a pena protegê-los por meio da força. Os que discordavam insinuavam "uma mudança revolucionária na própria natureza da sociedade internacional" e ainda aparentavam

---

200. Tucker, "Oil: The Issue of American Intervention", *Commentary*, vol. 59, n.º 1, janeiro de 1975.

considerar a mudança "tão inquestionável que praticamente não merecia atenção"[201]:

> Pouco adianta repetir mais uma vez as desgastadas e inevitavelmente cáusticas observações sobre o legado do Vietnã. No entanto, é impossível não tratar, mesmo que brevemente, da ampla convicção de que a força armada perdeu a maior parte de sua antiga utilidade e legitimidade. Se essa convicção estiver bem fundamentada, os que a defendem deviam tirar as devidas conclusões para a política externa americana. A principal conclusão a ser tirada – a de que a atual estrutura dos interesses americanos no mundo deve mudar, e mudar de modo radical – só pode ser evitada se se pensar que, no lugar de uma política obsoleta de poder e intervenção, possamos inserir uma política de interdependência pacífica em vez de uma política que aponte claramente para o isolacionismo.

Contudo, argumentava Tucker, a crise do petróleo não era "uma manifestação de interdependência no sentido que os proponentes da interdependência têm em mente quando empregam o termo. Nem é ela, evidentemente, uma manifestação da 'velha política'. Pelo contrário, trata-se da manifestação mais recente – ainda que de longe a mais espetacular até agora – de um igualitarismo que, se tiver permissão para seguir seu curso lógico, resultará provavelmente de início em caos e depois num sistema internacional muito mais cruel que o de hoje ou mesmo que o de ontem"[202]. Mais dois artigos nessa linha seguiram-se ao longo dos meses subseqüentes.

A reação violenta proveio de Hoffmann, que escreveu à *Commentary* para protestar contra a mensagem de Tucker. Hoffmann insistia que a nova atitude de rejeição ao uso da força não tinha absolutamente nada a ver com o Vietnã. Ela remontava à crise de Suez de 1956, e Hoffmann citou a cri-

201. *Ibid.*
202. *Ibid.*

se de Cuba como mais um exemplo. Hoffmann era um defensor declarado da interdependência:

> Será que o interesse por um sistema mundial que seja ao mesmo tempo menos brutal e menos injusto que o sistema do passado não exigiria que buscássemos soluções que aumentem a interdependência, enredem os países "novos-ricos" nas economias dos tradicionalmente ricos, dêem àqueles um incentivo para evitar prejudicar estes últimos – e, na realidade, dissuadi-los desse intento –, além de fazer com que *tanto* os novos *quanto* os antigos países ricos assumam o compromisso de melhorar o destino das nações mais pobres?[203]

Tucker considerou esse raciocínio ilusório:

> já está evidente que as relações entre os Estados industrializados e os Estados em desenvolvimento serão caracterizadas muito mais pelo conflito que pelo consenso e que, caso se visualize um mundo em que o poderio militar esteja cada vez mais desvalorizado, esse conflito poderá cobrar um preço extorsivo dos Estados industrializados.

Hoffmann tinha declarado que a influência era mais importante que o poderio militar. O que preocupava Tucker era que essa fosse outra forma de dizer que o Ocidente se tornara o impotente:

> a meu ver, a concorrência pela influência tinha se tornado um jogo cada vez mais caro e cada vez mais desprovido de conseqüências duráveis e isso porque os tradicionais instrumentos para o exercício da influência, especialmente sobre os Estados do mundo em desenvolvimento, tiveram sua eficácia reduzida. Pouquíssimos observadores se dariam ao trabalho de contestar esse declínio, e muitos entre as elites do mundo ocidental davam-lhe boas-vindas. Fosse o declínio alvo de boas-vindas ou de execração, suas conseqüências tinham sido vividamente ilustradas na crise do petróleo.

203. Carta, *ibid.*, n.º 4, abril de 1975.

> Será que o "novo internacionalismo", com seu compromisso com uma interdependência sempre crescente, impede essas conseqüências que percebemos na crise do petróleo? Até o momento, pelo menos, os indícios sugerem que não.

Hoffmann afirmava que o uso da força tinha um preço demasiado alto. "No entanto", escreveu Tucker, "o mesmo se aplica à busca do internacionalismo realizada pelo sr. Hoffmann, com sua 'renúncia ao uso da força para enfrentar medidas não militares de coação' e sua confiança em 'soluções que aumentem a interdependência'." Enquanto os Estados continuassem a existir em concorrência e conflito uns com os outros, não agradava a Tucker uma interdependência maior. Hoffmann parecia ter como líquida e certa a estabilidade da época, quando na realidade ela era sustentada por uma ordem baseada na ameaça da força por parte dos mais poderosos. Como Waltz, Tucker afirmou: "A perspectiva de um mundo que seja cada vez mais interdependente não chega a ser animadora quando esse mundo ainda é composto por Estados, quando nesse mundo ainda são muitos e profundos – no mínimo, mais numerosos e intratáveis do que nunca – os motivos para conflito e desordem, enquanto os instrumentos tradicionais destinados a proporcionar o pouco da ordem de que a sociedade internacional desfrutou no passado são agora cada vez mais desvalorizados."[204]

Tucker expandiu essa argumentação num livro. Fazendo eco a Mackinder, *The Inequality of Nations* [A desigualdade das nações] abria-se com a afirmação de que "A história do sistema internacional é uma história de desigualdade por excelência"[205]. Esse sistema tinha a forma de uma "anarquia internacional" (termo de Norman Angell), caracterizada pela autodefesa, que era menos um direito e mais uma questão de poder. Seguindo a posição de Carr, Tucker pas-

---

204. *Ibid.*
205. *The Inequality of Nations* (Londres, 1977), p. 3.

sou à afirmação de que, "onde a autodefesa é a principal expressão institucional da ordem para uma sociedade cujos membros sejam extremamente desiguais em termos de poder, deverá surgir a tendência a lançar o manto do direito sobre aqueles usos do poder que se revelem eficazes, qualquer que seja sua verdadeira caracterização"[206]. O aumento no número de Estados, o firme e contínuo abandono das desigualdades formais entre eles e as constantes restrições ao uso do poderio econômico e militar causavam a impressão de que o sistema internacional estava caminhando na direção tomada pelas sociedades ocidentais em sua formação. No âmbito do comércio, o êxito em quadruplicar o preço do petróleo obtido pela Opep em 1973-1974 deu "um extraordinário ímpeto adicional... às exigências dos Estados em desenvolvimento por maior igualdade"[207]. Surpreendentemente, essas reivindicações tinham despertado apoio "entre elites liberais" no Ocidente, de forma tão abrangente "que os poucos indivíduos que manifestam com clareza sua posição contrária a elas são considerados excêntricos, quando não desarrazoados"[208].

Como seria, porém, o sistema internacional se o Ocidente cedesse diante dessas exigências? Tucker imaginava que os liberais sofreriam uma terrível decepção: "são poucas as razões para esperar que o raio de ação conferido ao exercício do direito de autodefesa seja reduzido de modo significativo no novo sistema. No mínimo, são poucas as razões para esperar que isso aconteça, a não ser que se suponha que, pelo menos entre si, os novos Estados não tenham os conflitos que os Estados tiveram no passado; que em vez disso eles manifestem uma solidariedade totalmente sem precedentes em suas relações mútuas. Até o momento, entretanto, tudo indica que se pode esperar que os novos Estados se comportem uns para com os outros exa-

206. *Ibid.*, pp. 4-5.
207. *Ibid.*, p. 50.
208. *Ibid.*, p. 51.

tamente da mesma forma pela qual os Estados mais antigos se comportavam"[209]. Isso já estava aparente em áreas outras que não as divergências com o Ocidente. A Índia era um exemplo perfeito. Mas isso era o que se deveria esperar. Era mero reflexo da "onipresente operação da razão de Estado, a raiz profunda da insistência pela preservação da liberdade de ação de cada um e pela atribuição de um amplo espaço para o exercício do direito de autodefesa"[210].

A questão era que o novo igualitarismo dava "forças renovadas" a essa forma tradicional de comportamento. Ele era voltado não simplesmente contra disparidades na riqueza e no poderio inerentes ao sistema internacional, "mas contra disparidades radicais em níveis de desenvolvimento que propiciam um tipo especial de desigualdade... uma sensação de humilhação e ressentimento mais forte que o sentido de injustiça gerado por disparidades normais de poderio"[211]. Assim, o novo igualitarismo não desafiava "a estrutura essencial do sistema internacional, mas a distribuição de riquezas e poderio no interior do sistema". Pois era "através da instituição do Estado" que essa meta estava sendo perseguida. Não se tratava, portanto, de um desafio revolucionário mas, sim, de um desafio "tradicional" ao sistema internacional[212].

Tucker preocupava-se com o fato de que a aceitação da igualdade crescente tivesse minado a determinação do governo americano de defender os interesses dos Estados Unidos. Apenas alguns anos antes, ele havia escrito a respeito da perspectiva de usar a força contra os árabes caso o abastecimento de petróleo aos Estados Unidos fosse exposto a risco. Lamentou abertamente "a atual falta de disposição entre os Estados capitalistas e desenvolvidos de ameaçar empregar ou de empregar a força, mesmo quando inte-

209. *Ibid.*, p. 60.
210. *Ibid.*, pp. 60-1.
211. *Ibid.*, p. 62.
212. *Ibid.*, pp. 63-4.

resses vitais são prejudicados..."[213]. Se essa tendência não fosse refreada, Tucker temia uma distribuição do poder no âmbito do sistema existente, "uma nova hierarquia internacional" em lugar da eliminação de toda a hierarquia[214]. Na verdade, as crescentes exigências por igualdade no Terceiro Mundo e a defesa liberal da interdependência não combinavam entre si. Tucker chamou a atenção para a "acentuada ambivalência para com o Estado" em meio ao pensamento liberal. "Ao contrário da perspectiva das elites da maioria dos novos Estados, as elites liberais ocidentais cada vez mais contam com uma ordem global cuja base não está mais centrada exclusivamente, ou mesmo primordialmente, no Estado."[215] Essa talvez tenha sido a forma de ataque mais eficaz de Tucker. Poucos acatariam seu anterior apelo às armas, por motivos de prudência tanto quanto de moralidade (e não apenas no pensamento liberal). Contudo, ao chamar a atenção para o fato de que os Estados do Terceiro Mundo, como sindicalistas no âmbito nacional, procuravam apenas melhorar sua condição dentro do sistema existente, em vez de suplantá-lo, como esperavam os social-democratas dentro do país e os liberais no estrangeiro, Tucker acertou na mosca. Na realidade, seu maior e mais veemente crítico, Hoffmann, reconheceu a principal acusação de Tucker. Mal se havia passado um ano, Hoffmann confessava sua profunda desilusão: "as nações antiimperialistas", escreveu ele, "demonstram uma notável capacidade para a duplicidade. Elas denunciam a ordem injusta imposta pelas nações ricas do Ocidente, e no entanto lucram em suas transações com diversas delas, se não com todas, além de nutrir suas próprias rivalidades e rancores, de tal modo que transformam a frente unida das nações em desenvolvimento num amontoado de conflitos acirra-

213. *Ibid.*, p. 116.
214. *Ibid.*, p. 117.
215. *Ibid.*, p. 134.

dos"[216]. Sua desilusão com os supostos beneficiários da boa vontade universalista haveria de se aprofundar ainda mais depois que o final da Guerra Fria eliminasse a conveniente máscara de desculpas para o mau comportamento dentro das fronteiras nacionais, bem como no estrangeiro. Outro severo crítico dos liberais que consideravam a interdependência o caminho para a harmonia foi Waltz.

Os realistas do pós-guerra, como Tucker, não eram assim tão complicados. Sua política era de um conservadorismo previsível. Sua visão, firmemente misantrópica. Eles buscavam uma influência direta sobre as decisões políticas, e todos os americanos entre eles foram atraídos a Washington para observar mais de perto e tentar obter o posto de consultor, mesmo que informal, no centro do império. Geralmente preferiam a filosofia à teoria, a política à ciência social. O temperamento e a visão política pessoal de Waltz sempre contradisseram fundamentalmente a imagem do realista padrão: talvez tão complexo quanto Carr, se bem que de um modo diferente, ele preferia a tranqüilidade e a relativa distância do poder de Berkeley ao alvoroço das interações políticas ao longo do corredor nordeste. Ademais, Waltz é um importante teórico que acredita que a teoria das relações internacionais mal conseguiu chegar a algum lugar – "moribunda" foi o termo que empregou em 1975[217] –, opinião compartilhada por Tucker, cujo comentário mais citável sobre os teóricos é "eles fizeram as malas mas nunca saíram da estação"[218]. Com que palavras Waltz diz isso? "Creio que a teoria estrutural pelo menos ajudou a concentrar a mente das pessoas no problema teórico, mas acho que não houve muita evolução no entendimento. Já disse

216. S. Hoffmann, *Primacy or World Order: American Foreign Policy since the Cold War* (Nova York, 1978), p. 105.

217. K. Waltz, "Theory of International Relations", *Handbook of Political Science*, vol. 8, International Politics, org. F. Greenstein e N. Polsby (Reading, Mass., 1975), p. 1.

218. Em conversa com o autor.

muitas vezes que o que Morgenthau fez foi traduzir Meinecke do alemão para o inglês; e, se você examinar o índice, não verá menção a Meinecke. Eu traduziria parte de Meinecke nas mesmas palavras que Morgenthau usou em *Política entre as nações*. E depois Morton Kaplan traduziu Morgenthau do inglês para sabe-se lá que idioma em que ele estava escrevendo. Acho que houve pouquíssimo progresso. Uma enorme quantidade de gente interessou-se pela E[conomia] P[olítica] I[nternacional], muito trabalho foi produzido, mas não vi grande progresso."[219]

Waltz, filho de americanos que falavam alemão, da classe operária, nasceu em Ann Arbor, Michigan, em 8 de junho de 1924[220]. Formou-se no Oberlin College em 1948 depois de concentrar seus estudos primeiro na matemática, que considerava fácil e apreciava, e então passar para a economia. Entrou para a pós-graduação em Colúmbia, pretendendo especializar-se em econometria, mas o estudo pareceu-lhe pouco estimulante, e preferiu, sob a influência de Franz Neumann (que no passado fora da escola marxista de Frankfurt), entrar para o campo da filosofia política. Waltz precisou procurar um campo complementar e escolheu as relações internacionais porque, disse ele, já tinha estudado economia internacional. Mais uma vez, a escolha foi feita porque pareceu ser uma opção fácil até que o arguto porém relativamente inédito William Fox assumiu o comando e forçou Waltz a estudar com seriedade. O que aconteceu então foi registrado para a posteridade:

> E assim comecei a ler, ler, ler feito um louco, e não conseguia entender absolutamente nada do que lia. Eram tantos os autores no campo das R[elações] I[nternacionais] que escreviam como se os outros não existissem que no fundo falavam línguas diferentes. Acho que ainda tenho o pedaço des-

---

219. "Interview with Ken Waltz", F. Halliday e J. Rosenberg, *Review of International Studies* (1998), 24, p. 386.

220. "Interview...", p. 371. Mais detalhes das conversas do autor com Waltz.

> botado de papel amarelo no qual anotei as três imagens: "É por isso que os autores que estou lendo não conseguem se comunicar uns com os outros: porque alguns deles acham que as causas principais estão no plano dos indivíduos, dos Estados ou do sistema internacional." Eu estava no último mês como aluno de pós-graduação antes de começar a escrever a dissertação, cerca de um ano e meio mais tarde.[221]

A tese, defendida na Columbia University em 1954, recebeu o título de *O homem, o Estado e o sistema de Estados nas teorias sobre as causas da guerra.* Nela Waltz ressaltava que "em política internacional o estudioso depara-se não apenas com uma confusão de prescrições mutuamente contraditórias, mas também com uma multiplicidade de imagens do problema político mundial"[222]. Exatamente por esse motivo, ele considerava impossível o progresso no campo. "O ponto crucial é que a concordância quanto a qual imagem da política internacional é válida reduz o debate sobre as prescrições a questões de método e, o que é mais significativo, de praticabilidade; mas a discordância quanto a qual é a imagem correta, pelo menos em grande medida, torna fútil o debate sobre as prescrições."[223] Esses foram os fundamentos lógicos para analisar a literatura até chegar a seus componentes básicos. Essa literatura foi definida em sua forma mais abrangente: "a política internacional será considerada um tema que pode ser classificado sob o título geral da teoria política [o termo americano para o que os britânicos chamam de 'pensamento político']. Afirmações relacionadas à política internacional serão consideradas não meras extensões de filosofias desenvolvidas e aplicadas ao homem e ao Estado, mas lógica e intrinsecamente relacionadas a essas filosofias"[224].

---

221. "Interview...", p. 372.

222. Waltz, *Man, the State, and the State System in Theories of the Causes of War* (Nova York, Tese de Doutorado de Columbia, 1954), p. 12.

223. *Ibid.*

224. *Ibid.*, p. 17.

O resumo com que a tese começava delineava, desse modo, três imagens: a causa da guerra na natureza do homem, a causa da guerra na natureza do Estado e a causa da guerra na natureza do sistema internacional. Cada imagem era representada por um filósofo político: a primeira, por Espinosa; a segunda, por Kant; e a terceira, por Rousseau. "A escolha de Espinosa, Kant e Rousseau", comentou Waltz, "baseou-se numa estimativa pessoal de conveniência. Quaisquer outros de uma série de filósofos políticos poderiam ter servido com igual propriedade para ilustrar as três imagens."[225]

O pressuposto subjacente era o de que, caso se quisesse acabar com o problema da guerra, suas causas deveriam ser entendidas corretamente. Outro axioma era que "Qualquer abordagem que se encaixe inteiramente dentro de uma das imagens é uma abordagem de causa única ao problema da guerra. Uma abordagem dessas", relembrou ele aos examinadores, "embora em certo sentido possa ser 'verdadeira', não pode ser de grande utilidade."[226] Ainda mais adiante, ele salientou: "Uma combinação de nossas três imagens, em lugar de qualquer uma delas isoladamente, pode ser necessária para um entendimento preciso da política internacional."[227] Seu raciocínio seguia a seguinte linha: "Quanto mais sofisticado e perspicaz o analista, mais certo é que ele seja, em seu esforço de compreender a guerra e a paz, levado a um exame detido do nexo mais abrangente. A terceira imagem descreve a estrutura da política mundial, mas, sem a primeira e a segunda imagens, não há nenhuma força motivadora de ação; a primeira e a segunda imagens descrevem as forças motivadoras na política mundial, mas, sem a terceira imagem, é impossível avaliar sua importância ou prever seus resultados."[228]

---

225. *Ibid.*
226. *Ibid.*, p. 2.
227. *Ibid.*, p. 24.
228. *Ibid.*, p. 3.

A tese foi publicada com algumas correções em 1959 como *O homem, o Estado e a guerra: uma análise teórica*. Ela organizava as conclusões de filósofos políticos dentro de um arcabouço behaviorista. Ao agir desse modo, Waltz procurou fazer uma ligação entre uma tradição antiga e testada do pensamento e as novas ciências sociais (americanas). Ele ainda tinha plenas esperanças de conseguir um emprego na área que os americanos chamam de "teoria política". Waltz prosseguiu, tomando os pressupostos de importantes pensadores políticos e "perguntando repetidamente que diferença faziam"[229]. Como ressaltamos, ele discernia três imagens nas relações internacionais. Na primeira, "as causas mais importantes da guerra encontram-se na natureza e no comportamento do homem"[230]. Na segunda, "a organização interna dos Estados é o segredo para o entendimento da guerra e da paz"[231]. A terceira imagem é a de que "o ambiente político internacional tem muito a ver com os modos de comportamento dos Estados"[232]. Embora fosse meticuloso em seu cuidado de dar o devido peso a cada uma das imagens, a preferência de Waltz pela terceira imagem como a mais decisiva das três tornou-se aparente mais para o final da obra: "Com muitos Estados soberanos, sem nenhum sistema jurídico exeqüível entre eles, com cada Estado julgando suas queixas e ambições de acordo com os ditames de sua própria razão ou conveniência – fatalmente ocorrerá o conflito, que às vezes levará à guerra. Para obter um resultado favorável de um conflito desses, um Estado precisa contar com seus próprios recursos, cuja eficácia relativa deve ser alvo de preocupação constante."[233] Na sua opinião, "se houvesse apenas dois centros de causas envolvidas, os homens e os Estados, poderíamos ter

229. K. Waltz, *Man, the State and War: A Theoretical Analysis* (Nova York, 1959), p. 2. [Trad. bras. *O homem, o Estado e a guerra: Uma análise teórica*, São Paulo, Martins Fontes, 2004.]

230. *Ibid.*, p. 16.

231. *Ibid.*, p. 81.

232. *Ibid.*, p. 123.

233. *Ibid.*, p. 158.

certeza de que o surgimento de Estados mais inclinados para a paz, na pior das hipóteses, não prejudicaria a causa da paz mundial"[234]. Contudo, "a maior propensão à paz de alguns participantes da política internacional pode aumentar, em vez de diminuir, a probabilidade da guerra"[235]. Seguindo o exemplo de Hobbes, Waltz admitia que os governos tivessem sido formados para evitar um estado contínuo de conflito declarado dentro de uma sociedade. No entanto, em resposta àqueles que afirmavam ser a anarquia internacional tão perigosa que tornava essencial alguma forma de governo mundial, Waltz insistia que "o estado natural que continua a prevalecer entre os Estados freqüentemente produz um comportamento monstruoso, mas até o momento não se tornou impossível"[236]. Sem se deixar convencer pelos utopistas, Waltz imaginava que a terceira imagem poderia "proporcionar uma abordagem realista, uma abordagem que evita a tendência de alguns realistas para atribuir a necessária amoralidade, ou mesmo imoralidade, da política mundial ao caráter intrinsecamente mau do homem"[237].

Os filósofos clássicos que enfocou foram Santo Agostinho, Maquiavel, Espinosa, Kant e Rousseau. Identificava-se mais de perto com Rousseau (em parte pela mediação de Niebuhr) e Kant. Isso nos leva direto às complexidades do pensamento de Waltz. Pois ele combinava não só um realismo dogmático, manifesto em suas publicações, com um liberalismo igualmente dogmático, que transparecia com maior impacto nos debates, como também uma queda pela teoria política tradicional – evidente em seus primeiros textos – com um gosto semelhante pela abordagem científica das relações internacionais – em obras mais tardias – tão característico de escritores anti-realistas, como Haas. Essa divisão foi assinalada por sua passagem como professor por

234. *Ibid.*, p. 233.
235. *Ibid.*
236. *Ibid.*, pp. 227-8.
237. *Ibid.*, p. 238.

Swarthmore College (1957-1966) e sua transferência – via Brandeis – para Berkeley (1971-1994). Naturalmente, o que distingue tanto Rousseau quanto Kant é que, embora os dois trouxessem uma imagem acentuadamente realista do estado da política mundial para o termo médio, ao mesmo tempo deixavam em aberto a possibilidade de uma transformação final da natureza do homem e, com ela, do comportamento do Estado. Escrevendo a respeito de Kant em 1961, Waltz observou: "Ele tem, ao contrário de muitos liberais, uma apreciação da política enquanto luta, uma idéia de equilíbrio possível [de potências] não como uma harmonia simples e automática, mas sempre como algo alcançado em meio a perigos e através do conflito."[238]

Desde o início, Waltz tratou com severidade os que não aprendiam o que parecia ser uma lição óbvia. Os dois alvos que se apresentavam eram os funcionalistas e os que estavam empenhados na idéia da interdependência.

Waltz atacou os teóricos da interdependência pela primeira vez no momento em que eles surgiram, em 1965. Afastando-se de seu costumeiro arcabouço de pensamento político tradicional, Waltz começara a demarcar uma postura individual mais nítida e o fez, de início, como Tucker, pela crítica das posições adotadas por outros, aí incluídos outros realistas como ele. Um artigo crítico na *World Politics* sobre "Controvérsia e Gestão nas Relações Internacionais" deu-lhe uma oportunidade. É chocante a frieza com que ele escreveu sobre o fato de que "nas relações dos Estados, com a concorrência desenfreada, a guerra fatalmente ocorrerá. Embora, sob um de seus aspectos, a guerra seja um meio de ajuste no âmbito do sistema internacional, a ocorrência da guerra foi freqüentemente confundida com indicações de que o próprio sistema tivesse entrado em colap-

238. "Kant, Liberalism, and War": ensaio elaborado para uma reunião anual da American Political Science Association em St. Louis, Missouri, setembro de 1961 – *American Political Science Review*, vol. LVI, n.º 2, junho de 1962, p. 339.

so"[239]. A imagem que Waltz formara era a de Estados apanhados na armadilha de um sistema que ditava os fins e os meios adotados pelos Estados que o compunham. A situação era a que ele descreveu como "autodependência" (a "autodefesa" ou "auto-ajuda" de Tucker). Waltz não considerava praticável nenhuma forma de administração centralizada por parte da ONU ou de qualquer outro organismo. Apresentou o dilema em termos hobbesianos:

> a autodependência dos Estados significa que cada Estado deve desenvolver e manter o poderio do qual depende sua segurança. Portanto, a busca de segurança por parte de cada Estado deve tornar todos os Estados inseguros. Os dilemas da política internacional são cruéis, e todas as possibilidades imaginadas de escapar deles apresentam dificuldades e perigos tão grandes quanto os que agora existem. Os Estados não podem confiar a gestão do poder a um organismo central a menos que esse organismo tenha competência para proteger os Estados seus clientes. Quanto mais poderosos forem os clientes e quanto mais o poderio de cada um deles parecer representar ameaça aos outros, maior deverá ser o poder colocado nas mãos do gestor. O estabelecimento de um gestor do poder seria então um convite aos Estados para que usassem seu próprio poderio numa luta para controlar o organismo central.[240]

Para aqueles (como Keohane) que "afirmam que as garras afiadas do dilema hobbesiano estão sendo embotadas pela crescente interdependência dos Estados", era pouco o alívio que Waltz tinha a oferecer:

> Uma interdependência que entrelace os interesses nacionais a ponto de tornar evidente que a separação destruiria todas as coisas boas pode aumentar as chances da paz. Abaixo desse limiar, é pouco tranqüilizadora a nova forma

239. "Contention and Management in International Relations", *World Politics*, vol. XVII, n.º 4, julho de 1965, p. 729.

240. *Ibid.*, p. 733.

do velho argumento de que a guerra não ocorrerá porque não vale a pena. Se a interdependência crescer num ritmo que supere o desenvolvimento do controle central, a interdependência bem pode aumentar as ocasiões para a guerra.[241]

Em 1970, Waltz retomou a questão em "O mito da interdependência nacional". O bordão de seu discurso era que "a freqüente conclusão... de que uma interdependência crescente e mais unida aumentaria as probabilidades da paz" era ilusória[242]. Ademais, Waltz considerava que a condução das relações internacionais era em grande parte, se não exclusivamente, determinada pelas superpotências, e sua refutação do "mito" residia principalmente na demonstração de que os Estados Unidos e a União Soviética eram menos dependentes do que antes, e não mais. "O tamanho das duas maiores potências confere-lhes alguma capacidade de controle e ao mesmo tempo as isola em grau considerável dos efeitos do comportamento de outros Estados. A desigualdade das nações produz uma condição de equilíbrio num nível baixo de interdependência. Na inexistência de um sistema de regulação internacional, a associação informal e certo nível de controle exercido por grandes Estados ajudam a promover a estabilidade desejada."[243]

Vale fazer um comentário sobre a noção de interdependência, que em grande parte caiu no esquecimento junto com outros modismos intelectuais na teoria das relações internacionais, adotados com tanto entusiasmo mas destinados a um funeral solitário. A falência da idéia foi inadvertidamente admitida em 1980 por um de seus seguidores fervorosos. James Rosenau, um barômetro indefectivelmente

---

241. *Ibid.*, p. 735.

242. K. Waltz, "The Myth of National Interdependence", *The International Corporation*, org. C. Kindleberger (Cambridge, Mass., 1970), p. 205. Uma resposta aos ataques de Waltz aparece em R. Rosecrance e A. Stein, "Interdependence: Myth or Reality", em C. Black, org., *Comparative Modernization*, pp. 368-91.

243. *Ibid.*, pp. 222-3.

preciso das tendências efêmeras no campo, manifestou perplexidade diante da persistência com que os governos constantemente abraçavam questões levantadas por agentes não-estatais. "Não paro de me perguntar por que motivo", escreveu ele, "os governos nacionais sempre conseguem se intrometer nas estruturas de autoridade que se formam em torno de novas questões, transformando com isso essas questões em problemas seus."[244] Uma resposta nada simpática poderia ser que, para um realista, o problema não existiria, a tendência dos universalistas liberais de permitir que a análise fundamental fosse influenciada por esperanças exaltadas não poucas vezes destruiu sua credibilidade.

Kenneth Thompson lembra-se de Waltz ter comentado no início da década de 1960 que "não estava satisfeito com o rigor teórico de *O homem, o Estado e a guerra* e planejava dedicar alguns anos ao estudo exclusivo da história e da filosofia da ciência"[245]. Mais tarde, quando Waltz foi atacado por postular na base de sua teoria axiomas que não eram fiéis à realidade, sua leitura do método científico foi de grande valia. A abordagem que adotou era idêntica à abordagem descrita pelo economista Milton Friedman, que, ansioso por alçar o estudo da economia ao nível atingido pelas ciências naturais, citava exemplos da ciência natural em sua própria defesa de um método que, à primeira vista, parece antinatural. Friedman escreveu: "Descobrir-se-á que hipóteses verdadeiramente importantes e significativas têm 'pressupostos' que são representações descritivas da realidade, caracterizadas por uma imprecisão irracional; e, em geral, quanto mais significativa é a teoria, mais irreais (nesse sentido) são os pressupostos."[246] Friedman prosseguiu:

---

244. J. Rosenau, *The Study of Global Interdependence: Essays on the Transnationalization of World Affairs* (Nova York, 1980), p. 33.

245. K. Thompson, *Schools of Thought in International Relations: Interpreters, Issues, and Morality* (Baton Rouge/Londres, 1996), p. 139.

246. M. Friedman, *Essays in Positive Economics* (Chicago e Londres, 1953), p. 14.

> O motivo é simples. Uma hipótese é importante quando "explica" muito com pouco, ou seja, quando abstrai os elementos comuns e cruciais da massa de circunstâncias complexas e detalhadas que cercam os fenômenos a serem explicados e permite previsões válidas baseadas exclusivamente nesses elementos. Logo, para ser importante, uma hipótese deve ser descritivamente falsa em suas premissas; ela não leva em consideração nem explica nenhuma das muitas circunstâncias acessórias, já que seu próprio sucesso mostra que essas circunstâncias não eram pertinentes aos fenômenos a serem explicados.
>
> Para expor essa questão de modo menos paradoxal, a pergunta cabível a ser feita sobre os "pressupostos" de uma teoria não é se eles são descritivamente "realistas", pois nunca são; mas se são aproximações suficientemente boas para a finalidade em questão. E essa pergunta só poderá ser respondida quando se verificar se a teoria funciona, isto é, se ela gera previsões suficientemente precisas.[247]

Friedman passou então a atacar a "confusão entre precisão descritiva e pertinência analítica"[248]. Esse era, na realidade, o método de Waltz. Taticamente, sua defesa contra a crítica por qualquer impossibilidade de fazer com que suas premissas espelhassem a realidade histórica apresentava uma solidez lógica. Os problemas surgiram, porém, por seu valor depender tanto da capacidade de previsão.

Em carta a Hoffmann, Carr afirmou que "não existe nenhuma ciência das relações internacionais. O estudo das relações internacionais nos países de língua inglesa consiste simplesmente no estudo da melhor forma de gerir o mundo a partir de posições de força"[249]. Foi exatamente assim que a obra mais reconhecida de Waltz, *Teoria da política internacional,* foi recebida por certos críticos céticos. Das olímpicas alturas de Oxford, e com a perspectiva privilegiada de uma potência já havia muito tempo em declínio, Bull,

---

247. *Ibid.*, pp. 14-5.
248. *Ibid.*, p. 32.
249. Ver Haslam, *The Vices of Integrity*, p. 252.

com sua característica falta de modéstia, manifestou sem rodeios a franca opinião: "A própria explicação de Waltz, verdadeiramente 'sistêmica', nada mais é senão uma defesa sofisticada do domínio da política mundial pelas superpotências."[250] Seria possível retrucar que a obra de Bull, em sua rejeição da noção do domínio das grandes potências, refletia igualmente a relativa fraqueza da Grã-Bretanha.

A *Teoria da Política Internacional* é um tratado elegante, de força e rigor extraordinários, que vem monopolizando o pensamento dos que se encontram nesse campo já há quase duas décadas. Escrito com a costumeira clareza e animado pela habitual firmeza de propósito e pelo sentido de convicção imbuído de emoção de Waltz, ele pode se arrogar um nível muito mais alto de originalidade que a maioria das obras mais recentes, de cunho realista ou não. Waltz trouxe a essa obra uma grande identificação com pensadores políticos clássicos (principalmente Kant e Niebuhr), uma permanente atenção crítica a estudos estratégicos e anos de assimilação do método filosófico das ciências naturais. Entretanto, sua imagem central tem pelo menos cinco séculos de idade: a do Equilíbrio do Poder. A teoria que Waltz desenvolve é uma teoria do Equilíbrio do Poder, que, como ele explica, "é uma teoria sobre os resultados produzidos pelas ações descoordenadas dos Estados"[251]. Ele argumenta que é ela que dará "respostas úteis e gerais" a respeito dos motivos pelos quais "é esperada certa semelhança de comportamento de Estados em situações semelhantes"[252]. Trata-se de uma tese profundamente conservadora, mas escrita por um liberal engajado. Como nos casos de Maquiavel e Kant, de Carr e Morgenthau, estamos aqui lidando com um realista levado à sua posição pela frustração com a imprecisão e a inviabilidade da visão universalista,

---

250. H. Bull, "International Relations", *Times Literary Supplement*, 4 de janeiro de 1980.

251. K. Waltz, *Theory of International Politics* (Nova York, 1979), p. 122.

252. *Ibid*.

mas que mantém uma dedicação apaixonada a uma visão liberal da ordem nacional. A *Teoria* justifica o domínio do sistema internacional pelas superpotências, alegando, como Waltz já alegara em outro texto, que o sistema bipolar era o mais estável e que ele criara a possibilidade da paz num mundo de outro modo inexoravelmente atraído pela guerra. Ela também exime as duas potências da culpa pela situação, especialmente os russos, que eram considerados responsáveis pela Guerra Fria por quase todos os concidadãos de Waltz. A neutralidade anti-séptica com que Waltz encarava o comportamento das superpotências e sua franca aversão à corrida armamentista liderada pelos Estados Unidos eram no mínimo tão odiosas para o *Establishment* americano quanto para a esquerda ferrenha. A preferência é também inusitada para um realista na medida em que a maioria dos realistas desenvolveu ou procurou desenvolver uma visão de mundo a partir da sacada dos estadistas; isso inevitavelmente significava um nível unitário de análise nas relações internacionais e uma identificação natural com a idéia que alguém tinha do interesse nacional. Estudar as relações internacionais a partir da perspectiva do sistema é, por definição, excluir a possibilidade de um futuro como consultor de segurança nacional.

Waltz, exigente como Morgenthau, concedeu pouca aprovação a seus contemporâneos. Ele descartava os rivais com precisão clínica. "Entre as características deprimentes dos estudos de política internacional está o baixo avanço em capacidade explanatória resultante da grande quantidade de trabalho realizado em décadas recentes."[253] Waltz atacou *Action and Reaction in World Politics* [Ação e reação na política mundial] de Richard Rosecrance, *protégé* de Hoffmann pelo motivo de que os "sistemas, como ele os descreve, não têm nenhum efeito sobre as ações e as interações dos Estados"[254]. De modo semelhante, embora em tom amável, ele

253. Waltz, *Theory of International Politics*, p. 18.
254. *Ibid.*, p. 42.

censurou as diversas tentativas do próprio Hoffmann, pelo fato de que "as causas no nível sistêmico se enredam nas causas no nível unitário, e estas últimas tendem a tornar-se dominantes"[255]. No que dizia respeito ao criador da teoria dos sistemas nas relações internacionais, Morton Kaplan, ele era mais exigente e portanto mais severo: "As proposições oferecidas por ele tratam mais de unidades políticas e das normas seguidas por elas que do efeito de diferentes sistemas internacionais sobre essas unidades."[256] Tendo, desse modo, erradicado até o último talo do que considerava uma terra devastada, Waltz começou então a formar sua própria paisagem.

Não há nenhuma grande teoria unificadora na física, e os biólogos continuam a discordar acerca da evolução. Logo, dificilmente seria de esperar que uma teoria abrangente das relações internacionais viesse à luz. E Waltz não criou uma. Em vez disso, ele aspirou a propor uma teoria que explicasse certos elementos importantes, somente aqueles elementos pertinentes ao funcionamento do sistema internacional e não às suas unidades. "Escrevi uma teoria de política internacional, não uma teoria de política externa", insistiu[257]. Cabia a outros criar teorias que explicassem o comportamento determinado pela unidade. Como o próprio Waltz admitiu, "explicar o comportamento do Estado na política internacional exige, além de uma teoria de política internacional, uma teoria de política externa"[258]. O desacordo com Waltz poderia então derivar da relativa importância do comportamento determinado pela unidade em comparação com o comportamento determinado pelo sistema.

Waltz estudou todas as explicações do comportamento do Estado que se situassem dentro dos limites do Estado.

---

255. *Ibid.*, p. 45.

256. *Ibid.*, p. 56.

257. Waltz, "Letter to the editor", *International Organization*, vol. 36, n.º 3, verão de 1982, p. 680.

258. *Ibid.*, p. 681.

Estas, ele pareceu identificar com fatores propiciadores de mudança. "Quem acreditar que pode explicar as mudanças nas relações internacionais deverá também se perguntar como podem ser explicadas suas continuidades."[259] Sua resposta era que o "persistente caráter anárquico da política internacional dá conta da espantosa semelhança na qualidade da vida internacional pelos milênios afora..."[260]. A explicação fundamental para o comportamento era portanto análoga à dos estudiosos da geopolítica, uma explicação situacional: não "como os Estados são e como interagem entre si, mas... como se posicionam uns em relação aos outros"[261]. Toda a sua atenção estava portanto voltada para "causas" que "operam entre os agentes em coletividade que não são encontradas na personalidade nem nas motivações de cada um"[262]. É aqui que a influência de sua vocação inicial para a economia se põe em evidência. Waltz imaginou o funcionamento do sistema internacional como a operação de um mercado, na qual o caráter individual e as decisões da empresa se revelam menos importantes que a determinação do preço e a sobrevivência por parte da totalidade das empresas: a "mão invisível" de Adam Smith. Também está no mesmo nível de raciocínio que a da opinião dos psicólogos sociais sobre comportamento do homem como ser psicológico socializado pelo comportamento coletivo de outros indivíduos.

O Waltz tardio estava perfeitamente enquadrado nas tradições das ciências sociais, mas também, e igualmente, na tradição muito mais antiga do Equilíbrio do Poder. Como vimos, essa corrente do pensamento se dividia em duas linhas distintas e alternativas: uma que pressupunha o equilíbrio como uma escolha aberta aos estadistas quando se defrontavam com uma força hostil avassaladora; ou-

259. Waltz, "Theory of International Relations", p. 68.
260. *Ibid.*
261. *Ibid.*, p. 69.
262. *Ibid.*, p. 70.

tra que propunha o Equilíbrio como uma força da natureza. A primeira era de longe a mais popular, desde a Itália do século XV até o século XX, tendo em Fénélon e Bolingbroke seus expoentes mais refinados, que reinaram supremos na virada do século XVIII. Essa concepção salientava o papel crucial do estadista, bem como fatores subjetivos como discernimento, um aguçado senso de oportunidade e uma perspicácia prudente. Em diametral oposição a outra vertente, detectada pela primeira vez por Botero em sua obra *Relatione della Republica Venetiana,* via a operação do sistema dos Estados como um mecanismo ordenado em última análise pelo Todo-Poderoso. Foi este aspecto – talvez com a omissão do Todo-Poderoso – que Waltz adotou para si. Segundo essa visão, o estadista é efetivamente reduzido ao *status* de mero mecânico, que ajusta um motor cuja orientação exterior é determinada por forças objetivas muito maiores que as dele.

A existência de Estados e seu predomínio eram tão cruciais ao pensamento de Waltz quanto ao de qualquer realista. Assim, a *Teoria* desancava a interdependência e o transnacionalismo com o mesmo vigor de antes. Esses processos ocorriam dentro de uma estrutura que se sobrepunha a eles. Essa estrutura era composta pelos Estados. Enquanto ela persistisse, os processos que ocorriam acima ou abaixo do nível do Estado não prevaleceriam[263]. Contudo, como Waltz também salientou, não temos nenhuma necessidade de investigar a natureza de cada Estado para explicar as continuidades no comportamento dos Estados, que de modo notável se mantêm ao longo do tempo. É a natureza da estrutura que indica a persistência de certas formas de comportamento. E aqui, mais uma vez, as semelhanças com as idéias da geopolítica ressurgem. Enquanto na geopolítica a localização geográfica do Estado tanto restringe quanto estimula determinadas formas de ação, para Waltz a estrutura do sistema internacional "atua como uma força repres-

263. *Theory,* p. 95.

sora e determinante sobre as unidades interagentes que se encontram dentro dela"[264]. O único fator que leva um estudioso a diferenciar as naturezas dos diversos Estados é a diferença nas suas capacidades. Assim, uma teoria geral da política internacional "baseia-se necessariamente nas grandes potências"[265].

A estrutura teórica começa a vacilar em decorrência de certas contradições no texto, quando a fluência da escrita de Waltz apresenta as questões num momento em termos relativos – evidentemente para conquistar os que tinham dúvidas – e em outro momento em termos absolutos – tendo os indecisos já sido desbancados ou convencidos. Por exemplo, como na apresentação das três imagens em *O homem, o Estado e a guerra,* ele nos informa que "as causas no nível das unidades e dos sistemas interagem; e, como isso acontece, a explicação feita exclusivamente no nível das unidades fatalmente conduz ao erro"[266]. A conclusão lógica é que a mesma atitude, tomada exclusivamente em relação ao nível sistêmico – que é o que faz a teoria de Waltz –, também conduz fatalmente ao erro. Em outras palavras, embora pareça lidar imparcialmente com as vantagens e desvantagens de explicações no nível unitário e no nível sistêmico, Waltz aplica de fato os critérios mais severos apenas à explicação no nível unitário; e, mais adiante no texto, quando trata da explicação no nível sistêmico, ele deixa esses critérios passarem em branco. Posteriormente Waltz defendeu-se da acusação de negligenciar o comportamento no nível unitário com a afirmação de que "os cientistas políticos, se não forem bem versados em como as teorias são e como são criadas, podem acabar considerando que aquilo a que um autor deixa de dedicar atenção concentrada é algo que ele entende ser irrelevante"[267]. No entanto, se o autor enfoca exclusivamente um lado da equação, o leitor terá de su-

---

264. *Ibid.*, p. 72.
265. *Ibid.*, p. 73.
266. *Ibid.*, p. 68.
267. Waltz, "Letter to the editor", p. 680.

por que o escritor escolheu o que acredita ser da maior importância; e, quando o escritor passa a atacar todos os que se concentraram no outro lado da equação, a tendência do leitor é pressupor que o escritor os considera equivocados. Em Waltz, toda a ênfase é colocada na "semelhança e repetição de resultados internacionais"[268]. E nunca está totalmente claro se isso ocorre porque o sistema internacional sempre foi o mesmo ou porque o sistema bipolar do pós-guerra tem aí uma importância crítica. Em outras palavras, se essa é uma explicação sistêmica, que tipo de sistema é crucial? Ou será que ela se aplica a todos os sistemas em geral e em todos os tempos?

Isso nos leva a uma falha decisiva, que pode ser inerente a esse tipo de construção teórica e, se assim for, levanta a questão de ter ou não esse tipo de teoria algum valor duradouro: a omissão dos fatores de tempo e mudança, sobretudo dentro das unidades e não apenas no que diz respeito à capacidade. "Sem dúvida, o que continua e se repete não é menos importante que o que muda", insiste Waltz[269]. Ele deixa, porém, de perguntar se o que muda não é, por esse motivo, tão importante ou pelo menos quase tão importante quanto o que continua e se repete. Waltz reconhece que uma teoria de política internacional, dissociada de uma teoria de política externa, pode "explicar apenas alguns aspectos" da ação dos Estados[270]. Entretanto, sua teoria na íntegra deixa implícito que os aspectos que ela explica são os aspectos críticos. Além disso, Waltz afirma que uma teoria tem "poder de explicação e de previsão"[271]. Em outro texto, quando defende a falibilidade da previsão, ele nega estar tentando fazer previsões e afirma procurar simplesmente explicar.

Como a maioria dos outros realistas, com a notável exceção de Morgenthau, Waltz nunca pressupôs a racionali-

---

268. *Theory*, p. 67.
269. *Ibid.*, p. 70.
270. *Ibid.*, p. 72.
271. *Ibid.*, p. 69.

dade nas tomadas de decisão da política externa, dados "os caprichos dos homens e a imprevisibilidade da reação do indivíduo aos acontecimentos..."[272]. "Como fazer política externa é uma atividade tão complicada", escreve ele, "não se pode esperar dos líderes políticos as decisões bem calculadas que a palavra 'racionalidade' sugere."[273] Desse modo, embora Waltz considerasse um mundo dividido entre as duas superpotências mais estável que um dividido entre uma multiplicidade de potências de peso mais equilibrado (principalmente porque "num mundo convencionalmente multipolar, as dificuldades se multiplicam, uma vez que um Estado precisa comparar sua força com uma série de outros e também precisa avaliar o peso das condições reais e potenciais"[274]), é o efeito do equilíbrio do poder que garante a estabilidade, e não a intencionalidade ou a suposta racionalidade consciente dos vários líderes. Em outras palavras, o próprio sistema impõe certo grau de racionalidade ao comportamento, não muito diferentemente do condicionamento dos cães de Pavlov para salivar ao ouvir uma campainha que associavam à comida. O que ficar de fora dessa esfera limitada deve ser relegado às teorias da política externa. A teoria de Waltz, como ele a apresentou, cobria apenas um território limitado.

O que vem sendo apresentado como uma variante do modelo de Waltz, embora seja de fato uma entidade autônoma, é a obra de Stephen Walt. Ex-aluno de Waltz em Berkeley, Walt tanto o impressionava quanto o exasperava com a teimosa independência que sustentava seu intelecto (um espelho do mestre, talvez). O ponto em que Walt abriu seu próprio caminho foi na percepção casual de que "os Es-

272. Waltz, "Stability of a Bipolar World", *Daedalus*, vol. 93, n.º 3, 1964, p. 906.

273. Waltz, "A Response to my Critics", R. Keohane, org., *Neorealism and its Critics* (Nova York, 1986), p. 330.

274. Waltz, "The Emerging Structure of International Politics", *International Security*, vol. 18, n.º 2, outono de 1993, p. 73.

tados se aliam mais para contrabalançar ameaças que para se opor ao poder por si só". Ele propôs então uma "teoria do equilíbrio de ameaças como uma alternativa melhor que a teoria do equilíbrio do poder"[275]. Em sua aversão ao papel do poder impalpável, Walt conduz o leitor de volta ao território do realismo mais tradicional, no qual a natureza do Estado é que faz a diferença; não fosse assim, por que ele ressaltaria a importância das "percepções" e da "ideologia" lado a lado com o poder?[276] O mundo de Walt, em contraste com o de Waltz, é um universo humiano ou kantiano mais do que hobbesiano, um reino subjetivista tanto quanto objetivista. Ele também recorre a fatores como, por exemplo, o espaço, um pressuposto crítico da geopolítica. No entanto, a principal variável é o olho do observador. E Walt acredita que essa abordagem é demonstrada pelo não-surgimento de nenhuma potência com condições sérias de contrabalançar os Estados Unidos em sua posição de única superpotência após o colapso da União Soviética em 1991. "A anomalia que é a falta de contrapeso ao poderio dos Estados Unidos desaparece em grande parte se enfocarmos não o poder, mas a *ameaça*."[277] Ele recomenda, portanto, que os Estados Unidos pisem macio caso pretendam recorrer à força militar. O contraste com Waltz não poderia ser maior, já que para Waltz é a mera posse do poder que irá assegurar o contrapeso. Waltz ainda aguarda o surgimento da coalizão destinada a contrabalançar o poderio americano. Até o momento não surgiu nenhuma. Contudo, será que o pressuposto de Walt de que o poder em si e por si não tem vida própria realmente resiste a um exame minucioso? Se for comprovada a opinião de Kennan de que o poder inevitavelmente corromperá seu detentor – opinião

---

275. S. Walt, *The Origins of Alliances* (Ithaca e Londres, 1987), p. 5.

276. *Ibid.*, p. 10.

277. Walt, "Keeping the World 'Off-Balance': Self-Restraint and U.S. Foreign Policy", *KSG Research Working Paper Series* (Harvard), outubro de 2000, p. 18.

compartilhada por Wolfers, especialmente no que diz respeito aos Estados Unidos, agora privados de seu adversário da Guerra Fria –, a visão neo-realista ainda poderá se realizar.

A brecha irregular e inesperada na vanguarda aparentemente inexpugnável do neo-realismo, aberta com violência pelo repentino colapso da União Soviética, não apenas conferiu ainda mais credibilidade a Walt no campo realista; ela também apresentou uma oportunidade sem precedentes para um reflorescimento do universalismo liberal. Antigos adversários de Waltz agora discutiam a contribuição de instituições internacionais negligenciadas para os problemas do mundo. Sempre se afirmava, por exemplo, que a única razão para o fracasso das Nações Unidas como organização de segurança era o veto soviético; logo, não estava fora dos limites do possível que, com o súbito e ainda inexplicável desaparecimento da URSS, pudessem agora ser encontradas soluções construtivas num plano global. Os defensores dessa posição iam desde o historiador Paul Kennedy em Yale até o teórico John Ruggie em Columbia. Cada um a seu modo, os dois se apressaram a investir muito tempo e esforço para tornar o multilateralismo uma realidade. Num acesso de entusiasmo infrutífero, Kennedy reorientou totalmente o rumo de suas pesquisas, e Ruggie acabou entrando para a ONU como vice-secretário. Esse grupo, desde o solitário enterro da interdependência e o nascimento da "teoria dos regimes", tinha coletivamente se tornado conhecido como "institucionalistas neoliberais". Eles logo se tornaram alvo daquele fanático de Chicago, John Mearsheimer, cujo pensamento sobre o realismo estava "mais próximo de Waltz que de Morgenthau"[278]. Mearsheimer tinha baixado a guarda quando previu precipitadamente o conflito entre as potências na Europa a menos que um novo equilíbrio do poder fosse cria-

278. "The False Promise of International Institutions", *International Security*, vol. 19, n.º 3, inverno de 1994/1995, p. 9, nota 20.

do[279]. Ele não foi criado e nenhum conflito ocorreu. Em vez disso, a atenção foi desviada para a desestabilização e posterior esfacelamento da Iugoslávia como Estado unitário.

O que essa experiência sublinhou foi que o neo-realismo de fato não apresentava previsões confiáveis do comportamento dos Estados. Não pela primeira vez, a verdadeira eficácia do realismo enquanto teoria só ficou evidente depois da necessidade de uma demolição; nesse caso, quando a fé no institucionalismo liberal mais uma vez se mostrou ilusória depois de experimentada pelo governo. O ataque que Mearsheimer lançou em 1995 possuía portanto a espécie de credibilidade que suas reflexões de meia dúzia de anos antes não poderiam apresentar. A despeito do fato de sua versão do realismo estar mais próxima de Waltz que de Morgenthau, Mearsheimer mereceu a definição que Robert Jervis lhe deu de realista "ofensivo", ou seja, mais hobbesiano que kantiano[280]. Sua visão é, na realidade, mais "soma-zero" que a de Waltz:

> O realismo pinta um quadro bastante sombrio da política mundial. O sistema internacional é retratado como uma arena brutal onde os Estados procuram oportunidades para tirar vantagem uns dos outros e têm, portanto, poucos motivos para confiar uns nos outros. A vida diária é, em sua essência, uma luta pelo poder, na qual cada Estado se esforça não só para ser o agente mais poderoso no sistema, mas também para se assegurar de que nenhum outro Estado alcance essa elevada posição.[281]

Mearsheimer firma sua posição, porém, ao salientar que os institucionalistas liberais só forneceram explicações

---

279. "Back to the Future: Instability in Europe After the Cold War", *ibid.*, vol. 15, n.º 1, verão de 1990, pp. 5-56.

280. R. Jervis, "Realism, Neoliberalism, and Cooperation: Understanding the Debate", *ibid.*, vol. 24, n.º 1, verão de 1999, pp. 48-50.

281. "The False Promise...", p. 9. Para mais: *The Tragedy of Great Power Politics* (Nova York, 2001).

plausíveis para o comportamento dos Estados às margens das principais questões das relações internacionais – nos nomes do comércio e do meio ambiente, e não da segurança e da guerra –, bem como em sua cáustica dissecação das teses dos construtivistas que alegam ser tudo uma questão de idéias mas depois recorrem a provas do mundo da prática para respaldar seus argumentos. Aqui também, entretanto, Mearsheimer cai no exagero ao pressupor que as relações entre democracias desenvolvidas como, por exemplo, a Grã-Bretanha e a França estejam fundamentalmente no mesmo nível de conflito potencial quanto, digamos, as de Israel e Iraque. Mais uma vez, o pressuposto neo-realista de que todo o sistema internacional funciona de acordo com princípios hobbesianos, com todos os Estados em pé de igualdade, leva os analistas a um beco sem saída. A argumentação defendida pelo universalista liberal Michael Doyle, de Princeton – outro *protégé* de Hoffmann –, de que as democracias não travam guerras entre si, mesmo que entrem em guerra com outros regimes, sem dúvida contém uma verdade essencial, por mais que desorganize nossas tentativas de fazer generalizações sobre o comportamento dos Estados independentemente de constituição, cultura e ideologia[282].

Não deveria causar nenhuma surpresa que, na década de 1990 mais que em qualquer outra época, os debates no plano da teoria refletissem o que estava acontecendo no plano das decisões políticas. A falência da União Soviética representava não só a extinção de uma importante ameaça à segurança dos Estados Unidos, mas também a extinção do desafio central à supremacia dos Estados Unidos, exatamente como Wolfers temia. Se os Estados Unidos não en-

282. Para a argumentação original, derivada de Kant: "Kant, Liberal Legacies, and Foreign Affairs", *Philosophy and Public Affairs*, vol. 12, nº 3-4, verão e outono de 1983, pp. 205-54 e 323-53, respectivamente. Para uma apresentação mais branda: *Ways of War and Peace: Realism, Liberalism, and Socialism* (Nova York/Londres, 1997), pp. 258-77. É aqui que os construtivistas têm com que defender sua posição.

frentassem nenhum grande problema de segurança, eles poderiam logicamente escolher entre dois caminhos principais: uma volta ao isolacionismo ou a imposição de seus valores e interesses aos demais integrantes do sistema dos Estados. O primeiro caminho não se encaixava com a expansão global dos interesses comerciais americanos, mesmo que atendesse a uma enorme onda de sentimento nacional, bastante afastada da costa leste. A alternativa de impor os valores americanos aos demais integrantes do sistema internacional estava em perfeita harmonia com o comentário de Stálin em 1946 de que era na ocasião um realista porque lhe faltava poder, mas com a recuperação da força tornar-se-ia um idealista (ver a p. 335). O exercício da hegemonia americana exigiria um ato de vontade, já que inevitavelmente acarretaria sacrifícios, não só materiais mas também de sangue. No estranho novo mundo das escolhas, os liberais americanos começaram a defender o intervencionismo por todo o planeta; e seu líder acadêmico era Stanley Hoffmann, o mesmo que tinha se levantado contra a intervenção no Golfo para salvaguardar o abastecimento de petróleo aos Estados Unidos na década de 1970, mas agora defendia a intervenção por motivos morais praticamente em qualquer lugar, independentemente de interesses materiais ou de segurança.

Tendo se desiludido com os acontecimentos da década de 1970, em especial com a descoberta de como os governos do Terceiro Mundo podiam ser interesseiros, e testemunhando "a distância" entre as "boas intenções e as políticas contraditórias"[283] da administração Carter, à qual ele dera apoio, Hoffmann ficou ainda mais decepcionado quando se deu conta de como o Segundo e o Terceiro Mundos podiam ser "assassinos". O problema para Hoffmann e para os universalistas liberais fervorosos residia em como harmonizar sua visão do que supostamente deveria estar aconte-

---

283. Hoffmann, "In Defense of Mother Teresa: Morality in Foreign Policy", *Foreign Affairs*, vol. 75, n.º 2, março/abril de 1996, p. 172.

cendo – "a revolução empírica da interdependência e da globalização que tanto priva os Estados de grande parte de sua soberania 'operacional', ou seja, efetiva, como também transfere muitas de suas funções anteriores para uma economia capitalista mundial principalmente de natureza privada, que se encontra fora do alcance do controle nacional e sob um controle muito insuficiente no plano interestadual"[284] – com o fato evidente de que "é muito provável que a anomia e o caos permaneçam conosco por muito tempo"[285]. Enquanto Tucker sentia desdém e inquietação pelo que Hoffmann chamava com desprezo de "nova doutrina americana da imunidade dos combatentes (americanos)" para defender interesses nacionais importantes (como, por exemplo, o controle de reservas de petróleo no exterior), a preocupação de Hoffmann era com outras razões universalistas, mais elevadas.

Na opinião de Hoffmann, Clinton estava em período de testes, e provavelmente não passaria neles. O consultor de segurança nacional Anthony Lake asseverava que "estamos ajudando a criar um mundo em que a tolerância, a liberdade e a democracia prevaleçam"[286]. Hoffmann, porém, sentia-se terrivelmente traído porque Clinton, como Carter, não conseguira levar o universalismo liberal ao que ele considerava ser sua conclusão lógica. Lake descrevia a si mesmo como um "neo-wilsoniano pragmático"[287]. A primeira descompostura de Hoffmann, passada no segundo trimestre de 1995, avaliava os atos da administração comparando-os com suas convicções conscienciosas, muito apregoadas. "Depois de dois anos", afirmou Hoffmann com aspereza, "... o pragmatismo está mais visível que o wilso-

---

284. Hoffmann, "The Politics and Ethics of Military Intervention", *Survival*, vol. 37, n.º 4, inverno de 1995-1996, p. 31.

285. *Ibid.*, p. 49.

286. Citado em J. DeParle, "The Man Inside Bill Clinton's Foreign Policy", *New York Times Magazine*, 20 de agosto de 1995.

287. *Ibid.*

nismo."[288] O que o preocupava particularmente eram as declarações de Lake de que Washington só procuraria implantar o programa internacionalista liberal nos casos em que os interesses americanos estivessem nitidamente definidos; que, nas palavras de Hoffmann, "a expansão do liberalismo não era, por si mesmo, um interesse americano", o que Hoffmann considerou "uma concessão inadvertida porém notável ao realismo tradicional"[289]. Mais uma vez, o realismo predominava, até mesmo ali onde o universalismo liberal parecia ter todas as oportunidades de dominar as decisões políticas. Enquanto Carter tinha a desculpa de que a Guerra Fria lhe atava as mãos, Clinton aparentava deter todas as vantagens. Não era de surpreender que Hoffmann se sentisse perturbado; e, forçado a reexaminar a questionabilidade do programa que até então tinha fracassado, ele se dedicou até mesmo a especular que "um exame das dificuldades do internacionalismo liberal deve enfocar as falhas e limitações do próprio liberalismo"[290]. Afinal, havia contradições óbvias entre as exigências dos "direitos humanos e a expansão do livre-cambismo"[291].

Contudo, dúvidas a respeito das próprias contradições internas do universalismo liberal logo foram suplantadas à medida que Hoffmann procurou assumir a tarefa mais urgente de forçar a administração a voltar a cumprir os princípios fundamentais. O manifesto resultante apareceu no final de 1995, com o título de "A política e a ética da intervenção militar". Esse texto defendia a intervenção militar "quando tumultos no âmbito nacional ameaçam a segurança regional ou internacional e quando ocorrem pesadas violações dos direitos humanos"[292]. Antecipando-se às ob-

---

288. Hoffmann, "The Crisis of Liberal Internationalism", *Foreign Policy*, n.º 98, primavera de 1995, p. 159.

289. *Ibid.*

290. *Ibid.*, p. 160.

291. *Ibid.*, p. 159.

292. Hoffmann, "The Politics...", p. 29.

jeções dos realistas, Hoffmann começou afirmando que o conceito do "'interesse nacional'... deveria ser ampliado de modo que incorporasse preocupações éticas": de certo modo, era o equivalente político da idéia de que uma estrada fosse "meramente" modificada para tornar-se uma pista de pouso para aeronaves. Essas intervenções não teriam necessariamente de ser legitimadas pelo Conselho de Segurança da ONU nem exigiriam a anuência do governo do país em questão. Em vez de se tranqüilizar com a idéia de que a maior integração internacional produziria uma maior harmonia, Hoffmann agora estava escandalizado com "a multidão de Estados assassinos, tumultuados e fracassados no todo ou em parte, cujas reivindicações de soberania eram insustentáveis ou inaceitáveis"[293]. Suas objeções originais ao "mal do sistema de Vestefália", à soberania, ou seja, a idéia de que as grandes potências não se comportavam corretamente no sistema dos Estados e deveriam abdicar de sua independência pelo bem de uma ordem mundial integrada que se desfizesse efetivamente do Estado, agora invertiam-se e convertiam-se numa objeção ao exercício da soberania por parte de determinados Estados somente. Nas palavras de Hoffmann, "o bem moral da soberania deve ceder diante de imperativos maiores"[294]. Presumivelmente isso não significava que outros países pudessem intervir nos Estados Unidos para defender os direitos humanos dos negros, submetidos em tão grande número à pena de morte. Como não se podia contar com a atuação das Nações Unidas, os Estados Unidos deveriam agir unilateralmente e com "uma definição nova, mais ampla e mais sagaz do interesse nacional"[295]. Os critérios para a intervenção "seriam graves violações dos direitos humanos, que abrangeriam o genocídio, a limpeza étnica, a repressão brutal e em grande escala para forçar uma população à submissão,

293. *Ibid.*, p. 31.
294. *Ibid.*, p. 35.
295. *Ibid.*, p. 36.

incluindo políticas deliberadas de selvageria, bem como os tipos de carestia, fortes colapsos da lei e da ordem, epidemias e fugas de refugiados que ocorrem quando um 'Estado fracassado' desmorona"[296]. Com base nisso, é difícil imaginar quais Estados da África ou da Ásia sobreviveriam como organismos independentes. Essa doutrina é exatamente o que Wolfers temia caso um dia os Estados Unidos chegassem sem rivais à posição de principal potência mundial. Por não haver alternativa, como Hoffmann era suficientemente realista para reconhecer que "empreendimentos coletivos simplesmente não terão sucesso a menos que haja por trás deles uma nítida vontade política, que deve ser proporcionada por um grande Estado... ou por uma coalizão"[297], ele acaba defendendo um direito de intervenção unilateral por parte dos Estados Unidos: a vitória final do universalismo liberal de Gladstone.

No campo realista, com Tucker para todos os efeitos abstendo-se de comentários sobre temas atuais, um antigo *protégé*, agora abrigado na SAIS, e ex-integrante do departamento de Hoffmann, Michael Mandelbaum, estava mais preocupado com o quanto o governo americano endossava o programa universalista liberal. Isso – e sem dúvida a reafirmação de princípios básicos por parte de Hoffmann – desencadeou um cáustico ataque ao histórico de Clinton, com o título ferino de "Política externa como assistência social". Mandelbaum censurou as três "intervenções militares fracassadas" (Bósnia, Somália e Haiti) que "fixaram o tom e estabeleceram grande parte do programa" da política externa americana de 1993 até a época em que o texto foi escrito, no final de 1995[298]. Embora fosse um pouco claudicante sua argumentação de que "no decorrer da História, a política externa dos Estados Unidos se concentrou nos interesses americanos, definidos como desdobramentos que pudes-

---

296. *Ibid.*, p. 38.
297. *Ibid.*, p. 48.
298. *Foreign Affairs*, vol. 75, n.º 1, janeiro/fevereiro de 1996, p. 16.

sem afetar a vida de cidadãos americanos"[299], o que deixava implícito que a prática da intervenção militar no passado não tinha sido direcionada pelo idealismo wilsoniano, Mandelbaum pisava em terreno mais firme em sua caracterização do idealismo de Anthony Lake, Consultor de Segurança Nacional, e de suas conseqüências sob o comando de "um presidente menos interessado pelas questões internacionais que qualquer outro nos últimos sessenta anos"[300]. Lake endossava uma ideologia maniqueísta que não se encaixava bem com a reputação de subserviência que tinha entre os colegas, embora deva ser lembrado que ele pediu demissão da equipe de Kissinger em 1970 por motivos de ordem ética referentes à catastrófica decisão de bombardear o Camboja. "Agora", proclamava Mandelbaum, "creio que nossa sociedade voltou ao ponto em que nos encontrávamos na época da Segunda Guerra Mundial, pois as forças do mal estão à solta..."[301] Partiu daí para deixar pasmas cabeças mais ponderadas ao expressar a opinião generosa mas completamente insensata de que "Madre Teresa e Ronald Reagan estavam tentando fazer a mesma coisa", com "uma ajudando os desamparados, e o outro combatendo o Império do Mal"[302]. Tendo estabelecido o óbvio – ou seja, que os dois estavam tentando fazer coisas totalmente diferentes –, Mandelbaum então ampliou a imagem, obtendo um efeito devastador:

> Mesmo que Madre Teresa seja uma pessoa admirável e as obras sociais uma nobre profissão, conduzir a política externa americana com base no seu exemplo é uma proposta dispendiosa. O mundo é um lugar enorme, repleto de pessoas em dificuldades, todas elas, por esse ponto de vista, com direito à atenção americana. Para acabar com o sofrimento na Bósnia, na Somália e no Haiti, seria necessário li-

---

299. *Ibid.*, p. 17.
300. *Ibid.*, p. 19.
301. *Ibid.*
302. *Ibid.*

> dar com suas causas, o que teria exigido uma inserção profunda, prolongada e dispendiosa na confusa vida política de cada país.[303]

Em suma, Mandelbaum considerava esse projeto perigosamente impraticável, dados os objetivos a longo prazo e a incapacidade de levar a opinião pública americana a se envolver mesmo que em parte com sua realização.

Como não era de ceder diante de pressão, Hoffmann então escreveu "Em defesa de Madre Teresa". Nesse texto, ele destacava ainda mais sua opinião de "que a oposição entre interesses e valores é uma impostura" (ponto de vista com o qual Tucker teria concordado, embora de outra perspectiva a respeito dos valores)[304]. No entanto, o apelo de Hoffmann por uma intervenção seletiva com base no "dever moral"[305] o diferencia de todos os realistas. A questão é: como garantir que esse dever moral seja desenredado de interesses americanos significativos? É um problema que a filosofia liberal torna difícil reconhecer: o modo pelo qual o poder em si não é mera ferramenta para práticas mais elevadas, mas possui sua própria qualidade determinante. Pode-se dizer que o que se interpunha entre as boas intenções e as políticas contraditórias das administrações tanto de Carter quanto de Clinton, apoiadas por Hoffmann, era a realidade do poder, mais que o fracasso coletivo dos homens que tentavam exercê-lo.

---

303. *Ibid.*, p. 18.
304. Hoffmann, "In Defense of Mother Teresa...", p. 173.
305. *Ibid.*, p. 174.

Conclusão

A pertinência do realismo

Pode estar certo na prática, mas nunca vai funcionar na teoria.[1]

– Warren Buffett[2]

No campo das relações internacionais, é preciso dedicar uma atenção especial ao *pedigree* do pensamento, em especial porque a ignorância estimula pressupostos equivocados sobre o grau de novidade de teorias da nossa própria época. Ela também expõe pressupostos impregnados do pensamento peculiar aos tempos em que surgiram; quais circunstâncias se encontram agora imersas no passado remoto mas ainda exercem força de atração sem que tenhamos plena consciência da fonte. O que os registros históricos demonstram é que as variações e inversões da sorte entre o realismo num extremo e o universalismo no outro são uma característica recorrente desde os primórdios da Europa moderna. Deve-se, portanto, cuidar para não supor que um ou o outro tenha finalmente saído vitorioso.

Houve quem ousasse declarar que o realismo estava morto[3]. Um desses autores chegou à conclusão de que o surgimento da União Européia representa a vitória de aspirações universalistas através das operações do "interesse co-

1. Os leitores reconhecerão nessa frase o inverso da frase de Kant – *Das mag in der Theorie richtig sein taugt aber nicht für die Praxis.*

2. Carta aos acionistas, 1985: *The 1984 Annual Report of Berkshire Hathaway Inc.*

3. Ver J. Legro e A. Moravcsik, "Is Anybody Still a Realist", *International Security*, vol. 24, n.º 2, outono de 1999, pp. 5-55.

mercial"[4]. Como justificativa desse renascimento do economicismo liberal, argumenta-se que a "principal motivação dos que preferiram integrá-la não foi a de impedir mais uma guerra entre a França e a Alemanha, propiciar o poder e o prestígio global ou criar um equilíbrio contra as superpotências"[5]. Somos ainda informados com a mesma confiança de que "a disposição alemã de se aproximar da UME [União Monetária e Econômica] e marcar uma data para a CIG [Conferência Intergovernamental] em Estrasburgo em dezembro de 1989 é geralmente atribuída à súbita oposição à unificação subseqüente à queda do Muro de Berlim. O governo alemão foi forçado a oferecer uma compensação para eliminar a oposição francesa à unificação; alguns alegam que outros governos de repente tiveram um incentivo maior para querer trancar a Alemanha dentro da Europa. Contudo, essas alegações", garantem-nos também, "não são baseadas em outra coisa senão a retórica pública e a aparente coincidência cronológica de Mitterrand e Kohl"[6].

O registro literal de suas conversas secretas é agora, porém, questão de domínio público. E é espantoso como o tradicional vocabulário realista ressurge para confirmar com exatidão o que originalmente supúnhamos que tivesse acontecido. A queda do Muro despertou em Paris algo muito próximo de um pânico. "A Alemanha reunificada representaria um duplo perigo para a Europa", argumentou o presidente Mitterrand em conversa particular. "Por seu poderio. E porque ela forçaria a Grã-Bretanha, a França e a União Soviética a entrar em aliança. Isso garantiria uma guerra no século XXI. A Europa tem de ser reconstruída a enorme velocidade para esvaziar a reunificação alemã."[7] De-

4. A. Moravcsik, *The Choice for Europe: Social Purpose and State Power from Messina to Maastricht* (Ithaca, 1998), p. 3. Também (pp. 15-6) "a busca do interesse econômico é a força fundamental subjacente à integração".

5. *Ibid.*, p. 4.

6. *Ibid.*, p. 437.

7. Registro, 5 de novembro de 1989, J. Attali, *Verbatim* (Paris, 1993), p. 333.

pois que o chanceler Kohl, sem nenhuma notificação antecipada a Mitterrand, anunciou que a República Federal buscaria a reunificação, Mitterrand sem rodeios avisou ao ministro das Relações Exteriores Genscher que, se a reunificação alemã não fosse adiada até a concretização da união européia, Bonn iria se defrontar com uma tríplice aliança (França, Grã-Bretanha e Rússia) "e que isso acabaria em guerra". Porém, "se a união alemã for efetivada depois da união da Europa, nós os ajudaremos"[8].

Pouco tempo depois, numa reunião de cúpula com o presidente Gorbachev voltada inteiramente para o problema alemão, Mitterrand destacou a necessidade urgente de "fazer progressos na construção da Comunidade Européia", empregando termos fortemente realistas: antes que a reunificação se tornasse um fato consumado, ressaltou ele, a Rússia e a França eram, juntas, "responsáveis pelo equilíbrio do poder"[9]. E, quando os doze chefes de Estado e o governo da CEE se reuniram no Élysée para examinar a questão, a linguagem escolhida por Kohl para aplacar as preocupações dos presentes foi decididamente realista: "Para a maioria de meus concidadãos, as razões de Estado exigem que a República Federal da Alemanha permaneça na Comunidade [Européia]."[10] É presumível que a expressão tenha sido usada para dar peso às palavras tranqüilizadoras de Kohl. Partindo de um alemão, ela poderia da mesma forma ter despertado lembranças amargas e inoportunas, com a ênfase dada ao estadismo como fundamento lógico definitivo para a decisão. As ameaças revelaram-se inúteis. A reunificação não foi adiada para esperar a união da Europa, mas a Alemanha não teria como evitar o isolamento se não acompanhasse com a maior presteza possível aquela união.

A rápida e renovada aceleração da integração européia foi, portanto, mais uma extensão do pensamento de Equilí-

8. 30 de novembro de 1989, *ibid.*, p. 354.

9. *Ibid.*, p. 363.

10. Registro datado de 18 de novembro de 1989, *ibid.*, p. 343.

brio do Poder, do que seu abandono em prol do ideal universalista de uma Europa sem fronteiras. A força do ressurgimento do realismo na primeira metade do século XX e seu florescimento nos Estados Unidos podem ser atribuídos ao poder de argumentação de vários autores, e os que examinamos decerto merecem o devido crédito. No entanto, aqui nos Estados Unidos como na Europa, foi em última análise a força das circunstâncias que triunfou e em si explica por que autores como, por exemplo, Carr e Morgenthau atacaram com violência as ilusões utopistas sobre as relações internacionais. Os exércitos de Hirohito e Hitler derrubaram a frágil cerca erguida pela Liga das Nações e, com isso, destroçaram as aspirações otimistas de que estavam impregnados os Estados Unidos e a Grã-Bretanha no período anterior à guerra. Por esses motivos, até mesmo um moralista tão dedicado como Stanley Hoffmann se sentiu obrigado a admitir, em espantosos momentos de franqueza, a contribuição do pensamento realista ao combate contra a "falta de realismo".

No passado, o pensamento realista tanto espelhava como controlava e justificava a condução das relações internacionais. Desse modo, ele pode ter fornecido "nada mais que uma percepção penetrante" da dinâmica do sistema dos Estados. Ele nunca se afastou muito do mundo da prática, pelo menos enquanto ela permaneceu fiel a suas tradições. E, como salientou um ex-participante, "a prática da estadística será sempre em torno de oitenta por cento uma questão de reações instantâneas a pressões e oportunidades imediatas"[11]. Enquanto os estadistas do nosso tempo continuarem a pensar e a decidir de acordo com categorias adotadas pelos realistas – mesmo que em público empreguem a linguagem sofística indicativa de um mundo mais ideal –, o realismo continuará a encontrar um lugar no estudo das relações internacionais.

---

11. G. Liska, "The Vital Triad: International-Relations Theory, History, and Social Philosophy", *Social Research*, inverno de 1981, vol. 48, n.º 4, pp. 704 e 703.

No plano do debate, porém, tornou-se costumeiro fazer referência a algo chamado "teoria realista"; e, de modo consciente ou não, isso impõe a um aglomerado frouxo e fragmentado de pensamentos um grau de coerência que se pode alegar ser injustificado e desnecessário. Por esse motivo, tornar a tradição realista um tema de estudo é um esforço consciente de frisar tanto a abrangência de seu pensamento como a extensão de tempo em que o realismo perdurou. Representa uma tentativa de escapar de noções excessivamente simplistas, etnocêntricas e alheias à História, associadas a uma escola específica nas relações internacionais. Deve-se ver a tradição realista como todo um espectro de idéias, cujas tonalidades variam do claro ao escuro, em vez de vê-la como um ponto focal fixo de nítida definição que se distingue com exclusividade e em todos os quadrantes de seus equivalentes idealistas.

É por isso que se podem encontrar idealistas, como Rousseau e Kant, que têm uma análise fundamentalmente realista daquilo que na época era corrente nas relações internacionais. É por isso que liberais convictos, como Morgenthau ou Waltz, podem ao mesmo tempo ser realistas no que diz respeito às relações internacionais. Para o crítico irritado – sobretudo o idealista no sentido não só político como também metodológico – essa indefinição é insatisfatória. Em vez de ser uma força, ela é considerada uma fonte de fraqueza. Mas a verdade é que não estamos lidando com as ciências naturais; e mesmo nos limites das ciências naturais – principalmente nas minúsculas escalas da mecânica quântica e na escala universal da cosmologia – o grau de precisão reduz-se de forma perturbadora. O tema por excelência da ciência política é, em última análise, o próprio ser humano. É portanto inevitável que se pague um preço em termos de precisão. Como escreveu Keynes em outro contexto, e não tão despropositadamente, é melhor estar imprecisamente certo que precisamente errado.

Isso não quer dizer, porém, que não seja possível traçar uma clara distinção entre o realismo e o idealismo (ou "irrealismo"). O pensamento realista depende de uma premissa que os universalistas se recusam a aceitar: qual seja, a primazia do Estado. No cerne da tradição realista também se encontra a idéia firme de que considerações morais que se aplicariam normalmente ao indivíduo dentro da sociedade não devem se aplicar à atuação da sociedade em relação a outras sociedades. As normas de prudência ganham precedência sobre normas de moral, já que as necessidades da comunidade dominante – o Estado ou a sociedade – são supremas e exigem lealdade prioritária. É isso o que distingue com maior clareza o realista do universalista. Fora isso, nítidas diferenças surgem na abordagem adotada por vários divulgadores do pensamento realista. Para alguns, as diferenças que existem não são tão acentuadas pela diferença cronológica – do século XX em comparação com outros séculos – porque, como muitos realistas normalmente sustentariam, a condução das relações internacionais em sua essência não mudou tanto assim; pelo contrário, as diferenças surgem de linhagens específicas de pensamento que se baseiam em pressupostos independentes, cuja trajetória é paralela mas em canais separados ao longo do tempo, quer seus precursores tenham consciência desse processo, quer não.

Temos, por exemplo, Robert Tucker, cuja linhagem principal remonta a Maquiavel e à tradição das Razões de Estado. Kenneth Waltz, por outro lado, ocupa a posição mais extrema numa série contínua que data dos tempos de Botero. Enquanto Tucker e Maquiavel adotam como ponto de partida uma opinião sombria da natureza humana, Waltz e Botero se concentram nas operações de um sistema de Estados determinado por leis da natureza independentes da natureza do homem. O que os dois grupos de realistas têm em comum é ver o conflito como algo normal, e não excepcional; ver a solução dos conflitos nas relações internacionais como algo extremamente limitado; e considerar que questões de moral não têm nenhuma pertinência direta nesses assuntos. Eles divergem, por outro lado, na identificação das causas exatas desses problemas.

A recusa em aceitar que a moral individual seja o critério para avaliar as relações internacionais sempre alarmou os universalistas pela razão de a amoralidade abrir as portas para as piores manifestações do comportamento humano e de, além disso, os realistas terem formulado conceitos como, por exemplo, as Razões de Estado e o Equilíbrio do Poder para justificar essas manifestações. Os registros históricos revelam que esses conceitos, embora na prática tenham indubitavelmente permitido com excessiva freqüência as piores formas de comportamento, na realidade foram instituídos exatamente para controlar essas formas de comportamento – supondo-se naturalmente que sua total erradicação estivesse fora de nosso limitado alcance.

O feito notável das Razões de Estado foi o de estabelecer nítidas linhas de prioridade para garantir a sobrevivência do Estado nascente no sistema que estava ganhando uma forma. As razões de Estado surgiram como reação à fraqueza, divisão e subjugação por outras potências. Empurraram o peso da opinião contra os ideais universais, a ambição pessoal ou os interesses setoriais como determinantes da política externa. Salientaram a necessidade de compensar o impacto adverso das emoções na condução dos assuntos de Estado para garantir que os interesses do Estado como um todo tivessem prioridade. Intencionavam assegurar que a política fosse projetada de modo racional para atingir fins que atendessem ao bem-estar do Estado como um todo. Longe de pressupor a racionalidade na arte de governar, os que invocavam a imposição das Razões de Estado consideravam que tinham o dever de criar por si mesmos a racionalidade num contexto violentamente caótico, impedir que o governante cedesse às emoções e certificar-se de que as paixões fossem sujeitas à razão. Talvez seja essa a fundamentação menos compreendida do pensamento realista. As razões de Estado também se tornaram um mecanismo analítico para extrair algum sentido do comportamento dos Estados. O perigo era que, como mecanismo analítico, elas tomassem como pressuposto algo que ao mesmo tempo era uma norma a nortear o comportamento humano. Outro ponto fraco, tanto como diretriz quanto como prática recomendada, estava no fato de que, à semelhança de outros conceitos políticos, sua própria flexibilidade podia ser estendida de modo que mascarasse aqueles mesmos modos de agir que pretendia erradicar.

As Razões de Estado levaram logicamente ao Equilíbrio do Poder. Este também tinha seus pontos fortes como explicação do comportamento do Estado e como orientação para decisões políticas. De modo mais notável, o conceito destacava até que ponto as ações de um Estado eram determinadas pelo sistema geral do qual ele não passava de um elemento constituinte. Originalmente, fora criado para impedir o pior: o perigo da monarquia universal, que não só ex-profissionais calejados, como Guicciardini, mas também liberais teóricos, como Kant, acreditavam ser um perigo maior que a própria guerra. Eles temiam que, sem nenhuma intervenção, o curso dos acontecimentos resultasse no domínio da Europa por uma única potência. Era só através de esforços conscientes para manter as capacidades das várias potências em equilíbrio que a segurança de todas poderia ser preservada. Assim, o conceito do Equilíbrio do Poder tinha como fundamento as premissas das Razões de Estado: paixões desenfreadas resultariam em desastre. Outra característica, que costuma ser totalmente esquecida na ânsia de anular o conceito, é a crença em que o Equilíbrio do Poder constituía não só um sistema de comportamento disciplinado para a prosperidade do Estado, mas também uma comunidade de interesses compartilhados entre os Estados: a noção (surgida desde que o frágil sistema italiano de cidades-Estado ruiu sob o imenso peso da invasão francesa) de que a atuação coletiva era uma virtude em si e por si como uma salvaguarda contra o colapso do sistema como um todo.

O ponto mais fraco do Equilíbrio estava, porém, em sua forma mecanicista. A analogia com a mecânica tinha suas limitações para explicar qualquer tipo de comportamento humano; e, como os Estados são a carcaça exterior das sociedades, e essas sociedades são sujeitas a uma dinâmica determinada em grande parte pela consciência e pela intencionalidade, o Equilíbrio do Poder não tratava dessas outras dimensões. Contudo, as ações dos Estados podem revelar-se críticas em qualquer dada situação. Não é porque fatores conscientes ou intencionais existem que isso signifique necessariamente que eles venham a se tornar atuantes. A intensidade com que são determinantes varia com o tempo e com as circunstâncias. Ao longo das décadas, e mesmo dos séculos, o grau em que as grandes potências simplesmente reagem dentro do sistema, e a freqüência com que agem independentemente para alterar a dinâmica do sistema, mudam com os anos. Qualquer tentativa de previsão que ignore esse elemento, a curto ou a longo prazo, fatalmente fracassará por esse mesmo motivo: a incógnita vem de dentro da sociedade, cuja dinâmica não se encontra no reino do sistema internacional, mas afeta esse sistema.

Como ocorre com as Razões de Estado, o mesmo vale para o Equilíbrio do Poder: críticos idealistas, como Ernst Haas, citaram com muita eficiência os vários usos e abusos da terminologia ao longo da História para defender a eliminação total do conceito. Em sua defesa, seria plausível argumentar que nenhum conceito na política jamais deixou de ser atingido pelo mau uso e pela deturpação inequívoca. O fato de Luís XIV ter usado o Equilíbrio do Poder para justificar uma pretensão à monarquia universal na Europa não solapa a validade do conceito mais do que a justificativa de Hitler para o império universal na Europa a partir das necessidades da autodeterminação nacional. E hoje em dia os políticos diariamente abusam de termos como "democracia" e "liberdade". É, e sempre foi, a própria autoridade desses conceitos que atrai e atraiu seu uso indevido. Em vez disso, as perguntas que deveriam ser feitas são, em primeiro lugar, se o conceito, conforme originalmente formulado e projetado, explica como a política era dirigida; e, em segundo lugar, se ele serve para identificar e explicar as decisões políticas daquela época em diante, descontando-se sua exploração com fonte de legitimação para comportamentos indevidos. Com toda a certeza o conceito explica as decisões políticas de alguns – como Churchill ou Nixon – mas não de outros – como Neville Chamberlain ou Carter. Seria portanto insensato supor que um universo de explicações possa girar em torno de seu eixo. Isso nos deixaria – como deixou Waltz – perplexos e impacientes com a inexistência de uma coalizão destinada a contrabalançar a atual hegemonia americana.

Os que escreveram com tanta eloqüência e força de persuasão sobre as Razões de Estado e o pensamento realista como um todo com freqüência o fizeram em momentos de revolta emocional contra o rigor dos tempos e contra as ilusões que aparentavam ser devaneios tão complacentes e dispendiosos. Isso com toda a certeza se aplica a Maquiavel, a Bodin e a Hobbes no início da Europa moderna; e quase com certeza aplica-se igualmente a Carr e a Morgenthau no século XX. É preciso lembrar que eles eram, em geral, realistas relutantes: mentes sensíveis e argutas, utopistas em alguns casos, que apresentavam uma reação exagerada a explosões de violência e suas conseqüências. Nesse sentido, o pensamento realista surgia e ressurgia em momentos de crise quando suas lições havia muito estavam esquecidas em razão do transcurso de tempos mais felizes. Ou seja, em parte a aceitação dos modos de pensar alternativos e mais otimistas contribuía para as crises que resultavam na substituição desses modos de pensar pelo realismo. Está igualmente claro, porém, que nunca houve uma vitória definitiva de um modo de pensar sobre o outro; fato que parece refletir uma dialética que espelha a dicotomia da natureza humana e da condição humana.

A questão central para nós, atualmente, para determinar se e o quanto temos a aprender com os textos realistas consiste em até que ponto aqueles tempos eram típicos e se em alguma medida eles são pertinentes a nossos próprios tempos. Abstrair o pleno significado das conclusões de Maquiavel e Hobbes, aplicando-as, por exemplo, às relações entre a Rússia e o Ocidente nos dias de hoje ou, numa hipótese mais ridícula, às relações entre os Estados Unidos e seus aliados da OTAN – isso seria, naturalmente, absurdo. Os tempos eram muito diferentes, e foi aquele contexto que sugeriu os argumentos em circunstâncias extremas. Infelizmente é fácil demais cair no reverso disso: a premissa oposta – confortável para alguns, menos confortável para outros – de que as circunstâncias atuais, relativamente propícias, permanecerão indefinidamente, ou de que as tendências atuais vão continuar a se desdobrar na direção existente.

A única lição da História é que a mudança é inevitável, mas o progresso, não. As teorias de relações internacionais que concentram sua atenção no equilíbrio e não fornecem nenhuma explicação real para desvios abruptos em padrões de mudança fatalmente acabam se revelando insatisfatórias. Logo, temos de nos acautelar para não pressupor que os aperfeiçoamentos atuais nas relações dentro do Primeiro Mundo e entre o Primeiro Mundo e o Segundo sejam irreversíveis, sob todas as condições. Devemos também ter em mente que a conduta dentro do Terceiro Mundo – e nas áreas limítrofes – com freqüência apresenta maior semelhança com a Europa dos séculos XVI e XVII que com a Europa de hoje – e, mesmo aí, quem pode se esquecer da Bósnia?

Pode-se apresentar a argumentação plausível de que agora é um erro ver o sistema completo dos Estados como um todo homogêneo, quando seus componentes, embora sujeitos a um processo semelhante de socialização, têm idades totalmente diferentes, culturas políticas totalmente diferentes e níveis variados de desenvolvimento econômico. Isso naturalmente sugere que a natureza e a maturidade das unidades têm importância e que, de fato, pode haver uma teleologia em atuação, como na tradição kantiana que equipara um comportamento mais pacífico com um progresso linear em direção a uma democracia política. É surpreendente, porém, que os principais defensores da paz kantiana ajam como se somente o comportamento das grandes potências tenha importância – um reflexo curioso e indireto do pensamento realista, além de representar uma forma de elogio por vias tortas.

Em suma, é absurdo esperar que uma teoria que explica o comportamento de alguns consiga explicar com sucesso o comportamento de todos. É evidente que a Grã-Bretanha e a França de hoje se comportam uma para com a outra de modo diferente que entre o século XIV e o século XIX; e que o Paquistão e a Índia se comportam mais como a Grã-Bretanha e a França de séculos atrás. Nunca houve dissonância mais forte, por exemplo, que a dissonância entre o moralismo cheio de superioridade de Nehru nas relações internacionais e suas políticas reais. Em outras palavras, pode ser útil ver o sistema como um conjunto estratificado e diferenciado, cujos segmentos espalham-se ao longo de uma série contínua de tempo – logo, de circunstâncias – e com níveis variáveis de necessidade.

Obviamente, não se pode esquecer que, se alguns se comportarem pior que outros e se comportarem desse modo em relação aos outros, haverá uma tendência para que todo o comportamento afunde ao nível do mínimo denominador comum na reação à pior prática. Não se deve esperar, portanto, que o comportamento entre os países do Primeiro e do Terceiro Mundos apresente as mesmas qualidades que as relações entre países do Primeiro Mundo. Ademais, como indicam as citações tanto de Kohl como de Mitterrand, a tradição realista ainda predomina mesmo dentro do Primeiro Mundo em momentos de crise nas relações internacionais. O cerne da questão pode estar no fato de que, se no passado usavam-se armas para decidir desavenças da metade ocidental da Europa, agora o dinheiro determina o equilíbrio. As antigas rixas foram elevadas a um patamar mais alto e menos fatal para sua solução. Não se deve negar que isso assinalaria um aprendizado nas relações internacionais, um aperfeiçoamento fundamental. No entanto, também não se deve descuidar de que os países europeus ainda são potências rivais em disputa por interesses que as dividem, porque são responsáveis por comunidades diferentes; e que foi somente a perspectiva final – que, nesse caso, avultou diante de todos – da aniquilação mútua que domesticou a fera.

A distinção entre o Primeiro Mundo e o Segundo ou o Terceiro fica igualmente evidente no que diz respeito à Balança Comercial. No Segundo Mundo recentemente libertado do socialismo estatal, permanece sem solução a disputa entre noções smithianas de livre mercado e o modelo protecionista que atingiu seu apogeu sob o comando de Stálin. Pode ser que tenhamos razão ao postular que pelo menos a região centro-leste da Europa tomará o caminho das democracias ocidentais. O caso da Rússia é mais problemático. O caso do Terceiro Mundo, com as exceções de Hong Kong (como parte da China), Taiwan e Cingapura, apóia a aceitação da Balança Comercial como um modelo de comportamento, uma resposta ao natural desequilíbrio do poder no comércio entre Estados em níveis diferentes de industrialização. A Malásia é uma clássica reencarnação do modelo protecionista de Colbert. Outros estão mais ou menos no mesmo estágio. E, quanto à geopolítica, as políticas externas e de defesa de Israel, da Índia, do Paquistão e da China dão um testemunho convincente da importância de determinantes geográficos na criação de estratégias voltadas para a segurança através da expansão territorial até as fronteiras naturais.

A questão que se levanta naturalmente é: por que motivo os realistas cobrem tanto terreno apesar dos protestos estridentes e da condenação moral de seus opositores? Uma resposta, que não se poderia esperar que todos aceitem, é que sua perspectiva correspondeu à realidade que eles pretendiam descrever. Sem dúvida é notável que até mesmo aqueles com projeções utópicas, More, Rousseau ou Kant, tenham precisado levar em conta uma resistência muito maior por parte da natureza do homem, da sociedade ou do incipiente sistema europeu, do que seria possível pressupor por suas crenças essenciais. No entanto, quer compartilhemos essa visão, quer não, outros fatores entram em jogo. Em primeiro lugar, estamos falando de anos de enorme convulsão social e instabilidade, especialmente no século XVI e na primeira metade do século XVII, de tal modo que muitos – por mais radicais que fossem sob outros aspectos – se agarravam ao Estado-nação incipiente como a um bote salva-vidas em mares tormentosos, não porque o bote fosse assim tão sedutor, mas por não haver nenhum outro meio prático de sobrevivência à mão. Em segundo lugar, as alternativas imediatas, na forma do império universal e da Igreja universal, tinham desmoronado – o império, pelas forças centrífugas da mudança econômica e de suas conseqüências políticas; e a Igreja, como resultado da revolução interna lançada por Martinho Lutero, a qual em si produziu um catolicismo renovado que solidificou a nova divisão – enquanto uma alternativa remota, o universalismo secular do livre-cambismo e da paz, aguardava a assombrosa ascensão da industrialização e até aquele momento teria de ser aceita na base da confiança, já que não apresentam nenhum antecedente histórico, muito menos um de sucesso. Em terceiro lugar, os que defendiam alternativas idealistas estavam com enorme freqüência contaminados por interesses especiais, quer se esteja falando de Campanella, Postel, Grócio, Vitoria, quer mesmo de Adam Smith. O que talvez seja mais surpreendente é a forte discrepância entre os nobres protestos dos ideais universalistas e sua cínica realização na prática quando passam pelo prisma do Estado. O poder parece menos um instrumento neutro para fins mais elevados, e mais um determinante dotado de um peso próprio – uma especial ironia para aqueles que, como Hoffmann, procuram promover fins maiores na busca da destruição do poder. A despeito de todo o progresso realizado, e não devemos agora negar o que se alcançou recentemente com tanto derramamento de sangue, ainda estamos, em todo o globo, longe das tão desejadas utopias, vislumbradas por Kant e Rousseau, para não falar na de Karl Marx.

ÍNDICE REMISSIVO

IMPRESSÃO E ACABAMENTO:
YANGRAF Fone/Fax:
6195.77.22
e-mail:yangraf.comercial@terra.com.br